O RETORNO DO HOOLIGAN

O RETORNO DO HOOLIGAN

NORMAN MANEA

Traduzido do romeno por
Eugênia Flavian

Título original em romeno: *Întoarcerea huliganului*
Copyright © 2003, Norman Manea

Amarilys é um selo editorial Manole.

Este livro contempla as regras do Acordo Ortográfico da Língua
Portuguesa de 1990, que entrou em vigor no Brasil.

Capa
Axel Sande | Gabinete de Artes

Revisão, projeto gráfico e editoração eletrônica
Depto. editorial da Editora Manole

Dados Internacionais de Catalogação na Publicação (CIP)
(Câmara Brasileira do Livro, SP, Brasil)

Manea, Norman
    O retorno do Hooligan / Norman Manea ; tradução
do romeno Eugênia Flavian. -- Barueri, SP :
Amarilys, 2012.

    Título original: Intoarcerea Huliganului
    ISBN 978-85-204-2984-6

    1. Campos de concentração - Romênia
2. Escritores romenos - Século 20 - Autobiografia
3. Manea, Norman 4. Manea, Norman - Infância e
juventude 5. Manea, Norman - Viagens - Romênia
6. Romênia - Descrição e viagem 7. Romenos
americanos - Autobiografia I. Título.

12-00838	CDD-859.334092

Índices para catálogo sistemático:
    1. Escritores romenos : Autobiografia
859.334092

Todos os direitos reservados.
Nenhuma parte deste livro poderá ser reproduzida, por
qualquer processo, sem a permissão expressa dos editores.
É proibida a reprodução por xerox.

A Editora Manole é filiada à ABDR – Associação Brasileira
de Direitos Reprográficos.

1ª edição brasileira – 2012

Editora Manole Ltda.
Av. Ceci, 672 – Tamboré
06460-120 – Barueri – SP – Brasil
Tel. (11) 4196-6000 – Fax (11) 4196-6021
www.manole.com.br | www.amarilyseditora.com.br
info@amarilyseditora.com.br

Impresso no Brasil | *Printed in Brazil*

Sumário

PRELIMINARES

Barney Greengrass 11

Jormânia 21

A arena de Augusto 31

Endereços do passado (I) 38

O novo calendário 45

A garra (I) 60

O PRIMEIRO RETORNO (O PASSADO COMO FICÇÃO)

O começo antes do começo 77

O ano hooligânico 85

Bucovina 97

Chernobyl, 1986 105

A ferida das raparigas em flor 125

A língua exilada 137

A desconhecida 141

Bloomsday 148

A saída de incêndio 151

Endereços do passado (II) 158

Maria 162

Viva o rei! 164

Utopia 169

Periprava, 1958 191

O funcionário 203

A partida 211

Turno da noite 221

A casa do caracol 227

A garra (II) 237

O DIVÃ VIENENSE

Anamnese 251

O SEGUNDO RETORNO (A POSTERIDADE)

A caminho 281

Primeiro dia: segunda-feira, 21 de abril de 1997 287

Segundo dia: terça-feira, 22 de abril de 1997 307

Língua noturna 323

Terceiro dia: quarta-feira, 23 de abril de 1997 330

Quarto dia: quinta-feira, 24 de abril de 1997 338

Interlocutores noturnos 344

Quinto dia: sexta-feira, 25 de abril de 1997 355

A casa do ser 363

Sexto dia: sábado, 26 de abril de 1997 369

Sétimo dia: domingo, 27 de abril de 1997 383

Trem noturno 389

Oitavo dia: segunda-feira, 28 de abril de 1997 392

Nono dia: terça-feira, 29 de abril de 1997 397

O dia mais longo: quarta-feira, 30 de abril de 1997 404

Penúltimo dia: quinta-feira, 1º de maio de 1997 419

Último dia: sexta-feira, 2 de maio de 1997 425

Para Cella.

PRELIMINARES

Barney Greengrass

Pela janela, tão larga quanto a parede, penetra a luz edênica da primavera. O homem no quarto contempla, do décimo andar, o fervilhar do Paraíso. Prédios, letreiros, pedestres do Outro Mundo. *In paradise one is better off than anywhere else*,[1] deveria ele repetir também nesta manhã.

Do outro lado da rua, o prédio vermelho e maciço. Veem-se grupos de crianças nas aulas de dança e de ginástica. Filas amarelas de táxis presos no cruzamento da Broadway com a Amsterdam Avenue gritam histéricas com o metrônomo tormentoso da manhã. Enquanto isso, o observador perscruta no céu vazio a lenta cronofagia do deserto, os gigantescos cupinzeiros de nuvens.

Meia hora depois, encontra-se na esquina da rua em frente ao prédio de 42 andares onde mora. Sem nenhum toque de estilo, simples montagem geométrica: um abrigo, apenas, uma pilha de caixas de aluguel. Prédio stalinista... resmunga. Não, os prédios stalinistas não atingiam tamanha altura. Stalinista, repetia ainda as-

---

[1] No Paraíso vive-se melhor do que em qualquer outro lugar.

sim, desafiando a ornamentação da posteridade. Ocorreria nesta manhã o mesmo que ocorrera nove anos antes? Ficaria perturbado, como então, com a novidade da vida após a morte? Nove anos, como nove meses no ventre repleto de novidades acerca da aventura a ser gerada, agora, nesta manhã novinha em folha, como no começo antes do começo.

À esquerda, o letreiro azul, com grandes letras brancas, RITE AID PHARMACY, a farmácia onde ele comprava regularmente os seus remédios. De repente, um alarme! Cinco carros de bombeiros, fortalezas metálicas com bateria e trompete e ímpetos de touro, invadem a rua. Veja só que coisa, as labaredas do inferno persistem também no Paraíso. Nada grave, tudo volta ao normal rapidamente. Aí está o laboratório fotográfico, onde tira as fotos tamanho padrão para as novas identidades. Ao lado, o balcão da lanchonete, o letreiro amarelo SUBWAY, depois, STARBUCKS, o café dos boêmios. O MCDONALD's, evidentemente, com seu painel vermelho de letras brancas e o grande M amarelo. Em frente à porta de aço, uma velhinha de jeans e meias soquete pretas, chapeuzinho colonial branco inclinado sobre os olhos, bengala na mão direita, uma grande sacola verde na esquerda e dois mendigos negros, altos, barbudos, cada qual com um copo de plástico branco na mão. A banca de jornal do paquistanês, a tabacaria do indiano, o restaurante mexicano, a loja de vestidos, os grandes cestos com frutas e flores do coreano, melancias amarelas e vermelhas, ameixas pretas, vermelhas e verdes, mangas do México e do Haiti, toranjas amarelas, brancas e rosadas, uvas, cenouras, cerejas, bananas, maçãs Fuji e maçãs Granny, rosas, tulipas, cravos, lírios, crisântemos, flores grandes e pequenas, de campo e de jardim, brancas, amarelas, vermelhas. Prédios baixos e prédios altos e prédios ainda mais altos, estilos, proporções e usos misturados, a Babilônia do Novo Mundo e do Velho Mundo e da vida após a morte. O japonês baixinho, de camisa vermelha e boina vermelha, balança entre duas sacolas pesadas cheias de pacotes. O louro de barba, de bermuda e cachimbo, entre duas louras altas de shorts verdes, com óculos de sol pretos e pequenas mochilas nas costas. A jovem, alta e esguia, descalça, cabelos ruivos curtos, camiseta transparente, shorts curtos, curtos como uma folha de parreira; o homem careca e alto com os dois filhos pequenos no colo, o homem baixo e gordo, de bigode preto e corrente de ouro no pescoço. Os mendigos, os policiais, os turistas, ninguém insubstituível. No cruzamento da Amsterdam Avenue com a 72nd Street, diante do pequeno jardim Verdi Square, um triângulo de grama, três lados fechados com cercas metálicas. Ao centro, no pedestal de pedra branca, de sobretudo, gravata e chapéu, o senhor Giuseppe Verdi, entre os personagens de suas óperas, onde repousam os plácidos corvos do Paraíso. Nos bancos em frente à cerca, a plebe moribunda, aposentados, doentes, vagabundos traficam façanhas picarescas e beliscam do pacote de batatas fritas ou da pizza borrachenta.

Nada falta no Paraíso: comida e vestuário e jornais, colchões, guarda-chuvas, computadores, sapatos, móveis, vinhos, bijuterias, flores, óculos, discos, lâmpadas, velas, cadeados, correntes, cães, pássaros exóticos e peixes tropicais. E comerciantes, saltimbancos, policiais, cabeleireiras, engraxates, contadores, prostitutas, mendigos, todos os tipos e idiomas e idades e alturas e pesos povoavam aquela incrível manhã em que o sobrevivente comemorava nove anos de vida nova.

Neste Outro Mundo as distâncias e as proibições foram abolidas, os frutos do conhecimento são acessíveis nas telinhas portáteis, a árvore da vida sem morte oferece seus frutos em todas as farmácias, a vida rola vertiginosamente, apenas o momento importa, o presente num piscar de olhos. Eis que toca novamente a sirene do inferno... Só que desta vez não se trata de fogo. O bólido branco deixa para trás, no ar, um círculo de sangue e uma cruz vermelha com a inscrição vermelha: AMBULÂNCIA.

Não, nada faltava na vida após a morte, nada. Levanta os olhos para o céu que permitia tal milagre. Paisagem obstruída: os paralelepípedos de concreto só permitiam entrever uma brecha do céu.

A fachada da direita impedia a visão. A parede longa, muito longa, de cor marrom, ladeada pela tubulação azul do esgoto. À esquerda, o muro amarelo. No fundo brilhante de tinta dourada, o reflexo azul da mensagem: *DEPRESSION IS A FLAW IN CHEMISTRY NOT IN CHARACTER.*[2]

Alerta ou informação, difícil dizer. Parado com a cabeça inclinada para trás e os olhos fixos nas colunas do texto sagrado; dá um passo para trás, desperta e continua andando pela Amsterdam Avenue. A vantagem da vida após a morte: a imunidade. Não se vive mais acorrentado às futilidades como na primeira vida; segue-se adiante, indiferente.

O pedestre avança em direção ao Barney Greengrass. "O lugar vai evocar-lhe a vida anterior", havia lhe prometido o amigo.

Os prédios da Amsterdam Avenue são do passado, casas velhas, avermelhadas, marrons, acinzentadas, quatro-cinco-seis andares, varandas negras, de ferro, escadas de incêndio encardidas pelo tempo. Bairro de estação de trem, assim lhe pareceu, à primeira vista, esta área do Upper West Side, fazendo-lhe lembrar o Velho Mundo. Porém, ao longo dos nove ou noventa anos desde que vivia aqui, foram se multiplicando os prédios altos, cada vez mais altos, fazendo com que até o prédio de 42 andares onde morava parecesse uma triste performance stalinista... sim, a palavra voltava-lhe à mente, sem motivo.

No térreo, as lojas, assim como outrora: FULL SERVICE JEWELLERS, UTOPIA RESTAURANT, AMARYLLIS FLORIST, LOTTO, SHOE STORE, ADULT VIDEO, CHINESE DRY CLEANING, NAIL SALON, ROMA FRAME ART, e, no cruzamento com a 76th Street, MEMORIAL:[3] RIVERSIDE MEMORIAL CHAPEL. Do prédio sai uma moça de pernas grossas e longos cabelos negros. Vestido preto de mangas curtas, pretas, meias pretas, grandes óculos de sol, de lentes negras. Três veículos pretos longos, compridos como enormes caixões, de vidros pretos. Deles

---

[2] Depressão é uma falha química, não de caráter.
[3] Casa funerária.

descem cavalheiros elegantes, usando ternos pretos e chapéus pretos, senhoras elegantes, com vestidos pretos e chapéus pretos, adolescentes em trajes de cerimônia, enlutados. Novamente o metrônomo bateu para alguém a hora da eternidade. A vida é movimento, não havia esquecido disso; afasta-se apressado. Um passo, dois, pronto, está fora de perigo.

OTTOMANELLI. Dois bancos de madeira, um de cada lado da entrada. No banco da direita, uma velha sentada. OTTOMANELLI BROS, SINCE 1900, dizia a inscrição no tecido verde do toldo que protegia a vitrine. Mantendo a atenção na vizinha, desaba, cansado, no banco da esquerda.

A velha olha para o nada, mas parece estar atenta aos movimentos dele. Haviam se reconhecido, era isso. Ele sente a presença familiar, como em algumas tardes nos cômodos repentinamente carregados de um silêncio suave, protetor, que o invadia de maneira inesperada. Mas nunca na rua, em pleno burburinho do dia.

Ela se levanta e ele deixa que se afaste alguns passos, sai então atrás dela, na cadência lenta do passado. Pernas delgadas, pálidas, canelas finas. Meias soquete, transparentes, sapatos leves, sem salto, como chinelos. Cabelos brancos e curtos. Ombros ossudos, arqueados para a frente. Vestido de mangas curtas, sem cintura, de um pano fino, quadriculado, de listras vermelhas e alaranjadas sobre um fundo azul. Na mão esquerda, a sacola de plástico, como outrora. Na direita, a jaqueta de lã cinza, enrolada, como antigamente.

Ele apressa o passo, passa-lhe à frente e se vira de súbito; ficam frente a frente. Que susto! Ela provavelmente teria reconhecido o desconhecido que se jogara, exausto, no outro banco na frente da entrada do OTTOMANELLI. Ele também se assustou. Assim, a partir do nada, em um banco na frente de um restaurante, o fantasma!

O andar, a silhueta, o vestido, a jaqueta, o cabelo branco, curto, como uma peruca, a feição vista em uma fração de segundo. A testa e as sobrancelhas e os olhos e as orelhas de outrora, assim como o queixo. Apenas a sua boca não era mais aquela perfeitamente delineada, não passava de um risco, lábios longos demais, sem contorno. O nariz havia perdido a linha perfeita, ficara mais achatado. O pescoço envelhecido, com a pele caída, enrugada.

Segue-a agora a distância. A silhueta, o andar, o aspecto, não são necessários sinais de reconhecimento; está tudo em você, conhecido, imutável, não há por que seguir a figura mascarada pela rua. Absorto em pensamentos, desatento, diminui o passo, a aparição havia sumido, como era seu desejo.

Finalmente, entre a 86th e a 87th Street, chega a seu destino: BARNEY GREENGRASS. Próximo à janela, o proprietário, tombado numa cadeira, a corcunda e a barriga dentro de uma camisa branca, larga, de mangas compridas e botões dourados. Faltava-lhe pescoço, a cabeça coberta de cabelos brancos, nariz e boca e testa e orelhas firmes. Um vendedor de jaleco branco, atrás do balcão de Salame-Halva à esquerda. Outro, atrás do balcão de pães-baguetes-broas-bolos, à direita. Cumprimenta o velho proprietário e o jovem perto dele que segura um telefone em cada orelha. Dirige-se ao recinto da esquerda, onde fica o restaurante.

Na mesa junto à parede, um homem magro, alto, de óculos, levanta os olhos do jornal. Terá lugar a saudação rotineira: "Como vai, garoto?". Um rosto conhecido, uma voz conhecida... os exilados agradecem tais momentos.

— Como vai, garoto, quais as novidades?

— Nada de novo! *The social system is stable and the rulers are wise*,[4] como diz o nosso amigo Zbigniew Herbert. *In paradise one is better off than in whatever country.*[5]

O romancista não morria de amores pelos poetas. Sorte que os versos pareçam prosa.

— E então? Me conte novidades daqui, não de Varsóvia.

---

[4] O sistema social é estável e os governantes são sábios.
[5] No paraíso vive-se melhor do que em qualquer outro país.

— Estou comemorando! Nove anos de Paraíso. Em 9 de março de 1988 naufraguei no Novo Mundo.

— As crianças adoram os aniversários. Barney é um bom lugar para aniversários. Todas as lembranças do gueto. *Oy, mein Yiidishe Mame...*[6] O Velho Mundo e a velha vida.

O amigo estende-me o menu de plástico. Sim, tentações do gueto: *Pickled herring in cream sauce. Fillet of Schmaltz herring (very salty). Corned beef and eggs. Tongue and egg. Pastrami and eggs. Salami and eggs. Home made chopped chicken liver. Gefilte fish with horseradish.*[7] O fígado de ave não é o de ganso, nem o frango americano de incubadora é o mesmo do Leste Europeu, nem o peixe é como o do Velho Mundo, nem os ovos. No entanto, o esforço perdura assim como o passado, bem como os seus sucedâneos. *Russian dressing*, em todos os lugares, *Russian dressing... Roast beef, Turkey, Cole slaw...*[8] Sim, o mito da identidade, lembranças transcritas no idioma dos sobreviventes.

Garçom jovem, alto e bonito. Reconhece prontamente o célebre romancista:

— Li seu último livro, senhor.

Philip não parece lisonjeado nem incomodado com a familiaridade.

— É mesmo? E você gostou?

Ele tinha gostado, mas menos do que o anterior, devia admitir, que era bem mais erótico.

— Bom, muito bom — assente o autor, sem erguer o olhar.

— Traga-me ovos com salmão e um suco de laranja. Dos ovos só as claras, sem as gemas.

O garçom dirige-se ao acompanhante do cliente.

---

[6] Oh, minha mãe judia. (Em iídiche)

[7] Salmoura de arenque ao molho de creme de leite. Filé defumado de arenque schmaltz (muito salgado). Carne de vitela com ovos. Língua com ovos. Pastrame com ovos. Salame com ovos. Patê de fígado de ave, caseiro. Peixe recheado e rabanetes.

[8] Molho russo, carne assada, peru, salada de repolho com cenouras.

— E o senhor?

— O mesmo, o mesmo — ouço-me gaguejando.

— O que você acha da cozinha do Barney?

Barney Greengrass imitava com zelo a cozinha judaica do Leste Europeu, porém não basta acrescentar cebola frita e escrever *beigole* e *knisch* para obter o sabor do passado.

— Ok, não precisa responder. Vai para a Romênia ou não, o que decidiu?

— Não decidi.

— Está com medo? Está pensando no assassinato de Chicago? Aquele professor... como se chamava? O professor de Chicago.

— Culianu, Ioan Petru Culianu. Não, não sou como o caso Culianu. Não sou um aprendiz do transcendentalismo, nem traí meu mestre, nem sou um cristão apaixonado por uma judia, pronto para se converter ao judaísmo. Sou apenas um pobre nômade, não um renegado. O renegado precisa ser castigado, enquanto eu... sou apenas um velho estorvo. Não represento mais nenhuma surpresa.

— Surpresa, não sei, mas estorvo você foi, sim. O suspeito acaba ficando desconfiado. Isso não é nenhuma vantagem.

O assassinato do professor Ioan Petru Culianu, em plena luz do dia, nas dependências da Universidade de Chicago, ocorrera seis anos antes, em 21 de maio de 1991. Um crime aparentemente perfeito: uma única bala, disparada do reservado contíguo, na cabeça do professor, sentado na cadeira de plástico, no banheiro dos professores da Divinity School. Obviamente, o mistério não desvendado do assassinato multiplicou as especulações: o relacionamento do jovem professor Culianu com seu mestre, Mircea Eliade, um cientista romeno especialista em história das religiões, graças ao qual viera para a América; seu relacionamento com a comunidade romena de Chicago; com o ex-rei exilado da Romênia; com a parapsicologia que o obcecava. Havia também a conexão legionária, é claro. A Guarda de Ferro, movimento nacionalista de extrema direita cujos membros se chamavam legionários e que

Mircea Eliade apoiou nos anos 30, tinha partidários na comunidade romena de Chicago, e Culianu estava a ponto de avaliar criticamente o passado político do Mestre.

A época em que ocorreu o crime de Chicago coincidiu, é verdade, com a publicação, em 1991, na *The New Republic*, do meu ensaio sobre o período legionário de Eliade. Por causa disso, fui contatado pelo FBI e aconselhado a ser prudente nos contatos com os meus compatriotas, e não somente com eles...

Não era a primeira vez que discutia esse assunto com meu amigo americano. Culianu, Eliade e Sebastian, o amigo judeu de Eliade, apareciam com frequência em nossas conversas nos últimos meses.

À medida que a data da minha partida para Bucareste se aproximava, Philip insistia em que eu expusesse a natureza de minhas hesitações e inquietações. Não conseguia, eram ambíguas... Não sabia se eu evitava me reencontrar comigo mesmo, aquele homem de antigamente, lá onde ele ficara, ou se não suportava ser identificado com a nova imagem, enfeitada com os louros do exílio e as maldições da pátria.

— Entendo parte dos motivos. Deve haver outros, provavelmente. Mas, no final das contas, a viagem curaria você da síndrome do Leste Europeu.

— Pode ser, só que não estou preparado para voltar. Não me sinto suficientemente indiferente ao passado.

— Justamente! Depois da viagem, vai ficar. Quem retornou, ficou curado.

Chegamos, novamente, ao velho ponto morto. Desta vez, Philip insistia.

— E quanto a rever alguns amigos? Velhos lugares? Você dizia que gostaria de rever alguns, mas não estava preparado. Na semana passada você falava sobre o cemitério. O túmulo de sua mãe.

Seguiu-se um longo silêncio.

— Eu a reencontrei. Esta manhã. Há meia hora. Quando vinha para cá. De repente, sentada em um banco, na Amsterdam

Avenue. Um banco de madeira, na frente de um restaurante chamado Ottomanelli...

Ambos nos calamos, de novo. Na 79th Street nos separamos, como de costume. Philip virou à esquerda, em direção à Columbus Avenue, e eu continuei pela Amsterdam até a 70th Street, rumo ao prédio stalinista que não era stalinista.

Jormânia

O porte e a figura do oficial Portofino voltaram de repente à minha mente ao deixar o Barney Greengrass. Bochechas largas, olhar lânguido, cabelo cuidadosamente penteado. Mãos pequenas, pés pequenos, sorriso atencioso. Um homem baixo, polido, de terno azul-marinho e gravata azul.

Fez questão de me informar, logo no início da conversa, que havia sido professor de química no segundo grau, antes de exercer a nova profissão. Sua roupa parecia a de um agente de segurança romeno, mas os seus modos não. Afável, respeitador, sem os subterfúgios nem a grosseria. Dava a impressão de que desejava me proteger e não me intimidar nem me recrutar para trapaças obscuras, como faria um cão de caça socialista.

No entanto, não me ofereceu nenhuma proteção efetiva. Nem *bullet-proof vest*,[1] nem guarda-costas, nem mesmo o *spray* que se recomenda às mulheres desacompanhadas e que serve para cegar o agressor, com um jato. Seus conselhos moderados e ami-

---

[1] Colete à prova de balas.

gáveis pareciam os prudentes conselhos de uma avó: ficar atento na rua caso visse um mesmo rosto circulando pelas redondezas, mudar o percurso dos passeios e a hora de comprar o jornal, não abrir envelopes suspeitos. Não acrescentou nem mesmo um *lay low*,[2] como era de costume. Contudo, deu-me seu cartão de visitas, em que anotou o número de telefone de sua casa para o caso de alguma emergência. A concentração em mim mesmo, a desatenção ao comportamento social não se alterou, apesar do talismã que me oferecera. Ao contrário, o nervosismo e a inquietação aumentaram.

O motivo do encontro com o oficial Jimmy Portofino tinha sido a publicação na *The New Republic* do meu ensaio em que colocava em debate a *felix culpa* de Eliade, ou seja, o seu relacionamento nos anos 30 com a Guarda de Ferro, que até hoje tem simpatizantes entre os seus correligionários na América e na Romênia. O texto abordou um tema perigoso, como bem demonstrou o assassinato de Culianu. A direção do Bard College solicitou a ajuda do FBI para dar proteção ao seu próprio professor romeno.

Mais ou menos um ano após o contato com o FBI, recebi uma mensagem anônima do Canadá. A letra do envelope me era desconhecida e eu não era entendido em grafologia. No seu interior um cartão-postal, sem nenhuma palavra escrita. Joguei fora o envelope, mas guardei o postal: Marc Chagall, *Le Martyr*, Kunsthaus Zürich. Parecia uma variante judaica da crucificação. O mártir não estava crucificado e pregado na cruz, mas amarrado a um poste pelos pés e pelas mãos no centro de um mercado em chamas no qual as figuras – a mãe, o violinista, o mestre do templo com seus discípulos – apareciam em primeiro plano. A feição do jovem Cristo judeu, com barba e costeletas: a imagem do *pogrom*. Não era o holocausto convertido em clichê das lamentações, mas o terror do *pogrom* do Leste Europeu. Eu não sabia decodificar a mensagem.

---

[2] Passar despercebido.

Ameaça ou solidariedade? Contemplava amiúde o cartão-postal guardado na mesa do escritório.

Passaram-se seis anos: eu não havia sido ameaçado, nem assassinado, mas entre adjetivos como "antipartidário", "extraterritorial", "cosmopolita", com os quais, antes de 1989, a imprensa comunista da Romênia me havia honrado, e "traidor", "anão de Jerusalém", "agente americano", no período pós-comunista, eu encontrava mais coerência que contradição. Teria sido esse o motivo pelo qual não me sentia em condições de visitar a minha Pátria?

Ao despedir-me de Philip, voltei ao banco do Ottomanelli, onde apenas uma hora antes o passado me assaltara. Teria sido mais fácil, quem sabe, explicar-me a um policial americano? Ao menos ele conheceria o caso Culianu: a bala disparada do reservado contíguo ao dele, a arma de pequeno calibre, uma Beretta calibre 25, empunhada com a mão esquerda, sem luvas, provavelmente por um não americano. Ferida mortal: "*occipital area of the head, 4-and-a-half inches below the top of the head and one-half inch into the right of the external occipital tubical*".[3] Um assassino profissional, um crime do tipo execução, o lugar – um reservado de banheiro, durante o dia – dia dos santos Constantino e Elena na religião cristã ortodoxa, aniversário onomástico da mãe de Ioan Petru Culianu.

Lembraria Jimmy Portofino do rosto do homem assassinado, envelhecido de repente, como se a morte lhe tivesse acrescentado vinte anos de uma só tacada? Com certeza a polícia americana tinha informações sobre os romenos de Chicago, simpatizantes da Guarda de Ferro, sabia que ali ficou refugiada certa vez a neta de Corneliu Zelea Codreanu, o místico capitão da Guarda, e que lá morava o velho Alexandru Ronett, médico de Eliade, um fervoroso legionário. As suspeitas apontavam para o serviço secreto ro-

---

3 Área occipital da cabeça, 4 polegadas e meia [cerca de 11 centímetros] abaixo do topo do crânio e meia polegada à direita da protuberância occipital externa.

meno (*Securitate*) e o seu relacionamento com os legionários de Chicago. A polícia, provavelmente, também tinha conhecimento da biografia de Culianu e da carta em que ele lamentava que sua veneração por Eliade o tivesse transformado em um discípulo acrítico. Culianu, o discípulo, pronto para o parricídio? Admitiu que seu mentor "era mais chegado à Guarda de Ferro do que eu gostaria de acreditar". Evidentemente, a sua aparição ao lado do ex-rei Mihai não despertou a simpatia dos legionários ou do serviço secreto romeno, nem o projeto de casamento com uma judia e sua conversão ao judaísmo. No ano anterior à sua morte, Culianu condenou publicamente o "fundamentalismo terrorista" da Guarda de Ferro, bem como o serviço secreto pós-comunista, o comunismo romeno e o nacionalismo da cultura romena.

Conheceria a polícia americana as obsessões do professor assassinado, a magia, a premonição, as experiências do êxtase, a parapsicologia? A reação dos nacionalistas da Romênia ao seu assassinato? "O crime arrepiante contra o acolhido pela megalópole dos gângsteres nos foi divulgado em uma apologia nauseabunda dedicada a esse excremento, sobre o qual não foi dada descarga suficiente na privada letal que lhe reservou o destino", publicou a revista *Românía Mare*[4] no obituário de Culianu. A escandalosa revista que exalava uma imunda histeria nacionalista descreveu também a mim com sinistros epítetos, depois de 1989, e até mesmo antes disso, quando, usando o nome de *Săptămîna,*[5] era uma espécie de órgão "cultural" do serviço secreto comunista. Será que o oficial Portofino sabia que exemplares da revista *Românía Mare* elogiando o assassinato de Culianu haviam sido distribuídos em quase todas as instituições americanas que se ocupavam do Leste Europeu, sem terem sido solicitados? Teriam sido enviados, quem sabe, pelo próprio serviço secreto?

---

[4]   "A Grande Romênia", em romeno. (N.T.)
[5]   "A Semana", em romeno. (N.T.)

Deveria descrever-lhe agora, antes do meu retorno à Pátria, *O mártir* de Chagall? O filho do gueto no centro da cena, envolto no manto branco de oração, de listras negras. Os braços não pareciam amarrados com uma corda, como acreditei inicialmente, nem os pés. Era mais provável que fossem tirinhas de filactérios. No céu em chamas e esfumaçado, projetava-se um cabrito de cor púrpura e um galo de ouro e, perto da fogueira, aparecia a mãe ou a noiva, o violinista, o velho com o livro. Que significa esse cartão-postal, ameaça ou solidariedade? Não sou renegado, senhor Portofino, nem convertido, por isso não posso decepcionar aqueles que, de uma forma ou de outra, não depositam suas esperanças em alguém como eu!

Estaria interessado o senhor Portofino no meu temor em retornar à Pátria? Sim, Culianu parecia assustado, assim como eu, quanto ao retorno ao país que se tornara sua Pátria mais de 250 anos atrás, quando os seus tataravós gregos ali se refugiaram das perseguições do Império Otomano. Para ele, a Romênia que ele amava, em cujo idioma se formou, havia se transformado, pouco a pouco, na Jormânia. Descreveu-a em duas narrativas quase fantásticas, de vaga influência borgiana.

Na primeira, o Império Maculista da União Soviética colabora com os espiões da Jormânia no assassinato do ditador local e de sua esposa, camarada Morte, instaurando a "democracia" bananeira da pornografia e dos pelotões de fuzilamento.

Na segunda, faz uma leitura da realidade pós-revolucionária em uma resenha fictícia de um livro de memórias fictício de um memorialista fictício que descrevia a falsa Revolução, seguida da falsa transição para a falsa democracia, o enriquecimento rápido dos antigos agentes do serviço secreto, os crimes obscuros, a corrupção, a demagogia, a aliança dos antigos comunistas com a Guarda de Madeira, a nova extrema direita. As memórias fictícias de um fictício testemunho evocavam também um falso processo e a rápida execução do "comandante" tirano e de sua Madame Morte, o golpe de Estado, os funerais dos falsos mártires, o povo "passado para trás"... O novo governante, o Senhor Presidente, assassino do Camarada Presidente, comenta a situação com o tradicional humor local: "Não é essa a função peculiar do povo?". Entenda-se: ser enganado.

Então, assim é a Jormânia, senhor Portofino! O senhor tem razão: não foram as forças sobrenaturais, mas a Jormânia dos Bálcãs ou de Chicago que impediu Culianu de rever o seu país. E os amigos, os livros, o amor, as piadas, o canto, onde entrava tudo isso e quem poderia ignorá-los? E a mãe que nos deu a vida, a nossa verdadeira Pátria? Quando foi que tudo isso se tornou, pura e simplesmente, a Jormânia legionária ou comunista? Poderia acontecer em qualquer lugar, em qualquer época, não é mesmo, Jimmy? Assim como Culianu, eu estava cansado de me questionar sobre as contradições da Pátria. Eu tinha um passado diferente do dele e não era o revólver de Bucareste que me dava medo. Temia mais os laços dos quais ainda não me libertara.

Nenhum dos pedestres que passavam em frente ao restaurante Ottomanelli Bros se parecia com o meu anjo da guarda do FBI, e eu não estava desapontado. Na verdade, não era o oficial Portofino que eu esperava, mas outra pessoa, naquele banco em que fiquei muito tempo plantado. A minha interlocutora sabia mais sobre mim que eu mesmo, não seriam necessárias explicações.

Será que ela se lembraria do pequeno volume da livraria do avô, de 62 anos atrás?

O primo dela, Ariel, o boêmio rebelde, com o cabelo tingido de vermelho e olhos negros, lia para as pessoas reunidas em volta do balcão um trecho do livrinho de capa fina e cor-de-rosa chamado *Cum am devenit huligan*,[6] como se lesse um guia de drogas e hipnose. Sua prima, a filha do livreiro, folheava as páginas de modo febril. O comentário de Ariel era sempre o mesmo: *"Partir!"* Insistia veementemente, no mesmo tom inabalável,

---

[6] "Como me tornei um hooligan", em romeno. Do escritor de origem judaica Mihail Sebastian (1907-1945). (N.T.)

como se dissesse "revolução" ou "salvação" ou "renascimento". "Agora, rápido, enquanto ainda estamos em tempo: *Partir!*" De vez em quando, Ariel virava o livro, olhava com desprezo o nome na capa, fazendo piada. "Sebastian, ouça! Senhor Hechter, também conhecido como Sebastian!"

Não era Culianu, mas outro o morto que se encontrava na premissa de minha viagem. Outro amigo de Mircea Eliade, de outros tempos: Mihail Sebastian, escritor que mencionei no café da manhã do Barney Greengrass e cujo *Jurnal*,[7] escrito mais de meio século antes, acabava de ser publicado em Bucareste. Aquele livro póstumo, no entanto, já não poderia ser exposto nas prateleiras de outrora. A livraria não existia mais, nem mesmo o avô existia mais, nem o sobrinho dele, Ariel. Minha mãe, que também já não existia, ela sim se lembraria do escândalo de Sebastian! Ela tinha uma excelente memória, minha mãe, e ainda tem, sem dúvida.

O entediante e imorredouro antissemitismo para o qual a Jormânia pré-fascista oferecia uma boa base de pesquisa, parecia aos olhos de Sebastian a "periferia do sofrimento". Ele assimilava as adversidades externas de modo condescendente, como rudimentares e menores, em comparação com a ardente "adversidade interna" que assedia a alma do judeu. "Nenhum povo confessou seus pecados com maior crueldade, quer fossem reais ou imaginários, ninguém se questionou mais em relação a eles ou se castigou mais duramente. Os profetas bíblicos são as vozes mais severas a ecoar no mundo". São escritos de 1935, quando as adversidades externas anunciavam a desgraça que viria a seguir.

"Periferia do nosso sofrimento?", gritava exaltado Ariel, primo de minha mãe e sobrinho do meu avô, na pequenina livraria da Jormânia no ano de 1935, um ano antes do meu nascimento.

"É este o ensinamento do senhor Sebastian? A periferia do nosso sofrimento? Ele vai ver, em breve, de que periferia estamos falando!"

---

[7] "Diário", em romeno. Memórias do período de 1935 a 1944. (N.T.)

Um ano antes, em 1934, Sebastian enfrentou o escândalo da publicação de seu romance *De doua mii de ani*,[8] prefaciado por Nae Ionescu, seu amigo, que se tornou ideólogo da Guarda de Ferro. O prefaciador via no judeu o inimigo irredutível do mundo cristão que precisava ser eliminado.

Criticado por cristãos e judeus, liberais e extremistas, Sebastian respondeu com um brilhante ensaio: *Cum am devenit huligan*. Usando um tom sóbrio e claro, o autor reafirmava candidamente "a autonomia espiritual" do sofrimento judaico, "seu nervo trágico", a disputa entre "uma sensibilidade tumultuada e um senso crítico implacável", entre "a inteligência nas suas formas mais frias e a paixão nas suas formas mais desenfreadas".

Hooligan? Ou seja, marginal, não alinhado, excluso? Ele mesmo, "um judeu do Danúbio", como gostava de se intitular, definindo-se claramente: "Não sou um sectário, sou sempre dissidente. Confio apenas no homem solitário e nele tenho muita fé".

Dissidente, até mesmo em relação à seita dos dissidentes, portanto? Como bem sabia minha mãe, eu me identificava com essas travessuras, assim como com a urgência de sair do gueto... Como se do outro lado houvesse alguém esperando pelo senhor Sebastian e por mim, amigos de braços abertos, não a comédia de outros guetos. O cansaço de si mesmo, como dizia Sebastian... Minha mãe não tinha por que definir a sua "pertença", ela o vivia pura e simplesmente com aquela mística fatalista, crença que não exclui nem a angústia, nem a depressão.

"Nós somos nós e eles são eles, lembra? Não temos motivos para nos tornarmos inimigos, nem esperar alegrias da parte deles. Nem esquecer os seus horrores."

A histeria com que eu recebia esses clichês aos 13 e aos 23 e aos 33 anos e sempre, não moderava a sua obstinação em redefinir, vez após vez, as mesmas coisas. O caráter trágico, como diziam os

---

[8] "Há dois mil anos", em romeno. (N.T.)

gregos antigos, é o que contemplávamos diariamente no matriarcado neurótico da família e na "identidade" coletiva.

Partir, sim, Ariel tinha razão. O tempo haveria de me convencer também, repetias para mim, o tempo vai me obrigar a reconhecer meu erro, a tomar consciência, mas vai ser tarde. "Será tarde e será noite", como dizia o poeta. Será tarde e será noite e você irá embora daqui, você vai ver.

Serão os poetas mais clarividentes que os profetas? O diário de Sebastian, publicado agora em 1997, meio século após a morte do autor, descreve as "adversidades" provenientes dos amigos que se tornaram inimigos. "Noite de inquietações... ameaças confusas. A porta parece não estar bem fechada, as persianas das janelas parecem transparentes, as próprias paredes parecem translúcidas. De qualquer lugar, a qualquer momento, é possível que venham de fora não sei que perigos, mas sei que estão sempre presentes."

Parti, finalmente parti! Culpado por não ter ido antes e culpado por ter partido, no final das contas.

Em 1934, o herói de Sebastian declara, em nome do autor: "Gostaria de conhecer as leis antissemitas capazes de anular da minha existência o fato irrevogável de eu ter nascido no Danúbio e de amar esta terra... Contra a minha inclinação judaica por catástrofes íntimas, o rio interpôs o exemplo de sua régia indiferença." Em 1943, o escritor se perguntava: "Voltarei para essa gente? A guerra irá terminar sem causar danos? Sem trazer nada irrevogável, nada irredutível?". Ao final da guerra, Hechter-Sebastian preparava-se para deixar, finalmente, "a eterna Romênia onde nada muda". O gosto judaico por catástrofes parecia mais curável nas proximidades do Hudson que no Danúbio.

A morte impediu que Culianu voltasse à Romênia e que Sebastian a abandonasse. Comigo, a ninfomaníaca brincava de maneira diferente: oferecia-me o privilégio de ser turista de minha própria posteridade.

Não somente o Danúbio, mas também a Bucovina poderia escrever a biografia da ausência. O idioma, a paisagem, as idades não se anulam automaticamente, em função das adversidades externas. Entretanto, o amor pela terra da Bucovina não anula a Jormânia. Onde se uniam e onde se separavam a Jormânia e a Romênia? "Nada é sério, nada é grave, nada é verdadeiro nesta cultura de panfletários sorridentes. Aliás, *nada é incompatível...*" São as palavras de Sebastian, que poderiam ter sido assinadas também por Ioan Petru Culianu. "Uma noção que falta totalmente em nossa vida pública, em todos os seus planos: o incompatível", repetiria Ariel em outro momento, o jovem e exaltado primo de minha mãe.

"A incompatibilidade é algo desconhecido no Danúbio", poderia ter repetido eu mesmo, com muitos outros, o dilema dos velhos-novos impasses. Adversidades externas? Fui iniciado desde cedo em tais banalidades. E, depois, ensinado de novo e de novo e de novo. No entanto, como um assediado, não é fácil evitar as suspeitas narcisistas, nem o patético masoquismo... Mais uma vez a vitimização? Mais uma vez as lamúrias de vítima? Agora, quando cada um reivindica seu brasão remendado de vítima, homem, mulher, bissexual, budista, obeso, ciclista...?

A carapuça serviu. O clássico inimigo público, o Alógeno! Eu sempre fui "o outro", conscientemente ou não, desmascarado ou não, mesmo que não me identificasse com o gueto de minha mãe nem com nenhum gueto identitário. As "adversidades internas" aliavam-se às externas no cansaço de mim.

Devia eu evitar a visibilidade como Schlemihl?[9] Sem sombra, sem identidade, aparecendo somente no escuro? Talvez, então, conversaria com naturalidade com os mortos que me reivindicam.

---

[9] Referência à obra *A história maravilhosa de Peter Schlemihl*, de A. Von Chamisso, na qual o personagem vende a própria sombra. (N.T.)

A arena de Augusto

"**O** que é a solidão do Poeta?", perguntaram ao jovem Paul Celan, meu conterrâneo da Bucovina, logo após a guerra, há mais de meio século. "Um número circense surpresa", respondeu o poeta.

Palhaços, era isso que parecíamos, meus amigos e eu, debatendo-nos nas lutas e disputas do cotidiano. Como Augusto, o Tolo, apelido com o qual o doutor Hartung mimava seu filho, o futuro pintor Hans Hartung. O pai cuidadoso e brincalhão intuíra a natureza do artista mal adaptado ao cotidiano no qual seus semelhantes davam e ganhavam suas porções de concreto comestível, um Cavaleiro da Triste Figura sonhando com outras regras e recompensas, buscando compensações solitárias para o papel que, querendo ou não, encarna.

Inevitavelmente, Augusto, o Tolo, enfrenta no circo público o Palhaço Branco, que, por sua vez, representa o Poder, a Autoridade. Toda a comédia humana pode ser vista no encontro desses dois protótipos. A história do Circo, enquanto História...

Augusto, o Tolo, visava mais frequentemente as próprias fraquezas que as dos outros, esperando, suspeitoso e sarcástico, o momento em que seria chamado a assumir novamente o papel de vítima que o público esperava dele. Neste papel, conquistei gradualmente o ceticismo e a resignação – a terapia do exílio. O abandono da Jormânia socialista, em 1986, infundiu em mim uma simbólica simetria: o exílio aos cinco anos, por causa de um ditador e sua ideologia, concretizou-se aos cinquenta anos, por causa de outro ditador e de outra ideologia supostamente oposta. O lamento implícito desta simetria não era motivo de orgulho, irritava-me. Divagava na esperança de que talvez aparecesse, num relance, uma luz que acabasse com o monólogo disforme de Augusto, o Tolo.

— Escapei relativamente limpo da ditadura. Não me sujei. Isso é um tanto quanto imperdoável... Você se lembra das histórias de Ferrara que o Bassani contava?

O meu interlocutor permanecia calado, não me interrompia. Ele sabia que eu estava cavando argumentos contra a viagem, justamente porque ela se tornara inevitável.

— O autor é conhecido aqui pelo filme *O jardim dos Finzi--Contini*. Entre as histórias de Ferrara há uma intitulada *Una lapide in via Mazzini*. Soa bem em italiano, não é mesmo? *U-na la--pi-de in via Ma-zzi-ni...* Uma lápide na rua Mazzini.

Meu ouvinte parecia disposto a ouvir qualquer coisa, se isso me tranquilizasse.

— Depois da guerra, Geo Iosz voltou inesperadamente de Buchenwald para a sua cidade, Ferrara. O único sobrevivente dentre os enviados ao inferno em 1943. Os antigos vizinhos o encaravam, envergonhados, queriam esquecer o passado, a culpa. Então, a testemunha indesejável, que se tornara ainda mais "estrangeira" do que já era na noite da deportação, abandona definitivamente a sua terra natal, por livre e espontânea vontade. Devo mencionar, como contraponto, a alegria de viver do Primo

Levi, que voltou de Auschwitz para a sua mesma cidade, Turim, para a mesma casa onde moraram antes dele os seus pais e seus avós e seus tataravós e seus antepassados?

Meu ouvinte, que não parecia impressionado com as minhas artimanhas, sorria.

— Quer dizer, escapei relativamente limpo da ditadura. Consegui ficar à margem. As pessoas perdoam a sua culpa ou o seu comprometimento, até mesmo seu heroísmo, mas não o seu distanciamento.

O meu amigo americano não parecia aborrecido, não percebia que eu estava. O cansaço de mim mesmo, sim, era isso.

— Nem comunista, nem dissidente... Isto não seria arrogância? De qualquer modo, eu não era muito visível no mundo balcânico de Bucareste. Outra arrogância, com certeza. E depois, a emigração... para longe, o mais longe possível. A arrogância suprema.

Apareceu a moça loura e delgada, de minissaia e com um crachá escrito *Marianne* no seio direito. Marianne, francesa de Israel, estudante em Nova York e, nas horas vagas, garçonete no Café Mozart da 70th Street, Upper West Side, perto da morada onde eu vivenciava a Vida Após a Morte. Ela trouxe dois pratos com gaspacho, as colheres, o pão, o sorriso.

Minha terra grandiosa... Era isto que eu tentava descrever ao meu ouvinte, a grandeza do País Dadá que eu não desejei abandonar e para o qual não desejava retornar. O inefável *encanto* e as inefáveis fezes. O mesmo que em outros lugares, mas eu não ligava muito para os outros lugares.

— Nos últimos anos, adoeci de uma síndrome especial, a Síndrome da Jormânia...

O pianista não havia chegado ainda, nem os clientes do almoço tinham aparecido no Café Mozart. Os jornais estavam em seus devidos lugares, presos nos dois suportes de madeira e pendurados no painel especialmente feito para esse fim, simulando

Viena. *Herr* Wolfgang Amadeus olhava, cético, da moldura dourada do retrato, para os dois clientes de óculos, sentados ao fundo do salão.

— É a raiva de si mesmo disfarçada num doce "venha cá me dar um beijo, meu querido"? Os romenos têm uma expressão intraduzível, tão intraduzível como a sua alma: "*Pupat Piata Independentei*".[1] Citação do nosso grande escritor, Caragiale. Intraduzível, como aquele mundo intraduzível, cheio de encanto e fezes. Não é o beijo entre Caim e Abel, mas o abraço geral depois de encarniçadas hostilidades, na mesma lama em que se atolam na embriaguez da reconciliação, antes do próximo assalto, a fêmea de cisne prostituta e o burro cientista e a hiena deputada e o cabrito inocente. Acredite, os romenos não esperaram por Sartre para descobrir que o inferno são os outros. O inferno pode ser doce e macio, como um pântano.

Calei-me, cansado pelo longo discurso e controlei minha síndrome.

— Você viu como se odeiam hoje os alemães do Oeste e os do Leste? Céline ou Cioran escreveriam melhor do que eu sobre o fel, com boa caligrafia.

— Pare de se queixar. Você escreveu sobre palhaços, sobre o circo. Você tem uma história para contar. Foi Deus que a mandou, Ele não esqueceu de você.

— História complicada demais, pede somente aforismos.

— Você irá junto com o palhaço americano. Será bem recebido, como uma supervedete com superpoderes, o poderoso Palhaço Branco, como você diz. E você conhece os meandros, tem tudo que precisa dentro de si. O que mais poderia querer?

— O Palhaço Branco, imperial, da América imperialista? Ao lado de Augusto, o Tolo, o exilado! Deus me mandou histórias interessantes por demais, mas não extraí grande coisa delas.

---

[1] "Troca de beijos na Praça da Independência", em romeno. Expressão irônica que alude a atitudes falsas. (N.T.)

— O Todo-Poderoso não pode fazer tudo.

— Devo escrever aforismos sobre a Pátria...? Pregar o bem, a moral, a democracia? Lembra o que dizia Flaubert? Se a gente prega o bem durante muito tempo, acaba ficando idiota. O idiota da família Flaubert sabia o que estava dizendo... Pregações para mudar o mundo? Não, não sou tão estúpido. Eu não prego para mudar os outros, dizia um rabino, mas para que eu não mude. No entanto, eu mudei, mudei sim.

Fiz uma pequena pausa, para recuperar o fôlego. Esse discurso eu sabia de cor, pois o tinha remoído bastante e não precisava de pausa nenhuma.

— Hooligan? O que é um hooligan? Alguém sem raízes, um não alinhado, indefinido? Um exilado? Ou o que consta no dicionário Oxford da língua inglesa? *"The name of an Irish family in S.E. London conspicuous for ruffianism?"*[2] No romance romeno *Huliganii,*[3] de Eliade, um dos personagens afirma que "só existe uma iniciação fértil na vida – o hooliganismo". Ou seja, a rebelião, o culto à morte, "milícias e batalhões de assalto, legiões e exércitos ligados pela morte comum. Regimentos perfeita e igualmente alinhados em um mito coletivo". Teria obtido Eliade no exílio, por conta de sua celebridade como intelectual, a revanche contra as suas frustrações romenas? Revanche da periferia contra a metrópole. E o Sebastian, seu amigo judeu? Os judeus consideravam-no inimigo, os amigos cristãos, convertidos em legionários, consideravam-no judeu, um pária. Sem raízes, exilado, dissidente, é esse o hooligan judeu? Mas o antipartidário, o extraterritorial, o cosmopolita apátrida que aqui vos fala, que tipo de hooligan seria?

Tirei do bolso uma carta recebida da Romênia. Uma carta sem data, como um machucado que supura. "Derrota, amargura, tristeza", escrevia-me a amiga da Pátria. "Você precisava vir duas

---

[2] Nome de uma família irlandesa no sudeste de Londres, conhecida pelo banditismo.

[3] "Os Hooligans", em romeno (N.T.)

vezes ao ano para cumprimentar com respeito os intelectuais, deixar-se filmar, participar de mesas-redondas, frequentar os bares, tomar o lugar da caricatura que puseram em seu lugar. Eu gostaria de saber que aluviões sobraram nesta resultante final: qual a atitude da Pátria em relação a você."

— Poderia ter sido diferente? Teria sido bom se fosse diferente? Eu pergunto: teria sido? Não se deixe enganar pela simpatia – este era o conselho de Gombrowicz. Seja sempre estrangeiro! No seu exílio na Argentina, ele costumava mostrar a língua no espelho do qual não conseguia se separar.

Como resposta, só recebia o sorriso divertido do meu ouvinte. Antes de nos despedirmos, como de costume, na esquina da Broadway com a 70th Street, meu amigo americano apresentou a conclusão do nosso encontro: "Envie-me algumas palavras de Bucareste, por fax, todos os dias, para que eu saiba que está tudo bem. Se você não aguentar, parta imediatamente. Para Viena, para Budapeste, para Sófia e de lá, para Nova York".

As velhas-novas perguntas acompanhavam-me muito antes daquele fresco dia de primavera. Eu não precisava do Café Mozart ou do restaurante Barney Greengrass ou do cruzamento da Broadway com a 70th Street para ser novamente o alvo delas.

"Não precisa mais colocar os pés lá", disse-me Saul B. por telefone. "Não faz bem em voltar", advertiu-me Saul. Encontramo-nos vinte anos antes em Bucareste, mas nos aproximamos de verdade na América. "Não porque você corra perigo, mas porque se sentirá miserável. Há poucos dias li a biografia de outro romeno famoso. Todos consagrados, hipócritas, inteligentes, como você sabe. Boas maneiras de gente à antiga, daqueles que beijam a mão das senhoras. Mas por debaixo dos panos..." O velho amigo de Eliade e ex-marido de uma célebre matemática romena não se abalava com o meu silêncio. "Você não deveria ter aceitado a viagem, não precisa disso." Expliquei-lhe que se tratava da "tirania da afetividade", eu fora vencido por Leon, o presidente do Bard College.

Ouviu-se o delicado riso de Saul ao telefone. Eu via, de repente, o seu rosto enrugado, amistoso, sua expressão vivaz. "Não precisava. Eu fui para lá, como bem sabe. Cancele tudo, zele pela sua tranquilidade. Você já tem muitos problemas aqui, mas tem uma vantagem: a distância. Não a desperdice."

Endereços do passado (I)

Dia 19 de julho de 1986. A noite do aniversário. Os convidados haviam sido honrados com vodca russa e vinho búlgaro e azeitonas gregas e queijo romeno, tudo providenciado com antecedência e esforço.

"*Os artistas estão chegando, atenção! / passam os artistas de porta em porta, macacos, mímicos / falsos manetas, falsos mancos, falsos reis e ministros / vêm aí os filhos bêbados de esplendor e calor / do imperador Augusto.*" Entre os hóspedes, mancando, suando, com uma folha transparente de versos entre os dentes, meu amigo, o Poeta. O poeta solitário, tímido e enfermiço converteu-se em um personagem das lendas folclóricas romenas: o Meio-Homem--montado-em-Meio-Coelho-Manco.

Baixo, entroncado, de barba loura, balançava, mancando, inclinado para a esquerda. Manso e medroso, atormentado pelas próprias ambiguidades, pronto a reconhecê-las, a pagar por elas, se esse fosse o preço da sobrevivência. Sofria a cada verso que escrevia ou que escreviam sobre ele ou sobre seus amigos. Trabalhando em uma editora, exasperado pelas tratativas com a censura e com os autores, ensaiava complicadas transações de lisonja e chantagem emocional para promover os livros em que acreditava.

O sofrimento de escrever e o sofrimento por causa do escrito só se igualavam à devoção que nutria pela esposa. A cada dois dias, Iulia submetia-se a uma hemodiálise em um hospital socialista com aparelhos obsoletos e frequentes cortes de energia. Com a Poesia e com a Neurose, medida pela pilha de remédios que tomava, Iulia tornou-se a medida diária de seu heroísmo.

Ele suava muito, como de costume. Vivia enxugando a testa e o rosto com um grande lenço branco que amassava na palma da mão, ampla e firme. Mesmo assim, não tirou o terno de festa nem a gravata de festa. Retirou-se, com Iulia, para perto da alta parede de livros da biblioteca, emocionado pelo encontro com tantos bons amigos... Poetas, críticos, prosadores... Macacos, mímicos, falsos reis, falsos manetas, amigos do Imperador Augusto, o Tolo. Os livros nos uniam, irmanava-nos o ofício competitivo da vaidade.

Membros e não membros de partido, privilegiados e tolerados, agora todos eram suspeitos: falsos reis, falsos manetas, falsos macacos, no socialismo das desconfianças generalizadas.

Naquela noite de julho de 1986, celebrava-se em Bucareste, no apartamento 15 do número 2 da *Calea Victoriei*, o fim de uma era. Somente alguns poucos sabiam que eu havia apresentado um mês antes, em homenagem ao aniversário de Leopold Bloom, o herói exilado de Joyce, os documentos para uma viagem ao Ocidente que eu mesmo não sabia para onde me levaria.

O exílio engoliu rapidamente a década que passou desde aquela noite de verão. Como aquelas bonecas russas que são colocadas uma dentro da outra, e depois em outra e mais outra, idêntica e diferente mas idêntica, até a cobertura dilatada da grande criança velha que continua a se autodigerir.

Será o infantilismo dos *talk-shows* televisivos em que crianças de cinquenta anos reivindicam sabe-se lá que terrível acontecimento as traumatizou quando tinham cinco ou quinze anos? Crianças incompreendidas, homens incompreendidos, mulheres incompreendidas, abusos por idade e sexo e religião e raça – a Vitimização! O Repertório das Lamúrias Planetárias... Um trauma aos cinco anos de idade é justificativa para a falta de imunidade aos cinquenta e sessenta e seiscentos anos? Qualquer homem verdadeiramente maduro teria se escondido há muito tempo na pele de um rinoceronte insensível! Seria a culpa por não ter deixado a pátria a tempo? Por não ter ficado lá até o fim? Lá havia surgido, pela primeira vez, a Quimera dos hieróglifos; lá fiz o pacto em que não prometia nada e no qual pedia tudo. Após um prolongado concubinato, a Senhora Arte permanecera intangível como sempre... Apenas uma digital, aqui e acolá, em páginas dispersas de obituário.

Nas semanas que precederam o meu retorno, revisitei os caminhos tortuosos das idades. Lembrei-me do sabor das comidas e das piadas, do vinho, dos cânticos, das montanhas e do mar, dos amores e das leituras. E, naturalmente, das amizades que haviam iluminado tantos impasses. Sim, mesmo alguém como eu, nascido sob o signo do intruso, não tinha o direito de esquecer os deleites de Gomorra. O encanto daquele lugar e de seus moradores não era ilusão, isso eu podia atestar. Paul Celan também viveu, em sua época bucarestina do pós-guerra, o tempo do "trocadilho", como o chamou depois, com divertida nostalgia. E também Tolstói, naqueles sete meses que passou em Bucareste em 1854 e em Chişinău e em Buzău e em tantas outras de suas paragens. A mistura de magia e tristeza não escapou ao seu olhar juvenil, ávido por livros e por aventuras vulgares, carnais, obcecado por aperfeiçoar o caráter e a escrita, mas obcecado também pela camponesa descalça, deitada no campo, ou por uma noite no bordel.

Sim, a intensidade do instante, a vida toda num instante.

V-Day, o Dia da Vitória! Era isso o que comemoravam os que estavam reunidos naquela noite de 19 de julho de 1986, no apartamento da Calea Victoriei, em Bucareste. Décadas após o primeiro exílio, eu me encontrava diante do verdadeiro exílio. O aniversário tornou-se, sem que muitos dos convidados soubessem e sem que eu mesmo soubesse, um exercício de despedida.

Em abril de 1945, o menino de nove anos que tinha voltado do campo de concentração de Transnístria descobriu comidas, roupas, escola, móveis, livros, jogos – a alegria. Irritado, expulsei o horror do passado, "a doença do gueto"! Curado, assim eu pensava, decidido a compartilhar com todos os meus conterrâneos o esplendor do presente que a pátria comunista então nos oferecia, canônico e igual para todos. A quimera da escrita colocou-me, depois, sob sua proteção. No início dos anos 80, seus trapos esburacados não conseguiam mais disfarçar a miséria do circo. O novo horror não substituiu o antigo, associaram-se: trabalhavam juntos. Quando tornei pública a minha descoberta, dei por mim jogado na arena. Os megafones latiam repetidamente: estrangeiro, estrangeiro, estrangeirado, do contra, impuro e do contra. Mais uma vez mostrei ser indigno da pátria da qual nem mesmo meus antepassados haviam sido dignos.

No verão de 1986 afastei-me, aterrorizado, do horror comunista e do horror nacionalista que tomou seu lugar. Seria lançado novamente à "doença do gueto", da qual me julgava imune?

Outros dez anos depois, muitas coisas tinham mudado, eu mesmo tinha mudado. Mas a obsessão de não voltar a ser vítima continuava a mesma. Não estava livre só por livrar-me da origem. Um vencedor teria voltado para a Jormânia seguro de si e de sua nova identidade; vencedor pela ausência, voltaria ao lugar que havia deixado, orgulhoso de ter-se tornado precisamente aquilo que sempre havia sido acusado de ser, honrado em personificar a própria insensatez.

Representariam a verdadeira Pátria aquelas dez pessoas queridas de Gomorra? Seriam esses os amigos, mais de dez, que comemoraram em julho de 1986 a minha guerra de cinquenta anos?

A primeira a morrer foi Iulia. Por causa da censura, as cartas que o poeta Mugur me enviava, depois que parti, eram assinadas com o nome de Iulia e endereçadas à minha mulher, Cella. *"Penso em vocês com muito carinho e solidão. Vamos brincar, crianças!, ouve--se uma voz na rua. Será que ainda vamos brincar algum dia? As poesias também envelhecem e não é mais possível escrevê-las. Esperamos por um tempo sem novidades."* Na Jormânia socialista não se achava gasolina e, portanto, nem táxis. Mugur pagava um motorista de caminhão que, em seu trajeto para a obra do Palácio Branco que o Palhaço Branco dos Cárpatos estava construindo, podia levar Iulia ao hospital e trazê-la de volta para casa, à noite. Hospitais sufocados de pacientes e miséria, casas sem aquecimento, ruas na escuridão, lojas e farmácias vazias.

"Mas, ainda assim, o amor... Sim, o amor não é uma generalização", escrevia o Poeta. *"Conforme a lei de Ohm, vamos imaginar também uma Lei do Homem,* une Loi de l'Homme: *homem é aquele que deixa para trás um vazio maior que o espaço ocupado enquanto esteve presente. A ausência é um espasmo prolongado – uma vez ao dia, uma vez por semana, por mais vezes... E o coração está cada vez mais velho – e nenhum homem pode aguentar mais do que um homem pode aguentar. Com que tropeços soubemos ser amigos! Se pudéssemos começar tudo de novo... Agora ficamos na janela como crianças e acenamos amigavelmente para os que passam pela rua. Mas no meio da rua está o Oceano."*

Mugur corria, suando, entre médicos e irmãs e enfermeiras, distribuindo presentes e sorrisos e cumprimentos e seus livros dedicados a Bruno Schultz e ao Meio-Homem-montado-em-Meio--Coelho-Manco. Uma determinação cega de viver, de viver para prolongar a vida da companheira. O poeta sobrevivia graças à obsessão pela sua outra metade. Mas o preço vinha aumentando, e a vida, perdendo o valor.

O que sempre fora o "Destino" doloroso do poeta havia se convertido em destino coletivo. Mas não constituía um alívio para a sua carga, posto que escrevia: *Estou manco. Estou tremendo... O homem que treme tem a sensação de se multiplicar; a mão que deseja segurar, apertar, esfarelar – ou acariciar – percorre um longo caminho até atingir o objetivo, um caminho em ziguezague. A sensação é a de estar sozinho, mas ao mesmo tempo há um monte de gente que estende a mão para pegar uma maçã. O tremor surge independente da minha vontade, e esse independente-da-minha-vontade pede que eu seja* muito; *daí o meu pensamento, expresso alguma vez por escrito, de que antes de ser qualitativa, de um modo ou de outro, a vida é* muita".

Lembrei muitas vezes desse *muito*. Mugur evocou-o pela parábola do judeu gordo que comia muito e ia engordando, tomando proporções alarmantes. Questionado, respondeu: "Quando vierem me queimar, quero arder muito, que dure muito".

O poeta Mugur havia engordado bastante por causa da neurose e do medo. Aumentaram os tremores, assim como o pânico e o frio e a miséria e o terror. Mensagens raras, particulares, restritas, com medo dos vigilantes: "Não temos nenhum motivo para nos lamentar por algo em especial". A palavra "especial" tinha um sentido, é claro: o inevitável que ainda não acontecera. "Graças a Deus, não temos nenhum motivo para nos lamentar por algo em especial", tinha Mugur codificado a situação dessa forma, dirigindo-se a Cella e assinando, com sua letra trêmula, Iulia.

Em 1989, após a morte de Iulia e depois da derrubada do Circo Vermelho, recebi a primeira carta em meu nome. *"Será que vamos nos ver de novo? Há alguns anos eu era um homem completo; eu tinha 5-6 corações, o mesmo número de pares de mãos e pés, de narizes, de bocas – como qualquer homem normal, certo? Agora meus corações se foram, ora para debaixo da terra, ora pelo mundo afora. Tento substituir pelo menos os que podem ser substituídos, cada um com uma folha de papel, rabiscada com algumas palavras. Você acredita mesmo que vamos nos rever? Eu me sentiria quase inteiro. Digamos assim, um Meio-Homem, em vez de um centésimo de homem cujos corações e olhos e tudo o mais se foi."*

Nunca mais nos vimos. Mugur morreu em 1991, na véspera do seu aniversário de nascimento, em fevereiro, com um livro em uma das mãos e um pedaço de pão com salame na outra.

Nesse meio tempo, morreu também Paul, o Elefante Voador; assim, o comunista poupou-se de ver a farsa instalada após a farsa comunista, da qual ele mesmo fez parte.

Morreu também Evelyne, a mãe de Cella, que comandou, com discrição e elegância, o aniversário de julho de 1986. Em uma das suas últimas cartas, pedia que não escrevêssemos mais para o seu endereço, mas para o de um vizinho. Após a publicação do meu artigo sobre Mircea Eliade, quando os jornais da nova democracia me acusavam de blasfêmia e traição, os patriotas locais escolheram como objetivo estratégico a caixa de correio da sogra do culpado, que foi incendiada algumas vezes.

Outros participantes daquela noite, que eu não sabia que seria de adeus, haviam se refugiado na França, na Alemanha, em Israel. Os meus amigos que haviam permanecido em Bucareste não eram mais os mesmos, nem a cidade, nem o nômade em que eu mesmo me transformei, não éramos mais os mesmos. Os mais íntimos dos íntimos tinham permanecido comigo, dentro de mim, embora o acaso nos tivesse separado. Esses eu não me sinto em condições de nomear ou de evocar, como não pude fazê-lo com meus pais, e não somente com eles, até que a morte os imortalizasse em mim.

A Pátria tinha se afastado em um passado bem mais remoto, aprofundando-se em mim. Eu não precisava nem de Geografia nem de História para atestar as suas contradições e a sua insensatez.

Seria maior o vazio deixado para trás que a plenitude que havia representado? Assim tinha previsto o Meio-Homem antes de desaparecer com a metade da quimera manca na qual cavalgava. A ausência era, na verdade, apenas um espasmo prolongado no velho coração.

O menino que, na rua, grita *vamos brincar* está longe, para lá de todos os oceanos.

O novo calendário

D-day, o Dia D, quarta-feira, 20 de janeiro de 1988. O Dia Decisivo. Já fazia um ano que eu perambulava pela Cidade Trânsito. Adiamento após adiamento, havia chegado a hora em que nada mais podia ser adiado. "A decisão é um momento de loucura", murmurava Kierkegaard. A indecisão não parecia diferente. A loucura da indecisão durava mais de um ano, depois de ter durado uma vida inteira.

A insignificância da origem, apenas isso, o seu ridículo, apenas isso estava em jogo. O herói estava pálido, oprimido pela farsa que o escolheu como protagonista da própria paródia. Um entre tantos, entregue a cada segundo na betoneira planetária. Não havia se libertado ainda das amarras firmes nas quais vivia? Ainda não tinha esquecido o passado, embora tivesse esquecido as fisionomias vistas menos de uma hora antes?

— O senhor. Dirija-se ao Comitê.

A senhora de terninho azul fazia sinais repetidos. Ele recolhe a maleta, levanta-se do banco onde havia outras cinco pessoas espremidas.

— O senhor irá falar primeiro com o representante francês. Quando terminar, volte aqui.

Ele se dirige à porta da esquerda. Três passos e está no recinto. O senhor sisudo, detrás da escrivaninha, convida-o a sentar-se à sua frente. Ele se senta, com a maleta no colo.

— O senhor prefere que falemos em alemão? — pergunta o francês, em alemão. — Ou é melhor em francês?

— Podemos falar também em francês — respondeu o requerente, em alemão.

— Fico feliz, fico feliz — o funcionário continua, sorrindo, em francês. — Quase todos os romenos falam francês, não é? Meus amigos romenos de Paris não têm dificuldade de adaptação.

— Sim, o francês é acessível aos romenos — confirma o romeno, em francês.

Ele olha mais atentamente para o senhor à sua frente. Todos os entrevistadores do nosso tempo são mais jovens que os entrevistados, pensa o romeno, em romeno.

O funcionário à sua frente tinha um rosto estreito, nariz proeminente, fino, olhos negros, inteligentes, cabelos espessos, um sorriso juvenil, simpático. O nó da gravata folgado, a gola da camisa azul aberta, paletó azul marinho desabotoado, caído com ligeira elegância nos ombros ossudos. Voz agradável, familiar – sim, agradável e familiar.

— Falei ontem com uma senhora da Romênia sobre o senhor. Eu sabia que conversaríamos hoje, perguntei a ela se o conhecia.

O requerente não demonstra reação. Cala-se, pura e simplesmente, em francês, idioma no qual acabava de acontecer a surpresa.

O funcionário à sua frente acende um cigarro e apoia ambas as palmas das mãos na beirada da escrivaninha. Recosta-se suavemente na cadeira giratória de couro, onde parecia sentir-se muito à vontade.

— O senhor não é nenhum desconhecido. Ontem, lendo a ficha que o senhor apresentou, os títulos destes livros... fiquei chocado com a coincidência.

Ao pronunciar *"destes livros"* levantou a ficha do requerente de cima da escrivaninha. Suspendeu-a e colocou-a de volta no lugar. Seguiu-se um longo silêncio intraduzível. Só mais tarde, o francês retomou o melodioso fraseado gálico.

— Conheço o romance *Captivi*.[1]

No silêncio perfeito da sala, a perfeita cadência da notícia evocava um jogo de esgrima. *Touché*, teriam assinalado os floretes?

— Em meados dos anos 70, acho... — continuou o parisiense.

— Em meados dos anos 70, acho eu, frequentei um curso de língua romena na universidade, em Paris.

O requerente tirou e limpou os óculos.

— Falava-se muito da censura. Censura e codificação... A crítica codificada do sistema totalitário?! O código dos... cativos.

O requerente apertava a alça da maleta. *"Mentira!"*, desejava gritar em todas as línguas. Agora tinha certeza de que quem estava à sua frente não era um diplomata comum. Será que o Oeste não era diferente do Leste? As mesmas insinuações, lisonjas, armadilhas?... O apátrida que recusou o pacto com o diabo nacional precisava aceitar agora os serviços internacionais da infame profissão? Seria, mesmo antes de obter o certificado de apátrida, um cativo vulnerável? Um anônimo, um pária chantageado, manipulado na primeira oportunidade?

— Uma grande surpresa para mim, balbuciei finalmente em francês. Não sabia, ninguém me falou a respeito... Não sabia que o livro tinha chegado a Paris.

— Sim, também foi uma surpresa para mim. Imagine, vejo o nome nesta ficha...

Levantou de novo a ficha do requerente da mesa, colocou-a de volta no lugar.

— Vejo o nome, os títulos dos livros... O senhor deveria estabelecer-se na França, não na Alemanha.

---

[1] "Os cativos", em romeno. (N.T.)

"*O senhor deveria estabelecer-se na França*"... Um conselho, uma promessa ou o código do pacto que lhe estavam sugerindo? Ele era tratado cordialmente, como uma pessoa conhecida, respeitável, honrado com truques diferentes daqueles reservados à plebe.

— O exílio mais fácil para um romeno continua sendo a França, o senhor sabe. Logo fará amigos. Você pode escrever em francês, como tantos dos seus ilustres antecessores...

Sim, o entrevistador conhecia não apenas o título e o tema do romance *Captivi*, mas também o trio Ionesco-Cioran-Eliade, mencionou a Princesa Bibesco, lembrou-se até da Princesa de Noailles e da Princesa Vacaresco, gostava de lembrar da *Grande Princesse* e da *Petite Princesse*, até mesmo de Benjamin Fondane ouvira falar, havia se preparado bem. A conversa seguiu até o fim na mesma toada. No final, o entrevistador sentou-se junto ao entrevistado, do outro lado da escrivaninha. Últimas demonstrações de cordialidade: o cartão de visita, com os endereços de Berlim e de Paris, o convite para passarem uma tarde juntos, a garantia de ajuda, qualquer ajuda, "*qualquer ajuda*" que pudesse ser necessária aqui em Berlim, ou, mais ainda, em Paris. No caso de qualquer eventualidade... "*No caso de qualquer eventualidade, seja lá qual for, a qualquer hora*", sussurravam as palavras, o sorriso, a dicção. Ao lhe apertar a mão, olhou-o com simpatia no centro das lentes: ele gostaria de passar, até a situação se resolver, uma tarde juntos naquele lugar em que o destino lhes reservou a surpresa de se conhecerem.

Monsieur Le Grand Ami acompanhou-o até a porta e ainda até a antessala onde estava a recepcionista de saia azul marinho. Avisa que o Senhor Fulano de Tal, seu amigo, havia concluído a entrevista com as autoridades francesas, poderia passar para os outros dois grandes poderes aliados que governavam Berlim Ocidental.

A secretária alemã não demonstra nenhum sinal de fraqueza diante da cumplicidade latina... Esperava, impassível, que os francófonos se despedissem.

A porta da esquerda fechou-se e o requerente foi deixado à espera. Quando finalmente levantou o olhar para a maleta grande e desbotada que o anônimo segurava nos braços, a secretária disse secamente em alemão:

— Pronto! Terminou por hoje.

O estrangeiro olha seu relógio. Dez para o meio-dia, estava feliz por ter terminado.

— Amanhã cedo, às oito horas, esteja no portão onde se fazem as listas. Às nove horas o senhor deverá estar aqui, sala 135.

Dia frio, ensolarado. Pegou o ônibus, depois o bonde. Por volta das duas chegou em casa.

Havia se passado um ano desde sua chegada à Cidade Trânsito. Na ilha da liberdade sentiu-se à vontade desde o começo. As propagandas coloridas, a abundância e o descaso iam se tornando, pouco a pouco, a paisagem rotineira para o estrangeiro até ontem acostumado apenas com a escuridão e com o frio, com os informantes e os manipuladores. A liberdade o enfeitiçou e o assustou. Não podia voltar, nem parecia preparado para o renascimento. Muitas incertezas e inibições. O metabolismo celular fez com que se sentisse importante e único ali, na caixa de fósforos onde convivia com frustrações e ilusões. Iria perder o idioma em que sucessivamente as várias etapas de sua vida haviam transcrito o código? Parecia-lhe um suicídio, não muito diferente do retorno à Pátria suicida.

A noite antes de apresentar-se perante o Comitê Especial tinha sido mais difícil do que as longas noites de indecisão que o torturaram naquele ano desde que tinha mergulhado, também em uma noite de inverno, na ilha da liberdade. Por mais alegrias e subterfúgios que o Mundo de Depois pudesse lhe oferecer, ele se tornaria uma criatura dependente e na velhice teria que aprender o alfabeto dos surdos-mudos, um senil forçado aos balbucios infantis, cheios de gratidão.

Através da cerração branca da noite apareciam os elegantes prédios e avenidas da Cidade Trânsito. Ouvia-se ao longe a música das festas. A cidade superpovoada de artistas e de espiões tinha uma intensa vida noturna. Parecia distinguir o Grande Muro, que protegia o enclave da liberdade do mundo dos cativos de fora e protegia do vírus da liberdade a prisão do lado de lá.

E foi noite e foi dia e será outro dia. Em mais dois passos, o quinquagenário nascerá de novo, no Mundo de Depois, que se chamará a partir de amanhã, 21 de janeiro de 1988, o Mundo do Lado de Lá.

Esticado no divã, olha a folha do calendário marcada em vermelho. Levanta-se, marca de novo a folha em vermelho e escreve em grandes letras vermelhas, em cima do dia 20 de janeiro, que se extinguia: MARIANNE! Por um instante contemplou a proeza. Não, não estava satisfeito. Apagou com vermelho as letras vermelhas. Desta vez escreveu na parte de baixo da folha: FRANCE! E então, sorrindo, como uma criança satisfeita com a travessura feita à tia, espreme outras letras antes das já escritas: Anatole. Anatole FRANCE. Volta ao divã. Por um bom tempo fica segurando o cartão de visita do francês na mão direita.

Passar uma tarde, várias tardes, com o representante de Paris? Seria sanada a suspeita trazida da Jormânia de todas as suspeitas? Seria preciso tempo e seriam precisos mais encontros. Nem mesmo tentou uma conversa literária com o admirador. Em que idioma ele teria lido o livro? Rasgou o cartão de visita em pedacinhos minúsculos, prova de que ainda não entendia as vantagens das transações que o Mundo Livre lhe oferecia.

No dia seguinte, 21 de janeiro de 1988, o estrangeiro retomou o caminho do centro, da Kurfürsterdamm, até a periferia onde estava o sagrado Comitê Tripartite. Esperou pacientemente, com a maleta nos braços, na banqueta em frente à sala 135. Às onze e quinze, a recepcionista mostrou-lhe, sem proferir palavra, a porta americana, à direita.

Três passos e estava dentro. O rapaz jovem e careca atrás da escrivaninha convida-o a sentar-se na cadeira em frente. Ele se senta, com a maleta no colo.

— O senhor fala inglês? — pergunta o americano, em seu inglês americano.

—*A little* — responde evasivo o requerente, em esperanto.

— Ok, podemos falar em alemão também — continua o americano em seu alemão americano. — Ok?

O requerente acena afirmativamente com a cabeça. Olha atentamente para o homem à sua frente: um entrevistador ainda mais jovem que o do dia anterior. Robusto, espremido num terno marrom de grandes lapelas. Camisa branca, gola bem apertada, pescoço grosso, branco. Olhos negros, perscrutadores, mãos curtas. Anel grosso de ouro na mão esquerda, caneta tinteiro de ouro na direita, abotoaduras de ouro nos punhos brancos, muito para fora das mangas do paletó.

— Passaporte.

Voz de militar, bem como os modos.

O requerente inclina-se sobre a imensa maleta que segurava no colo. Tirou uma pasta verde cheia de papéis de onde puxou o passaporte verde. O entrevistador o examina lentamente, página por página.

— Não é sua primeira viagem ao Oeste.

O requerente não comenta o comentário. O Grande Poder olha para ele durante um bom tempo e, decidido, rompe de novo a mudez diáfana que pairava na sala.

— O senhor foi mais de duas vezes até a Europa Ocidental. E uma vez para Israel.

O silêncio tornou-se denso.

— De onde veio o dinheiro para as viagens? — Ouviu-se o silêncio, rasgado em pedaços-pedacinhos. — O senhor não tem como converter moeda no Leste, se o governo não permitir. O governo só permite quando lhe interessa.

— Não viajei com dinheiro do governo. — O suspeito apressou-se em protestar. — Meus parentes do Oeste me mandaram dinheiro.

— Parentes? Gente generosa... De onde, de que países?

O viajante não deixou que o silêncio se tornasse ainda mais suspeito e desfilou, apressadamente, os países onde estava refugiada a sua família errante.

— Nos Estados Unidos também? — Animou-se o representante dos Estados Unidos. — Onde? Que tipo de parentes?

— A irmã de minha esposa. Casada há mais de dez anos com um americano. Mãe de dois filhos americanos, uma menininha de dez e um menino de quatro anos.

— E em Berlim, como o senhor chegou a Berlim? Não foram seus parentes que escolheram este lugar. Não creio que o nome Berlim lhes seja muito querido.

Prolongou-se o silêncio, mas desta vez o americano parecia satisfeito.

— Vim aqui com uma bolsa do Estado alemão, conforme mencionei na minha ficha pessoal.

— Sim, sim, o senhor mencionou — admitiu o funcionário, levantando a pasta da escrivaninha, suspendendo-a por alguns instantes, para depois colocá-la de volta ao lugar e empurrá-la para um canto, como se não tivesse importância.

— A bolsa que o vencido oferece ao vencedor? Pode-se dizer assim?

Não parecia ter pressa em encerrar o assunto alemão, pois não tinha sido fácil a vitória sobre o inimigo... Isto parecia unir o jovem americano com o velho europeu do Leste à sua frente.

A bolsa da culpa? Sim, assim pensou o próprio bolsista, mais de uma vez. A bolsa oferecida pelos vencidos aos sobreviventes que não tinham conseguido aniquilar? A bolsa da Alemanha próspera, após a derrota infligida ao leste sempre derrotado, destinado à pobreza e ao desterro? Apesar de ter suas fronteiras demarcadas, a Alemanha, mesmo após a guerra, continuou sendo dos alemães ativos e eficientes, reunidos sob a mesma bandeira e o mesmo hino. Nem sequer a Baviera se tornara dos judeus, depois da guerra, conforme previam aqueles que afirmavam que a terra de Goethe e de Bismarck seria governada pelos sobreviventes dos campos de extermínio. Os novos profetas estavam convencidos de que os sobreviventes pediriam provas de filossemitismo aos alemães, por três gerações, para conceder-lhes novamente a cidadania alemã perdida após a catástrofe.

Uma brincadeira, sim, sim... Repetia mentalmente o sobrevivente, piada lida ao contrário, da direita para a esquerda, como na Bíblia hebraica. Na saída dos campos de concentração, pediam aos judeus que comprovassem serem provenientes de fato, pelo sangue, do Estado que queria exterminá-los! Somente assim, seria possível conceder-lhes a invejada cidadania da Alemanha pós-bélica, generosa, com bolsas para pobres e errantes que não mais esperavam os benefícios da vitória.

O requerente não chegou a manifestar-se sobre isso tudo. O jovem entrevistador abandonou a conversa, mergulhou na escrita, preenchendo os campos do formulário. Provavelmente teria recebido com prazer as sarcásticas divagações, como uma lisonja destinada a captar as graças do Grande Poder.

Ao desviar os olhos da maleta, o requerente viu que a autoridade americana, já em pé, sorria e estendia-lhe a mão.

— *Good luck, Sir, good luck*! — desejava-lhe, à moda americana, renunciando à língua do inimigo comum.

Agora era a vez do leão britânico, que não era mais leão. Mas a recepcionista estava entretida numa animada conversa telefônica e não percebeu que o teste americano havia terminado. Nem depois de colocar o fone no gancho, pareceu enxergar a sombra diante dela.

— Virá agora a entrevista com os ingleses? — perguntou, acanhado, o estrangeiro.

— Não virá mais nada, senhor, agora virá a resposta. O senhor terminou. O senhor Jackson assinou também pelos ingleses.

O requerente apertou a alça da maleta e dirigiu-se à porta.

— Não esqueça, senhor, amanhã às 9h30.

Então tinha acabado, mas não tinha acabado. Volta, pasmo, em direção à recepcionista.

— Amanhã o senhor terá a entrevista final com as autoridades alemãs. Primeiro andar, sala 202, às 9h30.

Dia escuro e úmido. Caminhou lentamente, muito lentamente, para o ponto de ônibus.

As escadas, vencidas lenta, lentamente, terceiro andar, apartamento sete. Tirou a chave do casaco, abriu a porta e parou alguns instantes na soleira. O apartamento estava quente, silencioso. Antes de tirar o casaco, pega da mesa a grossa caneta vermelha e vai ao calendário. Amassa entre os dedos a grande folha de 20 de janeiro, depois a grande folha de 21 de janeiro. Marca a folha de 22 de janeiro de 1988, sexta-feira, com dois círculos grossos, vermelhos. Depois, escreve de comprido, em diagonal, "Se eu viver até amanhã" e acrescenta, entre parênteses: Conde Tolstói e Iasnaia Poliana.[2]

O sobrevivente sobreviveu a mais uma noite. Releu de novo e de novo, sem se cansar, o *Informe sobre o Paraíso*.

In paradise the work week is
fixed at 30 hours
the social system is stable and
the rulers are wise
really in paradise one is better
off than in whatever country[3]

---

[2] Cidade natal do escritor russo Lev Tolstói, hoje território pertencente à Moldávia. (N.T.)

[3] No paraíso, a jornada semanal está / fixada em 30 horas / o sistema social é estável e / os governantes são sábios / certamente, no paraíso vive-se melhor / do que em qualquer outro país (Versos do poema *"Report from paradise"*, de Zbigniew Herbert, em tradução livre.)

Fácil imaginar onde o poeta localizava a sua ficção. Transcrevera os versos em prosa. O funcionário francês e o inglês e o americano teriam entendido este informe codificado: *"In paradise the work week is fixed at 30 hours, prices steadily go down, manual labor is not tiring (because of reduced gravity), chopping wood is no harder than typing. The social system is stable, the rulers are wise. Really, in paradise one is better off than in whatever country".*[4] Tentava reduzir o texto: *"The social system of paradise is stable, the rulers are wise, in paradise one is better off than in whatever country".*[5] Sim, uma boa oração diária.

Retomou a mensagem, passou para as outras estrofes, para escolher, de cada uma, um verso ou dois para o funcionário alemão que iria encontrar na manhã seguinte. *"They were not able to separate exactly the soul from the flesh and so it would come here with a drop of fat, a thread of muscle."*[6] Depois, o resumo da estrofe seguinte: *"Not many behold God. He is only for those of 100 percent pneuma. The rest listen to communiqués about miracles and floods".*[7]

Dormiu sem sonhar, até ouvir o despertador.

Antes de sair de casa, voltou atrás, pegou da mesa o rascunho da oração: *"In paradise one is better off than in whatever country, The social system is stable and the rulers are wise. In paradise one is better off than in whatever country".*[8] Dobrou o papel e o colo-

---

4 No paraíso a jornada semanal está fixada em 30 horas, os preços diminuem regularmente, o trabalho braçal não é cansativo (por causa da reduzida gravidade), cortar lenha não é mais difícil que datilografar. O sistema social é estável e os governantes são sábios. Certamente, no paraíso vive-se melhor do que em qualquer outro país.

5 O sistema social do paraíso é estável, os governantes são sábios, no paraíso vive-se melhor do que em qualquer outro país.

6 Não puderam separar com precisão a alma da carne e, assim, chegavam aqui com um pouco de gordura, alguns músculos.

7 Não são muitos os que contemplam Deus. Ele só está ao alcance daqueles que são cem por cento *pneuma*. O resto escuta comunicados sobre milagres e dilúvios.

8 No paraíso vive-se melhor do que em qualquer outro país. O sistema social é estável e os governantes são sábios. No paraíso vive-se melhor do que em qualquer outro lugar.

cou no bolso. Sentia-se mais protegido e, por ter sobrevivido à noite, haveria de sobreviver mais esse dia. Apresentou-se na hora marcada, na sala marcada. O funcionário alemão era pequeno e robusto. Não usava terno e gravata, mas calças de veludo, um casaco de lã grossa, verde, sobre a blusa tricotada, também de lã, também verde. O cabelo louro repartido ao meio. Mãos grandes, com grandes manchas desbotadas, brancas, que se repetiam também na testa e no pescoço.

Após uma hora e meia de interrogatório, o estrangeiro sai aturdido, sem se lembrar das perguntas que havia respondido. Entretanto, o que ficou gravado em sua mente foi a precisão com a qual o burocrata lhe repetiu por duas vezes: "o caminho que havia enveredado seria longo, incerto, o primeiro passo era apenas o primeiro passo". Sim, sim... Bucovina, o local de nascimento, havia sido o primeiro passo, mas como bem se sabe, a identidade alemã é de sangue, não geográfica. "Nós não somos franceses, nem americanos... Não, nem americanos e nem ingleses, mesmo que estejamos no prédio do Grande Comitê Aliado...", explicou o funcionário, erguendo aos céus, escandalizado, as mãos e as sobrancelhas.

"Não se é alemão porque se nasceu na Alemanha! Nem mesmo na Alemanha! Nem vamos falar da...", e abaixou-se de novo para ler, na pasta que tanto consultava, a denominação bárbara. "Ah, sim, Bucovina... Uma antiga província austríaca, devemos reconhecer. E isto só por uns cem anos, temos que admitir. Austríacos e alemães são duas coisas distintas, completamente distintas, como o senhor. do Leste, sem dúvida sabe. O louco que destruiu a Alemanha, graças a quem existe hoje em Berlim, em plena Berlim, o Grande Comitê Aliado...", e o funcionário alemão, de puro sangue alemão, ergue novamente as mãos e as sobrancelhas em direção ao Todo Poderoso que brincava, sem pudor, com o destino da Alemanha. "Não, aquele louco, cujos atos a Alemanha nunca acaba de pagar e de pagar, assumindo sempre novas dívidas e recebendo insultos e essas invasões de pedintes e fracassados abastecidos pelo Grande Comitê Aliado, aquele louco não era alemão, mas austríaco, todo mundo sabe disso. De Linz, na Áustria, vinha o louco Adolf! Que nunca negou o fato. E mesmo que você seja alemão, que tenha se ausentado do seu país por oitocentos anos, que tipo de alemão você ainda seria? Vi uma compatriota sua na televisão, há alguns dias. Sendo alemã, segundo diz, foi repatriada agora na Alemanha, é o que ela sustenta. Ou seja, após oitocentos anos! Oitocentos anos, senhor! Oi-to-cen-tos anos desde que os colonos alemães chegaram lá a, como se diz, sim... a Banat!"

Não encontrara aquela palavra estrangeira "Banat" – nome da província do sudoeste da Romênia, perto de Bucovina, onde os descendentes dos antigos colonos ainda vivem –, nos arquivos da pasta sobre a mesa, mas, satisfeito com a proeza, em sua própria memória.

— *Bestimmt, ja, Banat!*[9] Depois de oitocentos anos... Dá para perceber imediatamente. Pelo sotaque, pelo vocabulário, pelo comportamento, acredite, acredite.

Portanto, nada do que acontecera ontem e antes de ontem ou hoje era decisivo, era o que, no fundo, tentava comunicar o benevolente representante alemão.

No ponto de ônibus, depois na estação do bonde, pensava no que o funcionário havia lhe dito. Esqueceu de descer e acordou em outra parte da cidade. Um bairro de casas agradáveis, não muito altas, de subúrbio. Parou um táxi, pediu ao motorista que o levasse ao centro, à deteriorada Igreja Gedächtnis.

Desceu na calçada aglomerada em frente à igreja. O centro da cidade cheio de gente, principalmente jovens. Seguiu distraído por uma ruazinha lateral, entrou no primeiro restaurante, reconciliado com a inutilidade do dia que tinha transcorrido com sua críptica própria.

No fim da tarde, quando abriu a porta, ouviu, no escuro, o costumeiro cumprimento do inquilino com quem dividia o aparta-

---

[9] "Determinação, sim, Banat!", em alemão. (N.T.)

mento: "A decisão é um momento de loucura", sussurrava, insidioso, como fazia todas as noites, o senhor Kierkegaard. Sim, mas tampouco deve-se negligenciar a loucura da indecisão. Além do mais, estas controvérsias noturnas não fazem mais sentido.

Antes de dormir fez a oração noturna: *In paradise one is better off than in whatever country. God is only for those of 100 percent pneuma. They were not able to separate exactly the soul from the flesh and so it would come here with a drop of fat, a thread of muscle. The social system of paradise is stable, the rulers are wise. God is only for those of 100 percent pneuma. In paradise one is better off than in whatever country".*

Um mês depois estava em Paris, onde teve diversas oportunidades de se arrepender por não ter guardado o cartão de visita de seu admirador francês do Comitê Aliado. Um mês depois, deu um passo maior em direção à Vida Após a Morte e ao Lado de Lá, um passo furioso sobre o oceano, que o trouxe, em março de 1988, ao Novo Mundo.

A alegria de ser estrangeiro entre outros estrangeiros. A estátua e as limitações da liberdade, suas máscaras, terras e sintaxes novas, não somente ao redor, mas também nele mesmo, traumas pelas perdas, as novas doenças da alma e da mente, o choque do desarraigamento, a chance de viver a posteridade. Aceitava, pouco a pouco, o novo calendário, a numeração bissexta do Paraíso: cada ano no exílio da liberdade valia por 4 anos convencionais.

Um ano e meio após a vinda para a América, ou seja, 6 anos depois conforme o novo calendário, caiu a Muralha Chinesa de Berlim. Na Jormânia socialista, o Palhaço dos Cárpatos e sua mulher, a Camarada Morte, haviam sido executados. Seriam essas as esperanças de repatriamento ao passado e à terra do antes e do ontem?

As mensagens que chegavam do Lado de Lá desencorajavam tais brincadeiras. Reavaliou as confusões vividas, releu o *Informe* do poeta polonês que lhe servia de oração, releu os cartazes pragmáticos do Paraíso: *DEPRESSION IS A FLAW IN CHEMISTRY NOT IN CHARACTER.*

Será que o antigo poeta Ovídio, exilado da Roma Imperial no deserto de Tomis, distante, no Leste, no Mar Negro, transcendeu a tristeza? Agora os termos haviam se invertido: todos os dias despedia-se da provinciana Tomis. Na nova casa, no litoral rochoso de Nova York, onde havia naufragado, na Roma do presente, a tristeza era tratada com remédios e ginástica: *DEPRESSION IS A FLAW IN CHEMISTRY NOT IN CHARACTER. Everything can be fixed, call 1-800-HELP.*[10]

Em 1997, aos nove anos da entrada no novo calendário, ou seja, aos 36 anos do Dia D, no inverno berlinense de 1988, era-lhe oferecida a oportunidade de voltar ao tempo e ao espaço de outrora.

De acordo com o novo calendário, ele tinha acumulado 94 anos. Velho, extremamente velho, incapacitado para tal viagem. Tinha, ao mesmo tempo, somente 11 anos, se considerarmos o tempo convencional desde o abandono da rotina da vida de antes. Semelhante peregrinação parecia prematura para uma pessoa tão jovem e emotiva.

---

[10] "Tudo pode ser resolvido, ligue 1-800-HELP." (N.T.)

A garra (I)

"A você será sempre permitido", repetia o professor do Brooklyn. "Considerando as circunstâncias, você é uma exceção. Deus fará sempre uma exceção para você, acredite em mim."

Poderia, eventualmente, aceitar essa hipótese, mas não se tratava de mim. O que importava é quem me esperava lá, pois Aquele nas Alturas, o Grande Anônimo, se existisse, sabia muito bem quem me esperava. Eu procurava respeitar as regras Dele porque aquela que estava lá à minha espera as havia respeitado. Por isso liguei, pela manhã, para a *Hebrew Burial Free Association* e para a *Jewish Chapel Services* e para a sinagoga próxima, na Amsterdam Avenue, perto da 69th Street.

A resposta foi a mesma, curta e categórica: *"Call your Rabbi!"*.[1] Não tive tempo de explicar que não tenho rabino e não pertenço a nenhuma sinagoga, só queria saber se nos dias de *Passover*[2] é permitida a entrada no cemitério judaico. Suponho que pelo menos

---

[1]   Ligue para o seu rabino.
[2]   A Páscoa hebraica.

isto, mesmo alguém que não pertence a nenhuma sinagoga e não mais pertence, há muito, a algo, a alguém, a coisa nenhuma, tenha o direito de saber. Finalmente, liguei para o professor do Brooklyn, a quem eu havia jogado alguns anos antes nos braços do niilista franco-romeno Emil Cioran. Queria perguntar se ele, ateu apaixonado pelos paradoxos dos incrédulos, conhecia algum rabino.

— Claro que sim. O meu amigo Solomoncik. O rabino Solomoncik.

Expliquei-lhe o dilema, convencido de que ele mesmo se ofereceria a conceder a permissão; conhecia a megalomania daqueles que estão prontos a substituir o Anônimo cuja existência negam.

— Sim, você tem razão — apressei-me a garantir. — Eu poderia pular o muro do cemitério, não estou tão velho para isso. Mas não quero infringir a regra. Não desta vez. Se o acesso ao cemitério não é permitido, ficarei lá, na frente do portão, até morrer, como o herói de Kafka, perante a Lei. Mas primeiro preciso saber o que diz a Lei. Os judeus preveem revogações em situações excepcionais, mas primeiro preciso conhecer a Lei. A Lei, você sabe a que me refiro. A sagrada palavra dos judeus: a Lei! Preciso de um rabino.

— Vou ligar para o Solo — ofereceu-se a voz do Brooklyn.

— Vou ligar para ele agora mesmo. Ele sabe, o rabino sabe. O meu homem sabe tudo, tudo.

O rabino sabia, realmente, tudo e mais um pouco a respeito. O homem da Lei respondeu claramente: "É proibida a entrada no cemitério nos primeiros dois dias e nos últimos dois dias da Páscoa. É permitida no meio da semana".

Tinha o calendário à minha frente. Assinalei as datas na mesma hora. Os primeiros dois dias, 22 e 23 de abril de 1997, ou seja, 13 e 14 de Nisan,[3] 5757. Os últimos dois dias, 28 e 29 de abril, ou seja, 21 e 22 de Nisan, 5757. Sobravam quatro dias de acesso liberado, tempo suficiente para me virar.

---

[3] O primeiro mês do calendário judaico. (N.T.)

O rabino acrescentou, entretanto, algo fora e acima da Lei. Ao saber que eu iria para a Romênia, voltou atrás. O intermediário que me repetiu as palavras do sábio, não escondeu sua perplexidade.

— Você pode imaginar uma coisa dessas? Quando ele soube que se tratava da Romênia... "Ah, vai para a Romênia! Romênia? Ah, então não tenho mais certeza. Que pergunte aos de lá", foi o que disse. Dá para acreditar numa resposta dessas? Do Aliosha Solomoncik?

Aliosha mostrava ser sábio, era preciso admitir. Então, no dia seguinte, sexta-feira, liguei para o meu amigo cristão de Bucareste.

— Ora, em Nova York você não conseguiu descobrir? — surpreendeu-se o antigo compatriota.

— Claro que sim, o Rabino traduziu a Lei, mas quando soube que se tratava da Romênia...

Naum Cabeça de Ouro começou a rir. Eu o escuto rindo em Bucareste, e o imagino enrolando o longo fio do telefone.

— Parabéns, companheiro! Não imaginava que vocês tivessem rabinos tão espertos em Nova York.

Temos, claro que temos, a América tem de tudo, *mon cher*. Mas sobre os judeus da Romênia o rabino americano não assume qualquer responsabilidade. Domingo, sim, no domingo de manhã os judeus trabalham, você pode telefonar para a Comunidade de Bucareste e perguntar, assegurei-lhe.

De fato, no domingo recebi a resposta.

— Uma senhora muito gentil prestou-me todos os esclarecimentos — dizia Cabeça de Ouro. — Pedi que ela repetisse, para poder anotar. Então: o acesso ao cemitério é proibido entre 22 e 29 de abril. Primeiro dia que reabre, 30 de abril. 30 de abril, anotei. Esta é a data, 30 de abril. Como se chama, Nisan? Mês de Nisan? Sim, sim, foi isso o que a senhora da Comunidade disse. Dia 23 de Nisan, ou seja, 30 de abril. Grave isto: 30 de abril é o primeiro dia após a Páscoa quando o acesso ao cemitério é novamente permitido.

Calei-me, o interlocutor de Bucareste não entendia se o meu silêncio era uma homenagem ao rabino Solomoncik ou para a gentil correligionária de Bucareste ou se significava outra coisa, totalmente diversa.

— Qual é o problema, por que ficou mudo? Você pode prolongar sua estadia por mais dois dias, não há de ser nenhuma tragédia. Poderemos ficar um bom tempo conversando... Por que tanta pressa? A gente não se vê há dez anos, caramba!

Naum Cabeça de Ouro tinha razão, mas não se tratava de razão, pois não dez, mas quase onze anos haviam se passado desde a despedida. O problema era que eu não queria viajar de jeito nenhum, esse era o problema.

Eu preferiria que outra pessoa explicasse a neurose, não eu, embora fosse melhor esquecer tanto a neurose como a viagem.

Precisava de uma explicação simples, que qualquer um pudesse entender. "Não dá vontade de voltar ao lugar de onde você foi banido", por exemplo. Uma moeda que funcionasse em todas as máquinas, você a insere, sai o sanduíche, ou o refrigerante, ou o lenço de papel para secar as lágrimas.

Mas a seguir só lhe vinham clichês patéticos: "Aos cinco anos, no outono de 1941, você acordou num vagão de gado, espremido entre vizinhos, parentes, amigos. O trem os transportava para o Leste. Para o Leste do Éden".

Sim, conhecia as ladainhas comemorativas, vendidas para a posteridade em nome da Memória, em filmes e discursos e jantares beneficentes.

"Em 1945, no final da guerra, aos nove anos, você não sabia o que fazer com o recente título de sobrevivente. Foi só aos cinquenta anos, em 1986, que finamente você entendeu o que isto significava. Você iria embora de novo. Essa vez para o Oeste. Definitivamente, para o Oeste." Na verdade, naquele tempo, era assim que se chamava do lado de cá da Cortina, a ida para o Oeste: definitiva.

Um resumo lacônico e preciso proferido por uma boca alheia. Os imitadores curam-nos de nós mesmos, eu não esquecera a sábia promessa. "Evasão impossível. Mas nesse meio tempo você encontrou uma morada: a língua." O imitador não progredia no seu humor, nem melhorava a retórica. "Domicílio freático", foi isso que a voz sussurrou? Não, "freático" teria soado pretensioso, embora apropriado.

Seguiam-se os truísmos, a surdina das banalidades. *Sobrevivente, estrangeiro, extraterritorial, antipartidário*". Você morava na língua, não é mesmo? Sim, eu reconhecia a retrospectiva: "Primeiro aos cinco anos, por causa de um ditador. Aos cinquenta, por causa do outro ditador e sua ideologia oposta. Esta seria a farsa, não é verdade?".

Eu reconhecia a retrospectiva simplista, embora omitisse as idades intermediárias, armadilha da esperança, aprendizado inútil. Mas, e o privilégio da despedida? "Ser excluído é a nossa única dignidade", repetia o exilado Cioran.

A expulsão como privilégio e justificativa? A pequena megalomania de ter a consciência tranquila? No limiar da velhice, o exílio oferece a última lição de espoliação: o aprendizado do desarraigado para o último desarraigamento.

"Em 1982, extraterritorial e antipartidário. Dez anos depois, extraterritorial de verdade, assim como o Partido desaparecido no nada".

Os jornais da Jormânia pós-comunista continuavam honrando o exilado: *traidor, anão de Jerusalém, meio-homem*. Pois é, a Pátria não tinha esquecido de mim e não me permitia esquecê-la. Os amigos pagaram caro pelos selos para que chegassem às minhas mãos, além do Oceano, as homenagens, ano após ano, estação após estação. Em 1996, os novos patriotas já pediam "exterminem a traça". O termo kafkiano da solução final visava, é claro, o inseto metamorfoseado em exilado e escondido para além de terras e mares, no Paraíso.

Por que não podia enumerar, eu mesmo, tais prazeres, por que preferia um intermediário? "Você se encontra com o seu país pela necessidade de uma desilusão a mais, pela sede de aumentar a infelicidade", monologara Cioran. No entanto, o ódio não era o meu forte. Eu o cederia alegremente a qualquer um, até mesmo à Pátria, na pressa de me afastar da lava incandescente.

Depois de 1989, não foi muito difícil recusar os convites para visitar a Romênia. Mais difícil era recusar-me a acompanhar o presidente do Bard College, que iria reger dois concertos em Bucareste. O Bard College havia sido meu anfitrião na América. Teria sido normal que eu assumisse, por minha vez, o papel de anfitrião em Bucareste, ao menos por alguns dias. Uma ocasião dessas, inesperada nos últimos dez anos, agora deveria ser motivo de alegria. Não era. Em 1996, dei de ombros, com indiferença, ao ouvir pela primeira vez a respeito desse projeto; repeti depois os motivos pelos quais não estava em condições de empreender a viagem. Leon não desistiu. No inverno de 1997, seus argumentos ganharam novo impulso.

— A situação política está mudando, a Romênia está mudando. Se for para você voltar algum dia, é melhor fazê-lo agora. Você tem um amigo ao seu lado.

Fui tarde, não queria ir, não estava preparado para reencontrar aquele que eu havia sido, nem para trasladar o de agora.

Na primavera de 1990, após a queda da Utopia e de seus fanfarrões, beneficiei-me de uma imprevista e tardia revelação no *Salon du Livre* em Paris. A delegação romena não estava mais composta pelos costumeiros funcionários culturais do partido, mas por verdadeiros escritores. Um reencontro cheio de emoção e nostalgia. Pouco tempo depois, o arrepio doentio. Eu suava, sem saber o porquê, tomado de uma bizarra ansiedade, algo profundo, escondido, inquietante. Precisei sair, deixar a sala, aturdido. Os antigos compatriotas haviam sido polidos, amigáveis, mas também pareciam ter mudado, pareciam livres dos vínculos que nos haviam mantido unidos. Refugiado na concha do idioma romeno, eu me encontrava fora do território natal.

Uma impostura escandalosa? Justo o extraterritorial deveria representá-los perante o *Estrangeiro*?

"Na luta entre você e o mundo, fique ao lado do mundo", aconselhava-me Kafka. Teria eu aceito o conselho?

Leon insistia e, em 1997, já não era possível responder-lhe com o silêncio. Peguei-me pronunciando o primeiro "pode ser", depois, "vamos ver", "eventualmente", "estou pensando a respeito". Não conseguia acostumar-me com a ideia e, contudo, estava começando a me acostumar. Finalmente, disse um tímido mas audível "sim", convencido de que logo voltaria atrás. Não foi o que fiz. Precisava romper os vínculos, finalmente, era o que me diziam. Somente o retorno, bom ou ruim, iria me libertar definitivamente.

Será que este tipo de *slogan* poderia me ajudar? Ou alguma terna festa de reconciliação, algum almoço "cultural" em que me encontrasse com uma grinalda pendurada no pescoço ou um diploma ou uma fita vermelha e verde, concedida pela Sociedade dos Aposentados Transcendentais, pela forma como havia honrado o nome da Pátria no estrangeiro? Depois dos *mititei*[4] e da cerveja e das costumeiras piadas e abraços, cairia atordoado pelo golpe do destino que, ora vejam, finalmente confirmava: aceito na Pátria! Você foi aceito, querido, não há mais o que fazer, o velho conflito foi resolvido, você não pode provar que é somente o álibi da Pátria perante o estrangeiro. Não, você não pode provar mais nada..., teria sussurrado na orelha do convidado nova-iorquino, meu amigo o Escrivão, também conhecido como Cabeça de Ouro. Ouvia a sua voz, quando o telefone me acordou, de repente.

Seis da manhã, ao telefone não era o meu interlocutor brincalhão de antes, mas... Suceava, a cidade que me acolheu na infância e na adolescência. Uma voz suave e gentil: o diretor do Banco Comercial de Suceava! Ele soube que eu voltaria para a Romênia

---

[4] Típico prato romeno, espécie de quibe. (N.T.)

em breve e queria que eu soubesse, embora com atraso, que a Fundação Bucovina me concedera, no inverno passado, o Prêmio de Literatura. Os cidadãos da minha cidade natal ficariam extremamente honrados se... Suceava! Bucovina! Renascimento! Não esqueci que lá eu havia renascido ao voltar do gueto. Sem festejos, sem televisão, sem publicidade? Poderiam prometer-me tal concessão? Sim, o diretor me garantia que o festejo já fora realizado, no ano passado, sem o laureado americano.

O banqueiro de Suceava não parecia acostumado com a literatura nem com os literatos, mas cumpria a sua obrigação liricamente, insistia, em seu sotaque brando, familiar, que aceitasse o modesto *souvenir*. A palavra "modesto" repetida algumas vezes, bem como o nome do interlocutor, Cucu, cativaram-me. Contudo, tentava manter-me inflexível quanto às regras estabelecidas: nenhuma entrevista, nenhuma aparição em público!

A justificativa da viagem já havia sido firmada no cemitério de Suceava, embora eu não me sentisse preparado nem para este consolo.

No outono de 1986, antes de deixar a Romênia, o trem me levou em oito horas de Bucareste a Suceava, no coração da Bucovina.

Ao entrar no vagão reconheci, sem dificuldade, no passageiro de terno e gravata, sem outra bagagem a não ser a maleta Diplomata, muito compenetrado na leitura do jornal do Partido, a "sombra" que deveria me acompanhar até o destino e provavelmente lá mesmo e, quem sabe, até na volta da peregrinação.

Dias cinzentos e frios, de novembro. Na atmosfera de final de mundo da Romênia daqueles anos, acabou desmoronando até mesmo a cidadezinha ensolarada e animada da minha adolescência. Gente curvada, encolhida, amuada. Tristeza e amargura e fúria contida nas rugas ásperas das figuras, no cumprimento crispado, nos diálogos anódinos. Não tinha mais importância onde e atrás de que máscara se escondia o meu "acompanhante" ou aqueles que assumiram a sua missão, quando vigiados e vigilantes pareciam, no final das contas, igualmente condenados ao beco sem saída que envenenava seus dias.

Eu não esperava por surpresas agradáveis, a situação era a mesma no país inteiro. Em Suceava, entretanto, a atmosfera fúnebre aumentava o peso da despedida. Eu teria desejado poder diluí-la em uma tonalidade mais suave. Tentava ressaltar os aspectos engraçados, converter os detalhes penosos do cotidiano em piadas e diversão, mas os resultados eram desencorajadores. A conversa voltava, inevitavelmente, não à miséria e ao terror que pairavam à nossa volta, coligados, mas ao motivo pelo qual eu viera. Não conseguia convencer os dois velhos que me ouviam, céticos e deprimidos, de que se tratava de uma separação temporária.

Um dia antes do retorno a Bucareste, ia receber a resposta aos meus ingênuos truques de consolação. Pela manhã, enquanto eu ainda estava deitado, minha mãe foi levada ao meu quarto.

A doença dela tinha piorado no último ano, estava cega e só podia andar amparada. O pequeno apartamento do prédio socialista tinha dois ambientes: sala e dormitório. Minha mãe dormia num divã, na mesma sala em que a mulher que cuidava da casa. Papai ficava com a cama do dormitório, na qual eu também dormia, naqueles poucos dias da visita. De manhã tomávamos juntos o café bucovineano *Kaffee mit Milch* no quarto da frente, onde se desenrolava, de fato, a rotina diária, as refeições, as visitas, as conversas.

Não esperou, como de costume, o café da manhã; quis me ver mais cedo, quando meu pai estava na feira ou na sinagoga, para falar somente comigo, sem testemunhas.

Bateu na porta, depois avançou lentamente, tateando, amparada pela mulher que tomava conta dela. A doença do coração debilitara visivelmente todo o seu corpo, mais cansado ainda. Sobre a camisola, vestia um roupão. A vida inteira padecera de calor, não tolerava roupas grossas, o roupão era uma novidade, agora reclamava cada vez mais de frio e calafrios.

A acompanhante segurava-a pelo braço, indiquei-lhe que a ajudasse a sentar-se na beira da cama. As palavras começaram a sair assim que ficamos a sós.

— Quero que me prometa algo. Que estará presente no meu enterro.

Eu não desejava esse tipo de conversa. Mas também não tinha tempo para fazer birra.

— Desta vez, parece uma viagem diferente. Eu sinto. Você não voltará. Vai me deixar aqui sozinha.

Ela estava em minha casa, em Bucareste, em 1982, quando uma publicação oficial de grande tiragem dizia que eu era *extraterritorial*. Ela entendia que tipo de bênção significava a palavra *antipartidário*, aprendera que *cosmopolita* também não era um elogio. Estava ao meu lado quando um amigo ligou para perguntar se ainda não tinham quebrado as janelas da residência. Ela lia esses sinais melhor do que eu. Sabíamos, mesmo sem falar, que recordações nos despertavam tais avisos.

Apressei-me a interromper o que ela queria dizer, para repetir aquilo que já havia repetido, de novo e de novo, nos dias anteriores. Ouvia-me com atenção, mas sem curiosidade, pois já ouvira aquelas frases.

— Quero que me prometa que, se eu morrer e você não estiver aqui, virá ao enterro.

— A senhora não vai morrer, não tem sentido falarmos disso.

— Tem sim, para mim tem.

— A senhora não vai morrer, não precisamos discutir este assunto.

— Precisamos sim. Quero que esteja no enterro, prometa-me.

Eu só tinha uma resposta: não sei nada sobre voltar, não decidi nada ainda. Se me concederem a bolsa em Berlim, ficarei lá por seis meses ou um ano, o tempo previsto no convite. Não havia recebido nenhum comunicado dos alemães, a carta devia estar em alguma gaveta da censura. Entretanto, ouvi boatos de que eu ganharia a bolsa. Nada confirmado, apenas boatos.

69

Repetiu-se o diálogo, com as mesmas palavras repetidas. No final disse com firmeza, mas sem força: "não posso prometer". Pareceu-me que ela diminuiu, ficou mais magra, no longo silêncio que nos esmagava.

— Significa que você não virá.

— Não significa nada. Significa que a senhora não vai morrer e não tem sentido discutirmos isso.

— Ninguém sabe quando e como.

— Justamente.

— Por isso precisamos falar a respeito.

— Ninguém sabe o que vai acontecer. Nem eu sei o que poderá acontecer comigo.

— Quero que prometa. Por favor, prometa-me. Quero que esteja presente no meu enterro.

— Não posso prometer. Não posso.

E logo acrescentei sem querer: "mesmo porque não tem importância". Replicou instantaneamente: "tem, para mim tem". A conversa parecia não avançar além de tais réplicas.

— Mesmo que eu não esteja no enterro, de algum modo estarei. Onde quer que eu esteja. É preciso que saiba. Onde quer que eu esteja, estarei aqui. Aqui, saiba disso.

Não podia adivinhar se a resposta a satisfez afinal. E nem ficaria sabendo. Não mais a vi depois de novembro de 1986. Morreu em julho de 1988, quando eu já me encontrava na América. Papai avisou-me do seu falecimento com um mês de atraso. Não para me poupar de ir ao enterro, mas porque significava que eu não poderia mais sair da Romênia e ele sabia disso. Queria apenas me livrar do pecado de não guardar o luto sagrado, *shivá*, o tradicional "sentar no chão", pois duvidava que seu filho, por mais entristecido que estivesse, pudesse cumpri-lo.

Antes que também ele deixasse a Romênia, no verão de 1989, aos 81 anos de idade, emigrando para Israel, papai me descreveria em uma carta os últimos meses da enferma.

Enquanto estive na Alemanha, ela vivia agitada, somente à espera de notícias, já que nem as cartas, nem as longas conversas telefônicas, nem os pacotes com comida e medicamentos a tranquilizavam. Apenas confirmavam a inevitável separação, assim pressentia.

A notícia da minha partida para a América havia posto um fim à incerteza. Não tinha mais por que e com quem lutar, nada pelo o que esperar. Logo depois disso, tornou-se ausente e, ao mesmo tempo, mais fraca, perdida. Difícil ajudá-la, até a dar os poucos passos até o banheiro. Um dia caiu e ficou encolhida, em si mesma, imóvel, impossível levantá-la, movê-la. A tagarela de antes parecia muda e surda, e não apenas cega a tudo o que a rodeava. Às vezes falava, numa espécie de transe, sobre seu pai e sobre mim e nos confundia com frequência. Achava que nós dois estávamos por perto, preocupada que demorássemos na cidade ou que tivéssemos esquecido de dizer aonde íamos. Cadê o Avram? E o rapaz, ainda não voltou? Algumas vezes reclamava daqueles que a mataram. Marcu e Maria eram os nomes dos assassinos cuja união não parecia casual, não, nem um pouco casual. Breves explosões de revolta, cansava-se logo, recaía na frágil paz do sono de onde surgiam, novamente, as preocupações: onde está meu filho, onde está papai, o bom Avram? O delírio repetia-se, sem nenhum aviso, seguido daquela imersão na calma irrealidade que a envolvia. Já chegaram? O rapaz já voltou? Cadê o Avram? Ainda na cidade, ainda na cidade... é tarde, já é tarde...

Desses dois interlocutores, parecia que ela não podia separar-se, nem após ter-se despedido para sempre de todos e de todas. Depois de 1988, visitava-me em sonhos estranhos, difíceis de esquecer. Senti mais de uma vez a presença dela nos recintos estranhos em que repousava o meu exílio. O ar rareava no quarto, como se, de repente, sob o poder de um estranho e terno envolvimento, o espírito tênue do passado sobrevoasse as minhas pálpebras e a minha testa cansada e me abraçasse suavemente pelos ombros.

Tornei a vê-la uma semana antes de partir para a Romênia. Estávamos na rua juntos, em Bucareste. Falava-me de Mihai Eminescu, o poeta nacional, de quanto ele teria gostado de me rever, de estar em minha companhia. Parecia muito animada, concentrada naquela lisonja que a encantava, mas que na verdade estava destinada a me alegrar, quando, de repente, caiu numa vala profunda na beira da calçada. Na verdade, um poço que descia até as profundezas, onde havia uma obra de canalização. Caiu de repente, não tive tempo de reagir. Agarrou-se à minha mão, o pesado e velho corpo ficou pendurado, suspenso no ar, acima do buraco, e eu estendido no chão, na calçada, segurava-a com força, com força, com a mão esquerda, para que não caísse. Com a mão direita aferrei-me à margem da calçada, a esquerda apertada como um alicate entre os seus dedos ossudos. Sentia que escorregava, que não podia aguentar o peso do corpo desesperado que pendia sobre o abismo, com as pernas finas e pálidas e velhas, balançando impotentes no ar. Lá embaixo, no fundo do buraco, homens trabalhavam, eu via seus capacetes brancos. Eles não me viam, não me ouviam, eu gritava em vão por socorro. Gritava além das minhas forças, mas não emitia nenhum som. Sufocava de tensão, as forças abandonavam-me, sugadas pelo alicate ossudo das velhas mãos que me puxava para o abismo, inevitavelmente. Escorregava para a beira da calçada, pronto para soltar o peso ou, mais provavelmente, para me deixar levar para o buraco sem fundo, sobre o qual minha mãe se debatia. Agora que a tinha reencontrado, que havíamos estado juntos de novo, não suportaria perdê-la outra vez.

Não, não queria, a nenhum preço, perder aquele contato há muito conhecido. O pensamento apunhalou-me, doloroso, mas não aumentou minha resistência. Ao contrário, teve o efeito de um desmaio, sugando as minhas últimas forças. Sem esgotá-las, porém, não, não estava acabado, ainda lutava, mesmo sentindo-me vencido, vencido, já sabia disso.

Segurava com força a mão agarrada na minha, mas eu cedia a cada instante que passava. Perdia o contato, teria me deixado arrastar com ela para baixo, nas trevas sem fundo da terra, mas não, não tinha acabado, não queria, gemia esgotado, escorregando mais um centímetro e mais um e mais um.

Os dedos da minha mão esquerda estavam inertes, vencidos, os da direita não mais resistiam, exaustos também. Pronto: abandonava, impotente, culpado. Pronto, era o fim, assim estava escrito, estava acabado, não podia mais me opor e já estava caindo, seja o que tiver que ser, quando a garra se enfiou em meu peito, como um estilete.

Acordei sem despertar, suado, esgotado, na cama macia, familiar, do Upper West Side, em frente à janela iluminada pelo sol da manhã de quarta-feira, 16 de abril de 1997. Quatro dias antes da partida rumo à Pátria.

O PRIMEIRO RETORNO
(O PASSADO COMO FICÇÃO)

O começo antes do começo

Verão tórrido, julho. Em frente ao quiosque onde se vendiam bilhetes de ônibus, os passageiros se abanavam com jornais e leques, enxugavam o suor com lenços.

O recém-chegado não parecia nervoso com a lentidão com que avançava a fila, nem com o calor sufocante. Cabelo castanho curto, com tons louro-avermelhados. Lábios bem definidos, sobrancelhas poderosas, densas, levantadas em ângulo na direção das têmporas. Olhar atento, nariz masculino e firme, mas não grosseiro. Terno de tecido fino, cinza claro, com dois botões, de lapelas amplas. Camisa branca, gola engomada, gravata azul escuro, botas pretas de ponta cortada. Na lapela direita do paletó via-se o triângulo de um lenço xadrez de pequenos quadrados azuis. Aparência impecável de um jovem senhor, de uns 25 anos, que dá valor à respeitabilidade. Estava encostado na parede e apoiava com o pé direito a pequena mala de couro e um tipo de cilindro pequeno de couro, como um estojo de guarda-chuva, sobre o qual tinha colocado o chapéu de palha.

Tirou do bolso interno do paletó uma carteira brilhante de couro marrom, abriu-a, tirou duas notas novas, lisas, dobradas em dois. Desdobrou as notas que estalavam de novas, um som fresco, agradável. Estendeu-as ao caixa bigodudo atrás do guichê. Inclinou-se, disse o nome do destino. A voz? Só se ouviu um curto pedido, pronunciado pausadamente no guichê do caixa.

Introduziu a passagem de ônibus no bolso esquerdo da calça. Após certa hesitação, colocou ali mesmo a nota puída, recebida como troco e não na carteira de couro fino do bolso peitoral. Abaixou-se, levantou a pequena maleta de couro e o cilindro de couro e depois o chapéu. Olhou para o seu relógio retangular Anker, na mão esquerda. Faltava meia hora para a partida do ônibus. Seguiu rumo ao parque. No banco livre, justo ao lado do ônibus, batia o sol escaldante. Sentou-se, tirou o jornal do bolso direito do paletó.

No cabeçalho do *Universul*[1] a linha de cima indicava a data, em destaque: 21 de julho de 1932. O editorial não parecia otimista. Advertia, em duas colunas, que o mundo "carregado de dinamite" poderia explodir bem antes do que esperavam os céticos.

Contudo, o semblante sério e concentrado do leitor continuou impassível, as palavras não intensificaram a atenção que de alguma forma prestava, digamos que moderadamente, aos arredores, indiferente à modorra da hora preguiçosa. Parecia satisfeito consigo mesmo, com o dia que o acolhia. O parque, o lago, o céu, até mesmo a agitação loquaz dos passageiros pareciam uma confirmação: ele estava no mundo, na sociedade. Só quem foi obrigado a dar duro para conquistar seu lugar podia entender o que oferecia aquele dia idílico.

O barulho tinha aumentado. Grupos apressados em direção ao quiosque, ao ônibus. Muita gente, mulheres, crianças, algazarra de verão. Contemplou a agitação mais um pouco e levantou-se, não tinha escapatória.

---

[1] "O Universo", em romeno. (N.T.)

O ônibus cheio, como todos os anos, depois do Santo Elias, dia da famosa feira de Fălticeni. *Iarmarok!*, o termo ucraniano havia se tornado usual. Tentou avançar pelo corredor do meio, entre os assentos. O motorista tinha engatado a marcha, precisava sentar-se. Abriu com cuidado o cilindro de couro. Não continha um guarda-chuva, mas um tripé usado no ano anterior e tantas outras vezes. Instalou com atenção os três pés da banqueta perto da maleta onde havia colocado o chapéu.

Sentiu que estava sendo observado. A jovem sentada na fileira da esquerda... ele a vira de relance no parque, entre os passageiros que se dirigiam às pressas para o ônibus. Morena, como uma espanhola, olhar profundo e negro, cintura fina, tornozelos finos, sandálias de antílope, salto alto, bolsa enfeitada como uma sacola de couro. Esbelta, rápida nos movimentos, fazendo questão de ver e ser vista. Vestido branco, florido, de mangas curtas. A conversa engatou junto com o ônibus. O passageiro elegante e atraente não teve dificuldades em puxar conversa com a passageira elegante e atraente. As vozes? A voz do jovem tenor mantinha uma surdina moderada, no mesmo tom, a voz da altista vibrava, alerta, mas evitando os agudos.

— Por acaso a senhora é parente da Senhora Riemer?

A pergunta surgiu, em pensamento, já no momento em que a vira avançando apressada, rumo ao ônibus. A bela viajante parecia agradavelmente surpresa.

— Sim, a senhora Riemer é minha tia. Irmã do meu pai.

Após algumas réplicas, pareciam velhos conhecidos. O pequeno tripé acrescentou uma nota cômica à impecável postura do passageiro, cioso de seu lugar na sociedade e no ônibus aglomerado, como a própria sociedade. A conversa passou de Lea Riemer para o seu marido, Kiva, tapeceiro, parceiro de xadrez do grande escritor Sadoveanu em suas férias de verão em Fălticeni. Depois, aos filhos do casal Riemer, famosos por seu bom aproveitamento na escola, e para outros conhecidos em comum da cidade que cada um deles visitava com certa frequência por ocasião da feira de julho, como acabavam de descobrir. Nenhum deles desceria em Suceava, como supunham, mas em duas localidades satélites: ele em Iţcani, a primeira estação depois de Suceava, ela em Burdujeni, a estação depois de Iţcani.

Cativados um pelo outro, não tinham como distinguir, no ar, as sombras de uma estranha gestação. Ou talvez sentissem algo, pois durante a conversa animada pela vivacidade mediterrânea da jovem mulher, ficaram sondando um ao outro o tempo todo. Na despedida, a hora percorrida não parecera uma viagem para casa, mas para o desconhecido.

O reencontro aconteceu na semana seguinte, conforme haviam prometido. O homem apareceu brilhando, na sua brilhante bicicleta, em frente à Librăria Noastră,[2] no meio da ladeira da rua principal de Burdujeni, uma casa e loja comercial não muito grande, com paredes amarelas e janelas estreitas, dotadas de persianas. Três quilômetros separavam a fábrica de açúcar de Iţcani, onde o jovem exercia o cargo de contador, da livraria dos pais da jovem encontrada no ônibus, situada na localidade vizinha, subúrbio de Suceava. Um caminho agradável, ainda mais em uma serena manhã de domingo.

A minha primeira lembrança está ligada a este caminho. Uma lembrança de antes do meu nascimento. A lembrança daquele que eu era, quando eu ainda não era. A lenda do passado antes do passado.

Quando o sábio chinês de séculos atrás me pergunta, assim como a muitos de seus leitores "como você era antes de seu pai e sua mãe se encontrarem?", evoco o trajeto entre as duas localidades vizinhas do nordeste romeno, em meados dos anos 30. Uma alameda de pedra e pó entre esbeltas fileiras de árvores sob a cobertura de um céu doméstico, sonolento. Uma faixa dourada do espaço transformado no tempo necessário para se chegar de um lugar a outro, de uma coisa a outra. Os contos de fadas chamam a

---

[2] "Nossa Livraria", em romeno. (N.T.)

isto amor, ou seja, a comédia de erros de atribuição de que, pelo visto, todos nós precisamos.

Após o primeiro domingo do reencontro, o contador da fábrica de açúcar de Iţcani continuou suas incursões regulares de bicicleta ou de charrete até a localidade vizinha. O trajeto magnético das ilusões substituiu, pouco a pouco, o caminho de pedras, terra e pó, colocando aquele lugar perdido do mundo no seu próprio centro. As sombras chinesas do destino perseguiam-se caoticamente no céu da cena campestre, sem oferecer a imagem do futuro, apenas as nebulosas incandescências do momento. Suponho que o pretendente às graças da desconhecida descobriria nos meses seguintes o que eu só descobri meio século depois, no início dos anos 80, no trem, quando acompanhava minha mãe, quase cega, a um oftalmologista, em uma cidade situada a pouco mais de duas horas dos velhos lugares.

Na primeira viagem ao Ocidente, alguns anos antes, encontrei em Paris o famoso primo dela, Ariel, a respeito de quem circulavam na família lendas exóticas. Não tinha mais o cabelo tingido de verde ou vermelho ou azul, como na juventude, difícil saber se ainda intermediava a venda de armas, como nos tempos de De Gaulle, ou se ainda escrevia no *Le Monde*, conforme afirmava. O homem corpulento e careca, também ele quase cego, pois sofria da mesma doença de família, tinha uma biblioteca fantástica, na qual não se sabia o que escolher. Quando se falou da juventude da filha de seu adorado tio Avram, o livreiro, um sorriso ambíguo foi a resposta. Em vão insistia eu, ele se recusava a dar detalhes. Algum episódio estranho na juventude, antes do casamento com o meu pai? Por acaso a bela desconhecida tinha, quando do encontro no ônibus, um passado que escandalizava a pequena localidade provinciana? Não escandaloso o bastante, pode-se afirmar, a ponto de impedir o distinto pretendente a perseverar, por três anos, nas etapas de cortejo e intimidade preliminares ao casamento.

Como era eu antes do encontro deles? Não sou suficientemente chinês para me lembrar do passado antes do passado, mas posso ver o começo antes do começo, o intervalo entre julho de 1933 e julho de 1936, do encontro no ônibus até o aparecimento do primogênito do casal, mais morto que vivo.

Em casa, na família do meu avô, onde eram servidos os produtos irresistíveis das artes culinárias e diplomáticas da família, nos bailes de gala de Ițcani e Suceava à moda austríaca, nas raras idas à capital da Bucovina, Cernăuți, a Viena daquele fim de mundo, nas festas do calendário antigo da antiga Burdujeni, na sala de teatro Dom-Polski de Suceava, na sala de cinema onde os apaixonados descobriram o nome do ator americano ou inglês ou australiano Norman – no ônibus Suceava-Fălticeni-Suceava acumulavam-se as potencialidades que o meu nome viria a ter. O ar carregado de odor de pinho e de discursos sobre Titulescu e Jabotinsky, Hitler, Trótski e Bal-Shem Tov, as casas enfumaçadas, o vapor das panelas quentes, o zumbido das calúnias e dos boatos eletrizando a escuridão, os jornais cheios de alarde e alarme.

Nada, porém, tinha mais importância senão a hipnose que de súbito lançava um homem e uma mulher ao centro do mundo. Um jovem que ascendeu pela própria capacidade, de uma modesta família de padeiros do interior, equilibrado, solitário, com uma rigorosa disciplina interior, discreto e trabalhador, que valorizava a dignidade e a estima dos conterrâneos. Uma jovem ardente, ávida pelos sinais do destino que lhe tirassem o pânico e a paixão, herdados dos neuróticos antepassados talmudistas e livreiros. O pão e o livro.

As diferenças entre os dois parceiros pareciam ter assumido o papel de aglutinante na primeira fase do casamento e até mesmo depois, embora cada um continuasse a ser o mesmo, até o fim. A implicação frente ao retraimento, a paixão às vezes teatral, mas não menos sincera de um lado, a solidão, a discrição e a moderação da outra parte. A acuidade e a apatia, o ímpeto e a prudência, o risco e a reticência? O produto do enlace não foi necessariamente uma perfeita união dialética de premissas... Apenas acrescentou novas contradições, porque de outra maneira, a comédia teria sido enfadonha. A impaciência das contradições refletia-se no recém-nascido?

Paradoxalmente, o nascimento prematuro do único filho, em julho de 1936, véspera de Santo Elias, dia da feira de Fălticeni, não dava sinais de impaciência. Era mais provável tratar-se de recusa. De fato, o não nascido recusava-se a nascer... a colocar em movimento as contradições herdadas, bem como as não herdadas.

A demora na placenta, na potencialidade, ameaçava o rompimento que mal parecia um parto. Uma ferida perigosa para a mãe e para a criança, debatendo-se, dias e noites, para sobreviver.

A parturiente valia mais que o feto, é claro, a família respirou aliviada, ao saber que a mãe viveria. E quanto à criança, somente quando o seu destino não mais estava ligado ao da mãe, só então o velho Avram perguntou: "ele tem unhas?". Ao saber que eu tinha unhas, tranquilizou-se de vez. No pouco tempo em que o conheci depois, nos anos de gueto em Transnístria, não chegou a me explicar que a sobrevivência pede garras e não unhas. O meu ingresso no mundo tinha sido numa época solar, branca, sem contorno ou lembranças. Tempo idílico do qual a memória só recupera um trecho de uma rua, uma ladeira, a porta da livraria do vovô.

A lembrança não diz grande coisa a respeito de como eu era antes do verdadeiro Nascimento, que estava prestes a ocorrer. Dirá bem melhor, quem sabe, muito mais tarde, a ficção: a sequência do filme de Tarkovski, *A infância de Ivan,* visto e revisto até a exaustão, muito tempo depois: a criança loura, o riso da mãe, a alegria. De repente, o balde do poço gira como louco. O espelho d'água revolto pelo trovão da explosão: a guerra.

O trovão de outubro de 1941. O trovão e o raio racharam, de vez, o palco da cena. A expulsão, o comboio dos desterrados, o trem, o deserto das trevas. O abismo em que tínhamos sido jogados não era como um balanço de criança. Depois, só o grito desesperado da Boa Fada que não queria me soltar dos seus braços e pedia às patrulhas armadas que a deixassem ir conosco, para o vazio, ela, a cristã Santa Maria, junto com os pecadores dos quais não conseguia se separar. O desembarque noturno, os tiros, os gritos, os saques, as baionetas, os mortos, o rio, a ponte, o frio, a fome, o medo, os cadáveres: a longa noite da *Iniciação*. A comédia mal começava. TRANS-NISTRIA. Para lá do Nistru.[3] TRANS-TRISTIA. A *Iniciação* preliminar ao nascimento. Sim, eu sei como eu era antes de nascer. E como fui depois, em abril de 1945, quando os apátridas foram finalmente repatriados, pois a Pátria, quem diria, não tinha conseguido se livrar deles. Ela só se livrou de alguns. Do livreiro Avram, de sua esposa, Haia, de tantos outros.

Um dia suave de primavera acalentava a cidade, que, em 1945, assim como em 1932, chamava-se Fălticeni, a mesma de onde havia saído, mais de dez anos antes, o ônibus do destino que programou o meu *debut*. O caminhão que nos trazia a Fălticeni em 1945, onde haviam ficado os parentes poupados da deportação, não parou em frente ao parque, no quiosque onde antes se vendiam passagens para o Paraíso. Parou perto da Praça, na esquina da Strada Beldiceanu. O gongo soou. A tampa de tábuas na traseira do caminhão foi aberta para os lados. Pela Strada Beldiceanu vinham correndo em nossa direção os figurantes da peça que celebrava o retorno. Um melodrama doce e delicado, como a placenta dos recém-nascidos, abria a sanfona arco-íris do acordeom em honra aos vitoriosos, que éramos nós.

Eles choravam, beijavam-se, reencontravam-se. Eu permaneci na carroceria do caminhão, roendo as unhas. A rua virou um cenário e eu era um espectador aturdido. Mais tarde lembraram-se do retardatário, abandonado no passado.

Antes de descer de novo no mundo, cheguei a roer as unhas mais uma vez, bem fundo. Tinha adquirido este hábito feio, eu roia as unhas.

---

[3] O Rio Dniester, na Ucrânia. (N.T.)

O ano hooligânico

O idílio pré-marital prolongou-se de 1932 a 1935. A costureira Waslowitz, a polonesa a quem recorriam as madames da cidade de Suceava e dos arredores, mal podia satisfazer as encomendas da livreira de Burdujeni. Seu elegante e sóbrio cavalheiro fazia questão de apresentá-la sempre com novos figurinos nos bailes beneficentes da cidade! A morena esbelta e nervosa desabrochou. Os olhos negros, ardentes, brilhavam, a intensidade do rosto iluminava-se sob uma aura mágica fácil de se ler. Sempre apressada, sem tempo para nada, trabalhava como sempre de manhã até à noite, mas agora também se ocupava em ver como lhe ficavam os vestidos, os sapatos, a bolsa, o chapéu, as luvas, o pó de arroz, os penteados, as rendas.

Abraços na charrete e no carro, visitas a Suceava, Fălticeni e Botoșani e talvez mesmo a Cernăuți? Bailes, passeios sob a luz do luar, festas na sinagoga e festas na família da futura noiva? Cinemas e teatros e restaurantes ao ar livre, pista de patinação e trenós com sinos e excursões às estâncias turísticas da Bucovina? Quem sabe alguma paradinha no quarto de solteiro do contador? O cenário não parece difícil de imaginar, o fervor dos apaixonados pulsava no ritmo do tempo, a última pausa idílica antes da catástrofe.

Por isso, o ano de 1934 pode ser considerado um ano feliz. O caminho de apenas alguns quilômetros entre Burdujeni e Ițcani tornara-se a Via Láctea do idílio desencadeado menos de um ano antes, naquele ônibus abrasador apinhado de gente que ia à famosa feira de Santo Elias em Fălticeni. O povo de Ițcani e principalmente o da metrópole *shtetl* Burdujeni convivia com os acontecimentos que estavam se desenrolando: debates políticos e bisbilhotices femininas, cenas miúdas e grandes discursos utópicos, como na ágora grega, o uivo do mapa-múndi dos jornais romenos, judaicos, franceses, alemães. Amigos e parentes, irmão e irmã e o pai e sua esposa doentia e tagarela, minha avó, cujo apelido era Tzura – ou seja, traquinas –, e Maria, a bonita camponesa órfã adotada pela família, impaciente por acompanhar a caçula do livreiro na futura morada.

Um ano feliz, o ano de 1934. No entanto, o jovem Ariel, rebelde sionista e letrado, a par das últimas notícias dos jornais, decretara-o como sendo o Ano da Advertência.

O futuro genro e a escolhida de seu coração também liam os jornais e os livros do momento, na livraria do velho Avram, portanto, a notícia lançada pelo primo Ariel não podia surpreendê-los: o romance *De două mii de ani*, lançado naquele ano, provocara um enorme escândalo no povo bucarestino! O autor não se chamava Mihail Sebastian, como figurava na capa cinza-azulada do livro, mas Iosef Hechter, e o prefácio incendiário do romance era de autoria do ideólogo legionário Nae Ionescu, mentor, quem diria, do pobre Hechter! O prefácio do senhor Ionescu sustentava que o seu admirador e aprendiz não era, simplesmente, um *homem* do Danúbio de Brăila, como ele se achava, mas um *judeu* do Danúbio de Brăila. Aparentemente, o fato não podia ser ignorado nem alterado: Hechter-Sebastian e seus correligionários, mesmo sendo ateus e assimilados, não podiam ser romenos. Os romenos são romenos porque são cristãos ortodoxos e são cristãos ortodoxos porque são romenos, explicava o legionário Ionescu. Simples assim!

Em 1935, a livraria já expunha outra obra de Sebastian, *Cum am devenit huligan* , em que o autor afirmava que o ano de 1934, para eles um ano feliz, tinha sido o ano dos hooligans.

"E o que nós temos a ver com isso?", perguntou o livreiro Avram, para irritar o agitado sobrinho. Ariel continuava exaltado com as velhas novidades: o senhor Nae Ionescu está convencido de que não há modo de resolver a maldita situação! Com o cabelo revolto, recém-tingido de azul, recitava o veredicto do senhor Ionescu: "Judá sofre porque gerou o Cristo, viu-o e não acreditou. Isso não teria sido tão grave. Mas outros acreditaram – nós. Judá sofre porque é Judá". Conclusão: "Judá agonizará até o final dos séculos".

O senhor Ionescu de filósofo virou filósofo legionário e de amigo de Sebastian virou militante defensor do Estado cristão ortodoxo. No novo ano hooligânico de 1935 a ressonância de suas palavras aumentou... "Iosef Hechter, não sente como o frio e a escuridão o envolvem?"

Ariel agitava o livro no ar, como se fosse um manifesto. "Era a nós que o nosso amigo legionário perguntava", murmurou, no final, o escandaloso Ariel, extenuado, para potencializar o efeito dramático das palavras. Se nem a assimilação, nem a conversão solucionam nada, qual teria sido a solução, afinal? O dilema resolvia-se com um guia contemporâneo chamado *Mein Kampf,* continuou após uma pausa o jovem orador.

Indiferente aos sentimentos dos ouvintes, o senhor Ionescu colocou os pingos nos "is". A escuridão e o frio da solução final não eram uma invenção dos legionários romenos cristãos ortodoxos. Os antecedentes medievais e antigos e modernos dotaram Judá de um gene sensível aos perigos ocultos. Na família do livreiro Avram era a mesma coisa.

Entretanto, em que se diferenciavam das demais a noite de 1934 e a noite de 1935?

Ariel respondia à pergunta pascal do mesmo modo que Iosef Hechter: eram anos *hooligânicos*. Encantado com a palavra, agitava diante do grupo boquiaberto o livro de pequeno formato, de bolso. Na capa rosa com letras pretas, uma coruja e o timbre da Editora Cultura Nacional, Bucareste, Passagem Macca, número 2.

Naturalmente, a Librăria Noastră de Burdujeni tinha encomendado mais exemplares de *Cum am devenit huligan* do que, no ano anterior, havia encomendado do romance que provocara o escândalo.

"Em geral, o antissemitismo romeno é um estado de fato. Mas, de vez em quando, transforma-se em ideias..." E o amor do apátrida pela Pátria? "Gostaria de conhecer a legislação antissemita capaz de anular em mim o fato irrevogável de ter nascido no Danúbio e de amar esta terra", declarava o culpado Judá–Hechter.

"Nenhuma legislação antissemita abala o amor pela terra natal?", perguntava, transpirado, o irrequieto Ariel. "A nossa ágora não é grega! Nós sempre nos mudamos de um abismo a outro neste mapa-múndi!"

Ele achava que a família que o ouvia e outras tantas famílias similares deveriam rir das asneiras do senhor Hechter-Sebastian! Mas não riam, veja só, não riam. É mais provável que sorrissem da juventude do jovem orador. O senhor Sebastian-Hechter havia deixado o gueto, movia-se pelo cenário largo e variegado de Bucareste... A ágora, infinita como o céu, não compreendia o que significava separar-se dos seus, sem despedir-se.

"Hooligan! Os dicionários da sua livraria oferecem indicações errôneas!", gritava o sabe-tudo Ariel com o dedo indicador apontando para a prateleira com volumes. Em outras palavras, Sebastian não levou em consideração o termo anglo-irlandês, nem o referente ao carnaval dos indianos nas vésperas do equinócio de primavera, nem o eslavo, proveniente do verbo *a huli-hulire*. "*Trublion*, como dizem os franceses? *Troublemaker*, para os ianques?"

O autor da brochura de 1935 aludia, de fato, ao novo hooliganismo – o escandaloso, o bufão e o detrator unificado na nova missão formulada por um outro amigo de Hechter, Mircea Eliade, em seu romance lançado também em 1935 e exposto na vitrine da livraria. Seria a rebelião uma etapa para atingir o Grande Êxtase, a Morte? "Há apenas um lance fértil na vida: a experiência hooligânica." A juventude é, também ela, um heroico desafio hooligânico. "A liberdade da espécie humana será obtida em regimentos perfeita e igualmente intoxicados pelo mito coletivo..." Milícias e batalhões de assalto, legiões do mundo de hoje... um monte de jovens ligados pelo mesmo destino: a morte coletiva.

"Os legionários declaravam que até mesmo o poeta nacional Mihai Eminescu era um grande hooligan da nação! Precursor sagrado dos mártires de camisa verde que veneram a Cruz e o capitão Codreanu!". Em seu transe, Ariel não percebia, é claro, que depois de abandonar Judá para lançar-se às divagações culturais, os ouvintes não prestavam mais atenção.

"A morte coletiva!", inflamou-se o orador, novamente. "Qualquer coisa que o senhor Hechter se tornasse, ateu, convertido ou até mesmo antissemita, não poderia evitar a escuridão prometida pelos hooligans. Ouçam: *Adversidade interior*! Agora, quando os seus amigos aplaudem o assalto e a morte coletiva, é isto que preocupa Yosele Hechter de Brăila. Admito, somos excessivos, desconfiados, agitados! Já bastam as nossas doenças milenares, não precisamos de adversários, temos a nós mesmos. E aí, alguém nos pergunta se preferimos a adversidade interior do senhor Sebastian ou a adversidade dos legionários?"

Se os parentes e os parentes dos parentes reunidos na livraria do velho Avram o ouviam ou não, era difícil dizer. Como de costume, Ariel falava mais para si mesmo.

Na verdade, ouviam, mas sem prazer, provavelmente irritados pelo suposto sabichão que os considerava tolos e adormecidos.

O romance *De două mii de ani*, com o prefácio do senhor Nae Ionescu, lançado em 1934, depois a brochura *Cum am devenit huligan* , lançada em 1935, junto com o romance em dois volumes

89

Huliganii, de Mircea Eliade... estavam ali na frente deles, nas prateleiras da Librăria Noastră de Burdujeni. Tudo aquilo que surgia de importante em matéria de jornais e livros chegava no coração da metrópole! Avram encomendava até mesmo jornais e livros franceses, se algum cliente os pedisse. Ariel, filho de sua irmã Fani, cuidava de indicar-lhe títulos especiais e era o primeiro a ler as exóticas aquisições.

O livro com um título como *De două mii de ani* não deixaria ninguém indiferente. Não por acaso eu iria descobrir o volume nos anos 50, depois que acabou a guerra hooligânica e começou a paz hooligânica. Um dos três ou quatro livros existentes na casa da tia Rebeca, irmã mais velha da minha mãe, uma mulher simples de pouca instrução. Eu tinha uns treze ou quatorze anos, tinha vindo para ficar alguns dias em Tîrgul Frumos para visitar parentes e descobri, justamente onde não esperava, a velha edição do romance de capa dura azul acinzentada e letras na diagonal. Nenhuma editora ou biblioteca socialista teria ousado promover tal título e tal temática! Eis que o livro estava ali, na casa da outra filha do livreiro de Burdujeni. A relíquia dos velhos tempos e guia para os novos. Rebeca também presenciou as perorações do primo Ariel sobre Sebastian manipulando o emblema do hooligan contra todos, inclusive contra os correligionários que o tinham atacado.

"É um direito dele! Mas e a Morte, como fica a morte?", gritava Ariel. "O delicado Sebastian não quer ofender seu mentor, portanto aceita seu prefácio, ou seja, a sentença de morte? E igualmente delicado, responde aos hooligans, declarando-se ele mesmo um hooligan. Ironia? Problema dele! Mas e a Morte... o culto à Morte? O êxtase da Morte, o frio e a escuridão da Morte? Isto já não é brincadeira! Iosef Hechter Sebastian deveria saber. A ironia não funciona mais, nem mesmo a ironia. E o hooligan legionário, herói da Morte, sacralizado pela magia da Morte? O senhor Sebastian, o ateu, o assimilado, sabe o que isso significa!"

A tia Rebeca explicava ao recente comunista de treze anos que eu era: "nós cultivamos a vida, não a morte". A vida proclamada na Torá, hoje e sempre, única, irreiterável, inestimável...

Aquele refrão poderia enlouquecer qualquer um. Mas o inverso, não, o inverso não era menos tedioso. Inverso tabu... bem se sabe a que leva a exaltação da Morte, lembrava-me Rebeca.

O sabe-tudo Ariel tinha razão, mas a família do avô e todas as famílias da localidade vibrando com a voragem e a ventania e os vagidos do vespeiro chamado vida, não pareciam muito interessadas na "transformação do antissemitismo em ideia", como escrevera Sebastian e Ariel repetia. O frio e a escuridão, todavia... oh, sim, estavam atentos, extremamente atentos a estas palavras. Tinham relações amistosas com os vizinhos e com as autoridades, os agricultores procuravam o velho Avram para pedir conselhos jurídicos e até mesmo religiosos, e também pequenos empréstimos; todos gostavam de Maria como de uma filha, o livreiro tinha recolhido a menina órfã das ruas e ela ficou na família, não havia nenhum motivo para suspeitas. Mas ao redor, nos livros, nos jornais, nos olhares dos clientes... ah, sim, motivos de suspeitas surgiam, era preciso ficar atento, extremamente atento.

Avram, o livreiro, mostrava um distanciamento cético e zombador em relação às obsessões ancestrais. Como se a decência e a devoção fossem afastar o mal. No entanto, a sua filha caçula, minha mãe, reagia prontamente ao menor sinal duvidoso, conforme lembrava Rebeca, embora eu mesmo já soubesse muito bem disso. Marcu, o contador de Iţcani, continuava sendo o mesmo, amistoso e prudente com todos. Tinha poucos amigos, nenhum inimigo, entendia-se bem com os colegas de qualquer estirpe, embora se sentisse mais seguro entre os seus. O seu amigo Zaharia, um *Don Juan* festeiro, mulherengo, caçador e cavaleiro, que passava por todas as aventuras sorridente, com o chapéu encostado na orelha, contrariava-o por sua feliz indiferença, mas continuavam sendo amigos, no bem e no mal, não poderia imaginar o Zaharia interessado nos *slogans* delirantes e nas marchas legionárias.

O velho Avram não tinha tempo, em 1935, para as citações do ardoroso Ariel. A hostilidade e os perigos faziam parte da ordem natural da vida, não era possível evitá-los. Fazer o seu trabalho diariamente, tolerar as bobagens e os desgostos à sua volta, isso era tudo; os homens lembram de um homem de bem, não podia ser diferente. Ariel ganhara uma notoriedade duvidosa por seus excessos no trajar e no falar, a família tinha outras preocupações que não o escândalo Sebastian ou o confronto entre a adversidade interior e a exterior.

Envolvidos no casamento que se aproximava, outros pensamentos dominavam o dia-a-dia. A efervescência da festa lembrava-lhes que se sentiam bem, de fato, no lugar onde viviam há tantas gerações, tantas quantas pudessem lembrar. Não tinham nascido no Danúbio, como Iosef Hechter, mas os vales da Bucovina não deixavam a desejar. Amavam a terra natal, não menos que o senhor Sebastian, não tinham vontade e nem tempo para filosofar sobre noções de *diminutivo...* o novo tema do incendiário Ariel. Os diminutivos são agradáveis, como não? Possuem uma doçura e uma ingenuidade adoráveis, só o atarantado do Ariel, neto do livreiro e primo da noiva, dizia que eram um mau sinal. Fermentam os venenos! Venenos temporariamente domesticados! Os diminutivos podem se tornar um Desastre, quando menos se espera! "Aqui nada é incompatível", o jovem citava, solene, as páginas de Sebastian. Lia tudo, memorizava tudo, torcia as palavras a seu bel-prazer, o tagarela do Ariel! "Esquive-se", dissera. *Esquive-se...!* Ele gostou da palavra. O fatalismo, o humor, o hedonismo, a melancolia e a corrupção e o lirismo colaboravam um com o outro, sustentava o orador, na técnica da sobrevivência: *esquive-se*. Assim dizia Ariel, com o desdém e a arrogância de sempre.

E daí? Encantados com os preparativos de um evento festivo – o casamento – os ouvintes não tinham porque recusar os diminutivos, nem o lirismo, nem a confiança no destino, denunciados por Ariel, jovem demais.

O ano hooligânico de 1934 havia sido um ano feliz, por que o seguinte não seria? A filha predileta do livreiro renascera, a felicidade entrara novamente na casa, as emoções relembravam que o lugar onde viviam, há tantas gerações, não era pior que outros. A paisagem e os homens, o clima e o idioma eram deles. Entendiam-se bem com os habitantes do lugar. A adversidade? Não precisavam suspeitar de qualquer olhar ou fala dissimulada, pois os seus correligionários também não eram santos. Perguntaram-se mais de uma vez se o mal não estaria neles mesmos, já que em toda parte aparecia a hostilidade, sempre.

Será que a vida não funciona sem um veneno dinamizador? Ora diluído, quase ausente, ora reavivado brusca e terrivelmente, aniquilando os doces diminutivos de anteontem, anunciando o Desastre? O atarantado Ariel atordoava a todos com nomes e citações... Seria para protegê-los das armadilhas com as quais haviam se acostumado? "Até Tolstói caiu na cilada! Sentiu-se bem aqui, durante a sua breve passagem pela Romênia. O encanto do lugar e das pessoas... O velho sábio já havia sido jovem e inocente", ensinava o jovem Ariel, sobrinho do livreiro, filho de sua irmã de Buhuşi.

O maluco de cabelo tingido de azul relia Rimbaud e caminhava, a cada duas semanas, 25 quilômetros a pé, até Fălticeni, para jogar uma partida de xadrez com o seu tio Kiva Riemer; proferia discursos ardentes sobre Jabotinsky e sobre o futuro imperialismo judaico no Mediterrâneo, julgava-se em melhor situação que Hechter-Sebastian. "Assimilação? Para quê?", interrogava sem dó, o rapaz. "Para tornar-nos iguais a todos os que nos cercam? Qualquer coisa compatível com qualquer outra? Este senhor de Bucareste afirma que vivemos no lugar de todas as compatibilidades!" O orador não ligava se o seu tio Avram sorria zombeteiro, nem se a filha dele ouvia muito atenta, atenta demais, como se não ouvisse nada.

"Teríamos resistido se fôssemos como estes ou aqueles ou como os outros? Cinco mil anos! Não dois mil anos, como pensa o senhor de Bucareste! Vamos ver quão compatível é um hooligan em relação aos seus amigos hooligans."

O velho Avram, sua filha e ele, o orador, até mesmo o coitado do costureiro Nathan, o comunista que não conseguia decidir-se entre Stálin e Trótski, também pareciam estar em situação melhor do que o assimilado Sebastian. E o rabino local, Yosel Wijnitzer, sem dúvida tinha uma situação melhor e mais clara que a de Hechter-Sebastian. Tinham domicílio. Ilusão! O domicílio na ilusão e a ilusão do domicílio, o senhor Sebastian não tinha mais.

A família Braunstein estava feliz no ano hooligânico de 1934, feliz também em 1935, o ano programado para o casamento e em 1936, quando iria nascer o herdeiro. Na cidade de Burdujeni, estes não eram anos hooligânicos, como considerava o bucarestino Sebastian ou seu crítico Ariel, de Burdujeni.

Virá um tempo hooligânico, melhor dizendo: já veio, sustentavam os jornais romenos, judeus, alemães e franceses que o livreiro Avram carregava nas costas, diariamente, da estação de trem até a livraria. Parecia que o prazer de blasfemar tinha se espalhado por toda parte. Mas ali, na cidadezinha do leste europeu, a família do livreiro vivia anos felizes.

Se pudesse ter perguntado ao velho sábio chinês, meio século depois daquele ano hooligânico, como eu era no ano antes de nascer, suponho que a resposta não passaria de uma banalidade. Quer dizer, o que eu já sabia e o que o tempo viria a confirmar: você não pode parecer, por hipótese, como uma irrealidade, senão da forma que será depois, na própria realidade.

Eu não poderia me tornar a judia romena Ana Pauker, a vedete do comunismo mundial, saída do gueto pela porta vermelha do internacionalismo proletário; nem o mundano judeu romeno Nicu Steinhardt, convertido ao cristianismo, ao ortodoxismo e até ao legionarismo; nem mesmo Avram ou Janeta Braunstein eu poderia ser, menos ainda o seu rabino Yosel, conselheiro para tudo. Nem mesmo o parente rebelde Ariel, o sionista, eu poderia ser.

Mas tinha sido em 1935, um ano antes do meu nascimento, o "hooligan" Sebastian, como haveria de ser cinquenta anos depois e mais dez anos depois e mais dez depois e no intervalo entre estas datas fatídicas.

Mas eu não sabia disso naquele sábado de 1950, quando – jovem pioneiro stalinista-leninista – abri, eu também, no quarto pequeno e escuro da casa da minha tia – em Tîrgul Frumos, perto de Iaşi – o livro *De două mii de ani*.

Nem meu avô e nem meus futuros pais sabiam decifrar, em 1935, os sinais chineses no céu chagalliano adormecido sobre a Burdujeni de antes do desastre. Todos viviam e com razão, a alegria dos preparativos para o casamento. Listas eram elaboradas com nomes e pratos e roupas e endereços; faziam-se e refaziam-se os cálculos dos gastos. Planos grandiosos e detalhados: será alugada a casa do farmacêutico em Iţcani, perto da fábrica de açúcar, onde o novo casal irá morar junto com Maria, a boa fada da arrumação da casa dos Braunstein; serão comprados móveis novos; serão adiadas as dívidas acumuladas após o último processo que levou o livreiro a perder sua casa. O livreiro Braunştein não era abonado, apesar de trabalhar de manhã até a noite, mas o casamento deveria realizar-se como mandava o figurino. Muitos convidados: os irmãos e irmãs de Avram e de sua Tzura, de Botoşani e de Fălticeni e de Iaşi, com seus filhos e netos, os pais e irmãs e irmãos do noivo, de Fălticeni e de Roman e de Focşani, com seus filhos e netos, vizinhos e amigos e autoridades, o prefeito e o chefe de polícia e o juiz Boşcoianu e Manoliu, o médico veterinário e Dumitrescu, o tabelião e até mesmo o livreiro concorrente, o insuportável Wexler, que não poupava impropérios contra a Librăria Noastră. Os nomes da cozinheira Surah, especialista em casamentos e do fotógrafo Bartfeld e da costureira Waslowitz surgiam muitas vezes ao dia na algazarra dos preparativos. A noiva cuidava de tudo, ninguém ganhava dela em energia e não era fácil contentá-la.

A senhora Wanda Waslowitz refizera três vezes o vestido da noiva. Forte e decidida; a polonesa ainda não tinha a corpulência

95

e a rabugice adquiridas mais tarde, somente o olhar azul, cortante, era o mesmo, as mesmas mãos delicadas, a mesma voz rouca. Irritava-se, tanto antes como depois, com os pedidos pretensiosos. Mas não podia dizer não a uma freguesa antiga e fiel, com quem obtivera tanto sucesso e que a conquistava vez após vez, devia reconhecer, com suas inesperadas sugestões para um novo modelo, um corte diferente que sua mente inquieta e criativa, entrevia. Ela mandara vir de Cernăuți a revista *Modisch 1935*! A cor, os materiais, os acessórios da festa tinham que propor algo diferente dos velhos costumes, algo mais sóbrio, mais elegante, menos provinciano.

Não havia tempo para discussões sobre o sofrimento de Judá. A vida e não a morte, tinha tomado conta da cena. Embora a morte rondasse, pronta para oferecer os seus serviços.

Bucovina

A menos de uma hora da onírica Fălticeni, na Moldávia, onde redescobri o mundo da normalidade, situava-se, em 1945, a Bucovina.

Cerca de 170 anos antes, o imperador austríaco Iosif, em visita à Transilvânia, intuíra a grandeza do País de Cima, assim contava a velha Lea Riemer, tia de minha mãe, com sua voz tranquila e gutural. Em 1777, a população da Bucowina, nova província austríaca, havia jurado fidelidade a Viena, evento comemorado com grande pompa na capital Cernăuți. O príncipe romeno Grigore Ghica, que se opunha veementemente à ocupação da terra por estrangeiros, tinha sido assassinado nesse mesmo dia por conspiradores turcos.

"Nós somos bucovinos, jovem! Você voltará em breve à Bucovina", dizia o senhor Bogen, também bucovino, que se encontrava em Fălticeni levado pelo amor. A Bucovina deveria se chamar Grafschaft, conforme fiquei sabendo então. Assim diziam os historiadores, informava-me Bogen, o alegre professor de história casado com a bonita professora de matemática Otilia Riemer, filha de Kiva e Lea Riemer, irmã do meu avô Avram. Nos felizes meses após o retorno da Transnístria, conheci Lea, sua filha e seus filhos – crianças beatas do gueto que de uma hora para a outra converteram-se em apaixonados cavaleiros da revolução – e também o jovem professor Bogen. "A Bucovina deveria se chamar, de acordo com o tirol austríaco, Grafschaft. Grafschaft-Suczawa", repetia Berl Bogen, o novo primo de minha mãe com seu sotaque alemão-bucovino.

"Mas as famosas faias do País de Cima impuseram a sua ascendência também em relação ao nome, no final das contas. Faias! *Silvae Faginales!* Em eslavo, *buk*, nas crônicas romenas, *bucovinas*. Bucovinas... Bucovina. Buchenland."

A lição prosseguia com episódios cuja importância eu adivinhava pela intensidade com que as mãos pequenas do violonista Bogen sublinhavam no ar as palavras maiores.

"Em 1872, o general Enzenberg emitiu a resolução de que os judeus ilegais que haviam se escondido na Bucovina, *es-con-di-do*, repito, desde 1769 e não tinham pago o imposto de 4 gulden, 4 *gul-den* por ano, deveriam ser expulsos, *ex-pul-sos*... acho que o nosso jovem convidado sabe o que isso significa. Em 1872 já havia treze deputados judeus. Treze, *lem-bre-se*, jovem senhor! Todos tinham assinado um protesto contra aquela decisão, dirigido ao governo de Viena. *Todos, todos!*", sublinhava o rechonchudo bucovino, acompanhado pelos sorrisos de seus cunhados e colegas, os professores de matemática David e Haim Riemer.

Fiquei sabendo de várias coisas estranhas contadas pelo professor de história Bogen, marido da professora de matemática Otilia Riemer: na Dieta da Bucovina, em 1904, os romenos que falavam um "latim deturpado", como escrevia um oficial austríaco, detinham por direito a maioria dos mandatos: 22. As minorias, *"no entanto"*, também estavam generosamente representadas conforme o modelo austríaco: 17 ucranianos, 10 judeus, 6 alemães, 4 poloneses.

"Nós somos de Suceava, jovem, de Suceava! Suceava, Cidade do Trono de Stefan, o Grande!", avisava-me Bogen, o vivaz sucevino. "Depois de 1918, quando a Bucovina foi devolvida à Romênia, a conciliação com a nova administração romena foi mais fácil em Suceava do que na capital Cernăuți. Os judeus sucevinos também falavam romeno, não apenas alemão, e estavam em contato contínuo com a população romena. A abertura da fronteira de Burdujeni para o Reino da Romênia, transformada na Grande Romênia, prometia a aceleração do comércio e dos investimentos para os proprietários de terras e indústrias que haviam conservado os direitos de cidadania existentes sob o domínio austríaco. Os funcionários judeus tinham sido mantidos, mas a nova administração romena não contratou outros", continuava instruindo-me o meu novo primo, Berl Bogen.

Daquela "doce Bucovina, alegre jardim",[1] cantada pelos poetas, havíamos sido expulsos quatro anos antes. "Na verdade, nós nem éramos bucovinos", acrescentava a voz do meu pai na surdina. "Janeta e seus pais nasceram em Burdujeni, no velho Reino. Bem na fronteira, é verdade, mas lá, no Reino da Romênia. Assim como eu, que nasci em Lespezi, não muito longe daqui, onde também viviam meus pais."

Os bucovinos pedantes, calculistas, vangloriando-se de seu alemão arrogante e de tantos costumes adquiridos daqueles que se tornariam nossos inimigos mais brutais, sempre tinham sido objeto de chacota em nossa casa. Mas nós também éramos consumidores de *Butterbrot und Kaffee mit Milch*, embora nem minha mãe nem meu pai fossem bucovinos de nascimento. Em casa falávamos romeno, e não alemão. Fiquei sabendo que meu pai nascera não muito longe de Fălticeni, e que em Burdujeni, onde nasci, tinham morado na casa do meu avô também o irmão e a irmã de minha mãe, bem como meu bisavô e seus pais e seus avós. Uma

---

[1]   Primeiro verso de um poema dedicado à Bucovina, do poeta e dramaturgo romeno Vasile Alecsandri. (N.T.)

típica cidadezinha do Leste Europeu, vizinha de outra quase do mesmo tamanho, mas diferente pela notável aparência austríaca: Iţcani. Ambas evoluíram, pouco a pouco, como subúrbios da cidade de Suceava.

Na fábrica de açúcar de Iţcani trabalhava o jovem que encontrara pela primeira vez, no ônibus dominical retornando da tradicional feira de Santo Elias, em julho de 1932, a bela Janeta Braunstein, a "livreira" de Burdujeni que o deixou impressionado pela semelhança entre ela e a senhora Lea Riemer, na casa de quem morávamos agora, nos primeiros meses depois da guerra. A mesma Iţcani para a qual o casal se mudara após o casamento, onde vivi os anos anteriores à deportação.

As duas localidades, Iţcani e Burdujeni, eram, com a cidade de Suceava, situada na colina da antiga cidadela medieval, os vértices de um triângulo de lados iguais e curtos de uns três quilômetros. Mas havia diferenças importantes, como aquelas entre a Bucovina romena e a austríaca. Na Burdujeni romena, a influência pela vizinhança com a Bucovina "austríaca" de Iţcani e Suceava foi mínima. A suntuosa estação de Burdujeni desafiava a modesta estação de Iţcani-Suceava na fronteira do império que, provavelmente, não tinha a intenção de impressionar a província vizinha. Para mim, ambas seriam testemunhas de meio século de biografia.

Antes da guerra, a pista de patinação ficava em Iţcani, não em Burdujeni. Os bailes "filantrópicos" para a construção da escola e do clube e do hospital eram realizados em Iţcani, os "estrangeiros" tchecos e alemães e italianos trabalhavam na fábrica de açúcar e de azeite de Iţcani. Em Burdujeni, meu bisavô passeava aos sábados com seu terno, chapéu e traje de seda preto, meias brancas até os joelhos sob as quais amarrava as calças bufantes, também pretas; vestido assim, era visto como um bizarro rei assírio pelos moradores curiosos e faladores, era o que contava minha mãe com os olhos molhados e brilhando de orgulho, com sua voz que tinha se tornado minha e que já não posso ouvir. Para o meio "ocidentalizado" de Iţcani, meu bisavô, o avô dela, teria encarnado um pitoresco fantasma circense vindo da Galícia polonesa. Burdujeni, um típico e fervoroso *shtetl*, trepidava com os grandes debates e as grandes tragédias do gueto. O último escândalo parisiense noticiado pelos jornais dividia atenções com as ameaças de suicídio de um romance proibido na rua ao lado. As diferenças sociais entre os que residiam na rua principal e os amontoados nas ruazinhas periféricas marcavam uma hierarquia estabelecida há séculos. As paixões religiosas e políticas agrupavam e reagrupavam os combatentes, o respeito à boa conduta e à inteligência rivalizava com o respeito ao dinheiro, a aura das grandes aventuras pulsava em cada nuvem solitária no céu, onde se espelhava o inquieto formigueiro.

A atmosfera germânica de Iţcani era menos pitoresca e mais formal. Um centro importante de trânsito e de comércio, Iţcani estava se abrindo, bem como todo o império ao qual pertencia, ao "estrangeiro", assimilado, aos poucos, por uma comunidade cosmopolita maior, deixando de ser Leste para tornar-se Oeste. A população judaica não era majoritária em Iţcani, e os prefeitos judeus não eram exceção, contavam o meu pai e o senhor Bogen. Tal coisa teria sido difícil de imaginar na vizinha Burdujeni. *Frau doktor* Hellmann, que, no primeiro terrível inverno de Transnístria, cobrou mil *lei*[2] de minha mãe por uma insignificante garrafinha com gotas de um remédio que em nada poderia ajudar o meu avô moribundo, vinha de uma família de "prefeitos". Os seus antepassados, Dische e Samuel Hellmann, e o descendente deste, doutor Adolf Hellmann, ocupavam lugares de destaque no arquivo da cidade.

A deportação de outubro de 1941 anulou bruscamente as diferenças entre Iţcani e Burdujeni. Aos da Burdujeni do "velho reino", meu avô, meu tio e minha tia, foram assegurados os mesmos direitos à *Iniciação* que aos seus correligionários "germanizados" de Iţcani, ou seja, a nós. Um modo equitativo de curar a arrogância dos bucovinos que um dia pertenceram ao império e olhavam

---

[2] Unidade monetária romena. Plural de *leu*. (N.T.)

com superioridade os barulhentos e pitorescos vizinhos de Burdujeni, do lado romeno da fronteira, prontos, por sua vez, a zombarem a qualquer momento da civilidade glacial daqueles.

O *atestado provisório* emitido pelo inspetor de polícia de Iaşi, em 18 de abril de 1945, que meu pai tanto mostrava, confirmava apenas que *"o senhor Marcu Manea, com a família composta por Janeta, Norman e Ruti, tinha sido repatriado da URSS pelo posto Ungheni-Iaşi, no dia 14 de abril de 1945. Vai para a localidade de Fălticeni, distrito Baia, Strada Cuza Vodă. O presente atestado é válido até a chegada na nova localidade, onde deverá submeter-se às disposições do Registro de População".*

Nenhuma evidência quanto ao motivo do *repatriamento* em 1945, nem da *expatriação* de 1941. "Não temos nenhum outro documento que comprove a expulsão", acrescentou meu pai, sem mais comentários.

O choque de 1941 tinha sido preparado pelos anos hooligânicos anteriores, conforme fiquei sabendo, e pelos rumores que somente quem não queria ouvir poderia ignorar. Diziam que no final de junho de 1940, um grupo de soldados teria invadido a casa de um judeu da periferia de Suceava, que o torturaram, amarraram-no à cauda de um cavalo e que o teriam arrastado por quilômetros até uma aldeia onde o crivaram de balas. Falava-se da crueldade de um tal comandante Carp, que forçara os judeus a fazerem parte dos pelotões de execução dos correligionários. Teria mandado jogar um cavalo morto sobre as covas com cadáveres, assassinatos terríveis, judeus torturados, línguas arrancadas, dedos cortados. Em julho de 1940, na aldeia de Şerbăuti, perto de Suceava, o chefe de polícia teria atirado em três judeus, cujos corpos teria jogado, depois, em um rio na aldeia de Comăneşti; os irmãos Zisman haviam sido jogados de um trem e baleados e o rabino Schahtel e seus dois filhos, torturados e mortos. Circulavam sempre novos rumores sobre crimes em Rădăuti e Dorohoi.

Em setembro de 1940, o general Antonescu proclamou o Estado Nacional-Legionário, seguido, logo depois, pela Rebelião

Legionária: a marcha dos camisas verdes pelas ruas da cidade, a ocupação da fábrica de açúcar de Iţcani, onde meu pai tinha sido impedido de se apresentar ao trabalho, o enforcamento do músico sucevino Jacob Katz. Rumores a respeito de crimes "rituais" no abatedouro de gado de Bucareste, onde legionários teriam pendurado cadáveres de judeus com a inscrição "Kosher", apavoravam a Bucovina. Trabalho forçado, tomada de reféns judeus em uma casa de orações... Os oficiais alemães das tropas agrupadas na fronteira soviética ali perto já falavam da "solução final" do *Führer*.

O decreto da manhã de 9 de outubro de 1941 determinava que "*os judeus da cidade depositassem imediatamente o ouro, os valores, as ações, os diamantes, os brilhantes e as pedras preciosas no Banco Nacional e se apresentassem em Burdujeni, no mesmo dia, com suas bagagens de mão*". O campo de concentração de Suceava, onde já estavam presos 120 judeus, tinha sido imediatamente fechado diante da perspectiva de novas medidas. Os tambores soaram naquele dia 9 de outubro de 1941 na rua principal: a população judia deve abandonar imediatamente a cidade! Todos os bens devem ser deixados para trás! Qualquer desrespeito à ordem será castigado com a morte!

Meu pai contava que assim tinha começado a Marcha, nos dias festivos de *Sukkot*, conhecida por tantos filmes pós-bélicos... O comboio.

"De repente, perdemos todos os direitos, só ficou a dívida com a morte. Com mochilas de estilo austríaco nas costas, tremendo de frio, descemos lentamente a colina. Em filas desordenadas ao longo dos três quilômetros da estrada de álamos."

Sim, a mesma estrada de álamos para a estação de Burdujeni e por onde o livreiro Avram Braunstein voltava trazendo diariamente a carga de jornais.

Da estação de Burdujeni deveriam sair os trens com destino previsível. O Estige chamava-se Nistru, o destino tinha sido rebatizado na sonoridade da época: Ataki, Moghilev, Şargorod,

Murafa, Berşad, Bug. Esses nomes exóticos voltaram a ser lembrados na primavera e no verão de 1945. Mas raras vezes apareciam Burdujeni, Iţcani e Suceava, como se estivessem envergonhadas.

Entre a nostalgia e o ressentimento instalara-se o silêncio. Afinal, os opressores não conseguiram aniquilar-nos e, ainda por cima, perderam a guerra, só isso parecia importante! Uma nova era e já havia novos missionários. Entre eles, quem diria, o recente marido da nossa boa Maria. Um comunista! Era o que se dizia. O casal morava em Suceava... mas não se ouvia nenhuma alusão a um possível retorno ou sequer uma visita ao mundo do passado que ficava a apenas uma hora de distância.

A ideia de voltar ao lugar de onde tínhamos sido banidos parecia tabu. Os pais não falavam sobre o futuro e os filhos estavam no paraíso do presente sem passado e sem futuro.

Fomos repatriados em 18 de abril, dia do registro na polícia de Iaşi, depois chegamos a Fălticeni. No início, moramos com a família do irmão do meu pai, o tio Aron, depois com a família Riemer. Iríamos nos mudar em breve, por dois anos, para Rădăuti, uma encantadora cidade bucovina, perto da fronteira soviética.

O nome de Suceava reapareceria na pauta das nossas conversas somente em 1947, quando voltamos ao ponto de partida, fechando o círculo.

Chernobyl, 1986

Abril de 1945. O caminhão parado no cruzamento de duas ruas. A tampa traseira da caçamba de madeira aberta de lado para os passageiros descerem. A espera, um momento de interrupção, infinito. Logo depois, tudo começa a se movimentar rapidamente. O vazio da estrada ensolarada anima, de súbito, as feições estranhas, homens e mulheres correndo em direção ao caminhão. Em um piscar de olhos, os desconhecidos chegam perto dos fantasmas que haviam descido no asfalto, no mundo. Abraços, lamentos, lágrimas.

Do nada, havia surgido o mundo. O rapaz olhava para os seus pais com o mesmo estupor de quem olha para estranhos. Em poucos instantes seria a sua vez na fila dos beijos daqueles desconhecidos de caras sardentas e mãos grandes, ásperas e vozes guturais. Tios, primos, primas. A emoção do reencontro! Reencontro? Não lembrava de já tê-los visto alguma vez. Entretanto, eis que o mundo tinha nascido através deles.

O verdadeiro retorno tinha sido esse: descer do caminhão que nos trazia, em abril de 1945, de Iaşi a Fălticeni, a cidadezinha da

Moldávia, pitoresca e florida, onde morava o irmão mais velho do meu pai. O tio Aron, miúdo, robusto, de rosto avermelhado, olhos intensos e fala rápida, precipitada, era uma daquelas criaturas que se debulhavam em lágrimas de alegria. Apertava cada um de nós, um a um, com ardor, em seus braços vigorosos. Por morar em Fălticeni, na Moldávia, e não em Suceava, na Bucovina, essa parte da família não fora deportada. A distância entre Fălticeni e Suceava não passava de 25 quilômetros, acontece que as farsas da História gostam de se divertir com pequenos detalhes como esse.

Passaram-se quase quatro anos desde que havíamos sido expulsos para o deserto, e faltava menos de um mês para o encerramento oficial da guerra. Fechavam-se as cortinas do pesadelo. Naquela tarde de primavera reaparecera o futuro, um balão colorido que eu teria que soprar com todas as forças e encher com lágrimas, saliva e gemidos para me salvar do passado. O pequeno ator faminto de reconhecimento, pronto para devorar conscienciosamente as novas idades, sobrevivera. Tudo em volta sobrevivera também, inacreditável! Árvores e céu, palavras e comidas de todos os tipos e a inefabilidade do lugar: a eternidade provisória e local.

Em abril de 1945 eu era um velho prestes a completar nove anos. Na primavera de 1986, quatro décadas depois, na *Piaţa Unirii*, a Praça da União, em Bucareste, observava como descarregavam um caminhão de maçãs na frente de um prédio branco, como um solar, chamado "Pousada do Manuc".

A tampa traseira do caminhão estava aberta. Dois jovens morenos empurravam pilhas de maçãs da caçamba para o asfalto. Não havia mais nada para se comprar na capital da Romênia naquela primavera de 1986, mas as maçãs eram abundantes e soberbas.

Eu iria completar, dentro de alguns meses, a juvenil idade de cinquenta anos. Ao longo dos anos colecionei motivos suficientes para me tornar cético quanto aos aniversários e as coincidências. Mas o fato é que aquela manhã de primavera me fez estancar, de repente, diante do caminhão cheio de maçãs, que surgiu na praça. Fitava o caminhão, as maçãs douradas, mas na verdade parecia não enxergar nada. Eu morava ali perto, a poucos minutos de distância. O acidente em Chernobyl havia ocorrido apenas alguns dias antes. Circulávamos pouco pelas ruas, evitávamos os parques, os estádios, as praças. As janelas do apartamento estavam fechadas havia vários dias.

No entanto, Chernobyl não era o tema da conversa dos que se encontravam na sala. Éramos três: a mamãe no sofá, eu e a Ruti, que chegara de Israel, nas poltronas em frente ao sofá.

— O Marcu ficou órfão ainda pequeno — a cega do sofá continuava sua história. — O pai dele morreu em 45, tem razão. Ele teve nove filhos, é verdade! Meu avô, seu bisavô, teve dez filhos. Era assim naquela época, muitos filhos.

— O pai dos nossos pais, o nosso avô, era uma espécie de camponês — expliquei para a Ruti, como se ela não tivesse ouvido essa história tantas vezes. Só que, depois de dez anos morando longe, na Terra Santa, tivera tempo suficiente para esquecer as historinhas do Leste Europeu.

— O padeiro da aldeia! Uma rocinha, vacas, ovelhas, cavalos. A vovó tinha morrido quando nossos pais ainda eram crianças. Três meninos órfãos... Aron, Marcu, meu pai, e Nuca, o caçula, seu pai. O vovô tornou a se casar e teve outros seis filhos. Eu o vi em 1945, quando voltamos da deportação.

A cega esperava, impaciente, poder retomar a história. Uma voz velha, cansada, penetrava pouco a pouco a memória dos ouvintes.

— Aos dezoito anos, meu avô, seu bisavô, já era viúvo. Casou-se, então, com a irmã da vovó, de quatorze anos. Aos quinze anos a nova esposa deu à luz a primeira filha, Adela, mãe de Esther. De minha prima Esther vocês ouviram falar, ela teve um filho que morreu na Guerra dos Seis Dias. Depois de Adela nasceu meu pai, Abraham, Avram. Depois, os outros dois meninos e uma menina, Fany, mãe do Ariel. Você conheceu o Ariel em Paris. Depois, veio Noah... de onde provém o seu nome. Depois outro, esqueci o nome dele. Morreu jovem, há muito tempo. Depois, tia Lea... Lea Riemer, onde moramos na volta. Ainda teve mais um garoto, que foi para a América e morreu de câncer aos dezenove anos. Mais o menino da primeira esposa. É isso mesmo: dez filhos tinha o meu avô! Dez filhos que não tinham o que comer. Pobres, pobres de doer. Porém, não passava uma semana sem que um pobre ou um mendigo aparecesse no jantar, às sextas-feiras.

— Jantar? Para comer o quê?

— O que tivesse. Algo de coisa nenhuma.

— E o vovô? A senhora o conheceu? Isto é, meu bisavô.

— Não cheguei a conhecê-lo. Manoliu, o veterinário, e Dumitrescu, o tabelião, costumavam dizer: *Şeinuţa* – assim me chamavam, *Şeinuţa* –, pena você não ter conhecido seu avô. Meias brancas como a neve. Sua limpeza, sua santidade... Os beatos, como ele, usavam roupão preto, de seda, e meias brancas. Um homem severo, religioso, estudado, assim diziam todos.

— Şeinuţa? De Sheina? *Schein, Schön, Schönheit?* A bonita?[1]

— Pois é, era o que diziam...

A voz não recuperou sua vitalidade, as provocações pareciam não surtir efeito. A história não era nova, os que a ouviam outra vez não eram mais jovens. Uma paródia em consideração ao visitante que cruzou mares e terras, no intuito de fazê-lo lembrar do que ficara para trás.

— E a bisavó? A viúva, com uma penca de filhos... Como conseguiu se virar?

— Com uma modesta pensão dada pela comunidade. Todas as crianças trabalharam, desde pequenas. Principalmente os meninos. Isso foi herdado. Tia Lea sempre dizia, e seus filhos também: "É preciso dar duro, é preciso dar duro". Seus meninos começaram a trabalhar aos dez anos. Coitados, nem roupas tinham. Com aqueles invernos... até as pedras rachavam de frio. Eles davam aulas para as crianças ricas. Para a família Nussgarten ou Hoffman, de Fălticeni.

---

[1] Em romeno, esse apelido carinhoso pronuncia-se "Scheinutza"; daí a associação com a palavra Schön (*bonito*, em alemão). (N.T.)

Às cinco era servido o chá com guloseimas. Nunca lhes ofereceram sequer uma xícara de chá.

— Correligionários, certo? Homens devotos, não é...? A luta de classes não foi inventada pelo tio Marx... E o vovô, pai da senhora?

— Em Burdujeni não existiam jornais. Os jornais eram entregues na cidade, em Suceava, e ficava a alguns quilômetros. Burdujeni era um povoado pequeno. Só que vivo, bem vivo. Tinha movimento, movimento o tempo todo. Todos nós, a família inteira veio de lá, de Burdujeni. Meu avô, meu pai, todo mundo. Meu pai foi o primeiro em Burdujeni a pedir um jornal pelo correio. O primeiro jornal! *Dimineața*[2] era o nome. Um exemplar, só para ele.

— Mas a senhora disse que ele nem foi à escola.

— Para a escola romena não foi mesmo. Como poderia? Teria de escrever no sábado. Aprendeu sozinho. Autodidata. O pessoal ia procurá-lo para pedir conselhos, como a um advogado. Ele encomendou o primeiro o *Dimineața* em Burdujeni. Os vizinhos se reuniam para que ele lesse o jornal. Reuniam-se diariamente. Após certo tempo, ele pediu cinco exemplares. Assim começou seu negócio. Assim começaram também os desgostos, naturalmente. Um tal de Wexler, ao ver que meu pai encomendava *Dimineața*, encomendou o *Minerva*. Wexler era abonado, ele oferecia por cinco centavos não somente o *Minerva*, como também uma caneca de cerveja e um cigarro. A concorrência! Tudo para nos arruinar.

— Com que idade aconteceu isso? Quantos anos tinha o vovô?

— Uns dezessete. Foi quando realizou a primeira distribuição de jornais em Burdujeni. Tornou-se o segundo distribuidor de jornais do país. Condecorado por Stelian Popescu, diretor do *Universul*.

— *Universul*? O jornal de direita?

— Isso mesmo, antissemita, que condecorou um judeu... Constantin Mille também o condecorou. Já lhe contei isso. Mille, o

---

[2] "A Manhã", em romeno. (N.T.)

diretor do *Adevărul*,[3] jornal democrata, gostava muito do meu pai. Quando a minha irmã Rebeca se casou, papai mandou-lhe um convite. Constantin Mille respondeu com um presente. Um cobertor de veludo bordado e um belo telegrama.

— E o Graur, o marido dela? Em que trabalhava?

— Com cereais.

— Um com cereais, outro com jornais, outro com ovos? A conspiração mundial com sede em Burdujeni! Noah, o irmão do vovô, trabalhava com ovos, certo?

— Noah, de quem veio o seu nome, morava em Botoşani. Sim, ele trabalhava com ovos. No comércio de ovos. Nós fomos trazidos pelos governantes romenos para isso, somente para isso, como você sabe, a única coisa que nos permitiam no começo era o comércio. Noah exportava os ovos romenos para a Europa inteira. Sua morte deveu-se ao pó. A poeira das embalagens dos ovos. Inalou a poeira daquela palha a vida toda. Câncer na garganta! Morreu aos cinquenta anos de idade. A tia Bella, viúva, levou o negócio adiante. Mantinha correspondência em três línguas. Uma comerciante de primeira linha.

— Melhor que a senhora?

— Talvez. Talvez melhor. Diziam que eu teria dado uma boa advogada. Diziam isso também a papai. E vinham pedir-lhe conselhos.

— A senhora teria dado uma boa advogada, isso é certo... Talvez tivesse se acalmado... Os processos a consumiriam, acalmariam. A senhora me disse, há alguns anos, que era uma pena não fumar, não beber. Não ter nenhum vício para se acalmar. A senhora me disse isso, lembra?

— Calma eu nunca fui, é verdade. Trabalhei desde pequena. Papai, que Deus o tenha, saía à procura de mercadoria e tinha outros afazeres. Eu ficava tomando conta de tudo. Às vezes, não ia só a Suceava, ia também aos povoados vizinhos. Para Botoşani,

---

[3] "A Verdade", em romeno. (N.T.)

para Dorohoi. Combinava com os professores 10% de comissão pela venda das cartilhas escolares. O professor pedia aos alunos que comprassem os livros que tinham o nosso selo.

— Librăria Noastră, era assim que se chamava? Como algo socialista? Pois então, vocês trouxeram o socialismo, os antissemitas têm razão. Lá pelos anos 50, 60, todas as livrarias se chamavam Librăria Noastră! Lembra? Nos anos 50 a senhora trabalhava na Librăria Noastră de Suceava. Assim como hoje, todas as livrarias eram do Estado e se chamavam Librăria Noastră... Antes da guerra vocês eram chamados de exploradores, capitalistas! Sugavam o sangue do povo, muito ocupados com esse trabalho. Introduziram o capitalismo e depois trouxeram o comunismo, o coveiro do capitalismo.

Ela nos fitava, mas sem nos ver. A piada não parecia animá-la, a política nunca lhe despertara interesse, só queria navegar nas lendas do passado.

— Eu trabalhava muito, dava duro. Sim, Librăria Noastră, era esse o nome. E era realmente nossa, não do Estado. Há uma diferença.

— Sem dúvida, uma diferença essencial.

— Os mestres e professores só aceitavam livros e material escolar com o nosso selo. Esse era o acordo. Em setembro começavam as aulas e havia filas, filas como as de hoje para comprar pão. À noite, eu desmaiava de cansaço. Trabalhei duro desde pequena. Todos nós trabalhávamos, meu pai, eu e o meu irmão Şulim. Mesmo depois de casada, continuei ajudando meus pais. Quando nos mandaram para o campo de concentração, meus pais levaram somente 5 mil lei, era todo o dinheiro que tinham. Mas o estoque que tinha ficado na loja valia um milhão. Livros e materiais escolares. Um milhão de lei!

— A senhora dizia que tinham livros de todos os autores.

— Certamente. Sadoveanu, Rebreanu, Eminescu, todos. Fundoianu, Sebastian. E jornais. Todos os jornais. O papai participava de congressos de imprensa.

— Ele vinha sozinho, da estação, carregando os jornais? Era o que a senhora contava. Sozinho, ao amanhecer. Pela estrada de álamos. Conheço essa estrada, eu a vi de novo recentemente.

Eis que eu manipulava a nostalgia, os truques do passado dos quais a velha só recuperava uns pobres resíduos verbais, e eu sabia que nem mesmo estes restariam em breve. Nem a história de outrora, nem esse momento de rememorações, que também já se tornara passado. A velha deslizava, cega, pelas últimas curvas do tobogã chamado biografia, a Ruti voltaria alguns dias depois para Jerusalém e, quanto a mim, não se sabia onde estaria no outono. Pois é, nós três tentávamos diluir a tensão do reencontro. Reconciliávamos antigos conflitos. O ano de 1986 era um ano hooligânico, bem como o precedente e o anterior e os que viriam. Anos socialistas transformados em nacional-socialistas. Seria por causa disso que eu ouvia histórias para as quais sempre fora surdo? Em outras épocas não suportava esses episódios lacrimejantes, da mesma forma que não suportava o exasperante refrão *partir partir partir*. Dava-lhe, finalmente, razão, ou só suavizava a iminente separação?

O silêncio se prolongava. Minha mãe não tinha ouvido as últimas palavras. Ela vinha perdendo o contato com a realidade já havia algum tempo.

— Ele carregava os jornais sozinho, de lá da estação — retomei o assunto.

— A charrete custava 1 leu. Só 1 leu. "É só 1 leu, papai, por que o senhor não vai na charrete?" "Quero fazer exercício", ele respondia. Treze quilômetros a pé, todos os dias. Pela manhã, antes de ir à estação, ele comia um filé de vitela mal passado. Um filé de vitela grelhado, com um copo de vinho, bem cedinho. Se não fosse a deportação, ele teria vivido muito, era saudável, robusto. O meu dia começava lá pelas sete, com um café preto. Não comia mais nada até a tarde, lá pelas cinco, seis.

— E lhe pagava? Um bom salário?

— Pagar? A mim, sua filha? Sua filha predileta... Eu tinha tudo que precisava. Ele nunca me negaria nada. Eu trabalhava, claro que trabalhava. E trabalhava rápido. Sempre, rápida, rápida, eu era assim.

— E a criança? O filho? A senhora o fez rápido também?

— Antes dos nove meses... Quase morri quando dei à luz. O médico não saiu de perto da minha cama, de quarta até domingo de manhã. Ele não sabia mais o que fazer. Já me considerava um caso perdido. E quanto ao bebê... nenhuma esperança. O bebê nascerá morto, ouvia ele dizer. E depois do parto... ninguém acreditava que você sobreviveria. Pequenino, pequenino, bem abaixo do peso normal. Ficou na incubadora. Só meu pai continuava otimista. Perguntou se o bebê tinha unhas. Se tiver unhas sobreviverá, foi o que ele disse.

— Meio que perdi as unhas depois de nascer. Ele tinha razão, teriam sido úteis. Em qualquer idade teriam sido úteis, sinal de estar vivo.

Rimos os três. Sua risada era fraca, curta. Tinha recebido alta do hospital poucos dias antes. Por isso viera a filha de Jerusalém. Uma espécie de filha, filha do irmão de meu pai, criada conosco. Com cuidado, rebobinei a fita no gravador sobre a mesinha. A cega no divã não via o aparelho e não sabia que estava sendo gravada. Totalmente cega, a operação no hospital não resolvera nada.

— E o seu marido? O pai da criança... como ele a conquistou?

— Uma história, uma longa história. Assim é a vida, longa. No verão, íamos à feira de Fălticeni. Uma feira muito famosa. Dia 20 de julho, dia de Santo Elias. Saímos de Burdujeni. Um grupo de jovens, rapazes, moças. Estávamos esperando o ônibus para voltar. Apareceu um senhor jovem, elegante, com uma cadeirinha dobrável nas mãos.

— Uma cadeirinha? Uma cadeirinha dobrável?

— Nunca havia lugares o bastante no ônibus. E montou sua cadeirinha perto do meu assento. Pouco depois perguntou se eu era parente da senhora Riemer. "Lea Riemer, de Fălticeni? A senhora Riemer é minha tia", respondi. Todos diziam que eu era muito parecida com a tia Lea.

O rosto pálido, caído, enrugado pela idade e pelas doenças é mais velho que o da velha Lea Riemer como a vi da última vez, uns vinte anos atrás, quando veio me convencer a romper meu namoro pagão com a *shiksa* que escandalizava a família. Lea Riemer, a diplomata do clã! O semblante calmo, bíblico, não refletia os traumas que eu lia na máscara da cega à minha frente.

— Ele conhecia a senhora Riemer e o marido dela, Kiva, o enxadrista. Kiva, parceiro de xadrez do escritor Mihail Sadoveanu. Quando ele vinha a Fălticeni, no verão, seu Mihai, como era chamado, procurava por Kiva. Muito esperto, estofador de luxo, mas vivia no botequim, perdia no baralho. Deixei que continuasse falando, para ver o que mais sabia. Ele conhecia também as crianças Riemer, alunos brilhantes e muito religiosos. Naquele tempo, a família Riemer falava hebraico em casa. A única casa da cidade onde se ouvia hebraico diariamente... Perguntou se eu conhecia Paulina, a manca, a costureira de lingerie casada com um primo dele. Depois disse que ele tinha alguém, que cortejava a senhorita Landau. Eu a conhecia. Bertha, a farmacêutica. Bonitinha, uma boa moça.

— Confidências à primeira vista.

— Quanto tempo leva a viagem de Fălticeni a Suceava, hein? Mais ou menos uma hora. Ele desceu na plataforma da estação em Iţcani. Trabalhava na fábrica de açúcar de Iţcani. Eu fui mais longe, continuei até Burdujeni. Quando cheguei em casa, fui falar com a Amália para contar-lhe tudo. Amália era minha amiga e vizinha. Contei a ela que havia conhecido um rapaz muito simpático no ônibus, amigo da Bertha.

— Muito mais simpático naquela época, cinquenta anos atrás, do que hoje, não é mesmo?

— No sábado seguinte recebi um cartão postal — continuou a convalescente, como se não tivesse ouvido a pergunta. — "Para a senhorita Janeta Braunstein, livreira de luxo", era só o que estava escrito. Um dia passou por Burdujeni, de bicicleta. Parou e me disse que no sábado seguinte haveria um baile em Iţcani e que viria me buscar. Apareceu no sábado às cinco, quando toda a rua principal de Burdujeni estava fora, nas varandas. Usava sapatos de verniz, *smoking*. O táxi ficou esperando. Meus pais não me deixaram ir. Não o conheciam, não me deram permissão.

— Tão obediente assim? Não consigo acreditar.

— Depois daquele dia, fomos a todos os bailes. Íamos regularmente aos bailes de Iţcani. Marcu começou a frequentar a nossa casa, não só no sábado e domingo à tarde, mas também na quarta à tarde, de bicicleta. Em Iţcani havia bailes com frequência. Para arrecadação de fundos. Para a construção de escolas, pista de patinação, clube de caça. E, para cada baile, outro vestido, comprava sempre outro tecido. O vestido violeta causou sensação, crepe acetinado violeta, sapatos e chapéu combinando.

— Tamanho gasto com o dinheiro de um assalariado? Ele, tão comedido, com a banqueta a tiracolo...

Ela fez um sinal com a mão nos lábios ressecados: sede. Trouxe-lhe um copo d'água, estendi a ela, mas, como não enxergava, grudei a mão dela no copo. A mão tremia, o copo tremia. Tomou dois goles, fez um gesto para que eu levasse o copo embora. Coloquei-o sobre a mesa, diante dela, ela não o via.

— Claro, com o salário dele. Ele ganhava bem na fábrica. Mandava até flores. Lilases e rosas. E escrevia cartas. Éramos jovens, outros tempos.

— E quem costurava os vestidos?

— Waslowitz. A senhora Waslowitz.

— A polonesa? A mesma Waslowitz de dez anos atrás, de vinte anos atrás? Deve ter uns duzentos anos, acho.

— Ela cobrava 300 lei por vestido. Está com noventa anos agora. Contaram-me que ela ainda vai à igreja todos os domingos, no verão, no inverno, faça chuva ou faça sol.

— Ela costurou seus vestidos no tempo do rei, dos legionários verdes e dos stalinistas vermelhos? E agora, no tempo do nosso amado imperador verde-vermelho? Que disse ela quando a senhora sumiu em 1941? Afinal, devia saber o que estava acontecendo... E que disse quando a viu de novo?

— Quando fomos levados, o prefeito sequer permitiu que eu colocasse os chinelos na mochila. Tive que deixá-los no corredor. Maria grudou na gente, na estação, ela queria subir no trem, não soltava você dos braços. Na fronteira, em Nistru, em Ataki, fizeram-nos descer dos vagões. Vagões para vacas, íamos amontoados como sardinhas! Em Ataki começou a pilhagem. Gritos, brigas, tiros. Quando nos demos conta, tínhamos passado a ponte. Meus pais tinham ficado para trás, do outro lado. Vi um sargento. Talvez fosse um daqueles que tinha nos empurrado do trem, pelas costas, com as armas. Estou velha, ai de mim, mas naquela época... naquela época eu tinha coragem. Fui até o sargento e falei: senhor, meus pais ficaram para trás, em Ataki, são idosos. Pago mil lei para o senhor trazê-los aqui.

Em nossa casa não se falava muito da Transnístria. O Holocausto não se tornou o grande assunto da moda nem o sofrimento ficava curado por meio de confissões públicas. As lamúrias do gueto sempre me irritavam, instantaneamente. A idade nos reconciliaria agora? Um conflito duro, intratável, teria virado uma piada frívola?

Partir, partir, partir... assim repetia ela em 1945 e em 1955 e em todos os anos seguintes. "E chegará uma noite... quando irei embora daqui", previa o poeta. Teria lido alguma vez na Librăria Noastră de Burdujeni o verso de Fundoianu, mais tarde conhecido como Fondane? O poeta partiu não para Jerusalém, mas para Auschwitz, via Paris.

Teria eu aceitado finalmente o verso dele ou a obsessão da clarividente, hoje cega e incapaz de ir a lugar algum? Palavras como *goim, shiksa, partida* não me sobressaltavam mais, conseguia suportar os tiques do gueto dos quais tanto tentei fugir.

Ela fez sinal de que seus lábios estavam secos de novo, queria beber. Sorveu um gole do copo e o devolveu, pronta para entrar em cena outra vez.

— Pago mil lei, disse a ele. Ele podia atirar em mim ou me revistar, pegar todo o meu dinheiro. "Está bem", disse ele, "eu vou, por mil lei eu vou, mas também quero um creme Nívea".

— Creme Nívea? O que ele ia fazer com o creme Nívea? E como é que a senhora tinha Nívea?

— Eu tinha. É assim que Deus faz piadas. Tinha enfiado duas latas de Nívea na mochila.

— Então, chinelos não, mas creme Nívea a senhora levou.

— Dei-lhe também o creme Nívea. Trouxemos meus pais. Foram conosco e ficaram comigo até morrerem. Quando papai já estava desenganado, a senhora do doutor Hellmann disse que tinha um vidrinho com remédios. Dejalen Gotas, para o coração. Pediu-me mil lei.

— O médico e a esposa faziam comércio com a morte? No campo de concentração?

— Faziam. Assim como todo mundo. Paguei os mil lei. O doutor Weissman, de Dorohoi, dizia que não adiantaria nada, que era tarde demais. Seria melhor comprar roupa ou comida para as crianças, ele dizia. Mas eu tinha que tentar qualquer coisa, qualquer coisa. Meu pai sequer conseguiu engolir as gotas.

— Obstinada. Até o final.

— E como... Marcu parecia perdido. Já nas primeiras horas, quando nos amontoaram no trem. E depois, quando nos jogaram dos vagões. À noite nos vimos entre baionetas e xingamentos. Quando viu sua camisa preta, cheia de piolhos... Os piolhos passeavam sobre nós. "Desse jeito não vale a pena viver", ele dizia. Perdera a esperança. Ele sempre foi um homem extremamente limpo. Vaidoso, elegante... não usava uma camisa mais do que um dia. Até suas meias precisavam ser passadas a ferro, ele era assim. "Não vale mais a pena viver", repetia. Após os primeiros dias na Transnístria, repetia a mesma coisa: não vale mais a pena, não vale a pena. "Vale, sim", eu dizia. Vale a pena. Vale a pena! "Se resistirmos, se sobrevivermos, você terá camisas limpas de novo... vamos fazer de tudo para isso". E fizemos. Quem podia saber se voltaríamos?

Estremeceu de repente. O ruído da porta. Alguém tinha entrado na sala.

— Celluța? É você, Celluța?

Sim, Cella entrava em cena serena e radiante.

— Quantas vezes, Celluța, eu fiquei mais desesperada que ele... — agora ela se dirigia à nora.

Cella parou na soleira, contemplando o trio no divã. Falavam com ela como se tivesse estado presente o tempo todo.

— Quantas vezes... aferrei-me a qualquer coisa. À túnica do oficial alemão, para que nos salvasse dos ucranianos que queriam nos matar. Bandos de ucranianos a serviço dos alemães. Agarrei-me ao sitiante para quem eu trabalhava. Andava oito quilômetros a pé, no inverno, vestida com retalhos de sacos, trabalhava a semana inteira em troca de algumas batatas e um pão e um pouco de feijão... Roupas feitas de sacos, pés envoltos em sacos. Também me agarrei a Yosel, nosso rabino, para que fizesse um milagre para salvar o Marcu. Os russos nos libertaram em 1944. A primeira coisa que fizeram foi mandar os homens judeus ao *front*, na linha de frente, contra os alemães. Esqueletos. Mal haviam saído do campo de concentração.

— O que o rabino podia fazer pela senhora? Ele ao menos a conhecia?

— Yosel, o rabino de Suceava? Foi deportado conosco. Como não me conhecer? Conhecia até os meus pais. Em Ițcani, antes da guerra, lhe mandávamos regularmente dinheiro, óleo e açúcar. Fui vê-lo, comecei a chorar. "Olhe, Rebe, a que ponto chegamos. Moro em uma casa abandonada, sem janelas, os filhos famintos, o marido levado pelos russos. Estou sozinha, desesperada." Eu pesava apenas 44 quilos.

— E ele a ajudou?

— Ajudou, ajudou. Ele ficava assim, com a mão sob o queixo, olhando para mim. E disse: "vá para casa". "Vá para casa e amanhã de manhã..." Todos aqueles aos quais contei reconheceram: um milagre divino. "Vá para casa e tudo ficará bem. Amanhã cedo ficará tudo bem", ele disse.

— E ficou tudo bem? Como assim, bem?

— Marcu fugiu do exército vermelho... um milagre, não? Ele correu pela floresta, dia e noite, desviando das aldeias, dos caminhos e nos encontrou lá, na Bessarábia. Outro milagre.

— Vejam, o fugitivo apareceu! Elegante, vaidoso, exatamente como a senhora disse. Camisa branca engomada, como sempre! — anunciei e desliguei o gravador.

— Marcu? O Marcu chegou? — perguntou animada.

Efetivamente, acabava de entrar pela porta. De chapéu, terno cinza de verão, camisa branca, gravata. Faltava o tripé, o pequeno banco dobrável. O jeito calmo, de sempre. Reservado, movimentos sempre controlados.

— Marcu? Você foi à feira? Encontrou alguma coisa para comprar?

— Encontrar o quê? — intervim. — A senhora acha que é como antes quando ele lhe trazia lilases e rosas?

— Eu trouxe um jornal — respondeu meu pai, de maneira seca. — E umas maçãs. Uns caminhões estavam descarregando maçãs bonitas. — Estendeu-me o jornal. O *România Liberă*.[4] Na primeira página: *"Comunicado da Comissão do Partido e do Estado para a supervisão e controle da qualidade do meio ambiente: durante o dia 6 de maio, na maioria das áreas afetadas, inclusive o município de Bucareste, a radioatividade continuou a diminuir"*.

— Veja só, a poluição está diminuindo – anunciei. Desde que a Ruti veio da Terra Santa, os comunicados têm sido cada vez mais otimistas.

O jornal acrescentava, na linha seguinte: *"Em algumas áreas, a radioatividade apresentou um ligeiro aumento que não representa perigo para a população"*. Não representa perigo mas multiplicam-se

---

4 "A Romênia Livre", em romeno. (N.T.)

as recomendações de tomar precauções com a água potável, os legumes, as hortaliças, as frutas. Crianças e mulheres grávidas precisam evitar permanências prolongadas em espaços abertos. "Espaços abertos", escute isso! Devem ser consumidos somente leite e produtos lácteos da Rede Oficial... A Rede, a Rede! A "língua de madeira",[5] mais forte do que qualquer radiação. Que diria o rabino que fazia milagres sobre a Comissão do Partido e do Estado para a supervisão e controle? Agora que o perigo diminuiu, multiplicam-se as precauções... quem acreditaria neles? Supervisão e controle, essa era a única notícia confiável: a supervisão e o controle.

Eu esperava o almoço, a sesta, a trégua da solidão. Apartamento pequeno, dois cômodos, amontoávamo-nos uns com os outros, assim como nos amontoou por quarenta anos o aperto do socialismo.

— Olhe, há alguns dias... — E puxei outro jornal do monte de cima da mesa.

— Olhe, há alguns dias os camaradas da supervisão e controle diziam que *"na noite de 1 para 2 de maio foi registrado um aumento de radiação muito acima do limite normal, causado pela direção do vento do nordeste para o sudoeste, da zona de emanação"*. Que significa "muito acima do limite"? Uma catástrofe?

Ninguém participava do diálogo. A família esperava, apática, o almoço.

— Acima do normal? Que significa normal, que sabemos nós a respeito da normalidade? Preste atenção, no dia seguinte...

Puxo outro jornal da mesa, quem sabe consigo animar os ouvintes.

— No dia seguinte, foi registrada uma certa redução da radiação que, no entanto, continua apresentando um nível elevado. Uma certa redução...! Mas em nível elevado. Os russos declararam que a poluição afetaria apenas o território da URSS, só isso.

---

[5] Linguagem discursiva que busca infundir clichês ideológicos. (N.T.)

A rádio *Europa Livre*, que cuida da *Europa Não Livre*, disse ontem que a embaixada americana em Bucareste fez suas próprias medições. Se ainda não mandaram seus funcionários para a Califórnia, significa que talvez esteja mesmo tudo ok, quem sabe. Mas vamos voltar à Mãe Coragem, ao seu coração cansado.

— A mãe não enxerga, esse é o problema — sussurra a velha. — O coração dela também está nas últimas. Se ao menos eu enxergasse um pouco, depois dos sacrifícios com a operação. Hoje de manhã, durante a visita ao hospital, o médico me examinou por mais de uma hora. Ele disse que vou enxergar. Quem sabe...

— De onde vem a luz, a senhora consegue ver?

— Sim, isso eu consigo ver.

— E o que mais? Quem está no quarto, quando alguém se mexe?

— Sombras. Quando alguém se aproxima vejo uma sombra. Agora, quando você está falando, consigo distinguir uma sombra. Queria ver a Ruti, por isso insisti que viesse. Para vê-la mais uma vez. Ao menos a senti.

— A senhora lembra, tia...

A israelita tentava fazer também o seu papel.

— Lembra de quando me fizeram descer do trem no qual eu iria voltar para a Romênia?

— Claro que sim... como não lembraria? Tinha sido aprovada a repatriação dos órfãos da Transnístria. Você era órfã de mãe, sua mãe tinha morrido antes da nossa deportação. Você estava na lista da repatriação dos órfãos. Mas ao subir no trem... *Moishe Kandel hot aranjirt az zain inghil zol nemen ir ort.*

Há alguns anos, principalmente desde que não enxergava mais, as palavras em iídiche apareciam com frequência. O código do gueto. Traduzi para a Cella: *"Moshe Kandel mexeu uns pauzinhos e colocou o filho dele no lugar dela"*, e retomei o papel do inocente que havia esquecido a história.

— Como assim? Como é possível uma coisa dessas? E a senhora agradeceu ao tal Kandel por essa baixaria? Um homem temente a Deus, certamente.

— Foi Deus que lhe agradeceu, não eu. Imigrou para Israel e um filho seu morreu lá, em um acidente de moto.

— O tempo todo: Deus, rabinos, milagres. Que podem fazer os rabinos quando Deus a manda para a Transnístria?

— Deus não me mandou, Ele me trouxe de volta... E os rabinos realmente fizeram milagres, até mesmo na minha vida.

— E a peneira?

— Que peneira?

— A peneira enfeitiçada. A senhora disse que Şulim, seu irmão, não teria se casado, mas a pretendente o enfeitiçou. A mulher que virava a peneira. Feitiços. A senhora também enfeitiçou o Marcu com a peneira?

Ela riu, todos rimos.

— Marcu não precisava de peneira. Nunca me relacionei com aquela mulher. Ela morreu há muito tempo, antes da guerra.

— Mas e o filho? O filho não precisava? A quem a senhora atribui o meu casamento feliz? A peneira também deve ter sido virada para mim.

— A mim que não. Eu não apresentei a você a sua esposa. Você a achou sozinho.

É verdade, eu a achei, o acaso virou a peneira a meu favor.

— A senhora não me apresentou, mas me impediu de casar com outra.

— A sorte decide.

Os antigos conflitos tornaram-se tema de humor senil. Somente a ironia ainda conservava algo do veneno do passado.

— Justamente, protegeu-me. Obrigou-me a ser precavido.

— Precavido? Você não foi nem um pouco precavido.

— Quando não pude me precaver, a peneira se encarregou. A senhora ia ao cemitério, aos rabinos enterrados lá. Talvez eles pudessem virar a peneira e o destino conforme o seu desejo.

A piada é falsa, a hora é falsa e a conciliação não diz senão que envelhecemos todos, na mesma gaiola pequena, parte da gaiola grande.

— Destino, que destino? Aquela cristã não era o seu destino.

— Cristã? Ela não tem nome? Perdeu até o nome? Era isso que a senhora implorava aos rabinos vivos e mortos, que a *shiksa* perdesse o nome?

Finalmente, a bílis de outrora transformada agora em brincadeira. Resignação, tolerância? Diante da morte? Diante da morte, sim.

— Saiba que os rabinos me ajudaram. Eles a ajudaram também. Eles a ajudaram também, tenho certeza. Eu também rezava por ela, fique sabendo. Ela vai indo bem na Inglaterra, tem dois filhos e vai indo extraordinariamente bem.

— Vai bem, mas não sabe que a senhora rezou por ela.

— Sabe, sabe. E mesmo que não soubesse...

— Que a senhora rezou por ela, disso até Deus duvida.

— Rezei, sim, para que a livrasse do mal. Pode ver que não a odeio.

— Justo agora, quando ela está longe? Levou o perigo com ela, para bem longe, na Inglaterra! Mas que a senhora rezou pelo bem dela, isso já é demais.

— Não é demais. Nunca lhe desejei mal, você sabe disso. Nunca falei mal dela. Ouvi dizer que ela tem dois filhos... a senhora Waslowitz me contou. Muito elegante, muito excêntrica, assim disse a Waslowitz. Excêntrica ela sempre foi, mas muito bonita não era.

— Como assim, como é que sabe?

— Não sei. Eu nunca a vi. É o que dizem.

— E, se mantém contato com a senhora Waslowitz e com todo o mundo, por que não lhe mandou de presente uma fotografia recente do antigo amor dela, careca e barrigudinho? Para que ela visse o Romeu abandonado, para alegrar-se. A senhora não quis, não é? Não quis que ela visse o estrago que a idade fez comigo. Alguém vira a peneira para outro, não é? Se tivéssemos a peneira agora, com a questão

123

de Chernobyl, poderíamos nos livrar dos desgostos. A senhora ouviu o que dizem os jornais? Que não fiquemos lá fora, em liberdade. Podemos ser afetados pela radiação. Temos de cuidar das mulheres grávidas e das que podem engravidar. Temos de ferver os alimentos se os conseguirmos. Temos de ouvir a *Europa Livre* para ficar a par do que está acontecendo aqui, na nossa casa. A peneira resolveria tudo, com uma virada. Se funcionou para o amor, a mais complicada das complicações, um mero acidente nuclear seria uma bagatela.

Ela não respondeu, estava cansada. Éramos cinco ao redor da mesa do almoço. Salada de berinjela, pimentão assado, carne picada, batatas, panquecas. Não temos do que reclamar, tudo se ajeita no final, aqui, entre o bem e o mal... Eis que chega a sobremesa: a maçã de ouro. Descascada com a faca, vagarosamente, pelo senhor Marcu Manea, em fatias finas, espiraladas. Soberbas maçãs descarregadas do caminhão no asfalto, em plena poluição radioativa.

O sono após o almoço, a sesta pela qual o apático socialismo oriental mostra a sua superioridade perante o degenerado Ocidente. Depois disso, o diálogo diluído, a neurose de duas horas na frente da televisão, com o palhaço gaguejante no papel de Presidente: mais um dia sem volta. Chernobyl tinha agravado as incertezas. A esperança anã e preguiçosa precisava apanhar de vez em quando, mediante um truque perverso. Dores de cabeça e nas pálpebras, palpitações, ânsia de vômito? Neurose de rotina, não radiação. Toxinas infiltradas em dezenas de anos no corpo e nos pensamentos. Muitos sentiam há tempos a urgência do salto no nada, mas a força da apatia não diminuía.

A ferida das raparigas em flor

Verão de 1959, Suceava. Eu tinha saído dali cinco anos antes não para conquistar o mundo, como o Rastignac, mas a armadura que me protegesse do meio e da minha própria vulnerabilidade. Porém, eis que estava de volta, aqui, ao ponto de partida. A profissão de engenheiro não podia me proteger de nada e não era adequada para mim, mas, quando se tem 23 anos, nem as desilusões ou as confusões, nem o inominável tédio podem subjugar todo o calendário. A rua, as casas, os semblantes ocultos na incógnita do dia, as mulheres e os livros e os amigos intensificam o campo magnético do ser que nos tornamos.

Medo da cova dos fracassados? Medo abafado, expandido e contraído, adormecido, mas não o suficiente? Estratégias de fuga? O comedimento em relação à política se estendera às minhas relações afetivas. Eu funcionava melhor, até mesmo sexualmente, quando dispunha de uma "dupla solução", uma dupla-múltipla escolha. Uma alternativa debaixo da manga, um "coeficiente de segurança" próprio da engenharia para situações imprevistas, caso o refúgio desmoronasse. A juventude dos sentidos desafiava o fardo da profissão ou as dificuldades financeiras da família, os medos haviam se refugiado como salamandras invisíveis à espreita.

A senhora Albert, espalhafatosa, representava seu velho papel. A filha também voltara, casada e grávida, à cidade do nosso amor adolescente. Tudo continuava igual, as famílias ao redor da família eram as mesmas, com os rebentos na escola, esperando a chance de emigrar. Detrás da prancheta perto da minha mesa, a russa loura e magra me avisava, com seus erros gramaticais inimitáveis e seu sotaque irresistível, quando o marido estava fora de casa. As escapadas eróticas não faltavam; as obrigações profissionais eram enfadonhas, mas não esmagadoras. E quem diria que o Liceu onde eu havia roubado a cena em outros tempos tivesse se tornado misto! A solenidade de colação de grau virou um baile... a turma de 1960, descontraída. Depois de umas duas horas entre antigos professores e novos formandos, saí com minha excêntrica parceira para uma festa de engenheiros com suas esposas ou namoradas. A formanda tinha apenas dezoito anos, mas não parecia nada provinciana. Graça, ousadia, humor. Vestido de tule azul, uma rosa no peito. Ao amanhecer, tontos pela bebida e pela noite de verão, subimos a colina da velha fortaleza de Zamca, perto da casa onde ela morava. A moça tinha algo puro e igualmente provocante. Mediterrâneo, eslavo, andaluz. Um perfil grego, uma chama rápida no olhar.

Nas semanas seguintes, as surpresas do diálogo aumentaram. Intensificou-se a impaciência das mãos e dos lábios. Decidimos passar um final de semana nas montanhas, nas proximidades. Porém, primeiro eu tinha de matar o duplo do melodrama do passado.

Da rua dava para ver a casa com a sacada alta, bem como o jardim nos fundos do quintal. Assim como outrora, subi devagar os degraus de madeira, bati discretamente à porta. A escuridão compacta na casa, a lua sanguínea, tal qual pedia a cena. Noite de verão boreal, a lamparina piscava ciclópica na Strada Armenească. Espreitava o momento de me enfiar pela porta do passado. Com efeito, a porta se abriu ao primeiro toque. Fatídica noite de julho: o senhor e a senhora Albert estavam de férias, o genro viajava a trabalho. A minha antiga amada recebeu-me como mandava o figurino, ela sussurrava e repetia as indicações cênicas quase no meu ouvido: "Devagar, devagar, vire à esquerda, devagar, cuidado para não acordá-lo".

Eu sabia o que aconteceria a seguir, só não sabia onde. A bela filha da bela senhora Albert não tinha se casado com o amado escolhido do seu coração, mas acabou casando-se, no final das contas, conforme ditavam as regras da sociedade em que havia nascido. O novo casal, que logo se tornou um trio, não tinha encontrado uma solução habitacional conveniente e estava hospedado na casa dos sogros. Íamos cometer a infâmia justamente na mesma casa onde até pouco tempo eu havia sido o cobiçado candidato à mão da filha. Não, não me tornei o genro da maravilhosa senhora Albert, que certa vez desceu dos intangíveis céus à nossa pequena cozinha terrestre, com a dádiva de uma fala lendária: "Quero conhecer os pais deste rapaz". O rapaz não se tornara membro da família, mas essa noite inverossímil oferecia, agora, uma retomada e uma revanche. O braço tórrido guiava-me com ternura e impaciência através do túnel do tempo em direção à porta da esquerda, onde outrora aconteciam as agradáveis visitas de sábado à noite. Ali, naquela antiga sala, ocorreria o sacrilégio.

Fechei a porta lentamente ao entrar, a escuridão ficou para trás. Os deuses haviam preparado a candeia do pecado: no canto do quarto tremulava uma minúscula vela. Na vasta sala de jantar da família havia sido instalada, no lugar do suntuoso divã, uma régia cama para o jovem casal. Ao lado, o berço do bebê.

O berço da pureza ficava grudado à cama da profanação... O ambiente oferecia conotações incitantes, mas a impaciência não permitia adiamentos. Irrompemos no tórrido túnel do passado, recarregado instantaneamente, a cada nova palpitação. Salva após salva, gemido após gemido, acabados, suados, os donos da noite cumpriram a vingança, o resgate. No berço ao lado, o bebê nem ligava. A antiga amada era e não era mais a mesma, tinha aprendido novos ardis do prazer e os exercia com tato e paixão, as pernas longas, sedosas, erguidas para o céu, ritmavam o triunfo irreversível da juventude.

Ao amanhecer, balançando, pulei da cama da esposa infiel. O bebê dormia ao lado, longe da voluptuosidade do adultério.

Despertou-me o elixir da manhã de verão. Eu não sentia paixão, só um resíduo desordenado de posse. Tinha dado tudo certo, a mente, as emoções, o corpo, a cegueira do momento, o desapego, a frenética simultaneidade. Um sentimento pueril de realização, exatamente o que eu precisava e tinha recebido e levava comigo. Avancei, exausto, até o cume da colina da deserta Strada Armenească, sob a brisa matinal. Virei lentamente à esquerda em frente à antiga igreja, rumo ao novo bairro de prédios, e na descida de novo à esquerda na Strada Vasile Bumbac. Na esquina, no número 18, a calçada estreita, paralela à casa, dava para a porta dos fundos onde sempre dormia uma nova empregada. O que havia acontecido era diferente da proeza púbere de dez anos antes ou da sessão fracassada no bordel da Strada Frumoasei, cinco anos atrás, ou da noite proporcionada pela cortesã Rachele du Gard há dois anos, ou da escapada noturna, do mês passado, com a russa lúbrica. Finalmente, o pus das confusas protelações tinha vazado. O tempo convulsivo, zodíaco das idades em flor... os dias e meses e anos em que perseguia *les jeunes filles en fleur* com minhas excessivas tentativas literárias e sensuais tinham sido finalmente compensadas em uma noite de gala.

A jovem sacrificara a virgindade, não ao amor, mas ao casamento, dera à luz um filho, e sua beleza manteve-se intacta. O seu olhar azul estava mais profundo, o ouro dos cabelos mais avermelhado, os seios fartos, a cintura milagrosa, a pele brônzea, trigueira... a jovem mulher parecia mais bonita do que nunca. A sensualidade não tinha perdido a suavidade e o ardor, ao contrário, havia se enriquecido, os sentidos cultivados tinham aumentado seus dons. Não parecia destinada a um único marido nem a um único amante.

128

Mas a suspeita não me perturbava mais, só estimulava a minha tentação. Depois daquela noite feliz eu deveria ter-lhe telefonado, isso teria sido o correto, mas aquele *happy end* não me preocupava mais, e a rotina dos futuros encontros também não me interessava: eu estava em outro começo.

Faltavam dois dias para o passeio às montanhas com a recém--formada do liceu. Tal intervalo de tempo expandiu-se como nos contos de fadas, ergueram-se montanhas no lugar onde caíra o pente mágico. A noite que me devolvera ao tempo perdido já estava longe, atrás das montanhas, no passado. As pernas inquietas da moça que me acompanhava, feliz, no vagão do trem para Cimpulung, na Moldávia, instantaneamente cortaram qualquer conexão com o passado distante e com o recente.

A cabana no topo da montanha vigiava solenemente a cidade. No quarto simples, de madeira, a insônia da noite estrelada prolongou-se na luz da madrugada nos lençóis manchados pelos cravos de sangue da donzela. Não, não se tratava de uma paródia. Era real, verdadeiro, sem simulações ou reminiscências, sem recriminações nem planos para o futuro. Simples, inteiro, como a floresta ao redor.

Mas muito em breve o repertório tradicional iria reivindicar sua supremacia. Um silêncio suspeito ampliara os minúsculos cômodos em que moravam as famílias Montecchio e Capuleto, que não se conheciam. Duas modestas famílias pequeno-burguesas da província socialista colocadas instantaneamente sob o clássico brasão de Verona? Os serviços de fofoca já tinham semeado a intriga, simulando o sopro envenenado dos grandes dramas. No ar, sinais de tormenta, história repetindo-se como farsa.

O explosivo cuidadosamente embalado reavivou o eterno inimigo do gueto: *Shiksa!* Tabu tentador, atração cheia de mistérios profanos, armadilha cristã, tragicomédia do gueto.

Algumas semanas após o ritual sem ritual da perda da virgindade, Julieta isolou-se dos pais, irmãos, irmãs, em seu quarto, preparando-se para o vestibular. O seu amado tinha ido à praia, onde percorria, solitário, a costa e os restaurantes. A sua família tinha recebido, nesse meio tempo, um recado telefônico informando que o feliz casal estava em delírio amoroso na costa do Mar Negro. A intriga teria partido da adúltera da Strada Armenească?

A lamúria milenar movimentou a garra tentacular do gueto, rastreando pistas suspeitas em toda a parte. "Há gerações eu não encontrava uma moça tão inteligente", repetia a mãe judia a definição com que o seu primo, o professor Riemer, distinguia a aluna. O elogio transformado espontaneamente em caricatura: a inteligência do adversário não significava senão malícia. O delírio secular das vítimas, o medo, a memória transtornada?

Não se podia enfrentar, talvez fosse possível somente ignorar as ladainhas, as cenas de taquicardia, os espasmos de suicídio iminente. A *Mater Dolorosa* não estava nas primeiras atuações do gênero, mas desta vez nem argumentos nem medicamentos ajudavam. Lógica imprevisível, performances imprevisíveis. Desequilíbrio causado pelos anos no campo de concentração ou temores mais antigos?

As crises amplificavam sua energia, com ou sem motivo. Compaixão, somente compaixão era o que pedia o espetáculo do desespero. Mas a compaixão não evitava a fúria que o filho acumulava diariamente, muito sensível e insensível. A adversidade não necessariamente destrói o amor, mas o fortalece, ensinavam os predecessores de Verona: o amor continua em clareiras idílicas e em quartos emprestados.

Julieta abandonou o vespeiro no começo do outono, indo para a universidade. Em outubro, o jovem engenheiro visitou Bucareste e na volta mudou-se para uma quitinete no centro da cidade em uma pensão para solteiros. A correspondência entre a capital e a província continuava intensa, as crises do gueto haviam se apaziguado. Entretanto, o teatro de comédia reservava surpresas: dois jovens mascarados, depois da meia-noite, na plataforma da estação Ițcani-Suceava. Um carro estacionou na saída da plataforma, um motorista devidamente preparado para a missão noturna. Nevava e o vento soprava intensamente. A plataforma deserta: de acordo com o plano, a 1 hora e 20 da madrugada, o expresso Bucareste-Suceava Norte parou no destino. Os passageiros desceram tiritando de frio, um a um, na noite nórdica. Alguns minutos após o último passageiro deixar a plataforma, desceu também a desconhecida disfarçada de Julieta Capuleto. Enrolada em um manto branco de tecido grosso, segurava na mão uma pequena maleta preta. Não olhava nem para a direita nem para a esquerda, apressava-se rumo ao escangalhado Jipe nos fundos da estação, estacionado à direita, perto do *outdoor*. A porta abriu-se de repente, o motorista a ajudou a subir e em seguida partiram a toda velocidade.

A jovem Capuleto tinha ficado uma semana na gaiola do primeiro andar do Hotel dos Celibatários, seguindo estritamente as instruções conspiratórias. Não tinha saído do quarto, não tinha atendido ao telefone e foi embora sem incidentes.

As tentativas do jovem engenheiro de se transferir para Bucareste falhavam quando pareciam estar a ponto de dar certo. Obscuros detalhes do seu "dossiê" acabavam malogrando as tentativas.

Na primavera de 1961, em uma das viagens para Bucareste, deteve-se em Ploieşti para uma audiência com o diretor da empresa construtora local. O centro da cidade, a cinquenta minutos da capital, estava em plena reconstrução, as obras precisavam de engenheiros. O candidato recebeu na hora a carta de transferência do Instituto de Projetos de Suceava para a empresa construtora de Ploieşti. Mas a lei obrigava os engenheiros estagiários a ficarem os primeiros três anos no local designado pela Comissão Governamental. O chefe do Partido de Suceava ameaçou trazer o apaixonado de volta "acorrentado" depois que ele apresentou a sua demissão...

As correntes evocavam também o silêncio sepulcral da família. Uma espécie de greve de braços cruzados! Mais expressiva, pode-se dizer, do que a gesticulação paranoica de antes. As correntes que seguravam o rebelde no seio ardente da família eram amorosas, é claro. A garra possessiva usava uma luva aveludada.

Em uma manhã de segunda-feira, o engenheiro apresentou-se com duas malas no escritório do diretor em Ploieşti. O camarada Cotae tinha pernas finas e frágeis, como as de um mosquito, apoiado em muletas por causa de uma poliomielite infantil. Um homem bonito, inteligente, primeiro de sua turma na Politécnica. Gentil e decidido, era difícil não se encantar com o seu estilo direto, másculo. O recém-chegado teria de comparecer no dia seguinte no canteiro de obras no centro da cidade.

Ploieşti parecia parte de uma Bucareste extendida, a uma distância pequena, com trens de hora em hora. Julieta ouvia com inteligência, assumia riscos e surpresas. Extravagante, aventureira, indomável. "Chocante acuidade", afirmou Riemer, seu professor de matemática, que voltava ciclicamente à biografia da família como um frei Lourenço.

Abril sangrento, primeira primavera da vida do casal. Os abortos ainda eram baratos e legais naquela época, na Romênia socialista. Salas de espera lotadas, uma paciente saía, outra entrava, como num seriado triste.

Se soubesse o que iria acontecer, naquele instante, por trás das portas brancas, teria se horrorizado a mãe do gueto? Remorsos, culpa, compaixão...? Ou aquela anciã temente a Deus importava-se apenas com suas próprias monomanias? O pensamento contorceu-se envenenado, enquanto o culpado esperava a Julieta ferida sentado num banco do jardim do hospital, em frente ao consultório do massacre. Espera mórbida, terror e culpa.

Um teste para os limites e a duplicidade do amado? A adversidade da família ou o equívoco dos próprios desejos? A tentação do desconhecido ou do proibido?

"A quem a senhora atribui o meu casamento feliz? A peneira mágica também deve ter sido virada para mim.", perguntaria, 25 anos depois, o Romeu de outrora. *"Eu não apresentei a você a sua esposa. Você a encontrou sozinho"*, respondia a velha Montecchio em 1986, quase cega, entendendo a alusão, sem dúvida. *"Não me apresentou, mas me impediu de casar quando a senhora não achou conveniente"*,

insistiu o filho. *"A sorte decide"*, foi a pronta resposta. *"Justamente, protegeu-me do que me estava destinado. Obrigou-me a ser precavido."* Velha ferida que tinha se tornado piada e provocação. *"Precavido? Você não foi nem um pouco precavido"*, respondeu a voz velha, a velha neurose. *"Aquela cristã não era o seu destino"*, acrescentou imediatamente. *"Cristã? Ela não tem nome? Era isso que a senhora implorava aos rabinos vivos e mortos, que a shiksa perdesse o nome?"*, teria gritado, furioso, também em 1961 ou 62 ou 63, não somente no verão de 1986, quando o passado havia envelhecido.

Ela tinha nome: Julieta! Nome genérico e conspiratório do amor! Isso é o que teria exclamado, antes de cair o pano, o cansado Romeu, triunfante, pronto para o último exílio, naquele verão de Chernobyl, em 1986. Os anos passaram, as mistificações não consolavam mais. *"Eu também rezava por ela, fique sabendo. Ela vai indo bem na Inglaterra, tem dois filhos e vai indo extraordinariamente bem."* E onde mais estaria senão na Inglaterra? Não poderia estar em Verona ou em Ploieşti! Na Inglaterra, onde mais? Na terra do tio William, naturalmente, Bill, o bardo. O amor como insurreição! O enlace e depois as ambiguidades, as tentativas de evasão do amor, após evasão da família. Aprimorando sozinha a obra de desgaste, instante por instante, a vida usurpa de qualquer forma as ilusões de perfeição e o orgulho da unicidade... é o que nos ensina de novo e de novo, o sábio Will. O baile, a noite da união, a fuga de Verona e, veja só a alternativa do final: os heróis tinham escapado do veneno e da morte, exterminados por um veneno mais lento e uma morte menos espetacular: o espelho das idades. O sangue não corria nos acrobáticos duelos masculinos, mas nos míseros consultórios médicos para abortos; o veneno não era a adversidade entre famílias ou tradições ou hierarquias, mas a própria vida, com suas limitações e surpresas.

O amante tinha lutado contra as limitações do casal e contra as limitações de uma profissão que nada tinha a ver com ele. Por sua vez, a amada se confrontava com os neuróticos impulsos possessivos. Crises de ciúmes, falta de confiança em si mesma. A tensão entre os parceiros não vinha mais somente do confronto com o mundo hostil, mas do confronto com a própria ambiguidade, a descoberta do ódio, não pelos adversários, mas pelo amado e por si mesmos. Os egos, ou seja, os indivíduos que compõem a nossa multiplicidade e as nossas potencialidades? A mentira, nossa inevitável pedagoga? Sua vibração oleosa esvaiu-se, passou, continuávamos os mesmos, ilesos como se nada tivesse acontecido. Até o próximo desdobramento. O abismo dos desdobramentos, a tragicomédia das substituições?

O amante cada vez mais irritado com as visitas inesperadas da amada, aterrorizado com sua garra possessiva, como a de uma ave de rapina voando em círculos, revoando agitada e faminta nos seus pesadelos. A amada debatendo-se, indesejada, incapaz de esconder ou de curar a ferida, apareceu certa feita depois da meia-noite e surpreendeu-o com outra mulher. Depois, interceptou cartas incriminatórias. A flor do mal pulsava em grandes pétalas fosforescentes, envenenadas.

Não havia mais escapatória, e mesmo assim havia uma: a mentira! A nuvem oleosa e fina como um vapor poderia livrá-lo da encrenca, modificando instantaneamente a realidade no seu duplo e seus múltiplos, convocados para salvá-lo.

A história de Verona teria se tornado uma farsa como todas as tragédias que se repetem? O final se prolongava, a separação não parecia iminente, pela tragédia ou pela morte, mas pelo tédio. O papel de um galã puro e trágico converteu-se numa partitura cômica de um parceiro importunado pela companheira e pela monotonia da convivência. Os protagonistas tinham consumado a exaltação, as dúvidas, a traição, os remorsos. A resignação não estimulava a retomada do idílio, o casamento tinha se consumado sem o consentimento legal. Deveria cada um deles encontrar, no futuro, um casamento feliz como haviam predito a cigana da esquina e os rabinos do cemitério sucevino e as nuvens debatendo-se loquazes nas noites de insônia?

Revia a Julieta ensanguentada na soleira dos consultórios médicos ou nas ensolaradas sequências marítimas ou no primeiro baile. Pouco a pouco, os anos foram diluindo a retrospectiva, sobrou apenas a culpa e a gratidão pelo tempestuoso aprendizado. A quimera da juventude lançou-o nas delícias da imperfeição.

Uma última mensagem noturna e enigmática, como uma ameaça: *"Sou eu, vou voltar"*. No instante seguinte a imagem ocupava a tela inteira da noite. Um banco perto da orla marítima de pedras. A mulher usava um vestido florido com motivos orientais marrons, um cachecol de seda no pescoço, sapatos marrons de salto. Entre os sapatos e a barra do vestido via-se uma parte da perna, as veias azuladas. De lado, a bolsa aberta, pacotes, pacotinhos, outro cachecol por cima, também fino, amarelo. O cabelo revolto pelo vento, o olhar atento, ausente, perscrutando um alvo fora da cena. Rosto de uma meiga, evasiva solidão, mas ao mesmo tempo intenso, como no passado. E um cochicho, como no passado.

"A primeira crise ocorreu dois anos antes. Acabava de voltar de uma feliz viagem à Espanha. Um bom amigo falecera. Depois soube do acidente no qual minha irmã caçula morreu. O mais querido membro da família na Romênia! Fui internada, forçada a ficar no hospital por algumas semanas. Uma luta desesperada para me recuperar. A verdadeira salvação veio das crianças. Eu precisava cuidar delas, protegê-las dos tormentos que tinham me derrubado."

A voz conhecida, o rosto também, a silhueta, nada tinha mudado, até a concentração no sofrimento era a mesma.

"A recidiva terrível, um sono negro, infinito. Depois que me recuperei parcialmente, fui para o Oriente e para a África e para a América Latina em razão dos negócios do meu marido. Ele tem negócios com países comunistas, você adivinhou, provavelmente pelo alegre retrato do grupo ao lado do líder comunista. Agora acabei de sair de outra internação. A medicina tradicional oriental: chás e pós especiais. Você deve ter entendido qual é o meu mal." O som cessou. Longo silêncio. Esperei em vão que se mexessem os lábios ou as mãos ou o corpo ou as ondas.

"Tento perdoar, esquecer o orgulho de princesa mendiga. Peço que o coração sare, que o filho mimado dentro de mim mesma se cure. Certas vezes vivo muito intensamente a maldade ao meu redor. Sou muito impulsiva e sincera, como bem sabe. A nossa estranha proximidade ainda me machuca, às vezes. Talvez eu tenha sido para você um curioso meteoro catalítico, que me diz? A terminologia química de antigamente... Na verdade, há mais de dez anos não entro em um laboratório. Um químico que padece de esquizofrenia não pode ser admitido em um laboratório, não é mesmo? Meus filhos cresceram, eu também."

Imóvel, à beira-mar. Atrás, também imóvel, a extensão plana da água, o horizonte acinzentado do céu. Uma imagem petrificada como num cartão-postal. Somente a voz animava o sonho bizarro.

"Sim, nos alvoreceres de junho, em Verona... os grandes momentos da juventude. Nada podia me impedir de queimar tudo, até o fim. Agora, aqui em casa, aparece toda sorte de objetos estranhos. Um velho maço de cigarros, de trinta anos atrás, um montinho de terra, uma vela no banco traseiro do carro. Não, não me assustam, a doença me protege de tudo."

A imagem se afasta, bem como a voz, nebulosa, fragmentada. Irão voltar, quem sabe, mais tarde, porém o sonho pulverizou-se, a memória não pode prolongá-lo. O fantasma desapareceu.

A língua exilada

As salas de espera cheias, os hospitais abarrotados. As filas de pacientes lembravam uma procissão mística, e o acesso a elas pressupunha relações especiais: fulano conhece beltrano, é amigo da amiga da esposa, da irmã ou da amante. O táxi que o leva ao hospital no outro extremo da cidade nas horas de pico da manhã é um insulto à apatia socialista. Apenas um motorista de táxi conhecido ou alguém que tivesse carro poderia levar a paciente ao médico.

Só depois de resolver tais preparativos chega-se, finalmente, à sagrada fila de sofredores, aguardando com os demais privilegiados o momento milagroso da sua vez!

De uma hora para a outra, o cirurgião oftalmologista promovido há alguns anos do interior para Bucareste tornou-se o Prestidigitador: as consultas eram marcadas com um semestre de antecedência.

Na verdade, leva um segundo: o *expert* deu o diagnóstico, marcou a data da cirurgia. A paciente de 82 anos sofria do coração e de diabetes e de uma neurose. Mas seu filho, que também já não era jovenzinho, não parecia resignado com o inevitável, visivelmente perturbado como se nota com cada gesto lento e palavras lentas da cega ao seu lado.

A velha recebe a cobiçada guia de internação no hospital. Internação "com acompanhante": dois dias antes e dois dias depois da operação. A nora precisará de uma semana de licença para poder tomar as medidas necessárias.

Uma semana e não apenas quatro dias. A sua função pedia um tempo suplementar para providenciar as armas conjunturais: maços de cigarros importados, sabonetes, desodorantes, vidrinhos de esmalte, tabletes de chocolate de rótulos ocidentais. Somente assim se consegue a boa vontade das enfermeiras, das mulheres da limpeza, das funcionárias das baias sobrepostas dos escritórios do favo socialista. O pagamento da cirurgia também exigia uma forma menos convencional do que os costumeiros envelopes com notas sujas e amassadas que traduziam o seguro social gratuito no socialismo. O livro com dedicatória, enviado por intermédio da mulher do médico, só tinha sido suficiente para marcar a consulta, ainda seria preciso adivinhar o que daria "verdadeiro prazer" ao Prestidigitador. Uma pintura? Uns quadros, melhor dizendo? Perfeito, garimparemos os ateliês dos pintores da Jormânia socialista!

Porém, não conseguimos o cobiçado quarto separado nem mesmo após a tela com moldura dourada, paga com o salário inteiro de um mês, ter chegado à casa do médico: a paciente e a acompanhante deveriam se contentar com uma única cama na enfermaria onde havia seis camas. Dormiriam juntas na mesma cama, duas noites antes e duas noites após a cirurgia da velha.

Noites de lamúrias e espasmos. Às vezes, ouviam-se longas confissões crispadas, falas vindas do sono e de lugar algum. Um tartamudear doente na noite. Não, não se faz o silêncio necessário para os preparativos e para a convalescença da delicada intervenção cirúrgica.

A voz da velha atrai a atenção. Lamúria codificada, fala bizarra, ininteligível. Só a nora sabe que se trata de iídiche, embora nem ela entendesse o significado daquelas palavras estranhas.

Durante o dia, a velha ao lado da janela falava romeno, somente romeno. Mas a anormalidade da noite não era anulada pela normalidade do dia. As camponesas das cinco camas vizinhas a observam, desconfiadas, sem se atreverem a pedir uma explicação à jovem mulher que dorme na cama com a pagã.

Na noite seguinte, o mesmo desvario sonâmbulo. Primeiro um sussurro, curtos sinais guturais seguidos pelo ritmo alerta de uma confissão atormentada, secreta. Vocabulário misterioso, queixumes e recriminações, lírica repetição de ternura destinada aos iniciados. A nora ouve, tensa. Um tipo de descarga hipnótica dolorosa em um idioma exilado. A voz de um oráculo ancestral exilado, arrancando da eternidade uma mensagem ora mórbida, exasperada, ora mansa e clemente, estranhezas de uma fonética bárbara, sectária, eletrizando a escuridão.

O dialeto alemão ou holandês, pode-se assim dizer, envelhecido e dulcificado por uma patética languidez, inflexões eslavas ou espanholas e sonoridades bíblicas, um lamaçal linguístico que reuniu e levou consigo afluentes de toda a espécie. A velha conta aos antepassados e aos vizinhos e a ninguém os episódios da perambulação, monólogo enrolado às vezes em lamúrias e trepidações no qual não é possível distinguir o que é piada ou ferida. A odisseia do êxodo, o pânico do amor, a ameaça da divindade, o medo do presente? A noite não permitia senão uns instantâneos codificados, espasmos indecifráveis do desconhecido.

De manhã, como se nada tivesse acontecido, a paciente volta à língua diurna de todos. A nora a lava, veste, penteia, dá comida, leva ao banheiro, tira a calcinha, a coloca sentada, limpa a pele das sujeiras, a traz de volta ao quarto, coloca-a na cama.

"Deus, Deus há de te pagar pelo que você está fazendo", ouve-se a voz fraca e arrastada vinda da janela.

Entretanto, a escuridão a devolvia invariavelmente ao passado. Uma vez chegada a noite, a deidade velha e enigmática retomava o monólogo endereçado a uma outra deidade ainda mais velha, mais enigmática, interceptado por acaso por uma plateia estranha, sem acesso ao código noturno. A boca velha, assada de sede e de cansaço, cadencia a história do filho, do pai, do marido e da nora e de Deus, que deu a cada um seu rosto e suas particularidades, anos ensolarados e idílicos de juventude e os anos hooligânicos de ontem e de amanhã. A língua do gueto geme, sussurra, reclama, vive, sobrevive.

Eis que a permanência no hospital acumula-se de mensagens intraduzíveis da memória. Nem mesmo as consultas anteriores com os oftalmologistas, cardiologistas e clínicos gerais eram simples rotina. Parece que a ruína biológica reciclava traumas antigos e novos com crescente intensidade. A última volta rebelde nos preparativos para o final.

A desconhecida

A lembrança nutre-se do pesar que nos une àqueles que não podemos mais recuperar.

Começo dos anos 80. Tarde de outono na pequena estação de Bucovina. A serenidade do momento ainda permanece nos dois passageiros mesmo depois de subirem ao trem. Sentam-se, calados, um em frente ao outro, ao lado da janela da cabine. As suas primeiras palavras e, mais precisamente, o tom, demonstravam consentimento. Pode-se dizer que aceitavam a melancolia impessoal do equinócio.

A velha não parecia encantada com a pergunta que lhe havia sido feita, mas estava visivelmente encantada com a harmonia do momento, com o sossego dessa aproximação e o interesse do interlocutor.

Após uma leve hesitação, começa a contar. Fala da sua juventude, da velocidade dos acontecimentos diários em um lugar onde a inércia da província devia aniquilar os acontecimentos mesmo antes de acontecer. Ao contrário, tornavam-se tempestade em um cenário extenso, fabuloso, maior que o próprio mundo. Fulano ficou noivo às escondidas, planejou fugir para Paris, também às escondidas, para longe dos pais da moça – pobres e fanáticos religiosos – e da comunidade escandalizada. A noiva seguiu seu destino sob a ameaça de um revólver – de um revólver! –, pode imaginar uma monstruosidade dessas? Imagine que um adolescente percorria semanalmente mais de vinte quilômetros a pé para jogar uma partida de xadrez com o tapeceiro Riemer. O confeiteiro Natan movia mais um processo contra o vizinho, o sexto em um ano – imagine! –, seis processos em um ano por transgressões na calçada em frente à sua loja. Seu filho, que também era confeiteiro e que também se chamava Natan, só falava de Trótsky e Stálin. Os grandes dramas daquele pequeno lugar do passado!

E a livraria? A livraria? Os aldeões dos vilarejos vizinhos vinham não só para comprar manuais e material escolar para seus filhos, mas também para discutir algum inconveniente jurídico ou para saber quem ganharia a eleição, os liberais ou os camponeses, pois o livreiro Avram sabia de tudo. "Papai acordava de manhã cedo e ia até a estação a pé, para buscar os fardos de jornais. No inverno, no verão, no tempo que fosse. Brincava o tempo todo, era bom com todos. Nunca perdia a confiança, nunca. Já a mamãe era enfermiça, coitada."

E os dissabores? A pergunta não obteve resposta. "A senhora teve alguns dissabores naquele tempo", comento com a voz abafada. "Ariel contou-me algo. Falou de um escândalo, de dissabores." "Que tipo de dissabores, quando lhe contou isso? Quando? Em Paris? Ele lhe disse isso em Paris, em 79?"

De pronto, cada um de nós se tornara um protetor protegido. Até ontem o filho ficava irritado com a preocupação dela em protegê-lo. Parecia que o protegia, mesmo quando o sufocava. Eis agora a situação inversa: ele agia do mesmo modo. Mas ela não se irritava, ao contrário, parecia lisonjeada. Na sua insistência não sentiu apenas curiosidade, mas ternura, desta vez, em harmonia com a tarde serena que a pacificava. O passado para o qual a pergunta a remetia deve ter sido deixado para trás, bem para trás, e ela parecia não se importar mais. "Sim, tivemos alguns dissabores naquela época. Por causa do divórcio."

"Divórcio? Que divórcio? Quem se divorciou de quem?", mas a pergunta se calou. A história mal começava, era preciso deixá-la respirar.

"Perdemos uma casa com aquele divórcio. O processo nos custou a casa que me foi dada como dote. Eu era a filha caçula, a preferida. Meu irmão, por ser homem, tinha a primazia, mas eu era a predileta."

Não olhava mais pela janela, estava tenso enquanto a acompanhava com os olhos.

"A senhora esteve casada antes?"

"Sim. Um escroque. Perdia tudo no jogo. Desaparecia por longos períodos. Um desastre. Não durou nem um ano."

"E... a senhora nunca contou?"

Não parecia abalada com a surpresa do ingênuo, nem se apressava a responder. Esse episódio nunca foi mencionado na família! Nem uma alusão sequer, nem uma pilhéria! Os sete selos rompiam-se só agora, na cabine do trem em que mãe e filho emudeceram de novo.

Nem Ariel, primo dela, referiu-se ao divórcio naquela ocasião em Paris no único encontro que tivemos. Ele apenas sorriu insinuando algo suspeito em relação à juventude de sua prima, mas não mencionou outro casamento. Já foi logo abordando a questão essencial do encontro, o slogan de sempre, *partir!* Por que ainda permaneço nesse beco? Por que suporto o jogo sujo e baixo dos prazeres locais? Os delicados diminutivos, o encanto e as fezes?

No final dos anos 70, tais agressões arrogantes assaltavam-me amiúde, na Romênia e fora dela, mas eu não tinha nada para opor às invectivas quando o desastre da ditadura havia se cumprido. A prima dele, minha mãe, tinha tido a mesma obsessão, *partir*, mas aprendeu a não perguntar mais, sabia a razão pela qual eu não partia, não insistia mais. Agora, finalmente Ariel também tinha descoberto da razão de eu permanecer no beco do qual ele tinha saído muito tempo antes. Mergulhou em pensamentos. No fundo, ele também já tinha um dia flertado com a escrita, havia muito tempo, tornando-se um leitor insaciável, como demonstravam as prateleiras repletas de livros e cadeiras repletas de livros e mesas e sofás e o chão de sua casa, todos repletos de livros.

"Como se chamava aquele escritor que tinha causado um escândalo nos anos 30?", interessava-se o velho parisiense, cego e obeso. As adversidades interiores e as adversidades exteriores, era isso que ele dizia? Ariel, pensativo, não conhecia um tratamento para a loucura da escrita, mas, após alguns segundos, observou-me durante um bom tempo com seu olhar grande e opaco e prendeu meu braço esquerdo nas garras de suas mãos velhas e poderosas.

— Não existe tratamento para esta doença, a escrita! Nem as mulheres a curam, bem sei. O dinheiro, nem pensar. Nem a liberdade, não, nem a democracia... — E ria.

Mas parece que conhecia uma cura! Prendeu meu braço feito um alicate, fitava-me com seus olhos grandes e mortos, pronto a compartilhar comigo a sua revelação.

— Só Deus, não é mesmo...? Ou a fé.

— Pode ser, só que eu não...

— Eu sei, eu sei, não é disso que se trata. Você não *crê* e a Terra de Canaã, para onde em breve irei me retirar e viver meus últimos momentos, não o atrai. Você nem poderá ser motorista ou vendedor de sorvete ou contador como aquele homem correto e decente que é o seu pai. Não, eu não entendo. Que tal uma *yeshivá* em Jerusalém? Em Jerusalém, não esqueça! O estudo! O estudo é apaixonante, eu garanto.

Consegui desvencilhar meu braço, olhava espantado para o cego que não me via.

— *Yeshivá* ? Que tipo de *yeshivá* ? Na minha idade e com minha falta de fé?

Eis que eu tinha entrado na conversa! Seria um sinal de que a absurda ideia poderia concorrer com a absurda quimera que me mantinha acorrentado aos diminutivos do Danúbio? O rebelde

144

Ariel não tinha mais cabelos, nem olhos, mas o fogo do inferno ainda ardia em sua mente povoada de vampiros.

— Uma *yeshivá* especial, um seminário teológico para intelectuais que não chegaram a se instruir nessa área, mas que são vulneráveis às perguntas, mesmo que sejam sobre religião. Eu dou um jeito nisso. Isso eu ainda consigo, acredite. Tenho uma longa lista de serviços na ilegalidade sionista, isso eu posso arranjar. É a única solução verdadeira! A inspiração fulminou-me! Há muito tempo que a inspiração não me visita. Mas na hora da necessidade, pimba!

Não teria sentido contar tais detalhes para a mamãe, iriam estimular esperanças e inquietações inúteis.

Após o meu retorno a Bucareste, o inspirado Ariel telefonou-me nas horas mais impróprias da noite, não para repetir a proposta da *yeshivá*, mas para despejar uma e outra vez as roupas sujas sobre o país que havia abandonado.

"Os diminutivos, são os doces diminutivos que mantêm vocês aí?", sussurrava suave e afrancesado no telefonema que estava sendo ouvido pelos agentes de plantão. "Atenção para os horrores que estão chegando! Eu já disse isso para a sua mãe meio século atrás. Ouvi dizer que o povo chama esse seu balbuciante presidente de Queridinho. Queridinho! Queridinho, pode? A vedete, o Queridinho Mundial, que abraça os chimpanzés coroados e os presidentes e secretários-gerais e diretores dos jardins zoológicos do planeta. Mundial, pode? Queridinho, pode?"

É claro que falava para os escutas do Serviço Secreto, para me colocar em maus lençóis, para que eu fosse preso e, quem sabe, obrigado a abandonar o beco, teleguiado ao seminário teológico da capital das capitais onde as suas contas com o mundo seriam encerradas.

Não perguntou uma vez sequer pela prima, minha mãe. O divórcio, o estranho divórcio. O destino reservava a questão do divórcio para uma futura viagem a ser realizada alguns anos depois, durante o magnífico outono que reuniria mãe e filho no mimo de um diminutivo.

Naquela época Ariel sorriu, insinuando algo suspeito na juventude tumultuada de sua prima, mas não mencionou outro casamento. Talvez o motivo do divórcio não tivesse sido aquele que a velha dizia agora. Era, na verdade, um assunto inexistente, sobre o qual todo mundo mantivera silêncio... Nada se sabe a respeito daqueles que estiveram ao seu lado durante uma vida inteira.

Mamãe já tinha mais de 75 anos; o filho, mais de 45. Viajavam para Bacău, a duas horas e pouco de Suceava, para uma consulta com um oftalmologista. A visão dela tinha enfraquecido muito nos últimos anos, bem como o corpo tomado pela doença e pelos sofrimentos. Seu filho viera especialmente de Bucareste para acompanhá-la ao médico. Não tinham bagagem, só uma sacola com uma muda para a noite e um quarto de hotel reservado. Cuidadoso, ele a ajudou a descer do trem. Saíram da estação, devagar, enquanto ele a segurava pelo braço. O hotel ficava perto, o quarto no terceiro andar, limpo. Tirou a comida da bolsa, colocou-a na geladeira. Em seguida, tirou da sacola os chinelos, a camisola, o roupão. Tirou a roupa, ficou de combinação e descalça. Um instante de humildade. Acanhamento, cumplicidade. O corpo pequeno, largado, velho, usado, as mãos e os pés muito grandes. Com sua falta de pudor de sempre! Renasciam lembranças congeladas, confusão duvidosa da puberdade, as culpas sucessivas, o domicílio pré-natal, a placenta... Aquela mulher teria oferecido qualquer parte do corpo em sacrifício, em favor do filho.

Afastou-se, acanhado, como tantas outras vezes. Seguiu em direção à janela. O olhar distante, na rua. Ao fundo, ouvia seus movimentos lentos, o farfalhar do roupão. Puxava-o lentamente sobre o corpo triste, diminuto, uma manga, depois a outra. Uma pausa. Provavelmente o abotoava. Inclinou-se sobre os chinelos, esquerdo, direito. O sol se punha na janela estreita. A surpresa da confissão no trem persistia, mas não perturbava a harmonia do dia. Ela empunhou as agulhas de tricô, ele foi até a cidade.

Voltou logo. Encontrou-a tricotando, calma, alegre mesmo, naquela curta reconciliação com o mundo. Aonde tinha ido seu filho? À livraria? Ela conhecia os seus tiques. Estaria com fome? Tirou a comida da geladeira, desembalou-a, colocou-a nos pratos para que esquentasse um pouco. Sentou-se à mesa à frente dele.

Observava-a calado. Trazia consigo mais uma surpresa, não apenas a pergunta que tinha feito no trem, naquela cabine inverossímil e vazia. Alguns anos antes, tinha descoberto no Arquivo da Comunidade Judaica de Bucareste documentos sobre Burdujeni, local em que viveram os bisavós e os avós e o tio e a tia; onde a velha à sua frente tinha sido jovem e tinha se casado não apenas uma vez, com seu pai, mas duas vezes, conforme admitira, local onde tinha se divorciado, casado novamente e tido um filho com quem compartilhava, agora, o idílico outono. Estava prestes a tirar do bolso aquelas folhas que certamente iriam diverti-la. Mas estava desconcentrado com o sensacional relato no trem, revelado sem rodeios como se não fosse nada demais. Tudo havia empalidecido no momento em que o segredo, oculto ao longo de toda uma vida, fora revelado sem hesitação.

A crônica do passado registrada naquelas folhas datilografadas contariam aquele fato, sem o revelar? "Isso a interessa? Quer que eu leia?", deveria ter-lhe perguntado. Sim, ela teria se interessado, não poderia ser diferente, pois com certeza ela havia conhecido os protagonistas, tinha lembranças e opiniões claras e detalhadas sobre tudo a respeito da própria vida e a daqueles que conheceu, expansíveis a qualquer momento a lugares e datas e pessoas, à família de cada um, endereço, profissão, idade, aparência, conjunturas, relações. Mas o pensamento voltou à cabine do trem onde o acontecimento fora bruscamente lançado nos braços do passageiro, o peso resistente do momento, sob o qual agora também ficava emudecido.

Naquele tempo, no começo dos anos 80, ainda não estava acostumado com o irremediável. Esbanjador de momentos, cético para arquivá-los. Não havia trazido gravador, não transcrevera o fato, não guardara a voz e as palavras daquela que ainda existia, na minha frente, a um passo.

147

Bloomsday

No dia 6 de maio de 1986, Ruti voltou para Jerusalém. Dois dias depois, meus pais também voltaram para casa, para Suceava, na Bucovina, após a cirurgia da mamãe, com poucos sinais de sucesso.

Leopold Bloom teria vivido os dias seguintes com muito mais desprendimento, provavelmente. Se já no seu tempo Dublin não era um local cobiçado como dava a entender o expatriado James Joyce, na primavera de Bucareste de 1986, a degradação tinha atingido níveis para os quais o sarcasmo era pouco. Nem mesmo as quimeras sobreviviam no subterrâneo do socialismo bizantino. Tudo parecia preparado para a ruína e para a morte, até mesmo as quimeras. Ameaçado pelo inevitável, só restava ao escritor tornar-se um personagem ou desaparecer por completo.

Mas eu ainda era escritor, prova dos rumores que circulavam naqueles dias entre os literatos alemães de Bucareste de que me teria sido concedido uma espécie de prêmio na Alemanha Ocidental, uma bolsa importante. Mas a carta-convite de Berlim não havia chegado. Não passaria de uma fantasia dos falatórios bucarestinos... A proverbial pontualidade das autoridades alemãs não teria negligenciado tal notícia. O ceticismo e a esperança compunham um dueto de contrapontos fazia meses. De repente, decidi agir.

Mês de junho, mês de Bloom! Dia 16 de junho, Bloomsday, o dia em que James Joyce seguia seu herói Leopold Bloom, o novo Ulisses, nas suas peregrinações por Dublin.

Cheguei ao distrito policial onde se dava entrada nos pedidos para emissão de passaportes antes do prazo e entreguei minha solicitação para uma viagem de um mês ao decadente Ocidente. Que o destino decifrasse a mística das cifras e dos números.

Carregava no bolso o código que eu já sabia de cor há muito tempo: *"I will not serve that in which I no longer believe, whether it call itself my home, my fatherland, or my church"*.[1] Quer dizer que finalmente iria partir! Recusava-me a tornar-me apenas um personagem no lugar em que esperava ser escritor, aceitava morrer em um lugar diferente daquele em que nasci. Que mais seria no exílio a não ser um personagem, um Ulisses sem pátria e sem idioma? Mas a alternativa não me alegrava mais, os adiamentos tinham passado do limite.

Li e reli o texto do irlandês dezenas de vezes, já o conhecia de cor, mas era importante tê-lo escrito, ainda mais nesse dia, e levá-lo comigo no bolso, como uma identidade, *"I will not serve that in which I no longer believe"*, repetia, em pensamento, no ritmo dos passos da fila no guichê. *"Whether it call itself my home, my fatherland, or my church; and I will try to express myself in some mode of live or art as freely as I can."*[2] O legado merecia ser repetido. *"As freely*

---

[1] "Não servirei àquilo em que não acredito mais quer isso se chame minha família, minha terra natal ou minha igreja [...]" (James Joyce, *Um retrato do artista quando jovem*, trad. de Bernardina da Silveira Pinheiro. Rio de Janeiro: Alfaguara, 2006). (N.T.)

[2] "[...] quer isso se chame minha família, minha terra natal ou minha Igreja; e procurarei me expressar por meio de uma certa forma de vida ou de arte tão livremente quanto possa." (Idem). (N.T.)

as I can and as wholly as I can."[3] Faltava o verso que legitimava o dia do aniversário e o modo como eu tinha escolhido celebrá-lo: *"using for my defense the only arms I allow myself to use".*[4] Sim, é isso: *"using for my defense the only arms I allow myself to use – silence, exile, and cunning".*[5]

A palavra exílio ganhara seu verdadeiro sentido em razão do aniversário de Bloomsday na Dublin socialista do ano de 1986.

---

[3] "[...] tão livremente quanto possa e tão totalmente quanto possa [...]" (Idem). (N.T.)

[4] "[...] usando em minha defesa as únicas armas que me permito usar [...]" (Idem). (N.T.)

[5] "[...] usando em minha defesa as únicas armas que me permito usar: o silêncio, o exílio e a astúcia." (Idem). (N.T.)

A saída de incêndio

As hesitações em deixar a Romênia baseavam-se na pergunta de "quanto" de mim morreria com a partida. Perguntava-me se o exílio equivaleria ao suicídio do escritor e praticamente não tinha dúvidas quanto à resposta. E a morte que rondava minha casa? O rápido constrangimento da existência e a multiplicação dos perigos tornavam irrelevantes as dúvidas sobre o renascimento, nas portas da velhice, em outra língua e em outro país. No entanto, tais fantasias me obcecavam mesmo depois das homenagens a Leopold Bloom no setor de passaportes da polícia. Provavelmente era nisso que pensava enquanto andava pela rua, ignorando os pedestres ao meu redor, quando, ao levantar os olhos, dei de cara com a serena figura de Ioana, uma poetisa amiga que tinha acabado de voltar de uma viagem a Paris. Começou logo a falar da frivolidade dos franceses e da decadência da literatura francesa. Quase todos os escritores do Leste passam pela frustração provinciana e megalomaníaca. Gostávamos de acreditar que os nossos superficiais colegas do Ocidente, a salvo dos sofrimentos e dilemas socialistas, eram incapazes de produzir obras comparáveis às nossas desconhecidas e grandiosas publicações complexas, trágicas e obsessivas, fiéis à *verdadeira* literatura.

"Não há o que fazer, nós ficamos aqui. Somos escritores, não temos alternativa", ouvi a agradável voz da poetisa dizendo-me as palavras que eu repetira a mim mesmo muitas e muitas vezes.

"Por que não temos alternativa?", perguntei sem pensar.

Eu sorria, a jovem senhora alta, de cabelos louros e porte escandinavo também sorria, ninguém diria que estávamos nos enredando em tão grave controvérsia.

"Ficaremos aqui, na nossa língua, até o fim. Aconteça o que acontecer", repetiu a poetisa, recém-regressada ao idioma e ao país de seu destino.

Seguiu-se um silêncio curto, diferente dos silêncios em que eu tanto codificava minha confusão.

"Para escrevermos, primeiro temos que estar vivos", ouvi-me proclamando. "Os cemitérios estão cheios de escritores que não escrevem mais. Estão aqui, em suas covas, mas não escrevem mais. Essa é a minha última descoberta", acrescentei, animado pelas banalidades da minha tardia precocidade.

Minha jovem colega observou-me por um bom tempo e seu sorriso desvaneceu-se.

"Você tem razão. Voltei há apenas um dia. Sinto-me feliz por estar em casa. Mas sinto a morte ao redor."

Pois é, os termos da opção haviam mudado. O glorioso socialismo tinha nos fornecido miséria e perigos em abundância o tempo todo. Mas os anos que antecederam a histérica ditadura tinham deteriorado catastroficamente a nossa capacidade de suportar. A *partida* não significava apenas morrer um pouco como em tantas separações melancólicas; podia representar um verdadeiro suicídio, uma última viagem. Só que a partida prometia também uma salvação, ao menos parcial, temporária. A salvação do incêndio. A saída de emergência, a solução sumária. Sem saber se terá depois um teto sobre a cabeça, você sai correndo da casa em chamas. Você simplesmente salva a sua vida, não de uma morte metafórica, mas concreta, iminente, irremediável. A urgência tem seus fardos e desorientações. Instinto vital? Partida sem rumo, mais precisamente. Na verdade, eu não sabia onde queria chegar.

Na pré-história da biografia, em outra vida e em outro mundo, o não nascido que eu havia sido tentaria o experimento mais uma vez. O tempo pré-histórico que antecede a *Iniciação*. Um vazio solar, sem contorno nem movimento, a felicidade sem história, a paz infinita do inconsciente imemorável até os cinco anos de idade.

Houve um momento, no entanto, que se serviu de mitificações para fixá-las definitivamente: a *Evasão*.

As fotografias daquela época reconstituem as premissas. Imagens recuperadas ao voltar do campo de concentração pelos parentes aos quais meus pais tinham mandado, periodicamente, relatos visuais da abençoada evolução do primogênito.

"Para as minhas primas, com muito carinho", escreveu minha mãe, assinando o nome do filho, na fotografia em que aparecia uma mulher jovem, morena, de vestido florido e sapatos brancos de tirinhas. Ela segurava no colo o filho louro rechonchudo, perto de um carrinho, diante de uma parede cheia de cartazes de jornais. "*Leiam hoje, 12 de maio, o* Curentul.[1] *10 de maio no país e no estrangeiro. Lealdade e vassalagem*", lê-se no cartaz da esquerda. Dois dias depois, ou seja, depois de 10 de maio, Dia do Rei, aniversário da coroação da família Hohenzollern para o trono da Romênia. Podia ser 1937, quando a criança não tinha nem um ano. O corpo da mulher cobria parcialmente o segundo cartaz. Não se via senão o título *Timpul*[2] e a propaganda abaixo: "*Espere com fé o seu jornal,* Timpul. *Diretor: Grigore Gafencu*". Na margem direita, o cartaz do jornal *Dimeneața*, legível somente a manchete: CATÁSTROFE EM NOVA YORK.

---

[1]   "A Corrente", em romeno. (N.T.)
[2]   "O Tempo", em romeno. (N.T.)

"Foto tirada quando eu estava na concentração", escrevia o pai-soldado no verso da fotografia do pequenino de dois anos que guardava no bolso da túnica militar. A "concentração", ou seja, a mobilização periódica dos reservistas, traduzia também a intensa concentração no filho que tinha ficado em casa. Anjinho assexuado, nariz pequeno, bochecha rechonchuda e lábios delicados. *Angel radiosa*, com lacinho no cabelo louro e roupinha vaporosa, olhava fixamente para o fotógrafo, não para o horizonte da liberdade.

Até mesmo na fotografia em que não usa mais lacinho e carrega nos ombros a prima órfã, que tinha se tornado sua irmã, as intenções rebeldes estão mascaradas sob um sorriso falso, familiar.

Não se vê trauma ou recidiva no semblante impenetrável da fotografia depois da *evasão* e do *castigo*. Visivelmente mais gordo depois do recomeço da vida sedentária, instalado confortavelmente na respeitabilidade, o herói parece um sério proprietário de sua idade. Sobretudo com botões grandes e gola de lã cinza, pulôver, cabelo comprido, senhorial, em madeixas orientais, coberto por uma touca pontiaguda. As mãos nas costas, a barriga estufada, desafiadora. Pés torcidos, calças bufantes, meias caídas, botas reforçadas. Queixo duplo, boca grande, dentes pequenos, cariados, resultado da comilança de chocolate.

O ávido por liberdade aos quatro anos de idade não parecia pertencer ao mesmo mundo que o envelhecido barriga-verde de apenas uns seis meses depois!

De tempos em tempos era levado a sessões de fotos com o fotógrafo Sisi Bartfeld, que sempre o tratava como sua maior estrela. Na verdade, queria chamar a atenção da acompanhante, sem saber que a ama e escrava Maria não trairia o seu tesouro por nada no mundo. O carimbo: "Filme-Foto, Lumière, Iosef Bartfeld, Iţcani, Suceava, outubro de 1940". Um ano antes da Hora H: da deportação para a Transnístria: a INICIAÇÃO. As fotografias recuperadas ao voltar do campo de concentração estão destinadas ao incêndio, quarenta anos depois. A Iniciação não acaba aos nove anos, nem aos dezenove, nem aos 49. Você sai da casa em chamas sem encher os bolsos com as produções infantis do fotógrafo Sisi Bartfeld, de décadas atrás.

Mesmo décadas depois, a imagem da fuga no outono de 1940 parecia cheia de promessas. O corpo hirsuto, o olhar vivaz, intenso, a boca entre um sorriso e uma careta: o cativo não suporta mais os truques dos carcereiros que o entopem pela manhã com dois ovos moles envenenados com o veneno *Butterbrot* e o venenoso *Kaffe mit Milch.* Nem o tédio ele suporta, o lamaçal infinito, tentador. Nem a comédia dos adultos, não suporta mais seus estúpidos cuidados diários, nem sua verborragia hipócrita, nem seus gestos de marionete! Logo, logo irá correr o mundo. Finalmente irá embora e será dono de seu próprio destino!

O império do vazio o absorve. Conta, com cuidado, o pestanejar do deserto, a cadência mórbida da rotina: três, seis, nove, dez, aniquilação, sonolência, dezessete. Dezessete, dezessete, murmurava o nada. Nada e ninguém, a morte abraça muito lentamente o instante, a idade, o velho em que tinha se tornado. De súbito, o cativo acordou da hipnose, horrorizado. Despertou renascido, está no quintal, na rua, à esquerda, à direita, rápido, na estrada da liberdade, rumo a lugar nenhum.

Passa pelo parque em frente à estação, para no meio do caminho. Uma parada, não uma hesitação. Apenas para apertar o cinto das calças grossas, bufantes, verificar os cadarços das botinas, puxar bem as abas do gorro sobre as orelhas, prendê-las embaixo do queixo como os militares e enfiar os dedos nas fofas luvas de lã. Conhece o caminho. Diante da igreja alemã, a estrada se estende ao longe, longe. Pronto, finalmente, a Grande Chance!

A fotografia ressalta a bochecha infantil de menino-menina, o ardor do momento. O brusco sumiço do renegado aos quatro anos significava alienação, exílio, violência da ruptura. Escorregou, em transe, para fora de casa, para o quintal, para a rua.

Renunciava à placenta ou apenas perambulava dentro dela, entre pólipos e membranas lascivas que se afastavam obedientes a cada novo passo? Seria um prolongamento quase sonolento do tédio, sempre em transe, ou uma escorregada no útero de um enorme hipopótamo anestesiado? Reconhece a igreja, seu telhado cônico, a seta metálica do campanário apontando para o céu. Através da neblina enxerga o infinito da estrada que leva a qualquer lugar. Não para, não hesita. O vômito dos dias adormecidos tinha explodido, não havia mais tempo a perder, deixa-se levar ao longe, bem longe, pela estrada de Cernăuți, conforme ouvira dizer que se chamava.

Difícil dizer quanto durou a rebelde aventura da manhã de outono de 1940. Em dado momento, o estranho que parou o fugitivo tinha um rosto igual ao de todos aqueles que ficaram no passado preguiçoso e ocioso de casa. O senhor observou, divertido, a feição e o aspecto do andarilho. Desconfiado, perguntou-lhe o nome. Por acaso, uma hora ruim, só isso! O resultado da escandalosa proeza viria na medida certa. A surra, raramente utilizada, apenas em casos extremos, desta vez não era suficiente. O meliante foi amarrado ao pé da mesa com o mesmo cinto com que apanhou.

A princípio, mamãe pediu um castigo exemplar, castigo capital, se fosse possível, para um filho tão abusado! Como de costume, temeu a severidade da repreensão, mas logo invocou circunstâncias atenuantes, pena, perdão, indulto para o hooligan. Hooligan? Teria ela pronunciado esta palavra? Lembrava-se dos discursos juvenis do primo Ariel? A fúria buscava palavras para se expor, a palavra teria combinado. Melhor que as velhas xingações como incapaz, insensível, ingrato... Num piscar de olhos, assustada com sua própria severidade, mamãe substituiu a fúria por lamúrias e pedidos, como sempre. "Uma criança, é só uma criança", repetia a desolada *Mutter*, implorando por clemência. Tarde demais, as lágrimas não tiveram efeito: o Pátrio Poder, a Instância Suprema, permanecia surdo, mudo, cego. Veredicto, sem direito à apelação: o fugitivo ficará amarrado ao pé da mesa! Talvez essa posição o fizesse criar juízo.

Premonição? Alguns meses depois da fracassada fuga, o fugitivo seria compensado com a verdadeira *Iniciação*. Ser preso ao pé de uma mesa humilde cheia de comida parecia uma brincadeira do Paraíso. O verdadeiro cativeiro não seria apenas desconfortável e instrutivo, mas a própria *Iniciação*.

Ao longo de quarenta anos, entre o cativeiro e a liberdade, continuaram as negociações hipotéticas, os compromissos e as cumplicidades cotidianas, esquivas mediante enclaves secretos, compensadores. A Iniciação continuava e o cativo amarrado ao pilar de granito socialista perseverava, como todos os cativos, a sonhar com a liberdade, com a fuga. Só que nesse meio tempo ele mesmo tinha se amarrado à escrivaninha, como um Ulisses pueril.

Endereços do passado (II)

Dez homens justos teriam salvado Gomorra? Mais de dez amigos que estavam celebrando a minha guerra de cinquenta anos em julho de 1986 encarnavam a Pátria, e não a Partida.

"Os artistas estão chegando, atenção! Macacos, mímicos / falsos manetas, falsos mancos, falsos reis e ministros / vêm aí os filhos bêbados de esplendor e calor / do imperador Augusto". Entre eles, o próprio Poeta, com a folha de versos entre os dentes, o meu amigo Mugur, Meio-Homem-montado-em-Meio-Coelho-Manco.

V-Day, o Dia da Vitória! Era o que comemoravam os convidados reunidos na noite de 19 julho de 1986 no apartamento da Calea Victoriei: a Vitória! Eu sobrevivi, eles também sobreviveram, ainda estávamos vivos e juntos, em volta de um copo de vinho, aceitos pelo céu e pela terra... poetas, prosadores, críticos... macacos, mímicos, falsos reis, falsos manetas, parentes do imperador Augusto, o Tolo.

Eu não estava muito disposto para balanços de vida, mas me sentia preparado para enfrentar o sábio chinês que esperava em algum canto, invisível, não que lhe descrevesse meu aspecto antes de nascer, mas como serei depois da morte que se iniciara na frente do guichê de passaportes, quando eu repetia a palavra "exílio", sugerida pelo irlandês de Trieste. Faltava o meu vizinho Paul, o Elefante Voador, o comunista que relia anualmente Proust e Tolstói, e Donna Alba, sua esposa esteta e etérea; faltavam os amigos mortos ou exilados ou esquecidos. Mas os que estavam presentes tornavam a reunião agradável para o aniversariante. Um intruso como eu não tinha o direito de esquecer o encanto e as alegrias de Gomorra, a intensidade do momento, a vida como um momento. Nasci cidadão romeno, de pais e avós cidadãos romenos. Os livros anteriores ao meu nascimento mencionavam os anos hooligânicos com frequência. Mas parecia que o horror não anulava o encanto. Pareciam inseparáveis, emblemáticos.

Antes da *Iniciação* eu não sabia nada a respeito disso tudo, feliz em um mundo feliz, ensolarado. Foi aos cinco anos de idade que me tornei um perigo público, um produto impuro de uma placenta impura. Então, em outubro de 1941, começou a *Iniciação*.

Na contagem final, quatro anos depois, as vítimas representavam apenas a metade dos que haviam sido enviados ao nada. Eu não estava entre elas. O dia do meu nascimento era comprovadamente um dia de sorte, pelo menos no zodíaco do signo de câncer. Em julho de 1945 voltei ao Paraíso e redescobri os milagres de uma banalidade feérica. Ruazinhas alegradas por canteiros floridos, escondidas sob as árvores, tias gordas e meigas que me reacostumavam ao gosto do leite e das tortas. O Éden se chamava Fălticeni, o lugar de onde tinha saído o ônibus do destino treze anos antes.

Uma tarde suntuosa e deserta, o quarto na escuridão. Sozinho no universo, ouvia uma voz que era e não era a minha. O livro de contos populares romenos de capa dura verde que eu ganhara de presente de aniversário alguns dias atrás, no dia 19 de julho, era o meu companheiro. Deve ter sido então que começou a doença e a terapia das palavras para mim. Aos quatro anos de idade eu já tinha sentido a necessidade de *algo mais*, urgente, selvagem, envolvente, quando fugi para lugar nenhum. Ao iniciar um diálogo com amigos invisíveis, a literatura iria me salvar da mutilação imposta pela Autoridade. O sistema fazia de tudo para nos libertar das correntes da esperança, mas permanecemos imperfeitos, vulneráveis no tocante à esperança. Os perigos que assaltavam a escrita sob a ditadura pareciam escandalosos apenas para os estranhos com visão romântica e fatalista sobre a natureza desventurada do artista. A única coisa escandalosa era o fato de que as velhas privações e perigos agora tinham se tornado o bem de todos, como se todos os cidadãos tivessem que expiar uma culpa obscura. Na sociedade das Mentiras Institucionalizadas o eu só resistia nos enclaves que protegiam a intimidade, mesmo que de maneira imperfeita.

A noite de 19 de julho de 1986 oferecia uma espécie de último enclave. O desânimo já tinha penetrado, insidioso, em cada um de nós. A pequena célula de isolamento não era a torre de marfim de outros tempos.

Em abril de 1945, o encanto dos lugares renascidos com o repatriado renascido não era apenas irresistível, era também inesgotável. O horror havia se afastado, refugiado no passado. Enxotei irritado a "doença do gueto". A adversidade exterior parecia ter desaparecido e a interior, da qual Sebastian tanto se orgulhava, parecia reminiscência das demais. Dia após dia, as décadas seguintes negociaram a bizarra compatibilidade entre o horror e o encanto, combustão inesgotável da confusão. Finalmente, em 1986 tornou-se evidente o que deveria ter acontecido quarenta anos antes, quando me refugiei sob a capa verde da lenda: o horror comunista não apenas substituía o anterior, mas o cooptara.

Devia ficar ali onde tinha começado, aos nove anos de idade, a magia das palavras no idioma em que eu renascia a cada dia? Agora eu sabia que o renascimento poderia ser bruscamente freado na manhã seguinte, ou até naquela mesma noite.

Eu tinha adiado a decisão até o limite dos limites e até o Bloomsday: o aniversário de cinquenta anos, quando eu também me convertia em Leopold Bloom. A partida significaria de fato o retorno à doença do gueto da qual eu tanto me protegia? Nenhum retorno é possível, nem sequer o retorno ao gueto.

O aniversário tornou-se um último exercício de despedida. A relação entre o encanto e o horror tinha trocado novamente as suas valências.

Muito após a meia-noite, depois que os convidados se retiraram, olhei atordoado para as minhas unhas. Unhas de criança, dedos de criança, mãos de criança. Não pareciam resistentes a um novo renascimento.

Maria

"Certo dia, a senhora Beraru ofereceu-se para me emprestar batatas e cebolas. Ela tinha quatro filhos adultos que trabalhavam duro e traziam comida. O homem só aceita se puder devolver, disse-lhe eu. Ela me respondeu em alemão: *Wenn die Not am grössten, ist der Gott am nächsten*. Quando a necessidade é grande, Deus está por perto. Não há como, respondi. Foi quando vi Erika Heller na porta. *Sie haben Gäste...* A senhora tem visita. Maria reapareceu."

A fita do gravador da primavera de 1986, quando explodiu Chernobyl, relembrava o episódio: "Foi assim que Maria reapareceu. Caiu do céu. Eles iam atirar nela, prendê-la. Ela não sossegou até nos encontrar. Apareceu uma manhã na ala de vigilância do campo de concentração. Perguntou por um judeu, contador, com o nome fulano de tal. Trouxeram Marcu. Quando ela o viu, quando ele a viu... Ela tinha trazido de tudo. Laranjas, panetone, roscas, chocolate".

A órfã tinha se tornado um membro da família com poder absoluto em todas as questões da casa, até mesmo na criação do recém-nascido. Adorávamos a Fada Madrinha. Em outubro de 1941, os guardas tiraram-na do trem, não sem muita dificuldade, pois ela se debatia, tinha conseguido infiltrar-se no vagão de gado, sujo, abarrotado de corpos e fardos, decidida a seguir aqueles que considerava como sendo seus. Não conseguiu. Mas persistiu e nos reencontrou alguns meses depois.

"Ela tinha dinheiro e queria abrir uma loja de fumo perto do campo de concentração. Queria estar perto de nós, poder ajudar-nos", relembrava a voz de mamãe ao microfone. "Não permitiram, é claro. O administrador romeno do campo de concentração propôs que ela fosse sua criada. Ela era jovem e bonita. Em Iţcani era rodeada por oficiais e funcionários. O fotógrafo Bartfeld pediu-a diversas vezes em casamento. O administrador ofereceu-lhe vinte litros de querosene por dia. Com cinco litros já era possível comprar muita comida. Maria nos perguntou o que deveria fazer. Que poderíamos dizer? Que ela se vendesse por nós? No final das contas, o administrador a convenceu. Prometeu-lhe que aceitaria que ela viesse com uma criança também. Não manteve a palavra. Um homem mau, mentiroso, nem o querosene lhe deu. Maria retornou para a Romênia. Prometeu que voltaria. E voltou. Com muito mais malas dessa vez. Conhecia todos os nossos parentes que não tinham sido deportados, entrou em contato com cada um deles, juntou dinheiro. Eles a conheciam bem, ela era mesmo da família. Comprou de tudo, sabia o que precisávamos. Confiscaram seus pacotes. E a processaram na Corte Marcial por ajudar os judeus."

Quando voltamos do campo de concentração em 1945, por dois anos ficamos nos arredores de Fălticeni e Rădăuţi antes de voltar ao ponto de partida. Em 1947, fechávamos o círculo finalmente, ao voltar a Suceava. Lá estava Maria de novo. Agora era a Camarada Maria. Esposa do secretário do partido comunista. Futura primeira-dama da cidade.

Viva o rei!

Inverno cortante, dezembro de 1947. Eu estava novamente em Fălticeni, nas férias de Natal. A cidade fervilhava: haviam anunciado inesperadamente a abdicação do Rei Mihai I da Romênia. Para os grupos comunistas a surpresa não era tão surpreendente assim. Os adeptos locais de Lênin e Stálin haviam sido avisados, evidentemente. De outro modo, não havia como explicar a "espontaneidade" do entusiasmo popular.

Nossa deportação em 1941 e a repatriação em 1945 ocorreram sob o reinado de Mihai, que sucedeu no trono o seu pai, Carol II, o *playboy* que escandalizou o mundo político romeno não apenas por seu priapismo ou por sua relação adúltera com Elena Lupescu, sua amante ruiva e "judia sacana". Coroado pela primeira vez aos três anos, Mihai foi novamente coroado como jovem rei em setembro de 1940, após a expulsão do rei Carol pelos legionários em coalizão com o general Antonescu. O jovem rei não teve muitas oportunidades de se impor publicamente. Tal qual seu leviano pai, ele também vestiu a camisa verde legionária quando não lhe restava outra alternativa. Na época da guerra desempenhou um papel decorativo, à sombra da rainha-mãe, sempre humilhado pelo comandante Ion Antonescu, o ditador militar do país. Em agosto de 1944, após a prisão de Antonescu e o armistício com as forças aliadas, Mihai foi condecorado por Stálin. Seu retrato e o da rainha-mãe estavam em todas as salas de aula, com o do generalíssimo Iosif Stálin. Um rosto agradável, de olhar franco, cândido. Gostava de automóveis e aviões, não da mecânica do poder nem da disputa política, era isso que diziam dele. O "Hino Real" abria as festividades públicas e "A Internacional" as fechava. Os versos sonolentos *"Viva o rei, em paz e honra, / Amante da terra e protetor do seu país"* não podiam comparar-se com o apelo eletrizante: *"De pé, ó vitimas da fome"*...

Meus primos Ţalic e Lonciu, tipógrafos, e Bercu, o pai deles, coproprietário, com seu sócio cristão Tache, da tipografia Tipo, estavam entre os que animavam a dança de roda no centro da cidade. Saltitavam muito animados, gritavam com os demais entusiastas: REPÚBLICA, REPÚBLICA, O SOBERANO É O POVO, O SOBERANO É O POVO. O acordeonista abria o fole com vontade e a roda de dançarinos girava aos gritos de REPÚBLICA, POVO, REPÚBLICA DO POVO. Eu observava aquilo da beira da calçada, petrificado e gelado. Segui em direção à praça, até o bar do tio Aron.

Inúmeras coisas tinham acontecido nesses dois anos desde que havia deixado Fălticeni, a Terra das Flores, a cidade do retorno ao mundo, mas aquele 30 de dezembro de 1947 superou tudo: o rei havia abdicado! Eu não era monarquista, apenas farejava algo perigoso no ar. A mudança que os cantores e dançarinos entusiastas comemoravam no centro da cidade anunciava algo novo, bom, mau, quem poderia prever? A história renova seus pérfidos disfarces quando menos se espera. O trono da Romênia havia desaparecido! A partir daquele dia vivíamos na República Popular Romena!

Cheguei ofegante ao bar com aquela fabulosa notícia nos olhos e nos lábios. Meu tio Aron balançou a cabeça desanimado, ele tinha coisas mais urgentes a fazer. Parecia saber e não estava impressionado. Nem cheguei a tirar as roupas congeladas, precisava contar tudo para Raşela, ela iria entender a gravidade do acontecimento. Certamente tinha ouvido falar dos aventureiros que haviam partido justo por aqueles dias para a Terra Santa. "Uma *alia*", murmuravam as mulheres nas calçadas, enquanto as massas populares ocupavam a rua com danças de roda e palavras de ordem. A gorducha sequer me olhou. Ela insistia com a mesma meiguice e calma de antes em que eu tirasse o casaco, me aquecesse, comesse alguma coisa.

A indiferença de ambos não parecia indiferença, mas precaução. Eles escondiam algo que não devia ser confidenciado a um menino assustado vindo de uma manifestação comunista, assim, de supetão, com o coração na boca. Fui novamente ao balcão para dizer ao Aron que queria ir para casa, em Suceava. Ele me olhou por um bom tempo e, para minha surpresa, concordou: "Está bem, você irá".

A gorducha também se aproximou, boazinha. A esposa olhou para o marido, o marido olhou para a esposa, ambos observavam, preocupados, o aflito sobrinho. Seguiu-se um silêncio que só eles compreendiam, antes de decidir, pelo olhar, de que modo tratar o afoito sobrinho. "Está bem, Bernard vai encilhar o cavalo", disse Aron calmamente. Raşela, muda, mas nervosa, começou a esfregar as mãos pequenas e gordinhas. O filho surdo foi chamado e, com gritos cadenciados e gestos expressivos, pediram-lhe que atrelasse o cavalo ao trenó. Trenó, o trenó, o cavalo, cobertores, cobertores, peles, gritavam, de novo e de novo. Em meia hora, meia hora! E apontavam para o relógio grande da parede, meia hora, tudo pronto para partir. Bernard era surdo como uma porta, mas entendeu os sinais.

O hóspede finalmente tirou o casaco, sentou-se à mesa como haviam proposto. Deleitou-se com as almôndegas e a salada e o pão quentinho. Quando acabou, o surdo sorriu-lhe, mostrando o relógio na parede. Vestiu impaciente o casaco, ajeitou bem a touca cinzenta na cabeça até cobrir as orelhas e preparou as luvas.

Aron o abraçou, Raşela o beijou, Bernard puxou-o pela mão, o trenó esperava no quintal. Foi envolto em cobertores, peles e palha.

O vento assoviava, os flocos de neve respingavam por todos os lados, a tempestade brincava em rajadas furiosas de vento. O caminho branco, branquinho, o céu branco, o cavalo branco. Era branco infinito o vazio onde o alegre trenó deslizava puxado pelo arrogante *Mouro Branco*, balançando os sininhos da fábula no pescoço altivo e forte. Expedição polar. Frio, frio atroz, diversos cobertores grossos, uma imensa pele de ovelha, palha por cima, mesmo assim, os pés paralisados. Meias grossas de lã, botinas robustas, bem apertadas com cadarços, mas os pés, blocos de gelo.

No banco, o surdo nem ligava, blindado no seu corpo de pedra. Caminho branco, sem fim, horas de terror e ilusão. Os cascos do cavalo, sua respiração ofegante, vaporosa, o barulho do trenó na neve, a demência dos sininhos ensandecidos, o desespero do vento.

Finalmente em casa, o menino das neves foi desembrulhado com cuidado, levado para junto da lareira acesa. Trouxeram-lhe uma caneca de chá fervente adoçado com mel. Balbuciava palavras sem sentido, não se entendia o que queria. "Pa-pa. Pa-pa-par--tir." Mal tinha forças para proferir uma única sílaba e mais outra. "Lo-go. Logo."

"Partir para onde? Você acabou de chegar", ouviu-se ao longe a voz do pai. "Amanhã de manhã. Vamos partir", repetia o esquimó. "Quem? Onde?", perguntava preocupada *Mater Dolorosa*. "Amanhã, logo. Amanhã bem cedo."

Não se ouviram protestos nem risos. "Está bem, vamos ver. Amanhã falaremos disso. Por enquanto beba o seu chá. Você está completamente congelado. Beba o chá." As mãos na cabeça, a cabeça sobre a xícara de chá, no vapor manso e doce. "Não, não", ouvia-se a voz tênue. "Acabou. Chega." Não tirava a cabeça da xícara.

"Prometam! Prometam agora!" Não o contradiziam, nem concordavam. "Prometam! Agora, agora. Prometam." O pé de lã batia rítmico, furioso, no pé de madeira da mesa. "Prometam! Jurem! Agora, agora mesmo!"

Não percebi quando ou como tiraram as minhas botinas frigoríficas e fiquei de meias grossas de lã, batendo, enfurecido, com ambos os pés no pé da mesa onde estava a xícara novamente cheia de chá. "Beba, por enquanto beba o chá. Falaremos amanhã. Decidiremos amanhã." Eu continuava a ouvir o que já tinha ouvido: a mensagem prudente, assustada, do mundo velho. O código arcaico, os compromissos, a estática espasmódica dos estigmas! Exasperado, sufocado, como tantas outras vezes.

"Está bem, prometemos. Sim, sim, prometemos. Sim, palavra de honra. Com certeza, palavra de honra. Agora, beba. Beba o chá enquanto está quente", vinham em dueto os adiamentos mansos e hipócritas do gueto de onde tanto tentava escapar.

Desde o inverno de 1947, quando a histeria da partida explodiu, passaram-se quase quarenta anos. As hesitações, a recusa de trocar o exílio em casa pelo verdadeiro, inevitável, tinham se tornado minha nova partitura nesse meio tempo. No verão de 1986, o ar estava recarregado de uma perigosa urgência. A lenda tinha novamente trocado os seus disfarces.

Utopia

Verão de 1948, escola primária estadual número um. Um prédio branco de um andar no parque do centro da cidade. A reforma do ensino aboliu as escolas particulares. Minha nova escola significava novos colegas, novos professores, eu mesmo numa idade nova, extática, entre os teoremas da geometria e as leis da física e a história da Idade Média. Quando veio a primavera, o diretor Nestor avisou-me solenemente na sala dos professores que estavam formando a organização dos Pioneiros para os melhores alunos entre nove e quatorze anos e que as minhas notas me davam o direito de ser o comandante do destacamento de Pioneiros. A emoção traduziu-se em equivalente poético na edição de domingo, 29 de maio de 1949, do jornal local *Lupta Poporului*,[1] dia em que um ativista do Partido, um antigo operário da ferrovia, ajeitou a sagrada gravata vermelha no meu pescoço e pôs solenemente em minha mão uma flâmula vermelha bordada com letras

---

[1] "A Luta do Povo", em romeno. (N.T.)

douradas. A Liga da Juventude Operária seria o nosso irmão mais velho; o Partido, nosso Pai.

O ativista destacou a missão confiada aos mais jovens soldados do Partido perante o público reunido no parque: "Pela causa de Lênin e Stálin, avante!". Em coro, a infantaria infantil respondeu jurando: "Sempre avante!".

Antes de completar os treze anos, a idade da maturidade judaica, tornei-me sócio no projeto da felicidade universal. Em 1949, minha família comemorou o fato no pequeno subsolo da confeitaria Wagner, onde eram servidos folheados e sorvetes de tradição imperial, como só na Viena capitalista e decadente ainda se encontravam. Era uma celebração burguesa, evidentemente, como outras que ocorreriam na carreira revolucionária precoce do militante fotogênico.

Após o encontro com o camarada Victor Varasciuc, marido de Maria e dirigente dos comunistas locais, a situação de meu pai também mudou decisivamente. O seu jeito prudente, moderado, mantinha o antigo contador longe da política. Depois da guerra evitou os comunistas, os liberais, os sionistas. A sugestão de que o senhor Manea se filiasse ao Partido, dessa vez, vinha da própria esposa do camarada Varasciuc, que fornecera ao secretário do Partido sólidas referências sobre a honestidade e a boa índole do candidato. O senhor Manea só podia estar ao lado dos engajados em construir a sociedade da igualdade e da justiça, sem exploração nem discriminação, sustentava o camarada Varasciuc. O funcionário da fábrica de açúcar de Itçani sofreu com a exploração capitalista, não foi? O deportado para o campo de concentração da Transnístria não consegue esquecer a discriminação racial, não é? Maria foi mais empreendedora que os parentes que ficaram no país, tentando ajudar-nos e até mesmo salvar-nos, na época da guerra, do campo de concentração para onde o marechal Antonescu, aliado de Hitler, tinha nos enviado, não é? Os comunistas executaram o Marechal e agora tomavam o poder, aos poucos, com a ajuda do Exército Vermelho. O Exército Vermelho libertou-nos dos campos de concentração e salvou a nossa vida, não foi?

Diante do dirigente comunista da cidade, o senhor Manea expôs a sua velha reticência em relação à política e aos políticos. Mas logo converteu-se no camarada Manea. Prudente, sempre respeitou as convenções, e eis que de uma hora para a outra tornou-se uma exceção: o judeu impelido no Partido por uma romena de pura casta e cristã, sem ter de impor o comunismo aos autóctones. Aceitava impassível os clichês, mas dessa vez não correspondia ao clichê que tinha marcado tantos correligionários.

Logo após receber a carteirinha vermelha, o novo membro do Partido obteve um importante cargo de chefia no comércio socialista local. Seu filho também tinha se tornado uma autoridade vermelha. Seu entusiasmo era muito mais visível que o do pai.

O simples e justo princípio do mundo novo *"de cada um conforme a sua capacidade e para cada um conforme o seu trabalho"* passou de Proudhon para Marx, depois para Lênin e seus seguidores. O camarada Stálin nos garantia que, depois que o comunismo dominasse tudo, o lema seria: *"de cada um conforme a sua capacidade e para cada um conforme a sua necessidade".*

Por enquanto a classe exploradora perdia posições a cada dia. As indústrias e os bancos haviam sido nacionalizados, teve início o coletivismo na agricultura, foram proibidos os partidos políticos, as organizações sionistas, as escolas particulares em todos os níveis.

O verão vermelho de 1949 foi grandioso: o acampamento internacional dos pioneiros, excursões, fogueiras de acampamento, palestras, encontros com antigos ativistas da ilegalidade comunista, visitas às fábricas vermelhas e às granjas vermelhas.

E, um entardecer de verão, na porta da nossa pequena cozinha, apareceu uma senhora loura, belíssima, elegante. Podia ser de Moscou ou de Bucareste, mas com certeza era de Hollywood! O decote generosamente aberto, amplos quadris, pele bronzeada, cabelo louro e olhos azuis. Saltos muito altos, um vestido do outro mundo. Uma aparição triunfal e uma voz, uma voz incomparável. Em vez de "bom dia", anunciou dramaticamente: "Vim conhecer a mãe deste rapaz". Da soleira da porta olhava divertida para nós, minha mãe e eu, paralisados de assombro. Foi convidada a entrar, soubemos que era a esposa do doutor Albert, recém-estabelecido em nossa cidade.

"Apaixonada" pelo rapazola que olhava para ela sorrindo do canto da mesa, foi desta maneira que a bela senhora entrou no filme da família, no qual iria figurar como amiga dos meus pais e admiradora em todas as idades do filho a quem desejou ter como genro.

E então chegou o outono vermelho, novo ano escolar vermelho, o comício da revolução, o palanque na praça da cidade. Entre o secretário do Partido, o coronel do destacamento militar e a representante da Liga das Mulheres Democráticas, o comandante dos Pioneiros dirigiu-se do palanque às massas e, na mesma noite, discursou novamente na sala Dom-Polski. Em seu pescoço flutuava uma nova gravata vermelha de seda, presente dos pioneiros soviéticos. Depois era a vez dos preparativos para o grande Aniversário Vermelho, o nascimento do grande Iosif Visarionovici. No escuro da sala dos professores, as mãos e as palavras do púbere tateavam atrapalhadas de desejos culpados. Saiu tarde, atordoado, do lado da jovem camarada diretora. Dominava o mundo e, no instante seguinte, voltava a ser pequeno pequeno, batendo no vidro congelado para que o pai viesse abrir-lhe a porta da entrada.

O revolucionário alienava-se tanto da casa estreita demais, como da estreita família pequeno-burguesa. Um mundo estreito preso a medos e frustrações, o gueto doente do passado doente, sufocado por suspeitas e sussurros. Só se sentia bem lá fora, na lógica simples e clara da nova adesão, sob os relâmpagos do céu vermelho: PROLETÁRIOS DO MUNDO, UNI-VOS!

Pais, parentes, família... eram as suas humildes mentiras que interligavam as horas? Até mesmo o nome que usavam e sua fonética bizarra me envergonhavam. Seus dramas mesquinhos, os medos, a necessidade de estar juntos, cheios de obrigações e velhas ilusões. Perseguidos, sempre perseguidos! Atados à injustiça a eles imposta dois mil anos atrás e há sete anos e ontem à tarde!

"Daqui a alguns anos, este menino vai nos matar", queixava-se, em voz baixa, à noite, Sheina, filha de Avram Braunstein. Seu marido, camarada Marcu, pai do comandante, não respondeu à provocação. Sua cabeça andava cheia de preocupações, o comércio socialista não tinha nada de comércio, era apenas socialista, contrariando a honestidade e o bom senso do antigo funcionário.

Todavia, as anacrônicas confusões não são obstáculo para a vida. O camarada Stálin tinha nos avisado que a luta de classes estava ficando acirrada, os estratagemas do inimigo multiplicavam-se, como era possível perceber também na velha escola austro-húngara em que fui matriculado, entre professores imperiais e alunos reacionários, filhos de gente opulenta, advogados, negociantes, padres e rabinos e antigos políticos do capitalismo.

Inebriado de desejos urgentes, contentava-me com as apalpadelas em alguma camarada aluna, no escurinho do cinema, preparando uma união libertária para a qual não vislumbrava outra parceira que não fosse a empregada que dormia na cozinha e cujos movimentos eu sondava, à noite, com o coração na boca.

Ocultava também outras culpas: o novo colega de turma vindo do sul do país, de Giurgiu, aquele rapaz alto, esperto, de muita lábia, era-me simpático. A duvidosa situação de seus pais, causa de sua transferência para a Bucovina, precisava ser investigada, mas eu tinha aceito o seu pedido de se filiar à Liga da Juventude Operária. Veneno do compromisso e da traição?

Os grandes cartazes vermelhos do espetáculo vermelho mostravam-se irresistíveis: o Dia do Partido, o Problema Agrário, a Situação Internacional, a Guerra da Coreia, o Perigo Titoísta, a

Vigilância. Aconteciam continuamente golpes teatrais: desvios, excomunhões, reorientações, novas diretrizes. De repente, os melhores filhos e filhas do povo viravam diversionistas, traidores, agentes da burguesia e do imperialismo americano. "Os dirigentes – O tesouro do Partido", avisava o cartaz vermelho dos comitês vermelhos, com retratos de molduras vermelhas e mesas cobertas com pano vermelho. Os missionários das fábricas, das granjas, das instituições e escolas tinham se tornado "revolucionários profissionais" ligados pelo segredo das operações.

Presidia, no topo, o Politburo, depois o Comitê Central do Partido, o Comitê Central da Liga da Juventude, dos sindicatos, da Liga das Mulheres. As ramificações desciam: comitês regionais, distritais e de cidades. Por último, as organizações de base das cidades e aldeias, das fábricas, das granjas coletivas, das unidades de milícia e segurança pública, das escolas.

A assembleia pública com as massas era o último elo da corrente operacional. Quinta-feira, quatro horas, anfiteatro da escola. Outono de 1952. A mesa da tribuna coberta com um pano vermelho e sobre ela quatro grandes quadros dos mestres marxistas-leninistas num painel vermelho. Aparece o delegado do comitê regional, o secretário da Liga da Juventude Operária da escola, o diretor da instituição. Obediente, o diretor dirige-se ao primeiro banco, perto dos outros professores convidados.

Na tribuna, o camarada ativista regional abre a maleta, tira o jornal, lê o comunicado do Politburo referente ao desvio ideológico de direita e de esquerda no Partido, comenta vigoroso e solene as frases drásticas e solenes. O secretário da Liga da Juventude Operária da escola passa para o segundo item da ordem do dia: as expulsões. Os atores prepararam cuidadosamente suas declarações. O camarada ativista intervém, interrompe, faz perguntas, admoesta aqueles que hesitam em pronunciar o nome dos inimigos.

O último item da ordem do dia: a execução. O filho de um riçaço, o filho de um açougueiro, o filho de um ex-advogado e antigo membro do Partido Liberal. O grave momento que o país atravessa exige fechar fileiras em torno do Partido, do Comitê Central, do seu secretário-geral, fortalecer a combatividade e a vigilância, eliminar os elementos dúbios. "Menos de três não pode ser!" Três, pelo menos três", proferiu o ativista, nervoso, no ensaio geral.

O primeiro acusado cala-se, o auditório cala-se. O filho do ricaço não ousa dizer que seu pai não era rico, apenas havia se recusado a se inscrever na granja coletiva. O novato da oitava série, recém-chegado à cidade, parecia ter perdido a voz, quase desmaiando de emoção, como um néscio. O voto unânime: a expulsão.

O seguinte, o gorducho Hetzel, filho do açougueiro e negociante de bois. O secretário informa que Hetzel é um aluno medíocre, entendido apenas em socos e vacas, como seu pai, detentor de um estábulo de bois e especulador de carne. E ainda por cima tinha apresentado a solicitação de emigração para Israel! O filho do explorador e sionista Isidor Hetzel balbucia algo inaudível. Nenhuma abstenção, nenhum voto contra. Herman Hetzel, que já não é o camarada Hetzel, avança em direção à mesa vermelha da suprema instância vermelha, entrega a carteirinha vermelha.

Era a vez de Dinu Moga, da última série, filho do antigo advogado e antigo liberal. Nenhuma abstenção, nenhum voto contra. Impassível, o cavalheiro alto e bonito estende a carteirinha vermelha ao secretário vermelho e segue tranquilo para a saída, como se não tivesse nada a ver com o ricaço ou com o açougueiro ou com a instância de julgamento. Um momento banal como tantos outros. Mas diferente: desta vez o secretário da Liga da Juventude Operária não estava encantado com seu ato revolucionário. A dúvida roía dentro da carcaça. Não tinha mais doze, treze ou quatorze anos, já não se sentia orgulhoso da privilegiada investidura.

O precoce funcionário do ritual, contagiado pela magia do espetáculo, uma farsa solene, glacial. Ator, imitador de outros grandes atores, em tribunas maiores, em cenários com importâncias maiores, interpretando nos palcos vermelhos, sob os imensos estandartes e inscrições vermelhas, sob a foice vermelha e o martelo vermelho e a estrela vermelha com slogans inquisitoriais nas cinco pontas vermelhas.

A mentira, suas jogadas e artifícios? A consciência revolucionária separa-se da consciência em si? Será que sob a apática macaquice ainda zumbia o entusiasmo inicial? *O manifesto comunista, O Anti-Dühring, Os problemas do leninismo,* os versos de Maiakóvski, as frases de Marx, o riso de Danton?

No encerramento da memorável sessão, o orador não tomou distância de imediato, como outras vezes, da suja ação revolucionária. Eu tinha dezesseis anos, o entorno não tinha me revelado todo o alcance do horror, mas alguma coisa se rompia debaixo da enfraquecida armadura.

Privilegiado por vivenciar, ainda imaturo e em poucos anos, uma experiência que muitos adiariam até a avançada velhice? Julgamentos, expulsões, delações. Os rituais: a dilatação enorme do ego, tornando-se dono do mundo e, depois, o recuo, no corpo massificado da coletividade. A investidura, a técnica do segredo, a vaidade das honrarias. Outros experimentaram o mesmo de maneira mais ampla e profunda em dimensões incomparavelmente mais gloriosas ou mais trágicas. O momento vivido no auditório que eu dominava, do alto da mesa vermelha, é conhecido por todos os jogadores da aposta utópica, tornada inquisitorial. Você é novamente forçado a escolher dentre os indivíduos que o aplaudem e o disputam, não apenas aquele exigido pelo ultimato do momento, mas também aquele que verdadeiramente o representa. Não é só na infância e na puberdade e na adolescência que vivemos a nossa potencial multiplicidade. Eu não era chefe de família, não tinha uma profissão, não enfrentava o risco real do renegado político. Mas os dilemas não eram frívolos, nenhum dilema é frívolo na adolescência que nem sabemos quanto irá durar.

Felizmente, são atores sem talento para o Poder, mesmo que o jogo da Utopia e da teatralidade os atraia. Naquela tarde de outono do ano de 1952, sem que ninguém soubesse, eu recaía na modesta categoria dos anônimos. Foi então que o distanciamento atingiu o seu ponto crucial. Um momento de súbita gangrena. Teria sido o semblante do jovem chamado Dinu Moga, saindo da sala glacial do colégio, mudo, despojado da preciosa carteirinha vermelha? Não revelei as implicações pessoais perante a sala eletrizada de medo e curiosidade e não teria que compartilhá-las com mais ninguém depois, mas acompanhei com atenção o destino do expulso.

No ano seguinte, aprovado no Instituto Politécnico de Iaşi, o eminente aluno Dinu Moga não se deu muito bem. Voltou alguns anos depois para a cidade onde o reencontrei, em 1959, quando eu mesmo voltei para casa como engenheiro recém-formado.

Foi naquela época que ficamos amigos. Entre livros e discos e aventuras amorosas sem compromisso, o lindo jovem falido construía seu enclave em que iria aceitar a passagem do tempo. Retirado na quitinete de solteiro, inatingido pelo Partido e pelas trivialidades públicas, discreto nas relações adúlteras, com lacônica polidez, era o símbolo reconfortante do fracasso. Imutável e permanente, como um monumento.

"No dia 5 de março de 1953, deixou a vida Iosif Visarionovici Stálin, secretário do Partido Comunista da União Soviética, camarada de luta e sucessor de Lênin, o grande líder do povo soviético." Veredicto médico sem apelação. O genial dirigente dos povos, o grande ideólogo e estrategista e comandante de exércitos, corifeu da ciência, bastião da paz, pai das crianças do mundo inteiro... Imortal e, contudo, quem diria, mortal como todos nós. O gabinete do Kremlin, onde a luz nunca se apagava, jazia na escuridão.

A fila de alunos e professores seguia para a praça da cidade. Eu caminhava à margem, fora das filas. Os grandes megafones montados nas árvores e nos postes de telégrafo transmitiam os funerais da Praça Vermelha direto de Moscou. Dezenas de fanfarras mortuárias esmagavam a audiência com seus fúnebres trovões. Os dirigentes do Partido, das juventudes, dos sindicatos, das mulheres, das organizações esportivas, da Cruz Vermelha, das cooperativas de ofícios, das associações de inválidos, numismáticos e caçadores receberam a faixa vermelha com lista preta. Eu também a usava no braço esquerdo, no lugar onde os bisavós amarravam seus filactérios que teriam me devolvido ao povo eleito.

A praça estava lotada, mas eu tinha um lugar reservado entre o colégio de meninas e a escola de aprendizes mecânicos. Vi a secretária da Liga da Juventude Operária do colégio de meninas amparada por duas colegas que não conseguiam fazê--la conter o pranto. Outras estudantes e professores também choravam. Os meninos suportavam a dor com bravura.

A morte do imortal estremeceu a selva africana e mediterrânea e a Muralha da China e o oeste selvagem. O luto cobriu a terra. A República Popular Romena também parou de respirar. A Bucovina também estava de luto. Na nossa cidade, Suceava, o manto fúnebre cobriu o liceu masculino Stefan, o Grande.

No início do novo ano letivo, eu seria liberado da função de secretário em virtude dos iminentes exames de admissão para a universidade. Eu mesmo indiquei o sucessor e com empenho preparei para a importante missão o filho do aldeão, aluno da oitava série. Ele estava à minha direita, observando-me com a timidez e o respeito devidos a um velho militante prestes a se aposentar.

Na Praça Vermelha sucediam-se o cortejo fúnebre, os oradores, o catafalco, a guarda de honra. A delegação romena era conduzida pelo camarada Gheorghiu-Dej, com o camarada Maurice Thorez e o camarada Palmiro Togliatti e a camarada Dolores Ibárruri e o camarada Ho Chi Minh e o camarada Frédéric Joliot-Curie e tantos outros camaradas de todos os lugares do mundo, de nome e rostos famosos.

A ausência da televisão tornava a transmissão radiofônica mais poderosa. A marcha fúnebre, as palavras de luto, a atmosfera de perda apoderou-se do mundo e do país, da Bucovina, da cidade, do colégio, da minha sala, a IOA, mostrando o imenso vazio repentinamente instaurado. Preocupação, tensão, espera, medo. Que aconteceria algumas horas depois, amanhã de manhã, daqui a uma semana? A faixa vermelha e a faixa preta no meu braço eram estranhas para mim. Não, eu não era mais o mesmo. O episódio Dinu Moga fora o início da ruptura.

Julho de 1945, na feira de Santo Elias, em Fălticeni, o livro de capa dura verde abrigava o prodígio dos prodígios: a palavra. Ninguém tinha me contado histórias na idade apropriada, ninguém tinha paciência para fazê-lo agora. Familiarizava-me aos poucos com a história que eu mesmo vivia.

Entretanto, o livro verde fascinou-me instantaneamente. Descobri um mundo estranho, colorido, irresistível. Um idioma pitoresco em que fermentavam condimentos, aromas e códigos e finos venenos léxicos do grande Creangă.[2] O próprio idioma, uma história cheia de armadilhas e brincadeiras e ilusões, era um milagre. Depois desse, vieram livros de aventuras, de amor e de viagens. As palavras, as frases, página após página e livro após livro, descortinavam a realidade irreal do eu, o ego que descobria e inventava a si mesmo. O discurso da interioridade evoluía lentamente, imperceptível.

Na primeira série do colégio tentei conquistar a minha colega homônima Bronya Normann com um discurso amoroso que deixou deslumbrada não somente a escolhida do meu coração infantil, mas também alguns outros colegas que convidei para assistirem. O poder das palavras, sua bizarra irradiação ampliada numa caricatura.

Anti-Dühring, de Engels, *A filha do capitão*, de Pushkin, *Pais e filhos*, de Turguêniev, o irresistível *Oblomov*, de Gontcharov, as cruas narrativas de Maupassant... a desorientação buscava sua própria língua.

E quanto à língua dos jornais, o discurso do camarada Gheorghiu-Dej e o discurso do camarada Suslov e do camarada Thorez e

---

[2] Ion Creangă (1839-1899), escritor romeno, autor de contos que combinam o humor com a sabedoria popular. (N.T.)

do camarada Mao, o poeta alinhado ao lado de Maiakóvski, Aragon e Neruda? A palavra unida à Revolução? Cresciam as diferenças entre a língua da interioridade e a língua pública. A língua dos jornais, os discursos, os comunicados do Partido e a legislação socialista estavam realizando uma simplificação de caserna. A luta pedia simplicidade, decisão. Uma língua restrita, sem surpresas. Um partido único impunha uma língua única... oficial, canônica, evitando a frivolidade dos matizes, promovendo o estilo impessoal, distante, frio e seco.

Simples e clara, a língua do Partido permanecia, contudo, codificada. A leitura nas entrelinhas tornou-se uma operação habitual. O peso dos adjetivos, a violência dos verbos, a extensão dos argumentos media a gravidade da situação, quão duro seria o remédio. Comunicações lapidares sobre os encontros do nosso líder com políticos do Oeste e do Leste ou com o embaixador da União Soviética em Bucareste permitiam ao apaixonado por palavras cruzadas investigar a cabalística dos termos: cordial, camarada, amizade calorosa, estima e compreensão mútua, total compreensão e colaboração. Fórmulas esópicas codificando a tensão das alianças, a abertura ou, ao contrário, o fechamento da estratégia política interna e externa. A massificação da linguagem era similar à massificação social. Terminologia cifrada, charadas. Linguagem restrita, monótona, aumentava a desconfiança nas palavras, as suspeitas em relação à palavra.

As profissões concretas pareciam a única proteção contra a idiotização comunista do idioma.

"Como assim, não vai fazer medicina?", perguntou-me, surpreso, na festa de formatura, o professor de ciências naturais, agora chamada Fundamentos do Darwinismo. A medicina não me atraía, decidi confiar nos meus bons resultados em matemática e seguir a politécnica, construção, hidráulica. Na imprensa abundavam reportagens metafóricas sobre barragens e hidroelétricas socialistas.

Em 1954, somente os alunos com diploma de mérito, com todas as notas não inferiores a 5, eram dispensados dos exames (o modelo soviético graduou a escala de notas de 1 a 5). Eu não sabia o que escolher, senão vagamente, mas sentia que estava abandonando "o mundo das palavras"... sua nebulosidade e sua infinitude. Estaria escolhendo o concreto contra mim mesmo? A parte "masculina" aniquilando a parte feminina, ambígua, fluida, duvidosa, infantil, do infante que continuava sendo?

A opção masculina tinha de me proteger não só das armadilhas do sistema, mas de minhas próprias quimeras.

O Estado, o proprietário absoluto das pessoas, bens e iniciativas. A justiça e os transportes, a filatelia e o esporte, o cinema, os restaurantes, as livrarias, o circo e os orfanatos e as criações de ovelhas tinham se tornado propriedade dele. O comércio, o turismo, a indústria, as editoras, a rádio, a televisão, as minas, as florestas, os banheiros públicos, a energia elétrica, o esporte, o leite, os cigarros e o vinho. Drástica diferença das ditaduras de direita, onde a propriedade privada permite uma última chance de independência...

Depois da estatização do "espaço", a inovação socialista mais extraordinária: a estatização do tempo, o passo decisivo para a estatização do próprio ser cujo último bem era o tempo. Um novo termo numa nova realidade e num vocabulário dos novos tempos: sessão. *"Estou sentado e continuo sentado nas sessões"*, dizia um verso satírico, banal constatação da realidade banal. O tempo do indivíduo transferido para a coletividade: a sessão, derivado linguístico de "sentar", designava agora a grande operação do desperdício de tempo.

"Se apenas 5% da crítica for justa, você deve acatá-la", era o que se repetia nas reuniões nos primeiros anos de socialismo. A regra formulada pelo grande Stálin, que ninguém teria 5% de coragem de contestar, praticamente instaurava a supremacia da mentira: a falsa denúncia. Aceitava-se 95% de mentira como sendo verdade! Intimidação do indivíduo e exorcismo coletivo. Demagogia, rotina, cânon. Vigilância e também espetáculo. O ritual da obediência, mas também de solidariedade subversiva no mesmo ato da submissão e a despeito dele? Quando votava, contente e apático "na unanimidade", decisões preparadas com antecedência ("em nome do povo"), o anônimo tornava-se parte da encenação, mesmo que lhe tenha sido solicitado o seu consentimento formal. Ao lado e junto dos demais, "o cidadão abobalhado" subjugava-se à farsa coletiva, dispensado da individualidade e da responsabilidade diante do dilema de em quem e por que votar. Quando ria pelos cantos e mesmo quando parava, receoso, para choramingar, o membro do *coro popular que ri*", como dizia Bakhtin, realmente engolia o anestésico da confraria dos submissos, um subterfúgio de irresponsabilidade nem sempre divertido.

Quem está em cena? O ator menino não se diferenciava dos oradores da *Nomenclatura*. Tanto os pequenos como os grandes púlpitos das festividades propagandistas beneficiavam-se da mesma hipnose da encenação. A frágil cobaia também passava por quase todas as fases da grandeza e da decadência. Chegava a vez do pequeno cabotino de viver as misérias do renegado. Outono de 1954, primeiro ano de faculdade. Finalmente em Bucareste, cativado pela ovação de um *Gaudeamus igitur*, o hino acadêmico que recepcionou os professores na entrada da sala. Poucos dias depois, fui informado que havia sido selecionado para o diretório da Liga da Juventude Operária, por causa da minha atividade no colégio e dos meus méritos escolares. Nessa ocasião recusei a honra. Desejava embrenhar-me completamente nos estudos, foi assim que justifiquei a minha deserção. A junta de deliberação foi logo convocada. Agora estava diante do auditório como acusado, tal qual o filho do advogado liberal Moga alguns anos antes. Eu havia recusado a missão, o motivo frívolo escondia a esquiva do dever.

Os novos colegas não me conheciam, eu tinha acabado de chegar do interior. Os poucos oradores não demonizaram os meus pecados, simplesmente os amenizaram com uma espécie cética de bom senso: se ele não quer, não quer, encontraremos outra pessoa.

O fracasso da exclusão deixou furiosas as forças ocultas. O promotor da sanção, que pretendia enviar-me a uma instância política superior, parecia ser o camarada Stefan Andrei, o "número dois" na hierarquia política estudantil. No Centro Universitário de Bucareste suportei as advertências e ameaças de rigor.

Tornaria a encontrá-lo um mês após o começo das aulas em Medgidia, ao sul do país, na fábrica de cimento para a qual a faculdade inteira tinha sido inesperadamente enviada para o "trabalho voluntário".

Vindo do norte para encontrar o filho arrancado de improviso do enclave universitário, meu pai ficou transtornado ao ver-me com imensas botas de borracha, um casaco forrado e um gorro estilo russo. Eu nadava na lama infinita da obra. Olhamos um para o outro, lembrando da guerra e do campo de concentração. Um exagero, sem dúvida. Barracas precárias para os operários, comida miserável, mas, mesmo assim, um ambiente agradável, como numa exótica aventura juvenil. À noite, alguns tocavam guitarra ou acordeom e encetavam algumas conversas e idílios.

Não me sentia à vontade perto do meu vizinho de cama, tentava ignorá-lo. Mas logo o camarada Andrei, aluno do quarto ano, passou a instigar conversas apolíticas. Gostava de falar de livros, uma esquisitice entre estudantes da politécnica. Reagi com prudência ou mutismo.

Num dos passeios vespertinos, ele falou de um livro que estava relendo. *Assim foi temperado o aço*, do escritor soviético Nikolai Ostrovski. O autor paralítico e cego narrava como se forja o caráter humano nas adversidades. Eu tinha lido? Sim, eu tinha lido o livro, muito popular naquela época. Qual era a minha opinião? Um livro para crianças e adolescentes, respondi, eu tinha lido quando era pioneiro. Meu interlocutor calou-se, observou-me longamente, interessou-se pelas minhas leituras recentes. Não sabia que títulos citar. Mencionei *A alma encantada*, de Roman Rolland, embora não fosse uma leitura recente. Meu interlocutor mudou de assunto após uma ligeira hesitação.

Esse episódio cultural não compensou a miséria do "trabalho voluntário". Mas a compensação veio quando eu menos esperava. Uma excursão para Constança, a menos de uma hora de Medgidia, num final de semana. O bucovino, criado entre colinas e bosques, via o mar pela primeira vez. O encontro prodigioso desencadeou uma peregrinação anual à orla do Mar Negro, nas décadas posteriores, quando a carreira do admirador de Nicolai Ostrovski consolidava-se espetacular em torno de Nicolae Ceaușescu, de quem se tornaria ministro das Relações Exteriores. Com o tempo ele se tornaria um bibliófilo, colecionador de livros e jornais velhos e de preciosos volumes estrangeiros recebidos como presente dos colegas do exterior.

Nas décadas seguintes, o camarada ministro Stefan Andrei gozaria da reputação de homem culto, benevolente, marido inteligente de uma atriz linda e medíocre, cujas aventuras amorosas eram vigiadas pelos impagáveis agentes da amada mulher do nosso impagável presidente. O ministro das Relações Exteriores refinava seu gosto em visitas e encontros com homólogos de todo o planeta e se readaptava, em casa, aos padrões impostos pelo ditador. Eu não tinha os seus privilégios nem os cobiçava. No caso dele, a fidelidade ao Partido trouxe-lhe vantagens. A infidelidade demonstrou o mesmo no meu caso. Não procurei atravessar o caminho do ilustre admirador do Nikolai Ostrovski e de Nicolae Ceausescu, nem escarnecia quando proferia as asneiras oficiais em seu francês leste-socialista na assembleia anual da ONU.

Trinta anos depois do nosso confronto político e literário, o ministro iria me surpreender. A ocasião foi a sua visita ao Laboratório de Restauração da Biblioteca Central do Estado, em Bucareste, que justamente naquele momento restaurava a sua coleção de livros e jornais. Na entrada, o distinto visitante dirigiu-se com estranha familiaridade à chefe do laboratório que veio recebê-lo: "Como vai o seu marido?" Intimidada, Cella deu uma curta resposta: "Bem". Evidentemente, o visitante sabia tudo sobre o marido dela e sobre ela própria, graças ao *dossiê* que lhe havia sido preparado antes da visita.

Como Cella parecia desconcertada, desconhecedora do nosso episódio juvenil, o próprio ministro assumiu os esclarecimentos falando em termos superlativos a respeito do seu interlocutor de dezenas de anos atrás. Mandava-lhe lembranças e... o pedido de que lhe enviasse dois exemplares de seu último livro. Os exemplares podiam ser encontrados diretamente na editora ou nas livrarias de propriedade do Estado e do Partido, assim como os livros, os autores e tudo o que se produzia na Jormânia socialista. Dois exemplares? Por que dois exemplares?

A pergunta codificada, para os lunáticos, ficaria exilada comigo em um local bem longe, onde, agora, parecia ainda mais absurda.

Poderia a engenharia proteger-me da pressão política e da estupidez da língua de madeira? Os slogans, clichês, ameaças, duplicidades, acordos, as pequenas e grandes mentiras redondas e angulares, coloridas e incolores, fedorentas e inodoras, como as mentiras insípidas de todo tipo, na rua, em casa, no trem, no estádio, no hospital, no alfaiate e no tribunal. A imbecilidade irradiava em toda a parte, era difícil permanecer imune.

Era a interioridade o único bem que precisava ser necessariamente salvo? Teria tanta importância esta tão vaga interioridade? Não tinha ela em si mesma os recursos do conformismo e da autossuficiência? Logo percebi que a faculdade de hidrotécnica era difícil, eu logo percebi, porém não fazia ideia naquela época que dos 120 estudantes que haviam entrado no primeiro ano, apenas 27 iriam se formar.

A exaltação de penetrar no desconhecido mundo universitário sofreu o seu primeiro choque: o almoço na cantina estudantil. "Mexido de berinjela" e "mexido de pepino azedo" eram os nomes das inovações gastronômicas socialistas. Depois de algumas garfadas empalideci, envenenado, com as entranhas embrulhadas. O estômago acostumado à cozinha bucovina protestou contra os lixos da metrópole. As primeiras aulas compensaram a desagradável surpresa. Tudo parecia novo, interessante, ainda mais a matemática, as disciplinas teóricas da linguagem matemática. Porém, logo depois, apareceriam as matérias técnicas descritivas e desencorajadoras.

Eu morava na casa de uma senhora idosa que, à noite, montava sua cama dobrável no espaço estreito entre a mesa e o sofá. Não demorei para descobrir alojamentos mais hospitaleiros: a Biblioteca Central Universitária, a Biblioteca ARLUS, a Biblioteca do Instituto para Relações Culturais com o Estrangeiro. Mergulhava até tarde da noite em leituras diferentes de hidráulica ou estrutura das construções ou concreto armado.

Os resultados não se fizeram esperar. Fui parar no meio da mediocridade escolar e fui rolando ladeira abaixo. Deveria pular fora e renunciar à faculdade? A Mãe Coragem asseverou pateticamente: "A doença deve ser cortada a tempo". A área da devoção absoluta... Mas meus pais pareciam aterrorizados com as dificuldades financeiras. A devoção andava lado a lado com o realismo e com o terror afetivo, eu bem sabia. A terapia psicanalítica pós-moderna oferece veredictos claros para esse tipo de crise: então seus pais destruíram a sua vida... Talvez as confusões afetivas a tenham destruído, ou seja, eu mesmo? Ainda bem que a vida se destrói sozinha, pouco a pouco, a despeito de quaisquer opções frustradas.

O estudo humanista teria sido uma alternativa inteligente sob a ditadura? A família aconselhava agir com prudência e eu não tinha praticamente nada a opor. Os dez mandamentos tentaram tranquilizar os antepassados, a andança e o gueto tinham amplificado as regras da prudência. A vitalidade e o atrevimento só iriam achar um campo fértil na sua ampla interioridade.

"Destruíram a minha vida?!" A formação através da deformação não é tão rara na existência, em qualquer lugar e em qualquer tempo, e certamente não advém apenas de causas políticas, mesmo dentro de um sistema político autoritário, mas é claro que também possui seus imponderáveis.

Terminei a faculdade de hidrotécnica em 1959. Depois disso, a esteira rolante: engenheiro estagiário, engenheiro projetista, chefe do lote de construções, engenheiro projetista principal, pesquisador científico principal. A duplicidade reinterpretada diariamente, idade após idade.

Após quatorze anos, quatro meses e dezesseis dias eu iria, finalmente, abandonar o papel.

Na infância, a *Iniciação* ensinou-me a recusar o exterior e a adiar a saída da placenta. Depois disso, o disfarce significava identificação com os cenários disponíveis para as marionetes entre as quais evolui aquela que nos representa. Devia, algum dia, desmascará-la e renegá-la? Aos poucos você se acostuma ao tormento e às drogas da ambiguidade. As igrejas e as burocracias, as carreiras e os casamentos só fazem aumentar diariamente os arquivos dos desdobramentos.

Contudo, a ironia do destino continua animando o jogo, mais uma vez. No último ano de faculdade, reencontrei o antigo interlocutor Stefan Andrei promovido a assistente da cátedra de geologia e fundações. Um pequeno cargo didático de espera, uma reprise do mimetismo "científico" antes do retorno à carreira política. A lei socialista que regulamentava o uso de moradias só permitia que trabalhassem em Bucareste aqueles que tivessem domicílio fixo ali há muito tempo e ninguém mais tinha o direito de se mudar para a capital. Eu não tinha os cartuchos políticos do camarada Stefan Andrei, igualmente originário da província, para que fizessem vista grossa quanto a essa minha desvantagem. "Você prometia uma fabulosa carreira... caiu na inevitável mediocridade", haviam me dito depois da saída do teatro político, o mesmo poderiam dizer-me na volta, em 1959, à minha idílica cidade da Bucovina.

O retorno a Bucareste aconteceria somente seis anos depois, no começo da "liberalização", por meio de concurso público. Mas eu deveria comprovar que dispunha de um espaço de no mínimo oito metros quadrados, norma legal para a moradia na Jormânia socialista. A comunidade dos judeus de Bucareste forneceu-me uma declaração atestando que eu morava no espaço... do banho ritual do antigo bairro judeu.

O destino comemorava a minha vitória com a aparição do livro *O processo*, de Kafka, em romeno. A notícia provinha do iniciante dos iniciantes, meu antigo colega de colégio, Liviu Obreja, participante de obscuras seitas de consumidores culturais da capital. As livrarias com as quais mantinha contato o avisavam com antecedência sobre esse tipo de acontecimento. A fila, na Librăria Academiei, perto do instituto onde eu começara a trabalhar, formou-se, naquele dia de primavera, lá pelas sete da manhã, uma hora antes de a livraria abrir as portas.

Vi a fila dos primeiros clientes a caminho do trabalho. Bati o cartão e pedi "autorização de saída" por duas horas, sem dizer o motivo para não alimentar as suspeitas criadas pelos jornais esquisitos, revistas e livros com que os colegas engenheiros, assíduos leitores do jornal *Sportul,* já haviam surpreendido.

Eram anos de grandes "aberturas", surgiam novas publicações e traduções em tiragens sempre insuficientes e era necessário estar no dia certo e na hora certa em que se formava a "fila" para Proust e Faulkner e Lautréamont e Malraux. Não era apenas Liviu Obreja, de rosto pálido e imenso cabelo louro e a tímida gentileza conspiratória que aparecia na livraria certa na hora certa, mas toda a seita de viciados em leitura, entre os quais eu me reconhecia e não gostava de me reconhecer.

Naquele período apareceria o meu primeiro exemplar de prosa e, nessa época, eu me transferi para uma instituição de elite de engenharia, o Laboratório Hidro Ciurel, onde havia sido recusado por anos a fio por causa do meu dossiê pessoal. Em 1969, tornei-me o mais jovem pesquisador científico principal de uma instituição verdadeiramente acadêmica. Para justificar meu cargo restava fazer o doutorado nos anos seguintes. A impostura atingira o seu apogeu. Mudei-me, então, para... o hospital de doenças nervosas, a verdadeira coroação do duvidoso sucesso profissional.

Passaram-se quase doze anos desde o dia em que pensei em abandonar a carreira, no terceiro ano de faculdade. Mantive as aparências tempo demais. A performance constava agora nos relatórios do psiquiatra. Mas e a duplicidade e a impostura política dos meus concidadãos? A falta de adaptação "profissional" parecia pouco grave, bem como outras tantas formas de alienação, humilhadas pela grande encenação política. A esquizofrenia da falsa representação no falso mundo em que você é substituído por alguém que não é você, mas que, no entanto, existe em você. A variante facilmente alongada, contorcida, amarrada, como nos retratos "extensíveis" de Modigliani, retocados por um Grosz e um Dix?

De repente, quando menos se espera, você logo perde o controle ou tem a impressão de que o perdeu ou simulou perfeitamente a perda. Agora pode obter finalmente o atestado médico que o envia para casa, para o seu quarto, para a sua célula, o caixão que o separa do meio. E tudo isso por conta do Estado, que gracinha!

A engenharia teria me protegido? Uma proteção relativa e cara mesmo que não tenha sido paga com interrogatórios e prisão e campo de concentração e colônias penitenciárias de "reeducação", apenas com os sonolentos truques do cotidiano. A perversidade banal penetra em toda parte, ninguém fica livre das toxinas do embrutecimento, nada o protege perfeitamente da insidiosa patologia. Escritores e artistas e muitos anônimos assumiram o risco de viver na pobreza e na insegurança, ignorando a máquina de moer cérebros sem se tornarem engenheiros.

A engenharia venceria, ao menos, as incertezas e as minhas ansiedades? Venceria também o vício das nuances, excessivas nuances?

Conheci situações e homens que de outro modo teriam sido inacessíveis para mim. Não se sabe até onde esses ganhos são proveitosos. Pois são pagos com uma moeda que não tem preço: o tempo.

Nenhum erro merece ser superestimado. Significaria ter uma opinião muito boa sobre o que seria a vida, em qualquer lugar, em qualquer tempo. A escravidão da engenharia? E a escravidão aos parentes, à doença, aos amigos, às amantes, às crianças e, mais de uma vez, a escravidão ao ódio que nos impõem os inimigos?

Entre as esperanças que depositei na modesta profissão aos dezoito anos, também estava a de me proteger de mim mesmo. A esperança não se concretizou. Graças a Deus, a engenharia não me curou de mim mesmo.

Periprava, 1958

Não o reconheci no uniforme com que surgiu na minha frente. Magro, pálido, com a cabeça raspada, o quepe na mão, o olhar baixo. Sentou-se tranquilo do outro lado da mesa comprida e estreita, perto dos outros detentos. Os guardas vigiavam das cabeceiras da mesa. Tínhamos dez minutos; o pacote que levei deveria ser aberto na frente do soldado, ao final da visita.

Cabisbaixo, ele aguardava as palavras banais de que precisava. Não vinham. Levantou o olhar, sorria para mim como uma criança. Os olhos vermelhos, inchados, assustados. Olheiras profundas, arroxeadas. Lábios queimados, inchados. Garantiu que estava bem de saúde, que estava se virando. O trabalho era árduo, com certeza, no calor sufocante e na poeira, mas estava se virando. Sorria com a gratidão daqueles órfãos contentes por terem reencontrado os pais e por terem alguém para tomar conta deles.

Papai tinha cinquenta anos. Aos meus olhos não parecia ter envelhecido, mas a cena triste e sórdida o envelhecia. Eu estava no quarto ano de faculdade naquela primavera de 1958, tinha 22 anos. Um púbere inerte, paralisado pela magnitude do momento, incapaz de quebrar as regras e passar ao outro lado da mesa, tomar o pai nos braços e acalmá-lo como se fosse uma criança. Eu nem era capaz de usar as palavras permitidas no diálogo.

Não respondi à pergunta sobre a mamãe. Ele não precisava saber que por causa da sua condenação ela tinha perdido o trabalho e depois tinha sido contratada como operária sem qualificação numa fábrica de conservas, onde dava duro dez horas por dia, encurvada sobre enormes bacias de pimentões, batatas, pepinos, cortados fatia a fatia por suas mãos trêmulas. Não, não havia por que se preocupar, mamãe virá no próximo mês no horário de visitas e poderá vê--la. E, olhe só, a notícia tão esperada: o advogado afirma que a tensão política arrefeceu, a campanha de arrestos abrandou-se, em algum lugar "lá de cima" reconheceram que foram cometidos abusos. Já que o vigia não estava olhando, inclinei-me ligeiramente sobre a mesa e falei baixinho: o irmão do advogado é procurador do Supremo Tribunal. Isso significa que provavelmente o recurso será aceito, a injustiça será reparada.

Sua barba recém-feita contrastava com o uniforme miserável. As roupas sempre incorporavam um quê de sua postura vaidosa, arrumada. Agora o uniforme abrigava um piolho, como nas primeiras semanas na Transnístria, quando ele, horrorizado, viu o piolho na gola da camisa sempre branca. "Desse jeito não vale a pena viver, desse jeito, não." Esgotado, arrasado de vergonha, decidido a acelerar o fim. "Claro que vale a pena, claro que vale", ouvia a resposta imediata da esposa. "Vale a pena sobreviver. Depois de tudo isso, as suas camisas voltarão a ser brancas. Engomadas e brancas", repetia a grande intérprete da coragem, sem conseguir convencê-lo a quebrar o silêncio.

Valeria a pena sobreviver, valeria a pena? Eis que sobreviveu e voltou a ser o de antes, na longa noite da deportação: um piolho. Ele sabia e eu também sabia, o jovem piolho, filho do piolho. Mas eu também lhe prometia o renascimento, a camisa branca da esperança.

Alguns anos antes da prisão ele tinha sido destituído da função de diretor da OCL Metalul, de Suceava, organização de comércio socialista de metais e produtos químicos. Não foi repreendido, não lhe explicaram nada. Tinha sido sempre rigoroso e correto, até mesmo os que não simpatizavam com ele sabiam disso. Transferiu-se, resignado, como contador da OCL Alimentara, a empresa que comercializava os alimentos da cidade.

"Comércio socialista!" Uma contradição de termos como a própria "filosofia socialista". A antiga atividade que mexia com pessoas e bens implicava em individualidade, iniciativa, inteligência. O comércio de Estado entre as empresas, todas pertencentes ao Estado, com funcionamento estritamente planificado, exigia apenas burocracia, como todas as suas criações, apenas para fornecer ao sistema as vítimas de que necessitava periodicamente. Papai não tinha vocação ou experiência como negociante. A psicologia, a estratégia e os riscos da sutil aventura nunca lhe foram familiares. Tornou-se um bom funcionário do Estado, como tinha sido antes da guerra, quando fora um excelente funcionário de empresa privada.

"Quando nos mudamos para Suceava, em 1947", contou ele há certo tempo, *"eu trabalhava como comprador na cooperativa. Minha ocupação era abastecer as novas cooperativas. Um belo dia, alguém veio nos vender lenha. O diretor pediu minha opinião. Combinamos o preço e as condições do transporte. Não tínhamos dinheiro em caixa para pagar o comerciante. Falei com algumas famílias conhecidas e lhes ofereci lenha para o inverno. Quase todas as casas usavam lenha para o aquecimento em lareiras, mas era difícil encontrá-la. Muitos mostraram-se dispostos a pagar antecipadamente, então juntei o montante e paguei o comerciante. Comentou-se em Bucareste que a fábrica obteve bons resultados com essa negociação e fui promovido a procurador, mais precisamente a funcionário com direito a assinatura no banco e membro da diretoria da cooperativa. Tudo isso acabou em setembro de 1948, quando todo o comércio foi estatizado pelo regime socialista e fui nomeado, logo de cara, diretor da organização comercial local para produtos metálicos, químicos e materiais de construção".*

Filiado ao Partido em função da pressão do marido de Maria, camarada Varasciuc, o dirigente comunista da cidade, meu pai foi promovido entre as vedetes da aberração denominada "comércio socialista". Disciplinado, perseverante, como um zeloso funcionário tradicional, parecia ignorar o absurdo que ele mesmo impulsionava. Em 1953, depois da morte de Stálin, tanto o secretário da organização da Liga da Juventude Operária do colégio quanto o seu pai, o diretor, passaram pela encruzilhada do "desprendimento": eu me desprendia do militante que tinha sido e meu pai era demitido.

"Certo tempo depois, ao questionar um ativista do Comitê Regional do Partido sobre o motivo de ter sido demitido, ele me respondeu com uma espécie de parábola", contaria depois. *"No tempo de Hitler, um judeu correndo, agitado, pelas ruas, é parado por outro judeu que lhe pergunta o que tinha acontecido, por que e para onde estava fugindo. 'Você não ouviu que Hitler acaba de ordenar que qualquer judeu com três testículos deve ter um cortado?', respondeu, ofegante, o interrogado. 'E você tem três testículos?', insistiu o primeiro. 'É que ele corta primeiro, e só conta depois', gritou o fugitivo, afastando-se. 'Assim foi com você também', explicou o ativista. 'Uma denúncia anônima afirmou que você deu uma bicicleta para alguém...' 'Como eu daria bicicletas? Eu não vendia nada, eu era o diretor da instituição!' 'Tem razão, ninguém checou a denúncia anônima. Só depois foi constatado que se tratava de uma mentira. Fazer o quê?'"*

Entretanto, o ex-diretor acrescentou sua opinião à piada: a alusão a Hitler feita por um ativista comunista parecia-lhe corajosa.

Depois de outros anos socialistas, em 1958, papai, chefe do serviço financeiro da Indústria de Alimentos, foi bruscamente preso. Calúnia, praga? Periódicas sessões do Partido indicavam rivalidades na cúpula, mudanças inesperadas de tática desorganizavam os escalões da nomenclatura e a vasta rede do formigueiro cuja apatia tinha de ser cortada pelo terror. De pronto, a neblina do cotidiano socialista tornava-se uma escuridão sangrenta. Obviamente, algumas "minorias" eram vigiadas de modo especial.

Ao entrar no açougue, no final do expediente, o camarada Manea não notou nada anormal. O teatro de marionetes era manipulado por fios invisíveis, as marionetes seguiam sua rotina até caírem de boca no chão como mandava o diretor. Papai dirigiu-se ao balcão, o vendedor preparava-se para entregar-lhe o pacote, como de costume. Assim como os demais trabalhadores da empresa de comércio socialista alimentar, a OCL Alimentara, o camarada M. tinha um acordo com o chefe da loja que era uma espécie de subordinado seu: ele quitava a dívida a cada quinzena, ao receber o salário, ou seja, duas vezes ao mês. Mas, de repente, o fio da comédia saltou carregado de eletricidade, estrangulando o pescoço da vítima.

A cena desenrolava-se de acordo com o script: o açougueiro entregou ao camarada M. o objeto do delito e o culpado o pegou. Invisíveis e visíveis, as testemunhas estavam em seus lugares, preparadas para confirmar aquilo que tinham sido instruídas a fazer: o culpado tinha pegado, *efetivamente*, a bomba. Atrás da cortina, o manipulador torceu e retorceu o chicote elétrico e bum, o bobalhão caiu como um patinho diante dos aplausos da plateia. Preso no ato pelos figurantes disfarçados de clientes, o acusado caiu em si no próximo ato: *o Julgamento*.

A manhã seguinte: julgamento sumário. O sossego de uma noite não era um favor concedido ao acusado, mas a reprise da tranquilidade oferecida ao público. Na pausa noturna do espetáculo os tambores anunciariam em praça pública as medidas adotadas na última plenária dos dirigentes para reforçar a vigilância socialista, o controle socialista, a supervisão socialista para desmascarar cada uma e todas as ações de sabotagem contra as grandes realizações socialistas. O advogado de ofício, nem um pouco disposto a polemizar com a autoridade, pronunciou em voz baixa a palavra clemência, temeroso, invocando o passado imaculado do pecador: nunca antes julgado ou condenado, sua abnegação aos altos princípios da moral socialista, da economia socialista, da justiça socialista.

O próprio acusado insistia em oferecer explicações à instância. Foi-lhe permitido que negasse qualquer intenção de abuso, mas foi intempestivamente interrompido por um dos representantes do povo, quando, de repente, levantou arrogante o nariz. Reconhecendo seu erro de não pagar no ato os dois quilos de carne, o impertinente alegou que um prejuízo tão pequeno sequer constituía uma infração penal.

O tribunal popular alvoroçou-se de imediato. O promotor público de óculos, à esquerda do juiz, irritado, interrompeu o impertinente. O dinheiro não pago no ato não poderia ser considerado legalmente uma infração? A quantia justificava apenas uma multa? "Truques advocatícios" da justiça burguesa de outrora!

Perante o silêncio da defesa, o ex-diretor da OCL Metalul e atual chefe de serviços da OCL Alimentara foi condenado a cinco anos de reclusão. Uma comédia expedita, tal qual o envio do detento ao terceiro ato: *a expiação*.

Sobre o cenário extinto chovia um pó denso e envenenado. Na entrada do campo de concentração havia uma inscrição vermelha, não era preta nem verde. No lugar da famosa sentença teutônica *"Jedem das Seine"*,[1] a denominação: *Colônia de Trabalho* PERIPRAVA. As figuras lívidas, de luto, em uniformes enlutados. Picaretas, pás, carrinhos de mão, compressores, caixotes para carregar terra. O sol e o vento impiedosos, os guardas gigantes manipulavam certeiros a culatra do rifle com que batiam na nuca dos escravos.

A consciência da injustiça não traz necessariamente um alívio ao injustiçado. Não só os açougues, mas todas as instituições socialistas pagavam regularmente o óbolo à nomenclatura socialista. Porém, as ilegalidades e os privilégios dos opressores não aliviavam o sofrimento da plebe.

O peso dos dias e das noites no campo de trabalho Periprava crescia pela humilhação. A humilhação fazia desmoronar o deten-

---

[1] A cada um o que lhe é de direito.

to que estava à minha frente. O contador, que chegara a ser diretor e então detento socialista, não possuía o alheamento dos filósofos nem o pragmatismo dos negociantes, profissões escolhidas pelo povo escolhido, segundo se acredita. Meu pai não era nem Hermann Kafka, o brutal proprietário do mundo, nem o grande mágico e improvisador Jakub Demiurgos, o pai fictício de Bruno Schulz. Eu sabia muito bem que a humilhação era pior que o trabalho, pior que a alegria daquele reencontro. Nunca conseguiu libertar-se das convenções da dignidade. A *dignidade*, o décimo primeiro mandamento, onde via a confirmação dos demais, tutelava a sua biografia! Não podia ignorar a ofensa, nem tratá-la com humor. Eu o conhecia bem demais, sabia como encarava a humilhação. O prestígio da honestidade, construído durante toda uma vida, potencializava aquele senso inabalável de "dignidade" que amiúde me irritava e outras vezes me emocionava.

A farsa comunista encenava frequentes processos estereotipados com papéis estereotipados: anticomunistas, abastados, banqueiros, sionistas, sabotadores, clérigos, generais ou comunistas diversionistas e espiões americanos.

Menos conhecidas, mas não menos dolorosas, eram as acusações na zona "cinzenta", aparentemente apolítica, embora inevitavelmente política. Como uma fatalidade, o horror caía a qualquer momento, de qualquer maneira, em qualquer lugar, sobre a cabeça de qualquer um.

Embora tivesse aceito a carteirinha vermelha, papai não sentiu fervor político. Como todos os "homens comuns", entre os quais se incluía com orgulho, protegia-se da patologia dos bastidores. Reencontrava sua dignidade no anonimato da existência tradicional limitada ao bom-senso e à decência, categoria dos inocentes não muito bem vista pelos cronistas... estes eram os pensamentos que minavam os minutos do balbuciante diálogo com o detento de Periprava.

Eu não dizia o que pensava, não apenas porque estávamos sendo vigiados. Muitas coisas ficaram sem ser ditas em nossa relação. Convivia com um homem fechado em sua solidão, protegendo-se no silêncio e no segredo. Se ele pudesse exprimir sua vergonha e sua revolta, talvez se sentisse mais leve, mas as lamentações não entravam na sua partitura, eram da outra metade do casal. Raramente falava do sofrimento ou da felicidade, raríssimo. Ao contrário da mamãe, nunca mencionava a Transnístria; foi difícil convencê-lo a relatar, certa vez, o episódio de quando apanhou na cabeça com um chicote de tendão de boi de um oficial que parecia amigável até então. Não esqueceu nenhum detalhe, mas lastimei a imprudência. O relato da humilhação o magoava e o envergonhava tanto quanto a própria humilhação.

Humilhação significava vergonha... Eu sabia que não devia ver o que estava vendo. O rosto abatido, o tremor das mãos, o uniforme, o boné de detento. Sabia muito bem que não falaria, já que não aceitava falar do campo de concentração fascista da Transnístria nem do campo de concentração socialista Periprava, e eu não podia evocar o episódio, a não ser depois de sua morte.

O filho do piolho teria de dizer, naquele momento, para o pai piolho: acabou, vamos embora. Logo você sairá deste inferno e "logo iremos embora". *Vamos partir, vamos partir, não temos motivo para ficar aqui*, gritou Ariel certa vez na livraria de meu avô, e ninguém prestou atenção. Da mesma forma que eu mesmo gritei na tempestade do inverno de 1947 e ninguém ouviu. Um alerta ouvido por diversas vezes, nas décadas seguintes, quando nem eu mesmo escutava mais.

Viemos de trem de Bucareste para Periprava, na poeira do inferno, entre Bărăgan e Dobrogea, na tarde do dia anterior. Era um tórrido dia de primavera. Ao descer na estação mergulhei na poeira. Pó na boca, nas narinas, nos dedos, nos olhos e nas roupas. Cada passo produzia uma nuvem de poeira. Logo avistei, ao longe, o formigueiro dos detentos. Insetos minúsculos de barro, em uniformes cor de barro, cavavam a terra e a carregavam em carrinhos de mão ou em caixotes de madeira; descarregavam a terra na margem dos diques, onde outros escravos a compactavam com rolos compressores de madeira, formando taludes. Guardas armados circulavam entre eles e guardas armados vigiavam das altas torres de observação ao redor da obra. O faraônico projeto socialista de irrigação da seca planície, dividido em parcelas de trabalho arcaico, como no tempo dos faraós. Para além do horizonte, outros escravos chafurdados na lama, cobertos até a cintura pelo barro fétido, no corte e na amarração do junco.

Anoitecia, precisava ir a uma vila nas proximidades e procurar um lugar para pernoitar. Através da cortina de poeira, vi com dificuldade os aldeões que observavam, apáticos, das varandas das casas, os estranhos reunidos no fim da rua. Agruparam-se naturalmente para trocar informações e fofocas. Cheguei perto, parei a alguns passos de distância. Escutava o que diziam, mas não me sentia capaz de participar.

Em dado momento, saiu do grupo uma mulher vestida com um modesto sobretudo. Teria eu feito, sem querer, algum gesto de surpresa quando ela se aproximou, como se quisesse perguntar alguma coisa? A jovem mulher, robusta, sardenta, logo começou a falar comigo para saber de onde vinha e por causa de quem. Ela iria rever seu irmão no dia seguinte, condenado no célebre caso dos sabotadores do Ministério de Comércio Exterior. Um processo político cheio de falsificações com uma severa sentença coletiva que impossibilitava uma apelação individual. O desastre que a levou até ali, ao fim do mundo, parecia ter acabado com qualquer vestígio de prudência, revelação feita com sua voz profunda e gutural.

Afastamo-nos do grupo pelas ruazinhas tortuosas da vila. O nervosismo dela era visível pela maneira com que sacudia de vez em quando a cabeça avantajada e robusta ou puxava o casaco sobre os ombros, embora o mormaço do dia não tivesse diminuído. Quando ajeitou o lenço na cabeça, vi seu cabelo volumoso, despenteado, como uma coroa de fios prateados. Falava do irmão que finalmente iria ver, do outro que tinha ficado em casa e da mãe que ficou paralisada por causa da comoção sentida ao saber da sentença.

Novamente perguntei o que ela sabia sobre o campo de concentração. "Sinistro, sinistro!", repetia, histérica. Eu deveria ter ouvido falar da prisão comunista de Piteşti, onde cada detento torturado por outros detentos era obrigado a torturar quando chegava a sua vez? E do canal stalinista do Danúbio ao Mar Negro, onde os cativos morriam aos milhares, isso se não fossem selvagemente assassinados? Periprava é a mais sinistra detenção pós-stalinista! Pouca comida, repugnante, trabalho escravo o dia inteiro sob os gritos dos guardas. Barracões imundos, superlotados. Uma determinada quantidade de metros cúbicos cavados diariamente – que barbaridade! Os que não estavam acostumados com o trabalho braçal ou os que não eram mais jovens caíam lá mesmo, no local do suplício. Do outono à primavera, no calor ou no frio – ventos cruéis!

Falava, falava para desabafar, mas eu não mais a ouvia, obcecado pelo encontro da manhã seguinte. Como se apresentaria aquele que certamente também pensava, naquele momento, no nosso encontro de amanhã? Que deveria dizer-lhe? Que ele também resistiria a esta prova? Tinha sobrevivido à Transnístria, então resistiria agora também. Era isso que eu deveria dizer-lhe? São tempos difíceis, os inocentes são implicados em absurdos processos de espionagem, desfigurados em interrogatórios bestiais sobre parentes do mundo capitalista ou sobre o complô anticomunista ianque ou sionista ou católico... serviriam de consolo essas idiotices?

A desconhecida parou de falar, intimidada pelo meu silêncio prolongado. Então disse que os aldeões do lugar alugavam quartos para uma noite: eu teria que acordar cedo para chegar a tempo aos barracões da colônia penitenciária. E, então, afastou-se bruscamente. Não consegui ouvir tudo o que ela disse, a ideia de que encontraria o detento que tinha vindo ver, amanhã pela manhã, não me dava sossego.

O rosto enrugado de vento e da poeira do gueto, do homem que estava à minha frente neste momento, multiplicava as perguntas não formuladas. Que dizer-lhe agora para romper o mutismo que sempre entorpeceu a comunicação entre nós? Deveria desfilar slogans de esperança e clichês de bom-senso?

Sacudi-me, decidido a recuperar a voz diante de seu uniforme de piolho, deixar que a emoção falasse direta, pura e simplesmente, mas o pensamento continuava a escandir os mesmos clichês. "O processo será revisto, eu acabarei a faculdade, o senhor sairá deste inferno e pronto, abandonaremos este buraco. Pronto, iremos embora, como todos os nossos parentes foram e como tantos amigos vão." Não pronunciei as palavras encorajadoras e mentirosas. Não me sentia capaz. Alguma coisa obscura e forte calava a minha boca.

"Eu mesmo vou me amarrar aos pés da mesa onde um dia o senhor me amarrou. Só agora vou entender o que o senhor achava que eu devia entender naquele tempo: o preço da liberdade e da escravidão. Uma inversão de termos que o senhor não imaginaria", essas eram as palavras que eu tinha em mente há alguns meses, sem ter noção do desastre que nos espreitava. Arrogante, eu precisava definir para mim mesmo a escravidão como liberdade, imaginar-me pertencente a um idioma, e não a um país! Não podia mais sobrecarregar o detento, agora, com as minhas obsessões egoístas e ingênuas. Não tinha forças nem para invocar a *partida*. Culpado, eu não podia prometer a ruptura, nem mesmo agora, a ruptura drástica, definitiva, com o passado chamado Transnístria e com o presente chamado Periprava.

Permanecia calado, oprimido e envergonhado por não ser digno do milagre de tê-lo vivo bem na minha frente, ainda vivo. Calamos os dois, com os olhares distantes, depois da rápida conversa em que ele perguntava como uma criança, que tentava me encorajar, e eu respondia como um pai, abalado pela emoção.

Meu pai, uma sombra. Esquálido, macilento, humilhado, bem na minha frente. Na mesa, suas mãos pequenas, de contador. Escondeu rapidamente as palmas esfoliadas pelo cabo da enxada, cheia de bolhas, com vergonha, colando-as à mesa. Dava para ver que o pelo louro das mãos e dos dedos estava permeado de fios brancos. As unhas cortadas com esmero, como sempre, mas desiguais desta vez, sabe-se lá como, na falta de uma tesoura. O grito do guarda arrancou-o como um raio da mesa e o levou para a fila, junto aos demais uniformes surgidos do nada. Ainda consegui vê-lo com o pacote debaixo do braço, entre os camaradas de chumbo, eles também com pacotes debaixo dos braços. Todos manipulados perfeitamente, como marionetes, com medo de cometer algum deslize! A rapidez com que se alinharam, todos, como robôs prontos para se desmancharem na primeira ordem, diante dos dois brutos armados, acabou com a minha esperança de vê-lo novamente.

Apesar disso, eu o revi. Diferente de tantas encenações socialistas terríveis, nunca ou tardiamente revogadas, o modesto processo de meu pai seria revisto, a sentença reduzida de cinco anos para aqueles dez meses que já tinha cumprido em Periprava, até o novo julgamento. O Estado socialista permitia-se manipular "o erro judiciário" mediante uma redução, não uma revogação da abjeta sentença, para não ter de pagar indenização ao cativo que, de qualquer forma, tinha em mãos.

O funcionário

Severo, autoritário como diretor e como pai. Os acessos de fúria, implacáveis, os momentos de ternura, raros, discretos. Não era injusto, não mentia nem se essa fosse a solução mais simples.

Instável, cuidadosa, mamãe era mais sutil, seus conselhos o guiavam nas questões de trabalho. A acuidade e o instinto prevaleciam, mas não sabia dizer não, não resistia aos pedidos. Habituada aos afetos passageiros e às agudas crises nervosas, passava rápido da reprovação ao remorso. Ligada aos homens e à família, desde o tempo em que era a filhinha adorada do papai, doava-se e pedia reciprocidade. Ávida de afeto e reconhecimento, inquieta, empreendedora, passional, fatalista, sociável, acreditava em milagres, na bondade, na gratidão, mas era vítima de frequentes mergulhos no desespero. As proibições ou os castigos que tentava impor ao filho não pareciam sérios justamente porque apelava para a intervenção do marido e os amenizava se este fosse muito severo, o que era comum. A convivência não tinha mudado nenhum dos parceiros e não haveria de mudá-los até o fim.

Formado e deformado pela infância de órfão, depois de lutar por uma posição social, papai correspondia mais ao típico "bucovino", apesar de não ter nascido na fronteira da Bucovina, como a mamãe, mas na Moldávia, perto de Fălticeni. Racional, solitário, prudente, de poucas palavras, reticente em mostrar seus sentimentos, digno, vaidoso, modesto, com uma constante e talvez triste reserva de timidez, traduzida pelo horror diante da agressividade. Ficava feliz quando não era incomodado, tomava cuidado para não incomodar, apreciava e representava a decência, a discrição, a dignidade, mesmo em situações extremas.

Discrição também significava uma vida secreta, provavelmente. Às vezes, surgiam pequenos sinais de desconfiança, descobertos com estupefação e indignação pela esposa. Assaltado por suas inúmeras queixas, não protestava, não negava, apenas queria que o incidente fosse esquecido, remetido para a obscuridade que era o seu lugar.

O estilo lacônico e preciso de sua correspondência expressava a mesma discrição. O lirismo ausente, o patetismo evitado. "*Nasci em 28 de junho de 1908, em Lespezi, conhecida naquele tempo como distrito Baia*", começava sua condensada *Autobiografia*. Apenas umas poucas páginas escritas, não em 1949, para o dossiê indispensável de cada cidadão da República Popular Romena, mas quatro décadas depois, a pedido do filho. Nos anos 90, o pai não era mais diretor, nem o filho era comandante dos Pioneiros, e estávamos longe da cidade de outrora e longe um do outro.

"*Aos cinco anos de idade comecei a frequentar o* Heder, *onde tive as primeiras noções do alfabeto judaico. Aos sete anos fui para a escola israelita de Lespezi. Eu estudava iídiche e romeno. No ano de 1916, meu irmão Aron foi levado para o* front, *papai foi convocado... Em 1917, começou uma epidemia de tifo exantemático. Mamãe morreu naquele ano, fiquei com o meu irmão Nucă, três anos mais novo que eu. Aos nove anos tive de cuidar dele também durante quase um ano. Depois uma tia, irmã da mamãe, de Ruginoasa, distrito de Iași , levou-nos para a casa dela. Logo em seguida, quando Nucă ainda estava com seis anos, começou a trabalhar num armazém onde tinha cama e mesa, e eu fui estudar. Quando papai voltou do exército casou-se novamente com Rebeca, uma moça de Liteni, do distrito de Suceava. Fiquei em Ruginoasa por um ano para terminar a escola primária. Lá também tinha Heder e me destaquei como o melhor aluno, pois lembrava o que aprendi em Lespezi.*"

O balanço de sua vida de pai, funcionário e judeu mantinha a mesma voz.

"No final daquele ano em Ruginoasa, voltei para Lespezi. Já havia uma madrasta em casa. Fui para um ginásio particular em Pascani, onde só me apresentava para fazer as provas e depois fui para o colégio de Fălticeni. Eu dava aulas aos alunos do primário para me sustentar. Depois trabalhei na fábrica de vidro de Lespezi. O chefe da contabilidade levou-me junto quando se transferiu para a fábrica de açúcar de Iţcani. Assim comecei uma vida civilizada entre engenheiros, técnicos, economistas. A fábrica tinha uma cantina onde os atendentes se revezavam para servir as mesas. Quando chegou a minha vez, fiz com que fossem servidos doces e também picles, eu sabia cozinhar desde pequeno. Em 1930, chegou a hora de ir para o exército. Servi no 16º regimento de infantaria de Fălticeni e depois voltei para a fábrica de Iţcani onde tinha um bom salário, estava muito satisfeito e podia me permitir qualquer coisa. Trabalhei na fábrica de Iţcani até a deportação, apreciado como bom organizador e contador. Durante o verão, naquela época, era realizada a grande feira de Santo Elias em Fălticeni. Vinha gente de toda a Moldávia. Eu também ia para lá todos os anos passar o domingo. Em 1932, quando voltava da festa, comecei a conversar com uma moça sentada perto de mim no ônibus. Ela se parecia com a senhora Riemer, de Fălticeni, e me contou que morava em Burdujeni, com seus pais, e que seu pai, irmão da senhora Riemer, tinha uma livraria. Assim começou o nosso namoro. Durou três anos, eu ia a Burdujeni aos domingos e voltava à noite de charrete para Iţcani. Em 1935 nos casamos. A livraria parecia andar bem, mas depois de um tempo os gastos extrapolaram os ganhos e voltei para a fábrica de Iţcani, deixando a livraria para os meus so-

gros. Maria também foi conosco. Em 1936 nasceu você, filho do papai... Essa vida normal teve seu fim em outubro de 1941, quando fomos deportados."

O tratamento carinhoso "papai" continuava sendo usado mesmo quando o filho já se aproximava da terceira idade.

Dos eventos da família, poucos são mencionados: *"Em 1939, morreu Anuța, esposa do meu irmão Nucă. Ataque do coração. Despencou subitamente com a menina no colo. Consegui uma dispensa da fábrica de açúcar de Roman para ir ao enterro. Não contei para a Janeta pois ela estava em Botoșani. Naquele tempo, em 1939, os legionários já eram poderosos, o antissemitismo crescia. Janeta queria que cruzássemos a fronteira para a União Soviética, para nos salvarmos, mas eu não concordava. Quando voltei de Roman, Janeta soube de tudo. Decidimos levar a menina conosco até que Nucă se casasse de novo. Fomos para Roman, onde encontramos Ruti num estado deplorável. Desnutrida, suja, abandonada. Sua avó estava esclerosada e Nucă nunca se ocupou da casa. Decidimos trazê-la para Ițcani. Maria, que havia trabalhado para os sogros em Burdujeni, estava conosco. Minha irmã Clara também estava na nossa casa em Ițcani. À mesa, eu alimentava você, e Clara alimentava Ruti. Maria cuidou dela da mesma forma que cuidava de você, Ruti começou a melhorar. Essa vida normal teve seu fim em outubro de 1941, quando fomos deportados".*

Então, em 1939, mamãe queria salvar-se dos legionários romenos filiando-se aos comunistas internacionalistas da União Soviética. A corajosa iniciativa provavelmente teria nos garantido uma viagem gratuita para muito além da Transnístria, para onde nos mandou algum tempo depois o antigo aliado dos legionários, general Antonescu, autoproclamado marechal. Assim como tantos outros, teríamos chegado à renomada zona turística da Sibéria para conhecer mais cedo os benefícios do comunismo. Mas, no final das contas, a própria Utopia Vermelha se estenderia da Rússia para a Romênia como "ditadura do proletariado"! Era difícil avaliar os benefícios em 1949, mas já se vislumbravam alguns sinais: o cético que não acreditava nas promessas vermelhas tinha se tornado, em 1939, companheiro de viagem dos comunistas, embora com o coração apertado; seu filho, o comandante de gravata vermelha, pensava ser a personificação do futuro luminoso do mundo novo.

Entretanto, a lição dos perigos de outrora e dos tempos de guerra ainda não tinha desvanecido. A lembrança da deportação permanecia após dez anos e após cinquenta anos. Até mesmo o relato biográfico sumário oferecia sequências. *"Eu estava juntando algumas coisas da casa quando o major do corpo de gendarmes, que me conhecia da fábrica de açúcar, disse que não fazia sentido, que teríamos que andar muito a pé, que só poderíamos levar conosco as duas crianças. Deixamos tudo em casa e saímos só com uma mochila. Eu segurava você pela mão, filho do papai, e a Ruti no colo. E levamos conosco os 160 mil lei que tínhamos economizado para comprar uma casa. Fomos amontoados nos vagões de gado, uns sobre os outros. A viagem de trem foi longa e lenta, um dia, uma noite, e outro dia. Quando parou, era de noite. Despejaram-nos num povoado, Ataki, à beira do rio Nistru. Começou o ataque. Muitos foram saqueados pelos soldados romenos, outros foram jogados no Nistru. Entre eles estava um vizinho nosso, Rakover, proprietário do restaurante na estação de Iţcani. De manhã, na abertura do caixa bancário, o dinheiro tinha de ser trocado por rublos, 40 lei valiam um rublo. Um benévolo oficial romeno nos segredou que não trocássemos, que esperássemos do outro lado do rio onde trocaríamos 6 lei por um rublo. Uma vantagem que nos salvou por um tempo. O dinheiro não durou. Mamãe pagou caro para trazer os pais a Moghilev, local aonde chegamos de barco e a pé e de charrete, um dia depois de Ataki. Os velhos tinham ficado em Ataki, do outro lado do Nistru. Em Moghilev éramos seis pessoas ou mais num quarto sem calefação. Trabalhávamos em qualquer coisa. O salário era de um marco alemão por dia, assim rezava o regulamento. Um quilo de batata custava de dois a três marcos. Vendemos os relógios, os anéis e as roupas para comprar comida. Depois chegamos a um povoado chamado Vindiceni, numa fábrica de açúcar. En-*

tre os soldados romenos havia um que havia trabalhado na fábrica de Iṭcani e me conhecia. Às vezes ele nos trazia pão, chá, batatas. Foi lá que Maria nos encontrou. Veio com duas malas cheias de comida e diversas outras coisas. Foram confiscadas. Mesmo assim ela ficou um tempo conosco naquela miséria. Cuidou dos dois avós doentes de tifo exantemático, de Janeta e de Ruti. Trocava-se um anel de ouro por alguns comprimidos ou por um pedaço de pão. Só eu e você, filho do papai, não ficamos doentes. No inverno de 1942 morreu o velho Avram, seu avô. Exatamente três semanas depois, foi-se a velha também. Em Vindiceni havia um administrador extremamente mau, um tal Rahlitki, uma besta que fazia de tudo para nos torturar, para nos destruir. Depois chegamos à fábrica de álcool de Iurcăuṭi. Mina Graur, a filha de Rebeca, também foi conosco."

O episódio que havia provocado tantas crises nervosas e tinha enriquecido meu vocabulário com a nova palavra "divórcio" passou em branco, como um detalhe qualquer: *"Mina Graur, a filha de Rebeca, também foi conosco"*. Seria difícil depreender dessas palavras a dimensão do conflito, uma vez que o nome Rebeca, irmã mais velha de mamãe, tornou-se um tabu por muitos anos, só ressuscitado após a morte de Betty, irmã da pecadora Mina. Sem hesitar um segundo, mamãe foi ao enterro em Tîrgul Frumos, onde, finalmente, a memória do adúltero foi reconciliada.

"O oficial chamou-me ao posto de gendarmaria. Eu o conhecia, ele tinha sido gentil conosco. Tirou da gaveta um vergalho. Urrava, xingava, estalava com selvageria aquele chicote na minha cabeça. Minha cabeça ficou toda inchada, pensei que ia morrer. Depois, fugi com todos vocês daquele lugar. Chegamos de novo em Moghilev. Ficava depois de Stalingrado, o exército alemão recuava. Quando os russos entraram, tentamos avançar junto com o exército deles em direção à Bessarábia, rumo à fronteira romena. Os russos me prenderam e me alistaram no Exército Vermelho no intuito de me enviarem à linha de frente. Consegui fugir, correndo através da floresta, evitando qualquer povoado durante vários dias. Encontrei vocês por um milagre, em algum lugar na cidadezinha de Briceni."

Sempre tão sóbrio, o biógrafo utilizou aqui a palavra "milagre", da qual a esposa abusava em qualquer reminiscência.

"Você terminou o primeiro ano lá em Briceni, sob o domínio russo. Certo dia, você veio para casa e disse que queria ir para o segundo ano, como as suas primas. Fui até a escola, expliquei ao instrutor e, como você era bom aluno, foi transferido para o segundo ano. Em abril de 1945 chegamos a Fălticeni. Moramos com a família Riemer. Lea Riemer era tia da Janeta. Depois fomos para Rădăuți. Trabalhei como contador no setor de expedição de bois e ovelhas para a União Soviética, conforme os termos do armistício. O gado precisava ser alimentado, cuidado; então contratei médicos veterinários, agentes veterinários e trabalhadores. A agricultura ainda não era socialista, os exportadores romenos assistiam à pesagem, atentos a que tudo se desenrolasse bem, pois obtinham grandes lucros. Muitos animais eram retidos por um tempo para se recuperarem de doenças. Na época, mais de 5 mil bois e umas 200 mil ovelhas foram entregues aos russos convertidos em donos da Romênia. A operação findou em abril de 1947. Depois disso nos mudamos para Suceava."

O laconismo do narrador confirma a omissão do reencontro com Maria depois da guerra, a decisiva conversa com o camarada Victor Varasciuc, marido dela, a filiação ao Partido: *"Primeiro trabalhei na cooperativa como comprador, no abastecimento das cooperativas das vilas. Em 1949, quando foi criado o comércio estatal, fui nomeado diretor de produtos metálicos e químicos e de materiais de construção".*

Não gostava de falar da zona conflituosa, de erros e fracassos. Nem de ambiguidades. Quando questionado, perto do final de sua vida, por que nunca tinha mencionado, nem mesmo ao próprio filho, que sua esposa já tinha sido casada e que era quatro anos mais velha que o seu eleito, respondeu sem hesitação: "Teria algum sentido?". Se lhe tivesse perguntado a respeito do agente de segurança pública que o importunava semanalmente, após ter escapado de Periprava e sobre a dificuldade em encontrar um lugar humilde para trabalhar, sobre ter sido pressionado ao longo de um ano, vezes sem conta, a ser informante, sobre o modo como havia resistido, calado, calmo, firme, até cansar os policiais, teria respondido da mesma forma: "Teria algum sentido falar disto? Que sentido teria?".

A partida

Em 1947, quando a irmã caçula de meu pai apareceu à porta, contente, para dizer que havia reservado passagens de navio não só para ela e seu namorado, mas também para nós, a resposta veio prontamente: "Acabei de desfazer as malas. Não tenho força para fazê-las de novo". Não havia nada para desembrulhar na volta da Transnístria e não havia nada para embrulhar em 1947. Ele não acreditava naquela aventura, essa era a questão.

O problema da *partida* voltaria ciclicamente e por bons motivos. Pouco a pouco, fui ficando teimoso. De modo inesperado, a questão reapareceu nos anos de faculdade, não só com o episódio Periprava, mas por causa da saída do país de um bom amigo.

Fizemos amizade algumas semanas após o início das aulas. Moreno, alto, magro, Rellu era um excelente estudante e melomaníaco. Gostava de matemática, de basquete, de concertos sinfônicos. Parecia disposto a dar uma chance à literatura. Ele acompanharia de perto a minha inadequação ao estudo da engenharia, as descobertas nas bibliotecas de Bucareste, as complicações eróticas com a linda filha da linda senhora Albert. Conhecia as minhas insatisfações, aspirações, caprichos, éramos inseparáveis. Sua irritante sensibilidade contradizia o seu irritante pragmatismo com que ceifava as complicações pela raiz em favor das obrigações rotineiras. As diferenças não nos separavam, nem mesmo o seu desinteresse pelas mulheres destruiu a nossa amizade.

Na primavera de 1958, Rellu deu-me uma notícia sensacional: sua mãe e suas irmãs haviam decidido emigrar para Israel! Haviam preenchido os formulários que também o incluíam. Parecia desorientado mais pelo aspecto prático imediato dos trâmites: sua condição de estudante e nossa amizade.

Tivemos discussões inflamadas sobre o assunto. Parecia ter passado um milênio desde o gelado dia de dezembro de 1947, quando a repentina abdicação do rei me empurrou para casa de maneira disparatada em meio à tempestade hostil, com a ordem: *Vamos partir, chega, vamos já, imediatamente.* O ideal sionista não mais me atraía como depois da guerra, quando me fascinava a militância de Jabotinski e me parecia vulgar a fuga ao paraíso capitalista do outro lado da Cortina de Ferro, em direção às armadilhas do bem-estar e às ilusões de liberdade. Era cético em relação às pueris mudanças com o objetivo de mudar o destino. Acatar a imperfeição do efêmero parecia-me preferível à mudança das coordenadas geográficas.

Meu amigo aceitou a ideia da partida com serenidade e argumentos nada frívolos. Seu pai havia desaparecido no "trem da morte" de Iaşi, em 1941. Judeus caçados nas ruas e nas casas acordavam esmagados até sufocarem nos vagões de carga de um trem lacrado, sem outro destino que não fosse o nada. O trem ia vagando lentamente, sem destino, no calor do verão, até que os corpos exauridos e sedentos se transformassem em cadáveres.

O experimento ao qual se referia não me era desconhecido. A minha *Iniciação* também tinha começado num trem de carga, lacrado e vigiado por guardas. Mas o itinerário era preciso: as conservas de cativos seriam descarregadas na noite do campo de concentração, na vala de lixo humano. Não obstante, a motivação que Rellu aduzia para a sua partida parecia-me retórica, "um improviso". Tornei-me incrédulo quanto a racionalizar míseras conjunturas biográficas. Pode-se dizer que nem mesmo Periprava conseguiu dissipar esse truque da minha covardia, para a qual encontrava sempre outras justificativas.

Os candidatos à Terra Santa formavam fila à noite para chegar diante do guichê no dia seguinte, onde recebiam os mágicos formulários. A tribo estava de novo em movimento! Isso evocava em mim o meu retorno ao mundo, o Re-nascimento de 1945, as vozes e as cores da lenda, as comidas da lenda e o livro de lendas, que ganhei dos meus estranhos primos eruditos, os professores Riemer. O quadro negro do tamanho da parede, o fundo preto, cheio de fórmulas e charadas. Lá, no imprevisível fantástico da normalidade, redescobri a figuração variegada e frenética da família que não havia sido deslocada pela guerra e pelo campo de concentração. A cauda de um cometa varria a calçada a cada nova manhã, o cabritinho viciado que eu era retomava eletrizado a trepidação.

De repente, o invisível pássaro noturno reapareceu como um bólido negro, no refúgio solar da juventude sem velhice e da vida sem morte,[1] para onde me sentia transferido. A morte fulminou, no alto do poste do telégrafo, o jovem tio Izu! O irmão caçula de meu pai foi trazido morto para casa algumas horas depois de sair para o trabalho. Em cima, lá em cima do poste úmido de chuva, fulminado pelo bico invisível. Os espectadores relataram que ele teve um breve espasmo. Tinha dezessete anos. Seu rosto morto parecia com os daqueles que ainda estavam vivos: seu pai Benjamin-Buium, seus irmãos Aron e Marcu, velaram-no, petrificados.

Pouco depois o grito do pássaro da noite repetiu-se. Dessa vez, um prolongado soluço: o velho foi ceifado à plena luz do verão, à tarde. O avô Buium já não era mais jovem, é verdade... A imensa

---

[1] Alusão a um tradicional conto de fadas romeno, do escritor Petre Ispirescu (1830-1887). (N.E.)

sombra negra desceu bruscamente sobre o olhar assustado do neto. Fiquei pasmo. A queda brusca do gigante matusalém sobre o sofá deixou-me zonzo. O tempo congelou, fiquei sem ar. Longos momentos de estupor, até que vi no espelho grande por cima do armário a mão comprida e pálida da avó, *Mamaia*. Comentavam-se muitas coisas a respeito da estatuária velha que não era tão velha, sobre a severidade com que se comportou como jovem madrasta com aqueles três filhos órfãos do viúvo Buium. Ajeitava os cabelos e se olhava no espelho, era o cúmulo! Não tinham passado mais que alguns segundos, talvez um só, tão infinito quanto o próprio tempo, depois do grito soluçado do desastre... *Mamaia* encontrou no espelho o olhar do neto. Constrangida, recompôs a máscara de consternação. Os gemidos e soluços aumentaram, mas a relação com o neto nunca mais se reanimaria depois do imprudente flagrante.

Izu, o mais jovem de todos, depois Buium, o mais velho, desapareceram num segundo. Logo depois, *Mamaia* também se foi, para bem longe, no Mar Morto, com as suas filhas Luci, Anuța e Roza. Seguiriam, por sua vez, os outros, levando com eles aqueles velhos nomes, David, Rebeca, Aron, Rașela, Ruth, Eliezer, Mina, Moise, Ester, extraviados durante centenas de anos por lugares e populações e idiomas estrangeiros, restituídos agora ao lugar e idioma de onde provinham. Pouco a pouco, o eco dos nomes iria se extinguir, assim como a reputação à qual tinham estado associados, o mercantilismo e a solidariedade, a inquietação e a tenacidade, o misticismo e o realismo, a paixão e a lucidez... a lista podia continuar, completada pelos ressentimentos ou pela admiração daqueles com os quais se relacionaram. Em qual desses clichês eu me situava? Teria se infiltrado em mim a suspeita, o mal-estar, a adversidade que o meio, insidiosamente, injetou neles e em mim?

Já não me sentia à vontade entre os nomes e a reputação dos parentes da Tribo, nem ligado às flutuações da peregrinação. Teria me afastado daqueles entre os quais renasci dez anos antes? Na verdade, sentia um grande alívio por saber que estavam longe, em segurança, no estranho país dos antepassados e eu, livre da proximidade deles. Suas vaidades, impaciência, frustrações, hipocrisias e retórica não eram piores que as de outros, mas eu estava feliz em poder esquecê-las, em não ser mais associado a elas. Não tinha nada contra o seu êxodo, o que sentia era simples prova de normalidade, não tinha vergonha de reconhecê-lo, era como um alívio.

Nesse meio tempo, a quimera à qual estava acorrentado parecia ter-nos separado mais que qualquer distância. A separação geográfica vinha apenas como uma necessária e protetora confirmação.

E Rellu, o meu grande amigo? E Periprava? Rellu também tinha posto sua mochila de errante nas costas, enfileirado-se num caótico cortejo de recusados e sonhadores. A multidão apressada em deixar o paraíso socialista apenas com uma trouxa de trapos nos ombros definia melhor que tudo o impasse que abandonava. Nunca antes no passado, nem mesmo após o desastre da guerra, tanta gente havia se apressado em partir com sua trouxa para enfrentar o mundo.

As filas do êxodo tinham se transformado num acontecimento de natureza diferente das habituais filas para comprar alimentos ou combustível, ou roupas, mas, ainda assim, a elas relacionadas. Eu conhecia a bagagem de lembranças, paixões e inquietações que esses errantes levavam consigo.

Pelo relato de outra testemunha ocular, datado de outubro de 1958, talvez eu pudesse recuperar parte das minhas ambiguidades daquele tempo: *"As filas em que se alinham os judeus visando entregar os documentos de emigração para Israel começavam às três da madrugada, depois às duas, depois à uma e agora às onze da noite. Pequenos comerciantes arruinados, velhos e velhas sozinhos no país, assim como membros do Partido, diretores e gerentes gerais de ministérios, funcionários de alto escalão dos institutos centrais do Estado, dirigentes do quadro político, dos órgãos de milícia e de segurança pública. A impressão causada pelas filas é poderosa. Mas são judeus e começam a brotar em mim sentimentos estranhos..."*

O relato pertence a um literato romeno chamado N. Steinhardt: *"Esse gesto de tirar o passaporte do bolso tem um quê de truque, de místico, de malabarismo. Ou de criança birrenta, mimada. Não brinco mais. Quero a minha mãe. Ou do apostador que se levanta da mesa depois de encher as burras. Vou para casa. Não jogo mais. Como alguém que pôs todos na roda, incitou-os, contratou músicos, incendiou a festa, gritou, está com os outros – e os deixa plantados, com a cara no chão. Adeus. Vamos partir. Perfídia, trapaça, ilusão, tapeação. As pessoas mais ajuizadas estão enojadas – alguns sorriem. Os homens mais simples são tomados de raiva, inveja, ódio, ira, com ares de longa duração".*

O fragmento é seguido de um relato sobre Cervantes e um traidor, Judas, evidentemente simbolizando o que Judas e seus correligionários sempre simbolizaram.

Não é difícil perceber a transferência original, nada original, do ódio aos demais para o ódio a si mesmo e vice-versa. Provavelmente, nem mesmo eu era imune, naquele tempo, a tais míseras sutilezas, apenas algo mais desprendido que o futuro monge cristão-ortodoxo.

Preso em 1960, com um grupo de intelectuais amigos acusados de "complô contra a ordem social" e condenado a doze anos de trabalhos forçados, sete anos de degradação civil e confisco dos bens pessoais, o judeu Steinhardt teria a revelação do heroísmo dos legionários, também detidos por "conspirações", embora menos intelectuais, simultaneamente com a revelação do cristianismo, do batismo de Jesus. O seu livro *Jurnalul fericirii*,[2] em que relata a experiência no cárcere e a felicidade da conversão, iria se tornar, mais tarde, uma espécie de *best-seller* canônico da elite romena de leitores, e não apenas desta, do período pós e anticomunista posterior a 1989.

A minha reação diante dos judeus e não judeus que abandonavam a Romênia era de uma modesta e secreta irritação. Na puberdade eu tivera sonhos muito diferentes dos do rapaz judeu Nicu

---

[2] "O diário da felicidade", em romeno. (N.T.)

Steinhardt, que se via como salvador do seu herói, Corneliu Codreanu, o capitão da Guarda de Ferro antissemita; eu avaliava de outro modo as consequências do heroico "noivado com a morte" promovido pelos legionários: minha *Iniciação* havia sido diferente do místico noivado com a transcendência e eu, provavelmente, não teria sido capaz, nem mesmo na prisão, de pedir perdão a um legionário por ser judeu... como fez o novo cristão ortodoxo Nicu Steinhardt.

A tentativa de sair do curral comunista parecia-me correta e vulgar. Não me queixava da dificuldade de não ter sido capaz de tomar outra decisão normal e queria que o meu amigo Rellu tivesse compartilhado esse problema comigo. O argumento moral da saída do país onde seu pai tinha sido bestialmente assassinado por antissemitas teria sido potencializado pelo fato de que a família jamais recebeu as desculpas da Pátria, da mesma forma que a minha família também não as recebeu depois da Transnístria? Irritava-me a lembrança desse argumento. O meu cinismo chegou a um ponto em que eu chamava o horror de simples "apressar" do grande crime ubíquo e universal: a Morte, a nossa premissa, a de todos. A morte prematura, bestial, também é morte, nada mais incorreto que a própria Morte, em qualquer lugar ou de qualquer forma que nos atinja, não tinha vergonha de repetir. Era como se não entendesse, na febre da controvérsia, a quem eu jogava essas palavras ou quem as pronunciava.

É claro que alguma coisa me aproximava à ira de N. Steinhardt, embora as diferenças fossem grandes e intransponíveis. Uma dúbia conexão, pois a qualidade de romeno não me parecia, como ao exaltado Steinhardt, um certificado de pertencer ao mais meigo e cristão povo do planeta, mas apenas um dado, nem melhor, nem pior que outro. Não tinha queda por romenos ou franceses ou paraguaios ou cambojanos "transfigurados". Sem a felicidade da crença religiosa ou do patético nacionalismo do convertido, podia permitir-me considerar que aqueles que mudam de país não são nem um pouco piores que aqueles que mudam de crença. Não, eu não pediria perdão ao legionário, ele é que deveria ajoelhar-se e pedir perdão ao judeu.

Seria isso condescendência em relação aos pobres compatriotas alinhados nas filas do êxodo, desprezo pela lucidez deles? Do mesmo modo que o literato e judeu-cristão Steinhardt defendia convulsivamente suas quimeras, eu também cuidava das minhas, judeu agnóstico e literato em formação. Não era a religião e o nacionalismo que me mantinham na Romênia, mas a língua e as quimeras que esta proporcionava. E não somente isso, é claro, mas toda a biografia, boa ou má, vida cuja essência elas eram.

O meu amigo Rellu não praticava nenhum "truque de malabarismo" quando falava da aventura na qual embarcaria. Não tinha nada de "criança birrenta, mimada" ou de apostador "que se levanta depois de encher as burras". Nenhum dos meus parentes se enquadrava nessa categoria, de nenhum modo, gente melancólica, enfrentando privações, trabalho duro e medo. Os aspirantes aos riscos do desenraizamento não são necessariamente piores que aqueles que aceitam os riscos de se enraizarem. No país onde viviam há muitas gerações, não tinham sido "ganhadores" nem tinham conseguido encher os bolsos. Aqueles que dançaram a "ciranda" do comunismo também tinham o direito, mesmo que estivessem entre os que "contrataram" os músicos e posaram na encenação dos "gritos", de entenderem o erro e partirem, inclusive com ele, para o outro canto do mundo. Os meus familiares não pertenciam a essa categoria, nem Rellu. Esse perfil correspondia mais a mim, o púbere vermelho, o comissário inflexível desde os treze anos que, veja só, permanecia no lugar, não porque me considerasse culpado ou acreditasse no "fantasma que vagueia pela Europa". Simplesmente, nesse meio tempo encontrei outra quimera, preferível justamente porque não prometia felicidade a ninguém.

Não, o meu amigo não personificava a "perfídia, trapaça, tapeação", mas justamente o contrário, nem era um Judas traidor. Os homens "com a cabeça no lugar" tinham motivos para invejá-lo pela oportunidade que eles também teriam desejado. As filas para sair do país seriam incomensuráveis, imensas filas de desespero, ao longo do país inteiro, se as portas tivessem sido abertas para todos, "sem distinção de nacionalidade", e não mediante uma bem calculada discriminação, no intuito de que o país escapasse do mal do qual tanto procurava escapar. Não era a primeira vez que os judeus constituíam o objeto das transações. Mas, dessa vez, a saída deles confirmava o fracasso comunista na Romênia que o padre Steinhardt considerava o lugar mais feliz da face da Terra. A essa afronta anticomunista, o intelectual Steinhardt e seus amigos de diálogos filosóficos, acusados eles próprios de "conspirações" contra o Estado e contra o Partido, teriam consentido.

As medidas para impedir as inscrições e as represálias contra os inscritos não iriam demorar. Rellu, expulso imediatamente da faculdade, ainda teve sorte. Na primavera de 1959 levei-o à estação ferroviária, ao trem para Viena de onde seguiria para a Itália e, depois, de navio para Israel.

O momento da separação foi carregado de emoção. A mãe dele perguntou-me, sorrindo, antes da partida do trem: "agora, sem você, que farei com ele?". Difícil saber se ela se referia a algo mais ou se a preocupação era somente pela nossa amizade interrompida. Constrangido, Rellu entregou-me um caderno grosso. Não se chamava *Diário da felicidade*, mas era o diário feliz da nossa amizade juvenil. Nas grandes páginas, preenchidas com sua escrita organizada, descobri uma intensidade afetiva e até mesmo erótica da qual nenhum de nós parecia ter consciência. Sua partida significava o fim de uma idade sem volta. Escreveu na primeira página do caderno: *"A separação do herói destas páginas parece irreversível. É natural que o diário fique com o próprio herói"*. O desconhecido codificava seus projetos, é lógico, mas eu também não via nenhuma possibilidade de nos revermos. Saí da estação, na suave noite primaveril bucarestina, inundado de perguntas, mas sem dúvidas de que a decisão de permanecer no lugar, apesar de todas as servidões e perigos, era correta.

Isto é, adequada para mim. Não acreditava que mudar do lugar de onde contemplava o jogo do mundo ou mudar a religião em que nos foi dado nascer melhoraria as chances de sermos felizes. Suspeitava disso com insolência e até mesmo com desprezo. Os homens "comuns" só podem sugar de sua ingênua esperança em dias melhores, em troféus imediatos! A claustrofobia de minha sobrevivência dependia de outros reflexos, e não seria justo, devo admitir, que outros adotassem os mesmos subterfúgios.

E o detento de Periprava esgotado pelo trabalho e pela humilhação de seu uniforme? Que subterfúgios teria eu oferecido a esse "homem comum", indiferente aos troféus, como sempre, desejoso de viver de modo simples e digno? A pergunta cavava um vazio no cérebro, no estômago e no coração.

A fidelidade à quimera e ao seu feroz egoísmo tinha se mostrado mais forte de novo. Construí a retórica das desculpas: não tinha vontade de entrar num mundo estranho, na competição pela liberdade – não tinha o que oferecer ao livre mercado, pois a desvantagem do exílio me aniquilaria. Contentava-me com os descontentamentos de "casa" oferecidos de hora de hora, sem a complicada aventura do êxodo. Espremido no tortuoso túnel socialista, provavelmente não reprimia nem a dúbia satisfação diante da tentativa socialista de "igualar" a infelicidade e diminuir as diferenças sociais, reduzindo, assim eu acreditava, as chances de acúmulo voraz de dinheiro e honrarias. Truques nada inocentes! As crises pelas quais meus pais passavam periodicamente não me haviam demovido.

A fidelidade a uma quimera difícil de suplantar não promete nada de bom. Imaginava as provas às quais teria de me submeter. Entretanto, teria a fidelidade nada mística conservado, curiosamente, características quase religiosas? Só a mística, ainda que estranha, poderia hipotecar algum sentido à existência no subterrâneo socialista.

Nem me passava pela cabeça que chegaria um dia, nem que fosse trinta anos depois, em que, em homenagem ao envelhecido Leopold Bloom, eu iria solicitar um passaporte.

Turno da noite

No início dos anos 60, no centro da cidade de Ploieşti, eu construía prédios residenciais. Suponho que ainda exista o prédio de nove andares "com pérgula" na Praça do Mercado, uma circunstância atenuante para o pecado de não ter tido filhos ou de ter escrito livros perecíveis. O ambiente de Ploieşti tinha chocado o pacato bucovino que eu continuava sendo mesmo depois dos anos universitários em Bucareste. Uma atmosfera "sulista": pensamento rápido, perspicácia em dobro. Um engenheiro mais velho advertiu-me a "ficar de olho" em qualquer movimento de homens e materiais dentro da obra. "Você pode perceber de repente que estão faltando cinquenta sacos de cimento ou que assinou vinte carregamentos de concreto a mais do que foram entregues ou que recebeu só metade dos tijolos registrados nos documentos." Mas não me explicou como poderia transformar-me num policial esperto, quando nem mesmo engenheiro eu tinha certeza de ser.

Antes do "Prédio com pérgula", o prédio mais alto do novo centro urbano daquela época, fiz meu aprendizado no "Bloco L", de apenas quatro andares, do outro lado da praça. Já que era o mais novo dos engenheiros, fui escalado para o turno da noite. Das seis da tarde até o amanhecer eu trabalhava com... os detentos. O contrato com a Penitenciária de Ploieşti referente ao número de trabalhadores, ofícios, horários/dias e pagamentos efetuados pelo consórcio construtor tinha sido assinado pelo major comandante Draghici, irmão do temido ministro de Assuntos Internos e membro do Politburo, Alexandru Draghici.

Se quando entrei no primeiro ano da faculdade, em 1954, ao tomar contato com a comida de berinjelas e pepinos eu simplesmente desmaiei, o que não aconteceria quando visse a fila de detentos e guardas? Não aconteceu nada. Não desmaiei na frente dos uniformes, como também não desmaiei em Periprava, em 1958, ao ver meu pai entre os detentos vigiados por guardas. Mesmo pálido e gaguejando como naquela ocasião, não desmaiei. De qualquer forma, os contatos deviam ser reduzidos ao mínimo necessário, apenas com o chefe, que já fora operário da construção, e na presença do guarda. Os detentos e os guardas ficavam concentrados em determinadas áreas da obra, separados das equipes normais de trabalhadores. Perguntei à direção do consórcio se havia detentos políticos entre eles. Garantiram-me que eram apenas "condenados por delitos comuns". Pela história da minha família, eu sabia que a informação merecia tão pouco crédito como qualquer outra da terminologia da farsa socialista.

Os detentos reduziam a pena por meio do trabalho, sua presença nas construções da Praça do Mercado era mais vantajosa a eles mesmos que à obra, e o centro da cidade de Ploieşti não era o sinistro campo de trabalho de Periprava. Sem dúvida, era possível que muitos dos presos fossem realmente condenados por delitos comuns, a mentira socialista não excluía momentos de verdade, por mais pervertida que fosse. O trabalho nada excessivo não se comparava à prisão. Esse tipo de "racionalização" só me ajudava parcialmente a sossegar o espírito. Tarde após tarde eu reentrava ansioso no turno da noite, atento não só ao que assinava, mas também ao número de caminhões a serem carregados com concreto ou sacos de cimento ou tijolos, e também às eventuais arapucas armadas pelos detentos ou pelos guardas que os vigiavam. Eu não estava nem um pouco tranquilo. Assim que a noite caía, surgiam de lugar nenhum mulheres com embrulhos ou envelopes ou com nada além de olhares arregalados de impaciência, andando entre úmidos moldes de concreto e vigas escoradas. Vinham para ver seus maridos ou irmãos ou namorados, entregar mensagens ou embrulhos. As medidas que pretendiam bloquear o acesso à obra não ajudavam. Aparecia uma e outra e outra e só eram descobertas tarde demais ou, graças a Deus, nem isso.

Eu tentava não ver a "rede" que facilitava as aventuras noturnas. Parecia que me haviam estudado, na sombra, e os safos me consideravam um aliado tácito. Mas jamais era possível adivinhar de onde vinha a provocação e onde estava a armadilha. Os guardas pegavam dinheiro das desventuradas mulheres? Existiriam também outros cúmplices prontos a denunciarem uns aos outros? Mais de uma vez fui abordado por parentes ou amigos ou intermediários dos cativos, antes de passar pela porta da obra ou durante o expediente, difícil distingui-los dos provocadores profissionais.

Ao amanhecer respirava aliviado. A manhã dava-me as boas-vindas como a um vencedor, abria-se a luz do dia, gloriosa. Na mísera loja improvisada como moradia, uma cama de ferro, paredes vazias e o lugar onde dormia Julieta esperavam por mim.

De que serviu a *Iniciação* entre os cinco e nove anos, se aos 25 não me queimava vivo em praça pública, como os monges budistas, para denunciar a Mentira na qual residia a nossa existência bizantina? Uma casca de ovo, a Mentira, o nosso invólucro cotidiano? Ao mais leve toque a membrana se rompe e você se encontra, de súbito, entre ventos hostis, sob os empurrões e os chicotes da Autoridade. Você grita num momento de loucura, "O Partido está nu", completamente nu, mais nu que o rei da fábula? A película de ovo e ar se evapora num piscar de olhos! Você é apanhado como um louco delinquente, confirmado prontamente pelo público espectador. A Mentira, tal qual uma nova placenta, impede-nos de morrer e renascer. A película explode na primeira imprudência. É preciso prender a respiração para que não saia, quando menos se espera, da boca suja de mentiras e mentirinhas, uma brisa de ar fresco que destrua o casulo protetor. Eu cobria a casca de ovo com outras cascas, sobrepostas como as bonecas russas. Perfeita blindagem em forma de ovo. O ovo dogmático, um presente da natureza? A Mentira tinha se tornado para muitos não só uma película, mas um grosso refúgio, imenso, denso, indestrutível. A felicidade obrigatória na colônia penitenciária da Mentira. Dentro do ovo enorme e blindado, os detentos vigiados pelos guardas ou substitutos de detentos, assalariados aparentemente livres, vigiados pelos substitutos dos guardas.

Não, não rompi a película. Tinha compensações privadas como tantos outros, ignorava na medida do possível a cobertura sob a qual me movia. Minha preocupação principal: ignorar a esfera pública, para ser apenas o "engenheiro" pago pelo trabalho diurno ou noturno, só isso. O dia era jovem como eu, a cidade era viva, colorida, agitada pela espiritualidade sulista, rápida, verão eterno como a Julieta.

A estudante havia escapado da expulsão. Uma colega mandou uma "informação" sobre a moralidade duvidosa da morena de Verona. Ela foi chamada ao Centro Universitário, onde oito anos antes eu tinha sido chamado pelo futuro ministro de Relações Exteriores da Romênia. Corriam boatos de que o reitor da Universidade fora demitido do cargo: momento propício para "desmascarar" a sobrinha imoral. Entretanto, dois dias depois, a *rede* soube que a substituição do reitor não tinha sido uma demissão, mas uma promoção. Quem diria que num piscar de olhos o tio havia se tornado ministro adjunto! A encenação murchou milagrosamente, antes que houvesse tempo de ser inflada demais.

Eu estava novamente no terraço do restaurante Bulevar, no centro da cidade de Ploieşti, em frente à obra da Praça do Mercado. Comemorávamos os anos 60 quando o Ocidente encenava grandes revoltas e o Leste se adaptava às ambiguidades que lhe eram oferecidas em porções incertas e calculadas. A rua trepidava, eu esperava a revelação que finalmente me mostrasse que a realidade era real e que eu era real e que eu descobriria o sentido da vida. De uma hora para a outra, os deuses me dariam algum privilégio codificado que me guiasse da península deste vago ano ao arquipélago nebuloso do ano vindouro.

Comia esturjão grelhado, bebia um vinho meio amargo e leve, fumava cigarros gregos, observava os olhos da Julieta e das raparigas em flor. No terraço do sétimo andar do restaurante Bulevar da cidade romena de Ploieşti, perto da paralela 45, no início dos anos 60, eu não me importava com o Partido, com o Governo e com a Segurança Pública! Era jovem e me achava velho, sabidão, no direito de ignorar a colônia penitenciária e os seus detentos, políticos ou não. A cabeça fervia entre leituras literárias e políticas, revolucionárias e contrarrevolucionárias, místicas e progressistas, como convinha a alguém como eu, mas de fato nada disso me importava. A história do mundo me aborrecia, a história individual ritmava seu contratempo, lá no terraço onde eu bebia vinho, comia peixe e fumava Papastratos, animado com a silhueta do dia, não com a doença do camarada Gheorghiu-Dej, nem com as mudanças que isso traria ao país, absorvido pela Julieta e Julietas ao redor, não pela desastrosa guerra do Vietnã. Tentava fugir da história e da minha própria história, no picaresco de uma profissão que me era alheia. Ávido de desconhecidos que cruzavam meu caminho, de montanhas e praias que me recebiam triunfais, de livros que esperavam minhas perguntas. Não queria mais me envolver com a infelicidade do mundo! Nem mesmo do mundo à minha volta. Estava velho e cansado e indecentemente jovem, zonzo de apetites e de desorientação.

"Camarada engenheiro, sua mãe está chamando. A sua mãe ao telefone!" A secretária correu até a parte de cima, no andaime, onde eu supervisionava a concretagem. "Rápido, venha logo, ela está esperando. Ela ligou ontem, também de Suceava. Disse que o senhor não escreve há mais de duas semanas."

Duas semanas! O menino não escrevia há duas semanas, que horror, quanto egoísmo! Agora o menino corria entre moldes de concreto, pilhas de tijolos e caixas de vidraças para tranquilizar sua mãe de que não havia acontecido nada de ruim, nada irreparável. Não, a catástrofe sempre pressentida ainda não tinha acontecido. A infelicidade da tribo não o interessava mais, estava longe da *Mater Dolorosa* e da garra do gueto, distante, distante, mas nunca distante o suficiente.

O passado me rodeava, a um passo, quando eu menos esperava. A evasão da leitura, indiferença das montanhas, mar majestoso, apetite erótico? A política, a ditadura, o frágil ovo da Mentira? Nada podia competir com a tirania da afetividade! A garra aveludada reafirmava a sua força, a sua permanência.

Sucedâneo da normalidade? Metabolismo das duplicidades? Vinte milhões de homens não podem regular em uníssono as suas insatisfações e interesses, para explodirem todos, simultaneamente, em uma grandiosa revolta coletiva! Será que o ovo-refúgio os protege?

Protege, protege... repetia correndo sobre os moldes molhados e as pilhas de tijolos, como um velho atrapalhado, fugido sem escapar do aperto da tribo.

Aos 25 anos de idade não tinha mais tempo, nem olhos, nem ouvidos para a cacofonia política. Discursos, ameaças, policiais, detentos, coros festivos e coros trágicos, fogos de artifício e truques, troféus e o terror do circo cotidiano? Eu não tinha tempo, olhos e ouvidos para tais comédias. Será que não tinha? Talvez tivesse.

A casa do caracol

O genro cafajeste que dilapidou o dote recebido no casamento obrigou o livreiro Avram Braunstein a vender a casa comprada apenas um ano antes. Casas podem ser compradas novamente... a serenidade da filha querida era mais valiosa! Finalmente, apareceu o genro verdadeiro, enfeitiçado pela parceira enviada por Santo Elias.

Após o casamento, o novo casal começou a guardar dinheiro para comprar uma casa. Em outubro de 1941, a quantia parecia completa. Entretanto, o dinheiro seria usado para negociar o destino no primeiro terrível inverno da *Iniciação*. Na primavera de 1945, o retorno não significava a volta para casa. As casas tinham sido invadidas, os bens confiscados. Os sobreviventes que se contentassem com a sobrevivência! Não era mais possível ser dono de uma casa, o socialismo tinha se tornado proprietário único das casas e dos moradores. O prédio da Librăriă Noastră de Burdujeni e os cômodos residenciais, atrás da loja onde nasci, foram relegados à memória: a parede amarelada, a porta escancarada no verão, o interior colorido de livros, lápis e cadernos, os cômodos do fundo, apertados e escuros.

Não me lembrava da casa de Ițcani. Havia um espaço em branco, sem história, antes da *Iniciação*. Ela me foi mostrada, muitos anos depois de voltar do campo de concentração. Uma casa sólida, em estilo alemão. Em frente à estação, atrás de um parque com bancos. Uma fachada austera, pintada de ocre velho, descascada. Janelas retangulares que davam para a rua. Entrada pelo jardim. Mesmo vendo sempre a estação Ițcani-Suceava nos anos pós-guerra, nunca tive a curiosidade de entrar no quintal da casa vizinha para pisar naqueles dois degraus da entrada.

Sequer me lembrava dos cômodos onde sofri aqueles quatro anos na Transnístria. Sem portas nem janelas, muitas famílias no mesmo galpão, é só o que sei ou o que me contaram. Também não me lembro das moradias na Bessarábia, depois que o Exército Vermelho nos libertou. Espaços perdidos num tempo perdido.

Só depois do retorno fui recuperado pelo tempo. O espaço também começou a tomar forma.

Em julho de 1945, na banalidade mágica da normalidade, o domicílio era a casa Riemer, em Fălticeni. O quarto na penumbra, cama imperial de cabeceira metálica, travesseiros antigos e cobertor de *plush* amarelo, paredes brancas, mesa redonda preta, duas cadeiras, janela estreita coberta pela tela bordada e pesada da cortina. As capas verdes do livro de contos que ganhei de presente no meu aniversário inspiraram *algo diferente*, mais além do imediato, no mundo dos magos das palavras que haviam se tornado a minha família secreta.

O avô tinha investido dinheiro numa casa, meus pais juntaram o dinheiro da casa durante os primeiros anos de casamento. Depois da guerra, os inquilinos do único proprietário, o Estado, não procuravam mais casas, apenas refúgios.

Em 1947, voltando a Suceava, o ponto de partida, fomos morar em uma casa alugada, na rua paralela à principal, perto de um pequeno e bonito parque triangular. Ocupávamos o último apartamento do lado esquerdo de um prédio térreo. A entrada ficava na esquina, por uma espécie de varanda, na curta lateral do paralelepípedo. Um primeiro cômodo pequeno servia de cozinha, o *hall* dava para o corredor escuro, um alçapão no chão conduzia a uma espécie de adega para conservas e batatas. Logo à direita, uma bacia encaixada no buraco de um suporte de madeira, com saboneteira e copos com escovas de dentes. Na parede em frente à bacia, pregos para as toalhas. A água era trazida do poço do quintal e colocada no barril próximo à bacia.

A primeira porta à direita era a nossa. A seguinte, também à direita, levava ao apartamento da enfermeira Strenski, que se casaria nos próximos anos com um bêbado apático, mas gentil. A porta no final do corredor: o banheiro coletivo. Um cômodo alto, estreito, menos de um passo. O vaso esmaltado não tinha tampa para sentar, a corrente para puxar a descarga estava enferrujada e inútil. A água era trazida em baldes do barril do corredor.

A moradia tinha dois quartos de tamanho médio. No primeiro, a sala onde se faziam as refeições, recebia-se as visitas e os dois alunos da família faziam as lições e dormiam. O próximo era o quarto dos pais com um guarda-roupa coletivo. Quadros não havia, mas no primeiro quarto estava pendurada, sobre a cama, uma pequena fotomontagem retangular enquadrada numa moldura negra. Continha as sequências festivas da história: o pequeno cabotino recebendo a gravata vermelha e a flâmula vermelha, proferindo em praça pública o discurso vermelho, no Dia da Revolução, saudando o painel vermelho onde estava escrito em russo: PARA STÁLIN.

Os quartos dos estudantes também exemplificam a lei do inquilinato na Jormânia socialista: oito metros quadrados por pessoa. A velha Adelman tinha alugado seu único quarto, na Strada Mihai Vodă, número 27, perto da Ponte Izvor, nos fundos do quintal, para remendiar sua pobreza. Uma mesa, duas cadeiras, a cama. Banheiro compartilhado com os vizinhos: o capitão Tudor, que estava sempre viajando em campanhas de instrução, e sua disponível esposa possuíam apenas um quarto. A igualdade proletária dividia a antiga casa burguesa entre diversas famílias socialistas. Nas noites de inverno, a velha trazia a cama dobrável da cozinha e a montava perto da cama cedida ao inquilino.

O antigo consultório do doutor Jacobi, na rua de sobrados, perpendicular à Calea Călăraşi, representava um progresso. O médico pediatra trabalhava no hospital, mas, às vezes, atendia algum paciente ilegal. Mas a porta de vidro do consultório abria-se quando menos se esperava: a gorda senhora Jacobi, com ciúmes do marido, ou Marian, o filho estudante do último ano de Estomatologia, um caxias tímido, aterrorizado com o controle militar da mãe, impacientes por contarem histórias sobre a amante do médico, uma cigana volúvel, violenta, que morava no porão do prédio.

De uma anfitriã a outra, antes e depois, a mala era o único espaço que eu possuía de verdade.

Finalmente, o casamento proporcionou um cômodo oferecido pelo Estado, com a papelada em ordem. Um quarto agradável com janela para a rua, um apartamento no Mitropolit Nifon, próximo ao Parque da Liberdade. O banheiro, a cozinha e a área eram divididos com o casal de vizinhos aposentados.

Tanto a mudança para o espaçoso apartamento em Novo São João, próximo à Praça da União, como a saída do mesmo, estavam relacionadas às farsas do socialismo bizantino. Os pais moravam num daqueles dois apartamentos no terceiro andar do prédio, com a tia e o tio de Cella. No outro, seus avós ocupavam um quarto, e os coinquilinos, um diretor de teatro e sua família, os outros dois. Quando foi aprovada a emigração do diretor para a Alemanha, surgiu a oportunidade de nos mudarmos para esse apartamento. Uma cláusula da lei do inquilinato dava o direito "de opção": os avós de Cella tinham o direito de optar por novos inquilinos. O espaço disponível não era apenas de um quarto, mas de dois, com um grande corredor entre eles. A lei dava o direito a um "escritório" para os membros da União de Criatividade ou pesquisadores científicos. Não sem as habituais gorjetas e intervenções, conseguimos uma moradia burguesa digna de inveja. Dois cômodos altos e grandes, área, banheiro, cozinha.

Na fatídica noite do terremoto de 4 de março de 1977, Cella voltou da cidade com um grande pacote de doces. Eu estava no escritório, no sofá vermelho em frente ao criado-mudo ouvindo a *Europa Livre*. Levantei-me para encontrá-la quando tudo se tornou móvel: as paredes pareciam ter subitamente saído do prumo com o meu brusco movimento, balançavam, a mobília trepidava, a prateleira de livros até o teto caiu com estrondo, precisamente no lugar de onde eu havia saído alguns minutos antes. Aterrorizados, refugiamo-nos sob o batente da porta, embaixo da viga. Depois corremos para a rua, pela escada repleta de pedaços de parede e reboco. Lá pela meia-noite, quando chegamos, junto com uma multidão de pessoas perdidas, até os prédios caídos no centro da cidade, entendi que só a sorte havia salvado Cella de estar sob os escombros da confeitaria Scala, onde tinha comprado os doces, e a mim de estar sob a parede desmoronada de livros.

No ano seguinte, os avós de Cella decidiram emigrar para Israel, apesar da idade avançada. Não tínhamos o direito de ocupar também o quarto deles nem de escolher o outro coinquilino. Avisamos à administração de regulamentação urbana que desejávamos um apartamento de dois quartos, pois aquele que ocupávamos servia para uma família mais numerosa ou para alguém da nomenclatura. Se o luxuoso apartamento tentasse algum dirigente, ele cuidaria que nós também tivéssemos uma moradia aceitável.

De fato, ativistas do segundo escalão e alguns ministros adjuntos vieram ver a casa, mas não pareceram impressionados. Tínhamos avaliado erroneamente as pretensões dos representantes do povo. Depois, apelei em vão para a União dos Escritores, colocando a esperança nos seus medalhões e nos seus circuitos próprios de comunicação com as autoridades.

Duas semanas após a saída dos velhos ainda não havia acontecido nada. Certa manhã, uma família de ciganos apresentou-se com a autorização de ocupar o quarto disponível. Quatro indivíduos: o pai, a mãe, a filha e o acordeom, evidente líder do grupo. Não tinham móveis, apenas alguns embrulhos. Arrumaram e desfizeram os pacotes, bateram pregos nas paredes, amarraram uma corda, estenderam roupa íntima e o acordeom demonstrou prontamente a sua personalidade.

A boa disposição dos novos vizinhos contrastava com as nossas caras. Até solucionar o impasse, cedemos a cozinha para eles com a condição de que o banheiro fosse de uso exclusivo nosso. Para as raríssimas operações de higiene, utilizariam a torneira da pia da cozinha e o lavabo do corredor. Engenhosos, rapidamente conseguiram abrir a porta do banheiro, entravam e saíam quando bem entendiam, como se não tivéssemos acordado a solene separação. O cheiro de linguiças fritas e a alegria do acordeom dominavam, desde manhãzinha até tarde da noite, a nossa tenda comum.

Só restou a saída extrema. Numa segunda-feira de manhã, às dez horas, fui à União dos Escritores. Fui com o intuito de relembrar ao vice-presidente as nossas conversas anteriores, afinal havia se passado um ano de tentativas infantis no sentido de resolver o impasse. Eu lhe trazia o ultimato: se até as duas horas o problema não fosse resolvido, iria dar uma coletiva de imprensa para os correspondentes estrangeiros em Bucareste, no período da tarde, no apartamento em litígio! Eu lhes mostraria as condições de vida da nossa classe trabalhadora: três pessoas, a mãe, o pai e a filha, dormindo no chão, no mesmo quarto, repartindo a cozinha e o banheiro com um casal de vizinhos nada musical.

O afável colega e funcionário tentou me acalmar. Ele percebeu que não conseguiria me acalmar, sabia que os microfones do recinto haviam transmitido a ameaça precisamente para onde deveriam. Discou um número de telefone e, depois de uma curta conversa, disse-me que eu estava sendo aguardado no Comitê Central do Partido. Entrada B, $3^{\underline{o}}$ andar, sala 309. Às 11 horas, ou seja, dentro de meia hora.

Na sagrada sala de audiência, fui convidado a me sentar perante uma comissão de quatro camaradas que estavam do outro lado da mesa. Pareciam do mesmo nível, mas deviam vir de setores diferentes. Cultura, Minorias, Assuntos Urbanos e até mesmo, quem sabe, Imprensa Estrangeira, dada a natureza da minha ameaça. Pediram que eu recapitulasse a situação; cada um dos membros do quarteto fez perguntas. No final, perguntaram-me se eu teria alguma sugestão. Repeti o que já dissera: há um ano, antes que os velhos saíssem do país, sugerimos que a casa deveria ser dada a alguém com direitos legais de ocupá-la e que nos indicassem outra menor, mais adequada para nós.

Sim, eles sabiam que se cometiam erros. Mas não teria eu uma proposta... concreta?

Tinha: meus inúmeros anúncios classificados visando troca de moradia finalmente produziram um caso que os camaradas poderiam considerar. Um tenente-coronel do Estado Maior, com sua esposa e filho, estudante da última série do ginásio, se mudaria para o nosso apartamento, liberando o deles de dois quartos na Calea Victoriei, número 2. Entretanto, o militar disse que eram necessárias aprovações especiais por parte do exército, formalidades complicadas.

O nome e o número de telefone do oficial? Tirei a caderneta, e o moreno sombrio e de cabelos crespos à minha frente fez um gesto ao colega alto e careca, que ligou para o camarada tenente-coronel, que confirmou no ato o que eu acabara de dizer.

Os ativistas relaxaram, sorriam cada um por vez e todos juntos. Garantiram-me que tudo se resolveria. E, quem diria, pediram-me até desculpas pelas bobagens cometidas!

Um dia maravilhoso, não me importava com os dados acrescentados ao meu *dossiê* nada imaculado. A ameaça da coletiva de imprensa teve um efeito rápido. Bom sinal, mau sinal? A farsa só precisava anestesiar a minha histeria até me darem o golpe decisivo?

O sol me relaxou, eu não tinha pressa. Cheguei em frente à fachada de mármore negro da Sfîntul Ion Nou, número 26 por volta de uma da tarde. Não peguei o elevador, subi lentamente as escadas até o terceiro andar. O acordeom descansava ou passeava pela cidade. Abri a porta do apartamento. Silêncio! A porta dos vizinhos, escancarada. Tudo em silêncio, não se ouvia nem uma respiração. Avancei até a soleira: nada, ninguém! Nem a corda esticada de uma parede à outra, nem as coisas jogadas no quarto, era como se ninguém tivesse morado lá. Nada, nada! Janelas abertas, um fantasma arejou o quarto, com cuidado.

Saí atordoado pelo corredor, topei com o administrador que justamente vinha me avisar que a família de artistas tinha sido simplesmente raptada! Colocada dentro de um caminhão e expedida! Quem, quem os teria capturado? Não se sabe. Ah, sim, claro que se sabe: as autoridades!

O circo socialista tinha usado celeremente seus eficazes domadores. Urgência, rapidez e ausência de vestígios! Em uma hora a tensão de um ano havia sido milagrosamente reduzida a pó.

Os dois quartos da Calea Victoriei, número 2, metade de um antigo apartamento pré-socialista, seriam a minha última residência romena. O hooligan tinha finalmente renunciado aos jogos da sociedade, tornando-se o que não queria admitir que era: um *trublion*, um *trouble maker*. Na verdade, uma insignificância: infiltrei em uma revista de província algumas linhas críticas sobre o novo nacional-socialismo romeno. O ataque oficial não demorou. As pedras choviam de todas as direções: *traidor, antipartidário, antinacionalista*! Um após o outro foram desaparecendo a prudência, a timidez, o senso de humor. Cada manhã, a noite de vigília abandonava-me com uma máscara a menos. Arriscava perder, em breve, os últimos tiques de cidadão taciturno e respeitado. A nova farsa não me convinha nem um pouco. O hooligan não tinha esquecido da guerra hooligânica, nem dos anos de paz hooligânica.

Como num segundo, haviam se passado quatro décadas desde a tarde em que ouvi a voz que era e não era minha, vinda de todos os lugares e de lugar algum, garantindo-me que não estava sozinho no universo, como imaginava. Sozinho naquele quarto estranho e escuro da casa dos Riemer, em Fălticeni, sozinho no universo; mas eis que descobri, de súbito, outra casa, outro universo, outro eu. Os livros acolheram os meus anos de aprendizado em Suceava, em Bucareste, em todas as casas de caracol nas quais carreguei a valise de ilusões, minha única riqueza.

Teriam me protegido, como esperava, a geometria analítica, a resistência dos materiais, a estrutura das construções, a mecânica dos fluidos e a teoria das barragens da demagogia reinante ou das fissuras de mim mesmo? A escola do desdobramento e a escola da cisão entranharam a história da coletividade na história pessoal. Porém, a necessidade de "outra coisa" não havia diminuído. Eu me refugiava sempre na morada que somente os livros prometiam. Exílio, a doença salvadora? Um ir e vir para e de mim mesmo: tentando me encontrar, tentando me substituir e me perder e novamente recomeçar.

Nesse meio tempo, as privações e os perigos tinham se tornado privilégio de todos, como se cada um tivesse de expiar uma culpa obscura. No entanto, o enclave dos livros potencializou as oportunidades mesmo sob o terror: encontrei interlocutores invisíveis, e o nosso diálogo adiava a morte.

No quarto do Mitropolit Nifon, próximo ao Parque da Liberdade, onde eu morava com Cella durante o primeiro ano de casados, quis o destino que ouvisse minha própria voz em meu próprio livro, no verão de 1969. O volume tinha capa verde, tal como aquele de 1945.

Eis que finalmente encontrei o verdadeiro domicílio. A língua não promete apenas o renascimento, mas a legitimação, a cidadania real e a origem real. Ser exilado também deste último refúgio representaria o mais brutal desarraigamento, a ardência que atinge a própria alma do ser.

Meio século hooligânico havia transcorrido desde o dia em que meu avô perguntou se a criança tinha unhas para sobreviver. Em 1986, a história parecia repetir as farsas sombrias.

Augusto, o Tolo, estava farto da velha partitura de vítima. A *Iniciação* tinha sido precoce, e o seu valor pedagógico, relativo. Adiei a separação da pátria recuperada em 1945, enganado, como se estivesse hipnotizado, como se pudesse substituir o país pelo idioma. Só restava levar comigo o idioma, minha casa. A casa do caracol. Em qualquer lugar que naufragasse, sabia que esse seria o meu refúgio infantil da sobrevivência.

A garra (II)

A minha luta com o gueto foi, antes de mais nada, uma luta contra as inquietações, os exageros e o pânico que minha mãe vivia em excesso e os transmitia, igualmente em excesso, ao seu redor. Não saí vencedor desse interminável confronto, apenas sobrevivi.

"Quando subia para me deitar, meu único consolo era que mamãe viria beijar-me na cama..."[1] A célebre sentença proustiana não possui relação com a minha biografia. A judia católica Jeanne-Clémence Weil, casada com o médico Achille-Adrien Proust, não se parecia com a minha mãe, e as diferenças de classe social, religião, geografia e história não eram desprezíveis. A adversidade interior que Mihail Sebastian, admirador romeno de Proust, considerava inerente ao judeu diminuía e se dissimulava quando as adversidades externas se esvaneciam. A tensão, raramente mantida entre a adversidade interior e exterior na época da minha infância, pro-

---

[1] Citação de *No caminho de Swan*, de Marcel Proust, na tradução de Mário Quintana. São Paulo: Editora Globo, 2006. (N.E.)

punha outras convenções e outros tipos de mimo. O ritual do beijo reconfortante antes de dormir contrastaria diametralmente com as ansiedades e os conflitos reais ou imaginários da nossa família do Leste Europeu.

No início dos anos 1940, mamãe pressentiu a catástrofe. Diante do desastre, a sua vitalidade alterou bruscamente a relação de forças. O esgotamento neurótico da espera transformou-se em concentração, energia, ação. Passadas as primeiras semanas na Transnístria, papai renunciou às ilusões. Não a morte, mas a humilhação parecia-lhe insuportável. Debutou na existência sem maiores oportunidades, queria apenas viver dignamente.

A ação de normalizar as coisas ficou a cargo da esposa, como em tantas outras ocasiões. Sua agitada vida interior alimentava-se de incertezas, exasperada pela necessidade de esperança. A intensidade do exterior, a presença dos demais, o ambiente zumbindo de notícias e fofocas e a compaixão esbanjada com os outros cativos mobilizava todos os seus recursos. Planejava as transações da sobrevivência, emprestava daqui, devolvia ali, reaparecia com um punhado de farinha de milho ou uma aspirina ou uma novidade milagrosa.

O troféu supremo destinado ao filho, a pequena fera cinzenta e faminta, não era a madalena proustiana molhada no chá, mas uma mísera e deliciosa imitação de torta de cebola, obtida com enorme sacrifício no mercado negro do campo de concentração – milagre desconhecido assim como a fome desconhecida pelo parisiense Marcel. Para mim, o chá proustiano foi aquele oferecido pela Cruz Vermelha na volta da Transnístria.

Transparente, destruída, invencível – esse era o aspecto de nossa traumatizada salvadora na fronteira da pátria em 1945. Entrava abruptamente no turbilhão paranoico da ressurreição, acorrentada como sempre aos irmãos de sofrimento, dependendo da conexão que tinha com eles – violento contraste diante da solidão digna e silenciosa do marido. Doava e se doava, com uma imprudente generosidade, e pedia, na sua vez, devoção, reconhe-

238

cimento. A prudência do papai, sua desastrada discrição, não dependia dos demais. O manso solitário não pedia e não esperava gratidão.

Quando voltamos para a Romênia, qualquer contato com a família da minha tia Rebeca Graur foi cortado. Por anos a fio, o nome dessa irmã mais velha de minha mãe e de sua filha, a pecadora, sequer eram pronunciados. Só a notícia bombástica quebraria o pacto de silêncio: a outra filha de sua irmã havia morrido! Mamãe pegou o primeiro trem para Tîrgul Frumos, onde morava a família Graur, voltando após a semana de luto. Um ano depois, na nossa casa de Suceava, teve lugar o casamento de Mina com o viúvo da irmã falecida. A festa restabeleceu definitivamente os laços de parentesco, mamãe participava novamente das histórias boas ou más da família da irmã, e nunca mais se comentou, nem sequer de passagem, o incidente adúltero.

A relação com os demais parecia protegê-la de si própria por um tempo. Seu filho, parte de si mesma, compartilhava das tensões maternas. O beijo de "boa noite", no nosso pequeno refúgio, falso de intimidade e ritual? Nunca me contaram ou leram histórias. *Mater Dolorosa* não tinha tempo nem paciência. Os truques reconfortantes não serviam nem para si mesma, as contradições a dominavam uma vez que a essência de sua personalidade forte, vulnerável, agitada, permanecia indestrutível. A teatralidade passional estimulava a própria paixão, o pânico não minava a devoção, a combatividade. Não tinha tempo para caprichosos rituais.

Por mais que os papéis se invertessem e o filho desse à mãe o que não havia recebido, ainda assim não poderia transferir-se para o ambiente parisiense da infância proustiana. Agitado e estreito, o gueto do Leste Europeu resistiu entre segredos e pecados tortuosos, emaranhados. Espaço tenebroso, retorcido, adaptado às convulsões. A vizinhança da igreja cristã ortodoxa era diferente daquela da catedral católica ocidental, com sua alta cenografia gótica, abrigando o espetáculo da graça, a cosmética da harmonia, a solenidade dourada do órgão, as sutilezas da teatralidade sacralizada.

Quando mamãe voltava da loja socialista para o almoço, reconectava-se imediatamente ao gueto: intercâmbio de notícias e fofocas com os vizinhos, não conversas com o filho. Peregrinava de maneira sistemática: o primeiro apartamento onde a corpulenta senhora Abosch morava com a filha depois que o marido sionista desaparecera nas prisões comunistas; depois, a viúva Segal com sua linda filha Rita, aluna do último ano do colégio; depois, a família do contador Heller. Restava-lhe pouco tempo antes de voltar ao trabalho. Engolia a comida, afobada, perguntava como estavam indo os dois alunos. Que agitação, porém, no caso de alguma gripe ou uma insolação! O menor incidente na vida do marido ou do filho ou de algum parente próximo ou distante era sinal de catástrofe iminente, cujos avisos sondava de forma febril. A mais devota das mães e esposas parecia inadequada, no entanto, para a função de mãe e esposa, da mesma forma que o extremo envolvimento com o cotidiano só evitava o confronto com a profunda carência, essencial, que só no místico encontrava alento.

Cozinhava-se conforme a tradição da cozinha austríaca da Bucovina, as comidas judaicas traziam um paladar agridoce específico. A carne não era separada do leite como mandava o cânon, mas na Páscoa a louça e a casa inteira eram rigorosamente limpas e, no outono, o Ano Novo bíblico impunha recolhimento, cerimonial e abstinência. A fé havia se tornado uma questão de genética, tradição – um código mais amplo da existência, uma visão coerente sobre os grandes e os pequenos acontecimentos cotidianos. Mística, supersticiosa, com indestrutível fé na fatalidade, a filha do gueto mantinha moderada suspeita e curiosidade em relação ao meio cristão, aumentadas somente em ocasiões extremas, e a solidariedade em relação à sua tribo exilada não excluía o humor e o pensamento crítico.

O socialismo não parecia tê-la afetado. Percebia as novas regras sociais, mas era indiferente à utopia da felicidade unânime que aturdia tantos compatriotas. Acompanhava as mudanças com resignação: o filho também se afastava a cada dia do gueto dos antepassados. Tempos tumultuados e perigosos. As lembranças da existência anterior, cheias de cores e desejos, ressaltavam o cinza envenenado do presente. Como a ágora grega, o gueto estimulou o comércio de afetos e de ideias, bem como o comércio propriamente dito. A propaganda socialista desmascarava o espírito pequeno-burguês, os especuladores e os comerciantes, mas promovia uma corrupção ainda mais profunda, assim parecia sugerir mais de uma vez.

O gueto me sufocava: a possessão excessiva, o pânico persistente. Porém, a hostilidade tornava-se outro modo de dominação e de conexão. Passado o meu curto devaneio comunista juvenil, cheguei a ter raiva de tudo o que se referisse à primeira pessoa do plural. Qualquer que fosse a identidade coletiva, parecia-me suspeita, opressiva, simplista. Já não estava disposto a passar pelo abismo entre o Eu e o Nós.

Nada exprimia melhor a relação de mamãe com a nova sociedade que o "comércio socialista", contradição em termos e realidade surrealista. Compreendi mais tarde a complexidade da velha profissão atribuída pejorativamente aos meus compatriotas do passado, do presente e sempre. A inteligência, o risco, o faro para os negócios, o trabalho árduo sem horário, o zelo com que construía sua reputação caracterizavam o autêntico negociante. É possível que só a advocacia ou a psiquiatria combinassem igualmente bem com minha mãe se ela tivesse tido a oportunidade de seguir algum estudo superior. O *socialismo real* anulou a liberdade de iniciativa e de inovação. O comércio tornou-se um trabalho forçado, tedioso, burocracia "programada". Funcionários disfarçados de vendedores, compradores, planejadores, contadores, vigiados pela polícia do Partido ou pela polícia propriamente dita.

Da recém-criada Librăria Noastră, mamãe foi parar em outra loja socialista. Em lugar de livros e material escolar, com os quais tinha se ocupado a vida toda, uma loja de armarinhos. Botões pequenos, grandes, coloridos, muitas variedades de linhas, fitas, rendas. O novo local de trabalho não combinava com ela, apertado, escuro, sempre cheio de aldeões das redondezas. Baixinha, subia na frágil escada, tensa, na ponta dos pés, mal alcançando a prateleira superior cheia de caixas. Descia ofegante, a caixa balançando em sua mão grande, enrugada. Nesse meio tempo, eis que a cliente se arrepende e nem mesmo sabe o que quer. Não era hora nem lugar para discussões, e eis que desaparece um rolo de debrum, junto com o gato que deve tê-lo comido. A jovem ajudante dava voltas como barata tonta, perdida no meio do assalto da multidão. Ouvia minha mãe ralhando com as empregadas temporárias, sempre outras, que pareciam muito habilidosas em meter a mão, às escondidas, na gaveta do dinheiro. Caos, desorientação, indiferença, pânico. O pesadelo culminava nos histéricos dias de inventário. Trabalhavam de portas fechadas até tarde da noite na classificação e avaliação da mercadoria da loja. Essa tensão também afetava o papai que, depois de seu trabalho na contabilidade, ficava atarefado, em casa, com as etapas da operação, no intuito de corrigir os erros dos responsáveis incompetentes e, mais de uma vez, corruptos. De alguma forma, confirmavam-se os sombrios pressentimentos. Após um inventário malfadado, mamãe só escapou da cadeia graças à idade e a intervenções subterrâneas. Ficou abatida durante o julgamento, da mesma maneira que no trem noturno no qual voltávamos juntos de uma viagem a Periprava, a colônia de detentos onde papai reciclava suas humilhações.

A humilhação não a impressionava, mas ela sabia que seu marido e seu filho eram diferentes, sentia-se culpada pela humilhação deles.

"Deus irá ajudá-lo por tudo o que está fazendo", repetia nas manhãs bucarestinas, quando eu a acompanhava ao médico, palavras que também tinha dito no trem e nos dias do julgamento. Obediente, a cega esperava-me na esquina da rua até que eu voltasse com um táxi, impossível de encontrar naquelas horas de movimento.

Figura decomposta, desiludida, crises nervosas devastadoras surgiam do nada – ou da obsessão por meus planos de ir embora? Não tinha forças para me enfrentar. Incapaz de me ferir com palavras, queria ferir-me profundamente, profundamente, incuravelmente, pela indiferença com que eu me defendia dos seus impasses e traumas. Sua feição tensa, ampliada pela impotência, transformava-me de imediato em uma testemunha exasperada e glacial.

Doença teatral, lamentações exageradas, sofrimento potencializado pelo espetáculo? Eu sabia que me blindava em desgosto sem poder escapar do seu mundo fraturado e possessivo. A sua bondade em relação a gente demais tornou-se um egoísmo, cortante, intratável. Parecia que castigava os que estavam por perto, sofrendo e fazendo-os sofrer só porque não sabiam recompensar o seu martírio espetaculoso, a sua devoção absoluta.

A tirania da afeição parecia-me a insuportável doença do gueto. A garra com luvas de veludo e seda reaparecia quando menos se esperava. Não consegui me libertar dela nem quando me libertei do gueto.

Quando finalmente serenava, tornava-se indulgente, recuperava o humor e a bondade. Paradoxalmente, a calma e o relaxamento pareciam autenticar as ansiedades e as cenas de desespero do dia anterior. A serenidade conferia, retrospectivamente, um fundamento estranho e obscuro ao desequilíbrio anterior. Não se tratava de dois seres distintos, como poderia parecer, mas de uma desconfortável confirmação das partes de um todo. Parecia dizer que não poderia ser de um jeito se não fosse também do jeito oposto. Os contrários incapazes de se separarem ou de impor a sua supremacia sobre a nebulosidade turbulenta do ser. Uma misteriosa fortaleza ancestral persistia na força da vulnerabilidade... "Rezo também por eles" parecia dizer às vezes, olhando o mundo cristão ao redor. Tampava os olhos com as mãos, com o pensamento fixo na profundidade invisível, implorando a proteção do Desconhecido.

O cemitério parecia dizer-lhe mais que a sinagoga. Uma comunicação normal, imediata e também transcendental, um modo de fazer parte de uma história e de uma meta-história. Os antepassados eram como nós, nós éramos como eles, o passado como no presente. A cada ano saíamos do Egito, como eles, sem nunca sair definitivamente: vivíamos de novo e de novo outro Egito, a sorte deles é a nossa, uma vez que a nossa sorte está ligada à deles para todo o sempre. Contudo, não tínhamos o direito de perdoar em seu nome. Nem Deus pode perdoar em nosso nome, isso é tarefa de cada um...

Quando as coisas aqui na Terra não andavam muito bem, a recordação mística e a identificação com o passado e a invocação da divindade eram mais frequentes, sem dúvida.

Aceitava que o mundo havia mudado. Mas não era preciso acreditar na igualdade que nos ofereciam ou se considerar um patriota, melhor dizendo, com o direito de criticar o país, conforme lhe expliquei pacientemente. Ela evitava abordar o assunto delicado, da mesma forma que não falava dos meus livros, embora sempre se preocupasse por eu ficar no centro tumultuado do cotidiano.

Percebia os momentos de crise e não pedia que lhe desse razão retrospectivamente pelas apreensões com que olhava ao seu redor. De qualquer forma, seria tarde demais: eu me recusava a permanecer acorrentado à tribo. Estava escolado em ceticismo, nada pode ser pior que ser homem, repetia-me o cético Mark Twain. *Ser romeno... apreciava tal piada?*, parecia perguntar-me às vezes o brincalhão americano. O que eu acharia de ser paraguaio ou chinês? Ou judeu, por que não? Esse contratempo não parecia menos interessante que os outros.

Tendo sido concebido à imagem e semelhança de Deus, seria Deus semelhante a mim? Então, o ser que tudo criou nada mais era que um ser que me deu ser. Estaria Deus personificado na mais próxima dentre as pessoas mais próximas a mim, na mulher que me deu à luz?

244

Parece que os conflitos com o divino não poderiam ser mais ricos que os que tive sendo filho de minha mãe. Nem aquilo que nos unia. Não, nem a união mais dramática.

Minha mãe não era Jeanne-Clémence Proust, nascida Weil, seu filho não reencarnava Marcel. Na minha infância, não existiu o beijo materno de boa noite, nem agora o velho que interpreta a minha nostalgia espera por isso nas noites em que a reencontro. Mesmo assim, a garra do passado não é menos dolorosa quando sinto por perto a sombra que me vigia. Às vezes esquece de aparecer, mas, quando dou pela falta, passa de novo pelo céu vermelho da noite a velha cega em sua cadeira de paralítica. Deus adormece na cadeira celeste: uma velha às portas da morte. O divino enfermo, cego e cansado, tem o rosto abatido de minha mãe. Entre os estranhos daqui e dali e de qualquer lugar, as confusões, último bem do exilado, devolviam-me um Deus familiar.

O álbum de família tem poucas fotos, o resto se perdeu ao longo das andanças. A jovem de chapéu de véu e casaco preto de pele abaixa discretamente a cabeça para o marido com quem acaba de se casar. Olhos negros e vivos, nariz fino, narinas firmes, testa alta, as sobrancelhas acentuavam sua beleza nervosa, meridional, influenciada pelos rigores das encruzilhadas no Leste Europeu.

Fotografias não significam lembranças. Não havia lembranças dos anos anteriores à *Iniciação*, anos anulados pela amnésia. Faltavam as fotos das sequências raras da Transnístria, difíceis de esquecer, perdidas nos arquivos da história sem arquivo e hoje substituídas pelos clichês das lamentações. É uma pena que o fotógrafo que nos surpreendeu, enfileirados em trapos pelas ruas de Iaşi, no retorno à pátria que nos havia renegado, na primavera de 1945, não tenha nos dado o *souvenir* da *Ressurreição*. As festas de fim de ano, as férias de verão, o parque dos veranistas de Vatra Dornei, o campo queimado pelo calor intenso dos diques de Periprava, o uniforme de presidiário de papai? Nada.

Pálida, estupefata com a notícia do meu desejo de abandonar a faculdade. "Tem razão, se você não gosta, não precisa continuar."

Igualmente estarrecida por saber que o novo engenheiro estava alugando um quarto na cidade. "Se você não nos suporta mais..." Agitada na cozinha, preparava a mesa festiva para a nora. Em frente à porta, esquadrinhava a chegada do carteiro com notícias. As doenças da velhice, a reconciliação no final e a mágoa sarcástica, envenenada, em relação ao marido: "Quando eu era jovem e você tinha prazer era melhor, não é?".

Quatro décadas depois do primeiro exílio, o atual tem a vantagem de que não brinca mais de retorno. As testemunhas da biografia dispersaram-se pelos esconderijos e cemitérios do mundo, as imagens das épocas hipócritas me eram restituídas somente às vezes, à noite, pelo fantasma do chinês que sabia como eu era antes do encontro dos meus pais. A parede transformava-se em terra onírica, descortinando a silhueta que o jogo das sombras desenhava no escuro, revendo as fronteiras, bem como o lugar do nascimento e o lugar do cemitério. Quando se encontraram, em 1932, meus pais não imaginaram que seriam enterrados a uma distância tão grande dos pais deles, a uma distância tão grande um do outro e a uma distância ainda maior do túmulo do filho que escreve no céu noturno o relato para a posteridade.

O escuro esverdeia, tornando-se a floresta russa de estepes, vejo o buraco sem nome e sem sinal das florestas da Transnístria onde ficaram os avós maternos e depois o túmulo coberto de flores do pai do meu pai enterrado em Fălticeni, a cidade das flores. Sob a pedra incendiada pelo sol judaico descansa aquele que foi meu pai, em uma das colinas de Jerusalém. Apenas mamãe estava atrasada, justo ela, no lugar em que sempre viveu e do qual sempre quis sair. A única de nós que ficou definitivamente na pátria, no túmulo da colina de Suceava, transformada agora em pátria de um filho errante.

Ela sempre teve o senso do desterro e, no final das contas, o destino desterrou-a na eternidade do lugar inicial. Uma farsa para martirizar a memória do filho com mais uma culpa? A fecunda substituição, a culpa pelos álbuns de família perdidos, pelas famílias perdidas.

Só agora a velhice do exilado requer a adoração materna e suas inquietações. Só a velhice me reconhece no lamento da criança parisiense de nome Marcel. Seu gêmeo do Leste Europeu, há tanto tempo sedento de liberdade, anseia na senectude as insônias dos enlaces? Gostaria de ouvir os passos da mamãe voltando do mundo sem volta, o ruge-ruge do pesado vestido de veludo passando pelo corredor que leva ao quarto do abandonado.

"(...) um momento doloroso. Anunciava aquele que viria depois, em que ela me deixaria",[2] disse Marcel.

Quanto vai durar a alucinação? Quando ficarei sozinho de novo, desolado?

"(...) O momento em que a ouvia subir a escada e quando passava pelo corredor... chegava eu a desejar que viesse o mais tarde possível, para que se prolongasse o tempo de espera..."[3]

Agora faço minhas as palavras de Marcel, embora não tenha crescido na atmosfera das catedrais e dos órgãos cristãos e seja reivindicado pelas neblinas do Leste.

Em outro tempo não teria assumido as palavras de Proust, mas teria me reconhecido a qualquer momento em outro exilado, aquele do Leste Europeu: *"Não me é permitido nenhum segundo de sossego, nada me é garantido, tudo precisa ser conquistado, não apenas o presente e o futuro, mas também o passado"*,[4] escreveu Kafka. Na verdade, tudo precisava ser conquistado, nenhum segundo de sossego nos fora permitido.

Era tarde da noite, o gueto e o mundo inteiro tinham desaparecido. Eu não tinha mais como ir em busca do tempo perdido e nenhuma droga milagrosa poderia restituí-lo. Sem passado, sem

---

[2] Citação de *No caminho de Swan*, de Marcel Proust, na tradução de Mário Quintana, São Paulo: Editora Globo, 2006. (N.E.)

[3] Idem.

[4] Citação retirada de uma das cartas de Franz Kafka para Milena Jesenská. (N.E.)

futuro, vivendo na ilusão de um presente emprestado, uma pobre armadilha incerta? Por acaso, *Herr Doktor* Kafka sentiria nostalgia do gueto, perguntei-lhe uma noite. *"Oh! Se eu tivesse tido a chance de escolher"*,[5] sussurrou o hóspede, enquanto tirava o chapéu, preto como ele mesmo. Depois, repetiu algumas vezes as palavras. Eu mesmo repeti as suas alucinantes palavras.

"Se tivesse tido a chance de ser aquilo que desejava ser, teria sido um rapaz judeu do Leste Europeu, em um canto do quarto, sem a menor sombra de preocupação. Papai ao centro, conversando com outros homens, mamãe bem agasalhada mexendo nas trouxas de viagem, a irmã tagarelando com as meninas, coçando seu lindo cabelo. E, algumas semanas depois, estaríamos na América."[6]

Balbuciava palavras estranhas olhando para o céu ilegível por onde passava minha velha mãe cega em sua cadeira de rodas. Prendi a respiração, fui envolvido pela saudade, pela solidão, e cravou-se em meu peito outra vez a garra que sacode os idosos cardíacos.

---

[5] Idem.
[6] Idem.

O DIVÃ VIENENSE

Anamnese

Chovia, mas não era o dilúvio bíblico. Na comédia do presente, o papel de Noé era apenas o de refugiado.

No elegante pavilhão da elegante mansão nos elegantes arredores de Nova York, os interlocutores não pareciam observar a chuva fina e silenciosa.

Sem saber como nem quando – quem poderia dizer? – o náufrago se viu falando sobre a Transnístria, a *Iniciação*, a guerra e Maria, a jovem aldeã decidida a permanecer ao lado dos judeus enviados para a morte. Depois, sobre o dilúvio posterior ao dilúvio, sobre o comunismo bizantino e suas ambiguidades. Mais tarde, sobre o exílio e suas ambiguidades.

A porta espelhada oscilava lentamente e, num ímpeto, enxergou nos retângulos de cristal a face do memorialista na qual não queria se reconhecer. Tarde demais, já não podia parar e, fazendo grandes pausas, continuou a vitória histriônica sobre o passado.

No dia seguinte, a carta chegou. *"I don't think it was just because it rained, but I spent a good deal of time after our pleasant luncheon thinking about you, and by that I mean thinking about* YOUR STORY. *A fascinating one, not just because it is you, but because you lived and thought and acted at the center of the worst time in history."* [1]

O editor acrescentou: *"You were an eye witness and as a writer you must react"*. [2]

A decodificação pública da biografia? "Um banho de cinzas", havia Cioran avisado, "um bom exercício de autoincineração". Arrancar a pele como um faquir, camada por camada, competindo com os *talk-shows* e os grupos de terapia?

Eu observava, uma e outra vez, as linhas datilografadas.

A recordação pública transformou os horrores em clichês. O clichê reiterado até a petrificação, cumprindo a função de legitimação, seguida, naturalmente, pelo cansaço e pela indiferença. O público está ávido de novos detalhes, consumidores de história e geografia pedem a odisseia da Transnístria, não metáforas como a *Iniciação* e a *Trans-Tristia*.

Ser identificado com aquele que me substituía na escrita? A educação na esquiva daquele *"worst time in history"* regenerava seus efeitos. Invadia-me por acaso o pânico de ser subitamente reconhecido em uma inesperada *blitz* de suspeitos? Preferia as máscaras, o jogo da ficção.

Porém, o espelho clama. Talvez tivesse realmente chegado o momento de renunciar à esquiva. No espelho eu via os caminhos da deportação, os campos de concentração de trânsito, os centros de triagem, os insetos afugentados para os buracos prometidos pelo marechal.

---

[1] "Não creio que tenha sido apenas porque chovia, mas passei um bom tempo após nosso agradável almoço pensando em você, e com isto quero dizer pensando em SUA HISTÓRIA. Uma história fascinante não somente por ser sua, mas porque você viveu e pensou e agiu no centro do pior momento da história."

[2] "Você foi uma testemunha ocular e como escritor precisa reagir."

"A luta não é com os eslavos, mas com os judeus. É uma luta de vida ou morte. Ou nós vencemos e o mundo se purifica, ou eles vencem e nos tornamos escravos", escreveu Ion Antonescu, marechal da Romênia, comandante do Exército e dirigente do Estado romeno, em 6 de setembro de 1941. "Satanás é judeu."

O patriota não podia perder a ocasião de finalmente erradicar a praga nacional. "Não existe um momento mais favorável para a nossa história. Se for necessário, atirem com a metralhadora", acrescentou o aliado de Hitler.

Massacres esporádicos haviam começado um ano antes, o outono de 1941 apenas acelerou a missão.

Em 4 de outubro, o marechal decidiu pela deportação, e no dia 9 de outubro, num recorde de eficiência, os trens partiram.

"Hoje, 9 de outubro de 1941, a população judia das vilas Iţcani e Burdujeni, bem como a da cidade de Suceava, parte no trem. Desde a Strada Ciprian Porumbescu até a Strada Petru Rareş, esquina com a igreja São Demétrio e a casa judia. Desde a Strada Regina Maria até a mercearia Reif. A Strada Cetăţii. Da primeira rua depois do hotel La Americanul até a Escola Industrial para moças. Da Strada Bosancilor até o final."

A operação começaria na rampa militar da estação de Burdujeni, em 9 de outubro 1941, às 4 horas da tarde. Uma noite antes, o major Botoroagă apareceu, de repente, na soleira da porta: "Você tem dois filhos, vai ter que carregá-los no colo. O caminho é longo, pegue apenas o estritamente necessário", advertiu, amigavelmente, ao senhor Manea. A deportação começaria no dia seguinte e terminaria no dia seguinte. As regras eram precisas: "Cada morador judeu pode levar casacos grossos, roupas e calçado, bem como alimentos para vários dias. No total, não mais do que possa carregar. Na saída, também deve pegar a chave da casa. A chave e o inventário serão colocados dentro de um envelope, no qual será anotado o nome e o endereço do morador judeu e que será entregue na estação à comissão".

Maria ouvia atentamente, mas olhar só olhava para o pequeno Noah, que sondava, petrificado, a cara do mensageiro. O menino virou-se e olhou para ela, como se pedisse uma explicação. Maria sorriu e fez uma careta, era o gesto cúmplice dos dois: tolices!

O major continuou recitando: "Os que não se apresentarem, opuserem resistência, instigarem ou cometerem atos violentos contra as ordens das autoridades, os que tentarem fugir ou destruir seus bens, bem como os que não entregarem o dinheiro, moedas de ouro ou bijuterias e metais preciosos, serão punidos com o fuzilamento imediato. Da mesma forma serão castigados os que ajudarem ou acobertarem os judeus que cometerem alguma dessas infrações".

Não olhou necessariamente para Maria ao pronunciar as últimas palavras. Provavelmente, ela já teria optado, naquele exato momento, por uma infração ainda mais escandalosa do que esconder ou ajudar os leprosos: ir com eles. O chefe de polícia, o prefeito, o subprefeito, o coronel comandante da unidade militar local e o major Botoroagă, o comandante da legião de gendarmes, contemplariam, enojados, como a louca seria arrancada da porta do vagão. Não merecia a honra de uma bala, apenas o castigo de ficar entre os que tinha traído.

Passados alguns meses, Maria apareceu na porta do campo de concentração, cheia de malas com roupas e alimentos para o seu pequeno príncipe Noah e para os pais dele. As bagagens confiscadas no ato tornaram-se provas para a Corte Marcial.

"Ao longo dos milênios, o trágico destino aproximou a escravidão babilônica ao inferno da fome, doença e morte da Transnístria", escreveu o cristão Traian Popovici, prefeito de Cernăuți, capital da Bucovina. "O saque dos despojos, nos pontos de encontro do Nistru, de tudo aquilo que os deportados ainda tinham, a destruição dos documentos, a partida em barcos sobre o Nistru, as marchas a pé, no vento, na chuva, nevasca e barro, descalços e famintos, são páginas de uma tragédia dantesca e selvageria apocalíptica", continuou o prefeito Popovici, que tentou impedir o êxodo até o último momento. "Em apenas um único transporte, dos sessenta bebês, apenas um sobreviveu. Cansados, esgotados, eram abandonados em estado moribundo à beira dos caminhos, servindo de comida aos cães e abutres. Os que chegavam ao destino em condições miseráveis de higiene e vida, sem teto, sem lenha, sem alimentos e sem roupas, eram expostos sem piedade às inclemências do tempo e aos ultrajes dos órgãos de vigilância e administrativos."

A aula de história e geografia não poderia omitir o ponto de passagem sobre o Nistru: Ataki. Naquela época, o cativo Noah tinha cinco anos, mas não esqueceu o nome nem depois de cinquenta anos. Não Ararat, como no dilúvio bíblico, mas Ataki.

A memória dos sucevinos gravou a catástrofe: "Ataki será um mistério compreendido apenas por aqueles que percorreram suas ruas tortuosas, como numa jaula. Homens robustos desabando repentinamente no chão, sem fôlego. Homens sensatos subitamente ensandecidos. Roza Stein, viúva do advogado Samuel Stein, pensava estar em sua cidade, Suceava, e se perdeu por ruas desconhecidas. E tamanha era a educação com que implorava à direita e à esquerda: 'Poderia, por gentileza, conduzir-me até a minha casa? Sabe, eu moro no prédio onde fica a livraria Weiner'."

A livraria Weiner sobreviveu na mente do exilado acalentado agora em seu berço novaiorquino. Depois da guerra, a livraria Weiner tornou-se um refúgio repleto de milagres até a supressão, pelos comunistas, da propriedade privada e de quaisquer milagres privados.

Em 1941, os deportados de Rădăuți também transmitiram uma mensagem desesperada de Ataki: "No dia 14 de outubro fomos evacuados, trazidos aqui para atravessar o Nistru e para sermos enviados a algum lugar na Ucrânia. Sem abrigo, a céu aberto, na chuva, no barro e no frio. Aqui, em Ataki, já morreram centenas de pessoas. Muitos enlouqueceram e outros se suicidaram. Se não formos salvos logo, nenhum destes coitados sobreviverá. Por enquanto, cerca de 25 mil almas. Uma parte está a caminho da Ucrânia. Outra parte está em Moghilev. Outra parte está aqui em Ataki".

O nome Moghilev não pode ser facilmente esquecido, lá também havia chegado o quarteto Manea. Numa carta para um escritório sionista de Genebra, datada de 6 de janeiro de 1942, um relatório de Moghilev mencionava "60 mortes por dia". O primeiro inverno parecia ser o verdadeiro aliado do aliado de Hitler, marechal Antonescu.

Contudo, no final, o balanço do dilúvio não correspondeu às expectativas. Transnístria, "um interminável desastre e um monstro geográfico", como afirmam os cronistas, só pode se orgulhar de 50% das mortes e não pode competir com Auschwitz.

A performance da Transnístria ficou ambígua, como tudo que é romeno. Romênia, país mais antissemita da Europa, como sustentam alguns cronistas? A disputada competição permanece inconclusa e difícil de avaliar. A supremacia alemã no holocausto seria difícil de superar, mesmo se os relatórios do exército alemão parecessem escandalizados com os atos bárbaros e caóticos dos camaradas romenos, prontos para matar sem precisar de ordens e usando métodos primitivos.

O desorientado Noah iniciava-se não apenas na vida, mas na Vida Depois da Morte. Primeiro a morte se apossou do corpo magro e adorado do vovô Avram! A brusca magia do inanimado: a Vida do Além, numa vala sem nome e sem vida.

Ele mesmo via-se estirado num leito eterno como uma múmia. Observava a vala, a terra, os talos congelados da grama, os vermes ainda vivos. Ao redor, neve, vento, árvores balançando, homens barbudos, balançando ao ritmo do antigo *kaddish*.[3]

Ainda vivo, em vida, pensava na própria morte, porém entendia que o pranto e a fome e o frio e o medo são coisas da vida, não da morte. Não havia nada mais importante do que sobreviver, assim dizia mamãe, procurando encorajar o marido e o filho. A mor-

---

[3] Prece judaica, também utilizada nos funerais. (N.T.)

te precisava ser repelida a qualquer preço. Só assim mereceríamos sobreviver, repetia a responsável pela sobrevivência.

As estações do ano seguintes seriam menos memoráveis. A guerra deslocava-se para o Oeste. O marechal resignou-se a manter os insetos ainda vivos, como álibi e penhor.

O ex-cidadão Manea obteve permissão para trabalhar numa fábrica, ganhando menos que o custo de um pão para os quatro membros da família. Ninguém sabia como a roleta da vida e da morte giraria no instante seguinte.

A lógica com que o senhor Manea tinha cuidadosamente construído a sua existência não servia mais. A corrupção salvadora, as salvadoras negociações com o destino e o prêmio supremo, a sobrevivência, repugnavam-no. As chibatadas do oficial, até então cordial e repentinamente embriagado de ódio, pronto a matar o inseto à sua frente, como merece um inseto, não mudaram o papai. Morte sim, humilhação não! Arriscando tudo, fugiu enojado do momento da verdade. Não se tornou servil e hipócrita como se pedia aos escravos, não, o senhor Manea não renunciava à dignidade! A sua esposa não dava um tostão furado por essa bobagem, mas ele não renunciava. O mercado negro dos sentimentos, não só de aspirinas e pão, deixava-o repugnado da mesma forma que a ferocidade das vítimas decididas a se salvarem da ferocidade dos opressores. Os monstros carrascos criam monstros vítimas, costumava repetir em voz baixa e firme.

A solução final do *Führer* não dependia do que pensavam os insetos condenados ao desaparecimento. O nazismo definiu claramente o seu projeto, cumpriu as promessas, recompensou os fiéis, aniquilou suas vítimas sem hesitar, sem oferecer-lhes a alternativa da conversão ou da mentira.

Em contraposição, o comunismo da felicidade universal encorajava ou impunha a conversão, a mentira, as cumplicidades, assassinava até mesmo os seus fiéis. O policiamento da mente, essencial ao sistema, impunha a verdade que servia ao partido. Entre promessas e realidades, cada vez mais irreconciliáveis, operavam a suspeita, a perversão e o medo.

Esse tipo de pensamento passava, zás-trás, pela cabeça do solitário numa tarde de outono, na Bucareste dos anos 70 do insaciável século XX. No quarto mudo, o livro e o leitor dialogavam em silêncio, quando tocou o telefone quase inaudível. Não tinha ânimo para ninguém, por isso baixei o tom ao mínimo volume. Mesmo assim, levantei o fone do gancho. O espelho da direita do guarda-roupa registrou o movimento e me vi com o telefone na mão.

— Um passeio? — perguntou o amigo.

— Está chovendo, passear aonde? É melhor bater papo em casa.

— Não, é melhor sairmos. A chuva parou, está agradável. Espero você em meia hora. Praça do Palácio, em frente à biblioteca.

É incrível o prazer de um passeio para um sedentário! A chuva tinha diminuído de fato e o ar estava fresco. Seguimos para o pequeno parque vazio em frente à academia. Bancos úmidos, andávamos ao redor deles.

— Aconteceu. Finalmente, aconteceu. A gente espera que aconteça somente com o vizinho. Somente com o vizinho, assim acreditamos. Agora me encontraram. Nos encontraram.

Calei-me, aguardando a continuação.

— Eram dois, um coronel e um capitão. O capitão anotava. Durou umas três horas.

Ficou clara a necessidade do passeio: os quartos tinham escutas policiais.

— Querem saber a seu respeito. O que você faz, com quem se encontra. A comunicação com o estrangeiro. Se você tem amante, se a Cella tem amante. A situação financeira. Sua, dos seus pais, da sua sogra. Se você é hostil ao camarada ou à camarada. Se pretende emigrar.

Na Jormânia socialista, a lista de suspeitos coincidia com o censo da população! Eu tinha evitado a exposição pública em vão, o isolamento não me protegeu.

— Você não vai acreditar, eu assinei. Acabei assinando. Até me deram um codinome. Alin! Não perguntaram se eu preferia Guillaume Apollinaire ou William Shakespeare. Ou Mişu, por que não, Mişu Eminescu.

Os policiais escolheram como nome em código o pseudônimo com o qual o novo informante, crítico de teatro e poeta nas horas vagas, assinava nas revistas literárias! Que lhe sirva de lição: tanto o poeta como o policial procuram o mistério em que nos escondemos.

— Por que assinou? Agora você só escapa deles morto, ou melhor, nem morto. Se tivesse resistido por mais uma hora teriam desistido. Não estamos mais na época de Stálin. Teriam deixado você em paz.

Alin não respondia, então fiquei quieto. Só não ia dar uma de herói, a condescendência não fazia sentido. Nem os conselhos, nem as reprimendas. O pão significa tudo no inferno e significa muito no purgatório. Na porta das colônias penitenciárias os guardas escreviam Paraíso, Inferno, Purgatório, mas o pão era sempre a chantagem de rotina.

— Fui ameaçado. 'O senhor é funcionário público, tem o dever de nos ajudar'.

Isso significa que é possível perder até mesmo um cargo medíocre. Uma ameaça ilegítima, bem sabia o funcionário público, como sabia também que a lei é a diversão do poder. Não era só o pão de Alin que estava em jogo, mas também o dos pais velhos e doentes.

Eis que meu amigo converteu-se em Alin não só na literatura! A vida dupla, tripla, múltipla do cidadão socialista tinha sido suplementada com uma missão precisa, secreta e não paga: reportar a existência dupla-tripla do seu melhor amigo. Encontraria semanalmente o oficial de contato, não no escritório oficial deste, mas em casas particulares, que estavam à disposição do agente de segurança. A decoração doméstica modesta no estreito e cinzento espaço da moradia socialista humanizaria a missão? O número de informantes da polícia tinha crescido de forma incomparavelmente mais rápida que a produção *per capita*, e a campanha de recrutamento intensificou-se. Eu bem sabia, pois mal haviam passado alguns anos do meu confronto com os especialistas em tais operações.

"Para os traumatizados do gueto, não existia diferença entre policial do estado nacionalista e miliciano do regime socialista, camarada comandante", dissera eu, apenas alguns anos antes, a um dos comandantes da segurança pública.

A viagem noturna de trem, de Bucareste a Suceava, na outra ponta da Romênia, teve uma parada curta na casa paterna. Só um café, o tempo de sondar rapidamente os dois velhos e entender o que as conversas telefônicas vinham tentando codificar sem sucesso: o pânico. Antigo há milhares de anos e sempre renovado, ontem e hoje. Olhei para eles mais uma vez, levantei, sem terminar o café. A urgência jogou-me no trem e agora me empurrava pelas ruas do passado.

O guarda da entrada da antiga prefeitura austríaca transformada em sede do Partido Comunista Romeno ouviu-me atentamente. A carteirinha de membro da União de Escritores parecia ter ainda algum prestígio no interior, mesmo no final dos anos 70. O criado de Gogol parecia derrotado pelo desconhecido à sua frente, inseguro de qual atitude tomar. Transcreveu os dados da carteirinha e gaguejou, respeitoso, com os olhos fixos no registro: "Não sei quando o primeiro-secretário poderá recebê-lo. Darei o recado".

Logo levantou o olhar, chocado com a réplica: "A audiência tem de ser hoje! Volto para Bucareste à noite".

Hesitou por um momento, depois decidiu, fosse lá o que fosse: "Venha na hora do almoço que terei uma resposta".

Eu tinha tempo para dobrar o risco. O comando da segurança pública funcionava num prédio novo, moderno, não muito longe do antigo hospital. Estendi novamente a pomposa carteirinha.

O oficial não pareceu impressionado. Uma audiência? Com o comandante? Hoje? Por que tanta urgência?

"Hoje, antes do almoço. Depois do almoço serei recebido pelo primeiro-secretário do partido."

Silêncio. O oficial de óculos tirou o telefone do gancho e discou um número. Troca de turno no guichê. Longa espera. Finalmente, o quatro-olhos reapareceu.

"O camarada comandante está fora da cidade. O comandante adjunto, camarada coronel Vasiliu, irá recebê-lo às onze horas."

Dez e cinco. A idílica cidade natal oferecia jardins, flores e bancos para se espreguiçar em todos os cantos. O parque Arini ficava nas proximidades, o sol primaveril estimulava a sonolência. Eu dava voltas ao redor das velhas árvores, testemunhas de épocas passadas.

Às onze horas fui conduzido ao primeiro andar. Atrás da escrivaninha maciça havia um homem seco, pálido, de cabelos grisalhos ralos, usando um colete cinza tricotado com a lã da aldeia, áspera e grossa, e de camisa branca, sem gravata. À esquerda, um moreno boa pinta, bigode preto e uniforme de capitão.

Fui direto ao ponto: há meses o aposentado Marcu Manea vem sendo abordado por um investigador zeloso que o acusa ora de ser espião de Israel, ora de fazer falcatruas na qualidade de secretário da Comunidade Judaica da cidade. Caso existam provas, o culpado deve ser julgado! Do contrário, o terror deve parar. O suspeito já sofreu bastante no passado distante e no passado próximo. As pessoas da cidade em que viveu a vida toda o conhecem como um homem correto, correto até demais.

O intenso olhar do coronel demonstrava que ele sabia o significado do passado Transnístria e do passado Periprava. Sabia também o que significava "correto até demais". Os culpados e os não culpados libertos da prisão vinham sendo pressionados a se tornarem informantes da segurança pública, a instituição Suprema da Jormânia Socialista. O ex-camarada e ex-detento Manea recusou a honra por mais de um ano, invocando o mesmo refrão

261

até a exaustão: "Eu sou um homem correto". Repetido com estúpida monotonia, o cômico refrão finalmente irritou e cansou o policial. Evidentemente, seu superior estava a par das tentativas fracassadas. O coronel comentou o assunto de forma lacônica. Um interlocutor inteligente e perigoso. Sua aparente moderação servia como tática sutil de contemporização. Entretanto, não havia mais tempo para precauções.

"Espião israelita? Como assim?"

Não esperava resposta, o confronto seguia sua própria dinâmica.

"Foi acusado de acompanhar autoridades da América e de Israel em visita à Bucovina como secretário da Comunidade Judaica. Visitas oficiais! Aprovadas pelo Ministério de Relações Exteriores. Provavelmente, por todos os ministérios envolvidos... Os órgãos de vigilância sabem tudo o que fazem, pensam e dizem os convidados!"

O coronel sorriu de novo e, incrível!, confirmou com um vagaroso aceno de cabeça a atrevida afirmação. Sim, sabemos, é claro que sabemos, dizia o comandante sem dizê-lo.

"Entre os convidados estaria um tal de Brill, chefe de um certo serviço secreto israelita. Visitou o célebre cemitério judeu de Siret na fronteira soviética. Seria para investigar o que se passava na fronteira? A olho nu ou com o binóculo que não tinha? Sequer tinha saído da zona de acesso aos turistas! Como um pobre funcionário da minúscula Comunidade Judaica, da minúscula Suceava, poderia reconhecer os suspeitos da lista dos serviços secretos romenos? De qualquer forma, as medidas de vigilância são eficientes. A segurança pública romena é apreciada no mundo inteiro."

O coronel quase riu, o capitão tirou os olhos do caderninho em que taquigrafava a conversa e também riu, o camarada capitão Puiulete gargalhava, só vendo para crer.

"E se o senhor Manea, o ex-camarada Manea, tivesse, digamos, um ataque cardíaco? A Transnístria do marechal, depois o stalinismo pós-guerra e depois o stalinismo sem Stálin dos anos

262

50, estão todos na mente e no corpo do aposentado! O passado não deveria repetir-se nos anos 70. Assim dizem os jornais."

Subitamente, os dois ouvintes pareceram mais interessados na reviravolta do monólogo do que na récita anterior, de modo que acelerei a cadência.

"Para os descendentes do gueto, a diferença entre o policial do Estado nacionalista, pronto para encenar qualquer infâmia contra eles, e o miliciano socialista não está clara. Não, não está clara, camarada coronel! As leis socialistas proclamam a igualdade dos cidadãos, e depois da guerra houve judeus em cargos importantes, até mesmo ministros, alguns ainda são. No entanto, isso não cura a memória. Nem o pânico. Os suspeitos são suspeitosos, camarada coronel. Talvez tenham o direito de sê-lo."

Ufa, acabou! A grande ária tinha terminado! Mostrei coragem e atrevimento, esperaria agora, sorrindo, com a mão na cintura, os aplausos e a coroa? O medo e a revolta aliaram-se num discurso coerente, mas o espelho perpetuava a cena, a competição não havia acabado. Não tinha terminado, mas eu estava vivo, ainda vivo, a inquietação, os pensamentos e a fraqueza estavam vivos, eu estava consciente desse privilégio.

O coronel interpretava perfeitamente a partitura da franqueza: difícil defender-se. Não fez objeção alguma às queixas formuladas, seu ar resignado parecia o de um homem cansado das asneiras que enfrentava diariamente. Aceitou a minha retórica para me vencer emocionalmente. Porém, conservei o domínio de mim mesmo até que caiu a frase final: "Agradecemos. Importantes informações sobre a psicologia do gueto! Uma ajuda desse porte não é muito frequente. Com certeza, os colegas de Bucareste apelarão ao senhor".

Falei baixinho, não, eu não sou a pessoa indicada, eu não, mas o coronel não escutava mais, tinha se levantado, sorrindo, estendia a mão, a audiência estava concluída.

Descendo as escadas, o capitão Puiulete garantiu-me que os mal-entendidos em relação ao senhor Marcu Manea seriam resol-

263

vidos rapidamente, o camarada coronel é um homem de palavra, um homem ímpar, como tive ocasião de constatar.

Sim, a ocasião tinha sido ímpar, mas eu não prestava mais atenção às palavras de Puiulete. A tensão do encontro fora extrema. Concentrado no objetivo, cego de tensão, ignorei onde e na frente de quem eu me encontrava. Tivesse durado por mais cinco minutos e eu teria caído feito um pano de chão no colo dos sabujos! Bom para torcer, exatamente agora, num interrogatório. Corredor de curtas distâncias! Um lutador extenuado, agora vulnerável a qualquer sopro hostil.

O final foi muito mais que um murmúrio. O informante da "psicologia do gueto", Noah, o especialista da polícia em traumas do gueto e o dilúvio do povo eleito? Contatado pelos "colegas" bucarestinos do amável coronel?

Só voltei a mim no térreo do maldito prédio, com pressa de fugir, de esquecer tudo.

Aliás, não esqueci que ninguém tem o direito de fazer o papel de conselheiro moralista nesses dilemas dementes.

Alin conhecia a pressão policial pós-Periprava sobre o aposentado Marcu Manea, o encanto do coronel Vasiliu, as duas conversas dos seus colegas da capital com o futuro especialista em psicologia dos vitimados. Sabia que os encontros haviam sido breves, que havia recusado a lisonjeira colaboração. Agora, os cães de caça reapareceram nas proximidades. Claramente detinham mais informações sobre o suspeito do que eu poderia saber pelos banais relatos e conversas semanais com o amigo poeta.

"Um homem honrado, desinteressado da política. Retraído, melancólico, preocupado com livros e não com política", repetia Alin aquilo que já tinha repetido oralmente e por escrito diante do interrogador. Entretanto, a frase não tinha o formato dos clichês do partido, não convencia.

No final, a suspeita infiltrou-se: eu desconfiava que o amigo não me contava tudo, talvez para me proteger de mim mesmo e não somente dos meus perseguidores. Acabei ficando cada vez mais dependente do informante de papel duplo.

264

Alto, com mãos grandes e cabelos em chamas, como um irlandês explodindo de tanta vitalidade, de voz poderosa e gestos largos de quem rege uma orquestra, de vez em quando Alin ficava encolhido e focinhudo como um rato, cabelo liso, oleoso, colado como um casco na carcaça da cabeça minguada. A voz escassa ciciada, difícil de captar. Omitiria detalhes que poderiam me preocupar? Eu solicitava novos encontros, mesmo curtos. Retomava novamente e novamente os detalhes menores, mas obsessivos.

Por acaso, os policiais estariam interessados na ficha médica do suspeito? A utilização de hospitais psiquiátricos pela polícia socialista teve grande repercussão no Ocidente.

Os interrogatórios aos quais Alin era convocado pareciam apenas rotina burocrática. Os agentes de segurança adiavam a chantagem da mesma forma que adiavam milhares de dossiês preparados nos escritórios da Instituição Suprema. Para não parecerem preguiçosos ou inúteis, os policiais aumentavam o número de colaboradores, não pelas suas informações, já muito diversas e detalhadas, mas para manter as cumplicidades.

A versão que o poeta amigo me apresentava, a única de que eu dispunha, oferecia calma e diversão: os sabujos não tinham elementos sensacionais, e para inventá-los não precisavam de Alin, poderiam fazer isso sozinhos.

Contudo, as ansiedades que descobri em mim revelaram mais do que o dossiê da polícia. Antigos e obscuros traumas.

Tornei-me, de fato, o verdadeiro beneficiário do jogo. Não pelo que descobria sobre a Missão Alin, mas pela reação que desencadeava em mim. Um privilegiado, colocado no centro de uma farsa que apresentava detalhes cativantes. A descrição dos apartamentos privados para onde se mudava semanalmente a dupla oficial-informante realmente merecia o interesse de qualquer antropólogo. Todavia, eu só conseguia dar atenção às minhas próprias angústias, como um drogado sedento que caça o veneno.

Subitamente submerso na angústia dos anos 40, assim me parecia, a situação me oferecia a chance de entender, mesmo que tardiamente, uma realidade que eu havia me esforçado para afugentar em neblinas inatingíveis. Incertezas e neuroses recicladas.

Quanto durou a esquizofrenia? Um ano, dois? Alin mostrou que a amizade entre suspeitos também podia ser duradoura no estado policial comunista. Informou-me, até o último momento, sobre os serviços que prestava à Instituição Suprema.

No final, o falso informante saiu da Jormânia socialista e me escrevia de longe, com o mesmo afeto, provando que nem depois o destino havia nos separado.

O seu sucessor não tinha a mesma pressa de se revelar e não consegui identificá-lo. Parecia que os critérios de recrutamento haviam sido aperfeiçoados. Sondava os arredores, os substitutos, as máscaras multiplicadas, em toda parte. As caras anódinas, os comportamentos normais, a duplicidade havia se generalizado, a angústia tornara-se um bem coletivo.

A exploração do homem pelo Estado não se mostrou mais atraente do que a exploração do homem pelo homem. A extinção da propriedade privada fraturou a economia e impôs, pouco a pouco, a propriedade do Estado sobre os cidadãos. A xenofobia refinou-se, a era da felicidade tornou-se a era da suspeita, todos os beneficiários potenciais foram promovidos à categoria de suspeitos a serem vigiados. Em lugar da concorrência demagógica entre os partidos, dominava a demagogia absoluta do partido único. O caos do mercado livre e o caos da palavra livre foram substituídos pela esquizofrenia dos tabus. A cumplicidade forçada culminou num símbolo de perversão: a carteirinha vermelha.

Temas tabus até no divã do psiquiatra? Os tumores da duplicidade, isso sim era tema de terapia!

O médico que podia libertar-me do trauma da engenharia era poeta, da mesma forma que o informante seria alguns anos depois, mas – diferente deste – não era amigo. Ficava difícil de avaliar o risco do diálogo. As angústias liberadas no consultório médico não eram mais, nem elas mesmas, propriedade individual.

As zonas de ambiguidade e os enclaves da normalidade se restringiam. Décadas e idades passaram-se na espera da mágica distensão. Mas quando a esperança surgia, periodicamente, parecia legitimar a incerteza, multiplicando as armadilhas. A dúvida e a duplicidade insinuaram-se, pouco a pouco, na cozinha, no dormitório, no sono, na linguagem e nas maneiras.

Repetir ao psiquiatra poeta aquilo que ele já sabia muito bem? Não eram apenas as escolas, os hospitais, as editoras e as tipografias que pertenciam ao Estado, mas também as florestas, o ar, as águas, a terra, os estádios, as panificadoras, os bancos, os cinemas, as fábricas de botões e de armas, o exército, o circo, os jardins de infância e os asilos de velhos, a música, os medicamentos e o redil de ovelhas. O médico e seu paciente também! Para comprar o lenço para assoar o nariz e a cama para dormir e o leite do café da manhã, o relógio ou o sapato ou a prótese dentária, era preciso apelar aos funcionários apáticos e insolentes do Estado, preparados pelo código da Ética e da equidade socialista: "Nós fazemos de conta que trabalhamos e eles fazem de conta que nos pagam".

Que mais era o psiquiatra senão um funcionário do Estado! Com carteirinha vermelha, provavelmente. O partido, a força condutora! Era o secretário do partido que comandava o colégio, o abatedouro, a alfaiataria e a academia, não o diretor (também nomeado pelo partido)! E a policlínica, é claro!

Em um país de tradição política preponderantemente direitista, as carteirinhas vermelhas multiplicavam-se exponencialmente. Você não significava muito sem a carteirinha vermelha, mas com ela também não era grande coisa. No novo Partido dos Arrivistas, dificilmente seriam encontrados muitos comunistas autênticos meio século depois. Os clichês da propaganda serviam apenas aos malabaristas do Circo Totalitário, ninguém mais acreditava neles. A vida, ou o quanto sobrara dela, mudou-se para os subterrâneos de outro espetáculo: o da surdina, da codificação e da esquiva. O camarada médico estaria disposto a se deixar psicanalisar por um paciente obcecado pela comédia dos papéis duplos? Encontraria o poeta o equivalente lírico do caos dúplice dirigido à superfície das máscaras do poder e perpetuado no subterrâneo pelo veneno dos ressentimentos?

As perguntas do paciente ricocheteavam rapidamente contra ele mesmo, como se tivesse assumido os tiques do psiquiatra que lia, de olhos vendados, o tema da consulta: a Iniciação que se seguiu à Iniciação. *Adaptação*, então? O sobrevivente tinha se adaptado a quê?

A pergunta familiar voltaria, uma década depois, no consultório de um terapeuta americano. Reconhece a resposta igualmente familiar: à vida, apenas à vida, adapta-se o sobrevivente das ditaduras negras, verdes ou vermelhas, com aquela impertinência da banalidade que é a própria vida, assim eu resumiria a minha biografia, na soleira de um novo experimento, o exílio, não menos educativo que os precedentes. "Como é possível ser escritor sem liberdade?", perguntou, então, o americano especialista em psicoses da liberdade do Mundo Novo. A pergunta soaria como uma gozação na boca do colega do Leste, mas a troca de experiências entre o especialista em patologia da coação e o especialista em traumas da liberdade não teria sido inútil.

Não apenas diferenças, mas diversas semelhanças teriam descoberto os psiquiatras daqueles dois mundos doentes, tão diferentes.

A liberdade do Homem Novo significava a "necessidade assumida", foi isso que aprenderam o médico e o paciente dos dialéticos marxistas do partido cada vez menos marxista da Romênia. Necessidade, portanto adaptação. Adaptação, portanto pragmatismo, *sir*! Portanto, necessidade assumida, camarada!

Na vida, o aprendiz adapta-se às banalidades e extravagâncias que a vida ensina pedagogicamente, doutor. Na vida, só isso, no Leste e no Oeste e no cosmos.

O futuro prometido nos contos de fada comunistas tornava-se um inferno em interrogatórios ou penitenciárias. De outra maneira, era um purgatório burlesco submetido à meteorologia variável e às bússolas do partido. Quando o pão não mais representa tudo, o tráfico dos subterfúgios permite falsificações satisfatórias – assim se mostrava a "liberalização" pós-stalinista no Leste da Europa. As ambiguidades multiplicadas permitiram-nos debutar, médico e paciente, paciente e informante, nas publicações e edições do Estado e do partido!

Um jogo de regras instáveis, palavras tabu e ideias tabu e alusões tabu regravam-se de acordo com o caprichoso cânon da necessidade assumida. Depois de um livro e de mais outro que escaparam dos detectores da censura, estava mais protegido socialmente? Claro que sim, mas também mais vigiado: o partido honrava seus artistas com privilégios e castigos, escrever era uma profissão legitimada unicamente pela União de Escritores, dirigida e controlada pelo partido, o estatuto de vedete era negociado com o diabo, e o suspeito que não tivesse uma profissão e um salário arriscava-se à acusação de hooliganismo, ou seja, de parasitismo, conforme prescrevia a lei socialista.

Restava a esquiva, não é mesmo, camarada doutor? Não era apenas a feira de legumes e de carnes que revelava a verdadeira face da realidade, mas também os consultórios médicos. O miliciano enviado com urgência ao maior hospital de doenças nervosas da capital ficou estupefato com os loucos que gritavam felizes em todos os cantos, contaminados uns pelos outros: "Abaixo o comunismo! Abaixo o líder!". Pronto a prendê-los, confrontou-se com a objeção do diretor: "Estamos num sanatório. Um hospital de loucos. Loucos, não nos esqueçamos disso". Ao que o policial replicou, usando de perfeito bom senso: "Loucos? Como assim, loucos? Por que não gritam viva o comunismo, viva o líder?". Sem querer, formulou a ambiguidade da doença nacional.

A janela do consultório, escurecida pelo entardecer, refletia a cara enrugada do velho poeta, salvo das ilusões pela prática da medicina. Quando falava, o barrigudo careca arrastava os erres e parecia um especialista em fracasso.

— E o que você vai fazer daqui a um ano? Ou daqui a dois, vamos supor? O auxílio-doença não é nem metade do salárrrio de um engenheirrro. E porr quanto tempo você pode prrrolongarrr um auxílio-doença?

Pelo tempo que quiser! Até o infinito, tinha vontade de gritar. Será que o lunático que praticava engenharia doze horas por dia numa imensa sala com pranchetas e telefones e fumaça de cigarro, sufocado por plantas de edificações e atordoado pelos cálculos que não sabia se conseguiria finalizar, mereceria viver numa jaula? O remédio para o trauma, outro trauma ainda maior? Entretanto, através da escrita é possível sair da colônia penitenciária; a carnificina é do lado de fora, dizia Kafka: "fora da fila dos assassinos, é possível observar os fatos".

— Então, auxílio-doença de grrrau dois... Grrrau dois ou grrrau trrrês? Grrrau trrrês significa seis meses. Rrrevisão a cada seis meses diante da comissão de especialistas. Grrrau dois, rrrevisão anual.

O especialista esperava uma resposta. A resposta foi uma pergunta: e o grau um?

— Significa: irrrecuperrrável! Situação grrrave, irrrecuperável! Não escolherrria este diagnóstico. De jeito nenhum!

Por que não? Queria protestar o louco. O verdadeiro escritor não é assim mesmo, "irrrecuperrrável"? Capaz de ficar numa jaula, brincando sozinho com as palavras como um retardado. Ler, escrever, novamente ler, novamente escrever, não é assim, doutor? Enfermidade e terapia, terapia e enfermidade, assim até o fim do fim. O senhor pratica a medicina, doutor, então o senhor não é irrrecuperrrável, mas e o engenheiro na sua frente? Pratiquei durante muitos anos a esquizofrenia do desdobramento e da duplicidade. Desenhos, cálculos, pranchas, orçamentos, eu parecia ser exatamente o que fingia ser! Temendo, a cada instante, que o impostor fosse finalmente descoberto e jogado escadas abaixo. O palhaço do hospício, cuspido diante das gargalhadas da arena. Só a esquiva ainda pode nos salvar, doutor.

Descrever o impasse ou apenas usá-lo como início das falsificações? Precisava convencê-lo de que, na verdade, participava de uma amigável cooperação, e não de uma consulta.

— Está bem, que seja então o grau dois — gaguejei a meia-voz.

A vantagem de se tornar, subitamente, o proprietário do próprio tempo numa sociedade cujo tempo tinha sido estatizado também envolvia uma armadilha: ou você colabora com a Instituição Suprema ou será isolado como irresponsável, como você pretende ser. Pronto a arriscar até mesmo a nova *Iniciação*, cumpri todas as etapas do protocolo e o médico finalmente assinou os documentos correspondentes.

Os sintomas descritos na ficha médica seriam uma variante estilizada dos sintomas reais? Você se recusava a se considerar um paciente, preferia o papel menor de falsificador. A própria falsificação seria um sintoma da doença? Não tinha vindo para a terapia, mas para a esquiva do purgatório que ligava a autoridade doente aos submissos adoentados.

Você nunca demonstrou confiança nos psiquiatras, nem mesmo depois. Preferia lê-los a frequentá-los.

Quando o doutor Freud perguntou: o que de judaico permanece num judeu que não é religioso, nem nacionalista, e não conhece a língua da Bíblia, você gaguejou a resposta formulada por ele mesmo: *muito*. Não explicou o que significa o termo nem ele teve a imprudência de explicar.

Não religioso, não nacionalista, não conhecedor da língua sagrada... O doutor Freud estaria falando de si mesmo? Sem definir o termo? Estaria a definição do judeu na tríade religião, nacionalismo e língua? Justamente o pai da psicanálise, obcecado pela sexualidade e pelo complexo de Édipo, ignoraria a circuncisão, o juramento gravado na carne no oitavo dia do nascimento? A circuncisão de Jesus marcou o início de um novo calendário, 1º de janeiro! Inscrita na carne, a circuncisão não pode ser revogada.

Com a bênção do avô Avram-Abraão, você se tornou Noé pela circuncisão. Nome de código bíblico, não para uso público, pois você não desabotoa as calças em público para mostrar o Noé ao mundo. Estará o doutor interessado no circuncidado Noah, dialogando com o "dublê" escondido nas calças e a sua biografia "paralela" secreta, não menos cômica, nem menos reveladora que a do indivíduo com ou sem religião, etnia ou língua sacra? Poderia ignorar tudo isso *Herr Doktor* Freud?

Com o tempo você adquire as aspas, assim como o doutor Freud. Não judeu, mas "judeu", como monsenhor Lyotard considerava Sigmund Freud, e também seus confrades Walter Benjamin, Theodor Adorno, Hannah Arendt, Paul Celan. Não apenas alemães não alemães, mas também judeus não judeus, explicava o francês. Suspeitos que põem em dúvida a tradição, o mimetismo, a imanência e também "a emigração, a dispersão e a impossibilidade de integração".

Ou seja: "a dupla incapacidade de mudar e não mudar".

Aos cinco anos, no campo de concentração da Transnístria, o judeu era Noah, não Norman. Aos cinquenta anos, à beira do inevitável novo exílio, a relação entre os dois complicou-se, um nó que não podia deixar de interessar ao doutor Freud.

O psicanalista deveria ser finalmente intimado a responder não apenas às perguntas que ele mesmo fez, mas as da posteridade também. Como o holocausto, o comunismo e o exílio transformam você em judeu, não naquilo que resta depois que você perdeu o que não tinha. Traumas judaicos por definição? São as iniciações gravadas no espírito e não apenas no corpo que o tornam judeu, mesmo que você não o seja? Um "não povo de sobreviventes", como Lyotard chama a classe de judeus não judeus, cuja comunhão dependeria unicamente da "profundidade singular de uma interminável anamnese".

A perpétua observação do tempo ou do senso perdido? A anamnese diante do espelho? Não precisa franzir a testa, *Herr Doktor*. Franz Kafka, cético mesmo diante da anamnese freudiana, não figurava em meio aos companheiros entre aspas. Com a pergunta "que tenho eu em comum com os judeus?", o senhor K. respondeu: "nem sei se tenho algo em comum comigo mesmo".

Porém, Kafka não é um judeu não judeu, mas um verdadeiro judeu, embora não fosse perito, apenas um iniciante em hebraico, não religioso nem nacionalista.

Difícil esquecer a cena da gaveta em que teria tentado espremer, até a asfixia, todo o povo escolhido. "Inclusive a mim" e "até o final", acrescentou. Uma profissão de fé inconfundivelmente judaica substituindo a religião e a etnia e a linguagem sagrada. Somente um judeu é capaz de descarregar dessa forma o cansaço e o horror de si, o ódio milenar no qual foi envolvido. O eco é perceptível até mesmo quando Kafka descreve para Milena as invectivas das "gentalhas sórdidas", recitadas numa rua de Praga e também, como bem sabemos, em salões e salas universitárias. E não apenas em Praga. O ódio contra o judeu não se calou nem na Praga de Kafka, nem na amada Viena do professor Freud, nem em Londres, onde se exilou antes de morrer, nem em lugares menos célebres.

Ouvimos, da mesma forma que Kafka ouvia, o eco das nossas próprias convulsões, *Herr Doktor*? O cansaço de ainda tentarmos nos defender, é isso que ouvimos? A perfeição daqueles que não aceitam a nossa imperfeição? "Na luta entre você e o mundo, fique ao lado do mundo", repetia o invencível Kafka.

O cansaço da origem seria desculpável, sussurra o velho Sigmund Freud. Ninguém o acusaria de não ter tentado ignorar a adversidade, acrescenta. Ora cuidando do seu destino, ora esquecendo-o e novamente protegendo-o, cansando-se outra vez de tanta inutilidade. Pois então desista de levar a farsa cotidiana tão a sério, não a honre mais com perguntas, não preste atenção, atordoado, gracioso, com a simplicidade e o absurdo da indiferença – esta deve ser a sua terapia. Surdo, mudo, inocente, distraído, ausente.

Que relação teria o exilado com os judeus depois do holocausto e do comunismo, quando não se tem certeza de quê e de quanto teria em comum consigo mesmo?

Muito, sustenta o médico vienense, quer queira quer não, você tem muito em comum com eles e com você mesmo. Conectado a um destino coletivo aos cinco anos de idade, você carrega uma identidade mais grave do que o juramento gravado na carne.

"Nós, judeus, jamais seremos perdoados pelo holocausto", afirmou um escritor judeu alemão nos dias em que você se refugiava do comunismo e não do holocausto, justamente em Berlim. Efetivamente, o holocausto era bem demonstrável, a impertinência não merecia perdão.

Não apenas o holocausto, não apenas o comunismo, mas até as menores e ambíguas culpas são difíceis de perdoar. Bem sabe *Herr* Freud, culpado da psicanálise judaica.

Contudo, não renuncie pura e simplesmente a tal honra, mesmo que isso seja possível. Ser suspeito, acusado de todos os males, do começo ao fim do mundo, isso sim é a glória! Não se renuncia a tal privilégio, por mais que os clichês sejam difíceis de suportar: eternas vítimas, eternos vingativos, eternos conspiradores – aos quais recentemente se acrescentou o novo protocolo dos Sábios do Sionismo: "o monopólio judaico do sofrimento!".

A banalização da tragédia – interminável engenho humano! A tragédia só se transforma em clichê quando encontra morada na memória coletiva. A memória cuida para que o horror não se repita, advertem os discursos comemorativos! Identidade comum, memória comum, raça, etnia, religião, ideologia.

Finalmente traduzido no planeta do pragmatismo, você pensava que escaparia do passado, assim como da identidade, e se tornaria somente uma entidade, como sonhava a americana de Paris, Gertrude Stein. Porém, o atentado de quinta-feira, é estampado nas novas camisetas na sexta-feira, como uma maneira imediata de vender a memória coletiva.

Sigmund Freud entenderia a confusão do exílio, as perdas, as frustrações e as libertações envolvidas. Ele sabe o que significa a moradia impessoal de um quarto de hotel, o último refúgio do exilado. A sua pátria democrática de aluguel. Hospitaleira, indiferente, como convém.

Observa as fotos pequenas, amassadas e amareladas pelo tempo, servindo de espelho. Junho de 1945, Fălticeni, norte da Romênia, dois meses depois da volta do iniciado da Transnístria, duas horas depois do encerramento da festa de fim de ano escolar. Um menino magro, bonitinho, vestindo calças e camisa de cor branca, um passo à frente dos outros premiados, três meninos e três meninas. O aspecto vitorioso parece a única diferença dos laureados não beneficiados com os privilégios da Iniciação. O sobrevivente legitimado com a coroa de laureado! O cabelo cuidadosamente penteado, o sorriso fotogênico. O esquerdo na frente, a mão na cintura: a vedete diante de seu objetivo! Parece ter esquecido o aprendizado entre os milhares de famintos e esfarrapados com os quais os diretores da morte se divertiam.

O pequeno Augusto, o Tolo, transformou-se instantaneamente em seu oposto, o Palhaço Branco, o cavaleiro coroado com louros, aplaudido pelos canibais do melodrama. Os anos de ausência do mundo estavam anulados. Passou o Estíge para o lado oposto e estava de novo na margem de origem, vivo, confirmadamente vivo, no Éden que voltara a ser seu.

No meio século seguinte, o Éden se transformaria em colônia penitenciária. Você atravessou novamente, em sentido inverso, o Estíge tornado oceano e se encontra na outra margem, diferente da inicial. Cabelo ralo, grisalho, roupa menos imaculada. A infantilização não tem mais a candura inicial, a auréola da sobrevivência serve a outros espetáculos da memória.

Será que a fotografia do menino de nove anos acelera a anamnese, o malabarismo com facas, a esgrima consigo mesmo? Mesmo naquele tempo, no final do ano escolar de 1945, você teria se retraído em si mesmo, feliz por ser esquecido num canto da sala para sempre. A vasta solidão da *entidade*, como diria Gertrude Stein, a exaltação de reencontrar-se e de perder-se na fluidez infinita do eu confuso. No rosto imóvel e ausente do pai, às vezes reconhecia os sinais da senilidade instantânea, a paralisia da solidão. O terror o acordava, você logo reapareceria no cenário dos vivos para reencontrar professores, parentes e amigos.

As reprises do êxtase e do medo retornavam, cíclicas, não somente vindas dos tempos da infância. Obcecava-o sempre a mesma imagem: e se, de repente... você não existisse mais, visse a si mesmo caído no esquecimento? Ainda assim, de qualquer forma, guardaria a solução reserva, a ilusão da esquiva, a salvação do último momento do perigo que rondava, onipresente, na escuridão!

A qualquer momento, o desconhecido ao redor poderia tornar-se hostil, como ontem, 9 de outubro de 1941, quando as aparências ruíram, uma a uma, as máscaras da rotina. Na rampa da estação de Burdujeni, a cólera não podia mais ser impedida. Reencontraria no sono, às vezes, a tropa de estranhos famintos, congelados e amedrontados, divertindo a plateia de carrascos. Prudente, mais além e sempre, amedrontava-o o caos, e você hesitava em provocar o desconhecido. Finalmente, aninhou-se no abrigo fluido da língua. O último refúgio essencial? Não buscava nada mais que um refúgio?

O doutor Freud poderia ter-se interessado por esses exercícios de memória. Seja aquilo que você é, dizia Pindar e repetia *Nietzsche*, e eis que Sigmund Freud também repetia o mesmo. Será que se trata, *Herr* Freud, da anamnese da tragédia coletiva ou da incapacidade de o solitário usar o uniforme da tragédia vendido barato na esquina?

E a negação dos horrores, sua entediante ridicularização? Afinal, seria a trivialidade uma operação necessária de digestão e eliminação para entreter a vitalidade da comédia humana? Se não fosse assim, como os pobres atores poderiam alegrar-se com as boas coisas da Terra? Não esqueçamos do Primo Levi, que se tornou escritor dentro e fora de Auschwitz e, depois, não pôde mais escrever uma simples história de amor, serena como o céu da Itália.

A humilhação de ser definido por meio de uma negação coletiva e de uma catástrofe coletiva não é ignorável, doutor Freud. Embora não sejamos apenas catástrofes coletivas, quaisquer que elas sejam. Diferentes uns dos outros, somos mais do que isso, muito mais e mais um pouco. Muito mais e mais um pouco, muito mais e mais um pouco, tínhamos que repetir em todas as línguas do mundo, como um disco riscado que não pode parar.

O sofrimento não nos torna melhores, nem heróis. O sofrimento corrompe, como tudo o que é humano, e o sofrimento liberado publicamente corrompe irremediavelmente. Não é possível renunciar à honra de ser acusado nem à honra do exílio. Que outra coisa temos, senão o exílio? Exílio de antes e de depois do exílio. A privação não é deplorável, é apenas a preparação para a última privação.

De qualquer modo, temos o Hotel "Arca de Noé" e a arte do pragmatismo!

O tempo passou, você aprendeu com as alegrias e os males da liberdade, aceitou a honra do exílio... Era sobre isso que falava com os amigos americanos naquela tarde, na mansão nos arredores de Nova York. Você aceitou o seu destino, assim dizia, porém continuou a falar de ambiguidades, as ambiguidades do campo de concentração, da colônia penitenciária comunista, das ambiguidades do exílio.

As afirmações categóricas o assustam, por mais que pertençam a você mesmo. "O exílio começa na saída da placenta", sustentava a proposição inflexível. Contudo, a drástica formulação não parecia mais amedrontá-lo. "A mãe seria a nossa verdadeira pátria. Só a morte nos liberta desta origem", continuava você a recitar, como se repetisse as instruções de um manual. Certamente, tentava criar coragem, antes de voltar ao passado. No entanto, a falta de humor não parecia um bom sinal. "O retorno à pátria seria apenas o retorno ao túmulo de sua mãe", declarou você, encerrando. Parecia que você mesmo começava a crer nas palavras que o espelho conscientemente refletia. Poderia afirmar-se que se tratava do primeiro passo para o impossível e inevitável retorno.

Frases sarcásticas sobre morte e túmulos não devem ser ditas com leviandade, mesmo que o auditório as ouça com simpatia.

Você estava vivo, dizia a si mesmo, no presente vivo e não no passado vivo. A chuva parou, seria uma tarde serena. Silêncio hospitaleiro, sem pensamentos, nem perguntas, apenas o dia magnífico. Ou seja, o presente aqui e agora.

O SEGUNDO RETORNO
(A POSTERIDADE)

A caminho

No verão de 1988, alguns meses após minha chegada ao Novo Mundo, recebi uma inesperada mensagem do presidente do Bard College, do estado de Nova York. Continha lisonjeiras apreciações sobre um dos meus livros, publicado na Alemanha, e propunha que eu lecionasse durante um ou dois semestres na faculdade.

Só reencontrei Leon Botstein na primavera de 1989, quando fui visitar a instituição. Um homem alto, elegante, de gravata borboleta e óculos. Ar de alquimista. Eu esperava uma contratação imediata, mas nosso contato limitou-se a um aperto de mão. Fui encaminhado a uma comissão de avaliação. "Democracia!", explicou o presidente. Passados oito anos, publiquei livros, recebi prêmios, tornei-me *"writer in residence"*[1] e professor no Bard. Minha situação em relação à Pátria também tinha evoluído: a crítica às memórias de Mircea Eliade e à sua conexão com a Guarda de

---

[1] Escritor residente. (N.T.).

Ferro promoveu-me à categoria de inimigo público número um, divisão internacional.

O retorno a Bucareste, na primavera de 1997, parecia criar uma ponte entre tais premissas.

Às 3h45 estou no aeroporto Kennedy, no terminal da Lufthansa, para encontrar Leon. É domingo, 20 de abril, aniversário do nascimento de Adolf Hitler. Viajamos em *business-class*, tivemos direito a um repouso no *lounge* e bebidas grátis. Lembro-lhe o programa da visita, informo-lhe que em Bucareste a obsessão do momento era a entrada da Romênia na OTAN.

— Poderão perguntar-lhe em alguma entrevista para a televisão qual a sua opinião a respeito.

— A mim? Eu não sou do Pentágono nem do Departamento de Estado.

É claro que não, mas a entrada na OTAN é vista como teste de valor nacional e do futuro do país, e o Ocidente que traiu a Romênia, ora em Yalta, ora em Malta, dava a prova decisiva.

Como outros romenos que viviam na América, uma semana antes da partida recebi um envelope grosso de um conselheiro do presidente da Romênia contendo diversos apelos de apoio imediato dos romenos americanos para a admissão da Romênia na OTAN. "Agora, não amanhã nem depois de amanhã. Mande uma carta ao Palácio Presidencial de Cotroceni para que saibamos quem são os nossos verdadeiros amigos." O presidente também mencionou na televisão a intenção das autoridades romenas de elaborarem uma *lista* dos que cumpriram com o dever. O arquivo sobre o patriotismo dos exilados não parecia brincadeira.

— Isso é uma vantagem para nós ou não? E o fato de você ir comigo? Ou de eu ir com você?

De fato, não era só a OTAN que preocupava o público bucarestino naqueles dias. Escrito entre 1935 e 1944, o *Jurnal* de Mihail Sebastian acabava de ser publicado na Romênia e já provocava debates acalorados. Leon precisava estar preparado para enfrentar também esse tema. Três frases, como na televisão americana: "Um escritor judeu romeno morto em 1945, cujo diário descreve os anos do fascismo. A réplica romena do *Ich will Zeugnis ablegen bis zum letzten*,[2] de Victor Klemperer. Revelava a paranoia pró-nazista e o antissemitismo de alguns intelectuais romenos". O nome Klemperer incentivava piadas sobre o primo do autor, Otto Klemperer, o músico, nome certamente familiar ao Leon.

Finalmente estamos no *Airbus*. Cadeiras amplas, reclináveis, televisão acoplada na poltrona. A aeromoça alta e loura apresenta uma espetacular oferta de comida e bebidas. Soubemos que ela nascera em Nova Jersey, mas tinha voltado agora, com a família, para a Alemanha. Leon repetia que não teria ido para Bucareste sem mim e que o retorno finalmente me separaria da minha velha biografia. Já conheço essa conversa, mas, apesar de desejar que isso aconteça, prefiro esquecer, esquecer também a imagem que nós dois personificamos.

— Que quer dizer com isso?

Intrigado, Leon apontou para mim a garrafa de água mineral que segurava na mão direita.

— A dupla clássica: Augusto, o Tolo, e o Palhaço Branco.

Não parece atraído pelo tema.

— O Palhaço Branco é o chefe, o amo, a autoridade. O americano, se quiser. O presidente... o diretor!

O presidente sorri, esperando a continuação.

— Augusto, o Tolo, é um pária, um azarado que leva pontapés no traseiro, para deleite da multidão. Augusto, o Tolo, o exilado.

— Como assim, pontapés no traseiro? Um respeitável escritor, *writer in residence*, laureado com prêmios e recentemente com uma *endowed chair*, uma cátedra universitária... O chefe dá pontapés no traseiro do pobre artista?

— De qualquer forma somos a dupla a caminho do Leste, onde Augusto, o Tolo, morou e onde será o guia do mestre. Re-

---

[2]   "Quero testemunhar até o fim."

tribuirá a hospitalidade com que foi recebido no circo do Novo Mundo.

Leon não sorria, não franzia a testa, nem parecia divertir-se.

— No carnaval americano, como você o chama, o exilado representa a vítima. No circo oriental, o palhaço que voltou da América representa o vencedor.

Finalmente riu e deu uma olhada na partitura do oratório de Schumann, sobre os seus joelhos. Augusto, o Tolo, perdeu a vontade de discursar, só lhe restava engolir suas lágrimas de gelatina. A dupla cochila, acorda, consome água, vinho, lenços úmidos, petiscos, palavras de duplo sentido.

O velho guia turístico da Jormânia socialista dos anos 80 escorregou pelo chão.

The Socialist Republic of Romania lies between 43°37'07'' and 48°15'06'' lat. N and 20°15'44'' and 29°41'24'' long. E. With its 237.500 square km. (91.738 square miles) it is ranking 12th in size among the European countries,[3] ouvia-se a voz hesitante do sonâmbulo. *East and north, Romania borders upon the Soviet Union, witch means the Maculist Empire, West upon brotherly Socialist Republic of Hungary, South-West upon Federal Socialist Republic of Iugoslavia. Around the central plateau of the Carpathian Mountains...*[4]

Augusto, o Tolo, inspira e escuta os seus pensamentos: lindo país, intelectuais requintados, muita gente de bem. E alguma coisa inefável, escorregadia. Diminutivos, encanto, mácula.

Às sete da manhã chegamos a Frankfurt. Duas horas de espera até a conexão para Bucareste. Vagamos pelas lojas do aeroporto. Leon compra cigarros, canetas, lápis para colecionar. Vol-

---

[3] A República Socialista Romena está situada entre 43°37'07'' e 48°15'06'' de latitude norte e 20°15'44'' e 29°41'24'' de longitude leste. Com seus 237.500 km² é o 12º maior país em tamanho da Europa.

[4] A Romênia faz fronteira a leste e norte com a União Soviética, ou seja, o Império Maculista, a oeste com a fraternal República Socialista Húngara, a sudoeste com a República Socialista da Iugoslávia. Ao redor do planalto central dos Montes Cárpatos...

tamos para o *Senator Lounge*, tentamos cochilar nas poltronas confortáveis.

Finalmente, na sala de espera, ouço as primeiras frases em romeno, entro em pânico. Na janela, um grupo de jovens, vestindo moletons usados e calças jeans, dizem palavrões em voz alta. Espreito as feições ao redor. Serão os agentes das novas máfias ou dos antigos serviços secretos contratados para vigiar o suspeito que volta à Pátria? Posso adivinhar o professor romeno que volta de um congresso, a velha que visitou a filha na Alemanha, o médico, o político, o novo negociante trapaceiro. No canto, um modelo moreno de terno preto impecável, inclinado sobre uma maleta fina e um monte de pastas. Outro agente?

Estamos no avião. A separação entre a primeira classe e a normal era menos evidente. Aglomeração, alvoroço. Comecei a acostumar-me com a pulsação da ansiedade. Leon observa-me, entende que cheguei em casa. Aeroporto de Otopeni. Provincial, pequeno, não desprovido de uma agradável modéstia. O controle dos passaportes decorre sóbrio, rápido. Esperamos pelas malas num espaço pequeno, aglomerado. Passageiros, viajantes em trânsito, policiais, carregadores, desocupados, o zumbido oriental da impaciência. As malas demoram, procuramos um carrinho. Sim, existem carrinhos para bagagens! Sem dúvida, algo mudou nesses dez anos... No guichê de câmbio, uma funcionária gentil. "Quanto?", pergunta Leon. "Cem", respondo. A quantia parece-lhe ridícula, troca duzentos dólares e se vê com... um milhão de lei nas mãos. Olha atordoado para os fardos de notas usadas. "Finalmente você é um milionário!", encorajei-o. Na saída, aguardavam-nos a representante e o motorista da filarmônica.

Subúrbio de Otopeni. Uma paisagem urbana pobre, deteriorada, cheia de propagandas americanas. A vista melhora perto da estrada, onde aparecem árvores, parques, antigos casarões. Leon parece intrigado com a arquitetura do bairro, uma inédita mistura de Oriente e Ocidente. Sentimental, murmuro que sim, que o bairro já foi glamouroso, a elegância foi degradada sob a ditadura do proletariado e sob a geração seguinte de arrivistas. Entramos na Calea Victoriei. A célebre artéria ficou mais curta e, então, num piscar de olhos, já estamos na ponte sobre o Dîmbovița, perto do meu último domicílio. Dobramos à esquerda para a Universidade, novamente à esquerda, rumo ao Intercontinental.

"Será que ainda existem as escutas da Segurança Pública?", uma pergunta sem sentido que faço a Leon a meia-voz e, logo, relato o acontecimento que foi comentado em toda Bucareste no início dos anos 80. Antes de pegar a chave do quarto no Hotel Intercontinental, onde nós também iríamos nos hospedar, uma simpática velhinha francesa dirigiu-se ao recepcionista, um tanto quanto envergonhada. "Desculpe, tenho um pedido a fazer..." Afável, o oficial disfarçado de funcionário encoraja-a a abrir seu coração, com seu razoável francês. "Ouvi dizer que aqui, nos quartos, existem escutas. Por favor, por acaso... por gentileza, eu lhe imploro, dê-me um quarto sem escuta." Oh, *chérie*! Coitadinha, durante meses foi protagonista das chacotas de Bucareste.

Primeiro dia: segunda-feira, 21 de abril de 1997

Três da tarde. Entramos, gloriosos, no saguão do Hotel Intercontinental, antiga repartição da Segurança Pública, Seção de Estrangeiros. Agora eu também sou um estrangeiro, embora o funcionário da recepção tenha me cumprimentado, sem titubear, em romeno: "Seja bem-vindo!". Identificamos as reservas, deram-nos dois quartos contíguos e fomos informados que às 16h30 o carro da filarmônica voltaria para apanhar o hóspede americano para o primeiro ensaio.

Chego ao quarto 1515, estou pronto para desfazer as malas, toca o telefone. A voz agradável de uma moça: a Televisão Romena. Solicita uma entrevista. Recuso polidamente. Concede-me um tempo para me situar e mudar de ideia. Transnístria, Periprava, Eliade, os meus sucessos do exílio, seriam estes os temas? Não, não cederia nem que fosse a voz da Natasha Rostova. "O senhor tem a honra de ser odiado", disse Baudelaire a Manet, com admiração. Repito as palavras como um conjuro, para me proteger da emoção e da neurose e da polidez! Quem seria entrevistado? O inimigo público ou a vítima do fascismo e do comunismo ou o escritor solitário, tímido, ovacionado pelos ianques? Sou apenas um intruso que implora ser ignorado.

A recente aventura de Kundera em Praga... Depois de alguns retornos secretos, realizados depois de 1989, às escondidas, aceitou o convite oficial para receber os louros e reconciliar a Pátria com o filho errante e célebre. Porém, antes da festividade, sentiu num repente que não poderia participar. Trancou-se, como um sitiado, no quarto do hotel, acompanhando pela televisão a festividade em que a esposa aceitou as honras em seu nome.

Eis que o telefone toca de novo. O amigo Bedros deseja-me as boas-vindas. Alegro-me em ouvir sua voz depois de tantos anos, e alegro-me por ainda conseguir alegrar-me. Virá me visitar em meia hora. Não tenho tempo para desfazer as malas, outro velho amigo também telefona, Cabeça de Ouro. Jogo o paletó na cama, abro a janela, as malas, vejo um envelope enfiado por debaixo da porta. "Mensagem fax. SOCIEDADE ROMENA DE TELEVISÃO. Reiteramos o pedido para que concorde em conceder uma entrevista para a Redação das Emissões Culturais da Televisão Nacional. Esperamos que o senhor compreenda o nosso desejo, uma vez que a sua presença não pode passar em branco. A redação pode dispor da equipe de filmagem na terça, dia 22/04/1997, ficamos imensamente agradecidos etc. etc." Tiro as roupas da mala e as coloco no armário, lavo o rosto e as mãos, Bedros aparece.

Permanece na porta por um instante. Olhamos um para o outro, sorrimos. A tristeza refletida em ambos mede quanto tempo passou e quanta benevolência tem o tempo em relação a esse tipo de reencontro. A barba negra e o aspecto hirsuto não mudaram. Olhos grandes, negros, mãos e pés pequenos, a mesma voz árida, como se fosse um dos seus personagens da *Enciclopédia dos armênios*. Parece até estar usando a mesma blusa... Pequeno, gordinho, loquaz, sotaque francês, como naquele tempo, quando, na Bucareste das encenações ceausescas, falávamos de livros e dos boatos literários do dia. O fax da Televisão encontrado sob a porta parecia iniciativa dele como chefe das Emissões Culturais.

— Sim, a mensagem foi minha iniciativa, reconheço.

Explico-lhe por que desejo manter discreto o meu retorno, para não ser interpelado por ninguém e para não perturbar ninguém.

— Ultimamente tenho pensado no senhor. Pensei no senhor quando li o *Jurnal*, de Sebastian. As coisas estão se repetindo, o que se pode fazer...

Fica em silêncio, depois as palavras precipitam-se.

— Personagem com parênteses, é assim que o senhor ficou na minha mente. Um personagem proustiano... Eu lhe disse, pensei no senhor. Conversei com os amigos também e eles concordaram: uma estrutura proustiana.

Pareço surpreso com o elogio, então ele acrescenta:

— Mesmo quando falávamos de coisas menores, o senhor tinha um jeito de matizar continuamente. Frase a frase, parêntese por parêntese.

Lembro dos passeios com Bedros, rodeios proustianos no subterrâneo socialista. Vamos até a varanda, ele me ajuda a localizar o Palácio dos Telefones, a Calea Victoriei, até o fim, na ponte, o número 2, meu último domicílio em Bucareste. A cidade parece velha, cansada, imersa em apatia. Lembranças proustianas? Exílio proustiano no próprio quarto? E o verdadeiro exílio e a máscara de "inimigo" popularizada pelos jornais da Pátria?

O reencontro tem uma atmosfera calma e afetuosa como a do mês de maio de 1990, em Paris, no Salão do Livro. Ele vinha de Bucareste, eu, de Nova York. O meu livro exposto no estande da Albin Michel chamava-se justamente *Le thé de Proust*[1]... Bedros era um convidado extra, não estava entre os oficiais da nova elite, em meio aos quais repentinamente me senti estranho. O almoço num pequeno restaurante parisiense confirmou o reencontro sem hesitações ou complicações. Agora Bedros recuperou-me, instan-

---

[1] "O chá de Proust." (N.T.)

taneamente, dos parênteses da caricatura que havia me substituído no cenário público romeno.

— Quer beber algo? Uma cerveja, água mineral, Pepsi?

Aceitou uma Pepsi, pego duas garrafas na geladeira. Após um longo gole, retoma o monólogo.

— Recentemente, quando da publicação do *Jurnal*, de Sebastian, pensei na semelhança das situações. Entendo por que não quer ver pessoas, dar entrevistas. Os romenos que voltam agora de toda parte acotovelam-se para isso: entrevistas, aplausos, celebrações. Extasiados com os salamaleques das portas do Oriente. Pequenas terapias de adulação.

Descreve-me a miséria do país e a literatura do país e os políticos do país e os agentes da Segurança Pública que ficaram ricos e os cachorros e as crianças vagabundas. Depois de meio século de espera, o país merecia outra coisa. Vejo sobre a mesa o seu novo livro, o rosto de um sábio padre armênio da capa. O telefone salva-me da melancolia. Ioana, a poetisa, antiga adida cultural da Romênia em Washington, agora funcionária da Fundação Soros. Preciso descer para discutir a agenda da visita de Leon.

Passaram mais de dez anos desde o *Episódio Ioana*, anterior à minha partida da Jormânia socialista. Era primavera, como hoje, hora do almoço. "Este é o lugar da nossa verdade. Somos escritores, não temos outra saída..." Eu também já caí no orgulho da miséria, mais de uma vez, pois sustentava o meu desespero. Mas naquela época encontrei outra resposta. "Escrever significa estarmos vivos. A morte não provém apenas dos gabinetes da Segurança Pública. Casas sem aquecimento, farmácias sem medicamentos, lojas vazias, essas são as máscaras da morte." Ioana tinha sobrevivido ao pesadelo final da ditadura, depois de 1989 tornou-se uma boa profissional cultural e diplomática, publicou livros. Eu sobrevivi no exílio e agora mal podia deter o seu excesso de polidez e os detalhes burocráticos.

Novamente admiro Bucareste do 15º andar do hotel, Bedros me mostra o prédio da Televisão, o Ateneu, o hotel Lido, a Universidade. Voltamos ao quarto e retomamos a conversa. Entretanto, o tempo consumiu-se rápido, há muito para explicar a respeito do que aconteceu conosco na última década, de formas tão diferentes e a uma distância tão grande. Pergunta por Cella. Conto-lhe que ela também passou por tempos difíceis de adaptação, mas agora tem o seu ateliê de restauração. Trabalha muito, ela também acabou aceitando o exílio, por fim.

— Eu a vi poucas vezes. Minha esposa também só a viu uma vez, naquele aniversário de julho de 1986. Mas ela ficou na nossa mente. Por isso sempre mando lembranças à sua esposa no final das cartas.

Precisaríamos ficar muito mais tempo juntos, sem pressa e sem palavras, para chegarmos às palavras simples de outrora. O encontro, assim tão rápido, parece um consolo. Minha vigilância tensa, uma "ferida proustiana"? Palavras sussurradas como um sorriso compreensivo e desbotado.

Às cinco da tarde, meu amigo Naum estava na porta. A cabeça ossuda, lustrada, cabelo curto como um recruta. Cabeça de Ouro! Olhos ardentes, atentos. Fitamo-nos sem ilusões: estes somos nós, sim, é o que restou... Parecia mais ossudo, ressecado pelos ventos da idade. O cabelo mais grisalho, mas a desenvoltura era a mesma e o humor também. A sua displicência masculina ajudava-o, como uma década antes, no Comitê Central dos mentirosos, a manter o equilíbrio na corda bamba da encenação, divertido com a própria performance não menos que com a dos outros.

O sorriso de outrora e a risada de pouco caso e a confiança em si mesmo. "A política nunca me interessou", repetiu ao telefone nos últimos anos, o ex-político, intrigado porque justamente eu, o apolítico e solitário, revirava o velho lixo. "Não pretendo entender ou explicar. Só estou contando. Sou o Escriba. Só isso!", dizia repetidamente, sem mencionar a sua participação na velha encenação.

Os livros, as brincadeiras, talvez até suas simpatias pró-semitas tivessem nos aproximado num lugar em que não se ofereciam prêmios por isso. Provavelmente, as mesmas coisas aproximam-nos também agora. Um senso de fidelidade igualmente testado à distância, depois de ter sido testado de perto. Não sabemos muito bem por onde começar, mostro-lhe o cadeado preparado para ele sobre a cama. Sim, eu lhe trouxe o cadeado solicitado.

— É cara a fechadura. Vamos chamá-la de Kermit, como no seriado de TV dos *Muppets*... Apenas nós, romenos, entenderíamos esse código. Os ladrões da Romênia não conseguirão vencer a fechadura americana. Será inviolável! Nem os micróbios conseguirão entrar em sua casa.

O último encontro... devo tentar decifrar, mesmo agora, o passeio do outono de 1986? O presidente da União de Escritores quis falar comigo longe dos microfones dos despachos oficiais. Cabeça de Ouro transmitiu-me a mensagem. Um passeio a três. O parque fervilhava na caldeira do outono. Névoas frias eram emanadas dos bosques, seguindo as nossas vozes agitadas, sua estranha ressonância. Ninguém diria que tínhamos opiniões e funções diferentes: o presidente queixava-se do fato de que nada mais funcionava e deplorava, em seu e em nosso nome, a histeria antissemita oficial. Eu consentia calado, o colega Cabeça de Ouro, o intermediário, ficou quieto, como eu. Uma última tentativa oficial de acalmar o futuro desertor? É claro que conhecia as entrelinhas daquele encontro inesperado. Posteriormente, menos de dois meses depois, fiquei sabendo, em Washington, que o Partido anulou o prêmio que a União havia me outorgado.

Isso era tudo? Era da flor na lapela que se tratava? O mistério do passeio conspirativo era tão insignificante? As negociações entre o Partido e a União certamente falharam. O presidente queria deixar-me uma última impressão favorável e, sem dúvida alguma, Cabeça de Ouro conhecia as motivações do passeio longo e misterioso. Minha família e meus amigos esperavam-me em casa, alarmados com o meu atraso, convencidos de que a Segurança Pública havia armado alguma arapuca para mim.

Hesito em perguntar se o motivo daquele curioso passeio pelo parque era apenas o de acalmar aquele que partia para o Ocidente, prefiro ver meu amigo e me deixar ser visto por aquele de quem eu era amigo até quando ele brincava de fazer política e de quem continuo sendo amigo hoje, quando as apostas e roletas e bilhetes de loteria do Partido desapareceram. Agora vim de longe, da neblina de outra idade e de outra geografia.

Não faz sentido perguntar-lhe, o bucarestino responderia com uma brincadeira, como de costume, surpreso com a minha inocência, paralisando-me a réplica. "Você ainda se interessa por política, meu velho? Nunca me interessei e hoje, menos ainda." Palavras dele, minhas – quem há de saber? E que sentido têm as perguntas num lugar sem respostas? Mas, se eu não arrisco um diálogo honesto com um velho amigo, quem mais se espantaria com a minha repulsa em relação à retórica pública? Ou com o fato de que a assim chamada "celebridade" me deprime... "Celebridade literária no exílio", comenta-se por aqui. Celebridade também na Pátria, como "traidor" e com outros títulos honoríficos semelhantes.

Em 1986 eu sentia que estava revivendo os anos 40. Hoje, um jovem crítico lê "estigma de um trauma" na minha prosa... "núcleo neurótico da deportação". Daí deduz "reticência, recusa, isolamento... reações autistas, mecanismos da introversão". Não quero enfrentar, é verdade, aqueles que me colocam contra a parede e me cobrem com as conhecidas rajadas. Inibem-me até mesmo os interlocutores em que estou interessado. Consequentemente, poderia ter previsto a viagem desde o começo: se o caracol não sai da concha por medo de se machucar, de que lhe servem as antenas e a aventura em que se lançou?

Cabeça de Ouro oferece-me um longo silêncio, agora sorri, contente com o cadeado e pelo nosso reencontro. Fico sabendo das dificuldades da sobrevivência pós-comunista, da nova classe de enriquecidos e da pobreza generalizada, a aposentadoria e a recolocação de sua esposa num trabalho modesto e cansativo, os reagrupamentos das vedetes literárias antigas e novas. A jovialidade do amigo recusa lamentações ou ressentimentos: um resumo sereno, lúcido, másculo. Admira-se com o mau gosto da decoração do quarto, estupefato quando lhe informo o custo da diária.

Acompanho-o ao térreo, saio do hotel, paro na nova Librărie Dalles da vizinhança. Entro com receio e, graças a Deus, não identifico nenhum dos antigos peregrinos da seita de leitores que se reconheciam sem se conhecerem. Nem o meu velho amigo Liviu Obreja, o louro conhecido em todas as livrarias de Bucareste, estava em seu costumeiro lugar de caça.

Prateleiras cheias, muita gente, livros elegantes em romeno, francês e inglês. De repente fico zonzo, inseguro nos movimentos. Fazia tempo que entrar numa livraria não me perturbava tanto. Desde 1979, na minha primeira visita ao Ocidente, quando corria afoito de uma prateleira a outra, na FNAC em Paris, para anotar os títulos e contar de novo e de novo o dinheiro disponível... Não, não vai ser assim desta vez, não tinha por que ser. A confusão, o constrangimento, têm outro motivo: os livros romenos, títulos romenos, palavras romenas! Revejo a parede alta de livros, no apartamento em Bucareste, volatilizada na partida, em 1986. Desde então parei de comprar livros... Só acumulo os volumes recebidos dos amigos e das editoras. Aprendi as lições do despojo, e não foi apenas com os livros.

Não, não é o desmaio de 1979, era apenas a emoção de estar de novo dentro de uma livraria romena.

Às sete e meia vou ao ensaio no Ateneu. Bulevar Maghero, o mesmo aspecto, mas parecia ser outro lugar. Casas sujas, pedestres empertigados, diminutos, fantasmagóricos. O ar da rua me é estranho e eu também sou estranho e os pedestres, estranhos. Deserto, poucos transeuntes, quase ninguém. De repente, o choque: doutor Buceloiu! Será mesmo o doutor Buceloiu? Sim... o clínico geral Buceloiu, que durante dez anos cuidou das minhas ansiedades gástricas, a imagem não dava lugar à confusão. Movimentos vagarosos, cabeça grande, sombria... sim, o doutor Buceloiu! Lem-

294

bro-me de sua voz grossa, cheiro de cigarro, cabeleira volumosa, preta. Move-se lentamente, como um velho, num grosso sobretudo de couro, com um grosso cachecol de lã em pleno abril. Delicadamente, segura pelos ombros um ancião ainda mais velho, corcunda, pequeno, de cabelos completamente brancos. Não posso furtar-me do experimento onírico e então viro-me para aqueles que se afastam a passos curtos com delicada lentidão oriental.

Cruzo a rua até o cinema Scala, em frente ao prédio Unic, onde a mãe de Cella morou até o fim da vida. Tudo igual e nada idêntico ao que fora. Alguma coisa indefinida, mas essencial, distorceu a encenação, um cataclismo invisível, uma anomalia magnética, um impacto de hemorragias internas. Mais sujeira, talvez, mas se a gente observa a rua constata que não é bem assim, necessariamente. Calçadas esburacadas, consertos inacabados a cada passo, mas não é essa a verdadeira mudança. Permaneço no mesmo lugar mais que o necessário. Contemplo a loja Unic, o cinema Scala, a confeitaria de mesmo nome, o hotel Lido, o hotel Ambassador. Seria minha estranheza inconclusa, a ferida aberta, a ruptura ainda ativa, na surdina? Outra coisa objetiva: a realidade traumatizada, ela mesma alienada. A desoladora imobilidade parece uma fixação, mas não passa de uma doença, ruína pervertida.

A morte, sim, a morte passou por aqui, da mesma forma que passa agora o morto pela paisagem da biografia onde não encontra mais seu lugar ou seu rastro. O espaço de trânsito, indiferente, como a própria natureza, na mudez sombria, triste, da pedra. Depois da minha morte, a Morte visitou o local. Mas ela já estava aqui, não foi dela que fugi? Em 1986, a ditadura transformou-se em Morte, a paisagem e a rua e os pedestres eram dela.

Atravesso apressado para a calçada do outro lado. O antigo restaurante Cina. Na ruazinha erma cai uma chuva fina. De repente, algo irreal ao redor, em mim mesmo. Naquele exato momento, naquele espaço de ninguém, poderia acontecer ali mesmo, o acidente, o crime, a misteriosa agressão?

Acelero o passo, chego ao pátio do Ateneu. A fachada em conserto coberta de andaimes, a calçada destruída, cheia de lama. Entro no saguão onde já tinha entrado tantas vezes. Dois homens conversam. Parecem pedreiros da obra, também podem ser da administração. Sou atraído pelos sons de música que emanam do auditório, subo a soberba escadaria de mármore, entro pela porta da esquerda.

Leon no pódio, em frente à orquestra, com as mangas arregaçadas e uma garrafa de Evian na mão direita. Um faquir desesperado diante de uma horda grotesca. A desordem da orquestra e do coro parecia inverossímil. Sim, a Morte passou por aqui também... aniquilando os distintos senhores do passado, com seu ar solene e seus sagrados instrumentos. Substituídos por rebeldes de jeans e coletes estapafúrdios.

"De novo", ouve-se o comando. Turma de repetentes hipnotizados pela histeria, recolhidos ao acaso na rua? Um e outro e mais outro, com a partitura nas mãos, contesta o valor das notas, das pausas, dos bemóis. Parece que irritam o hóspede de além-mar, o intérprete mal podia intervir. "De novo", grita exasperado o maestro, apontando para o primeiro violino que se levanta para traduzir o comando: "De novo, do terceiro compasso". A cacofonia recomeça. Leon toma mais um gole de Evian, arregaça as mangas de novo, levanta a batuta imperial, cada vez mais para cima.

Como num ringue de boxe, *nocaute*, o hóspede na lona, contagem, no canto do ringue. O regente mal se levanta, atordoado, são oito horas e dez minutos. O combate deveria durar até as oito e meia, mas a luta foi extenuante, só resta separar os oponentes.

Leon desce do estrado cambaleando. Levanta as mãos para o teto todo pintado com as caras dos reis romenos, resmunga *"Ave-Maria!"*, levanto-me para ir ao seu encontro. Ioana garante que o segundo ensaio será melhor e que, no final das contas, o concerto sairá como deve ser. A improvisada orquestra trabalha em condições miseráveis, com salários infames, humilhações de todo o tipo.

Saímos para a rua, procuramos um táxi. Ioana oferece-se para nos acompanhar, para que não nos percamos. Tiro do bolso um envelope em que estava escrito SEDER.[2] *"Dear Mr. Botstein"*, recito. *"We saved two places, for you and Professor Manea, at the Seder, for April 21, 1997. The Seder will start at around 20.00 hour and the fee is 15$ per person, to be paid at the entrance to Mr. Godeanu. The Seder will take place in the Jewish Community's Restaurant in Bucharest, at 18, Popa Soare Street. I regret that I will not be able to greet you, I will be in Israel at that time."*[3] A carta estava assinada por Alex Sivan, diretor executivo da Federação das Comunidades Judaicas da Romênia. Leon fazia questão de estar entre os correligionários essa noite, de modo que a embaixada americana em Bucareste arrumou os convites.

Deserto, não se vê nenhum táxi. Avançamos em direção à Universidade, surge um táxi. Afundamos nos bancos sem molas. Informo o endereço, o motorista nunca ouviu falar daquela rua. Tento explicar: uma bifurcação da Strada Călăraşi, da antiga Strada Călăraşi, demolida pela construção do grande Palácio Presidencial. "Não conheço esse endereço", repete o motorista, curto e grosso.

Novamente na rua. A chuva aumenta, passam dois táxis vazios, não param, entramos no terceiro, o motorista aceita o endereço, mesmo sem saber ao certo que caminho seguir. Chegamos à rotatória, vira em direção ao antigo bulevar Dimitrov, depois à direita, será por aqui?, não será, outra vez à direita, à esquerda. "Quando aparecerem os cordões policiais significa que chegamos ao lugar", digo, lembrando-me das noites do Seder socialista, dos cordões de milicianos nas ruas, em volta do restaurante Ritual. A identifi-

---

[2] Ceia ritual da Páscoa judaica.
[3] Reservei dois lugares para o senhor e para o professor Manea, no Seder, em 21 de abril de 1997. O Seder vai começar por volta das 20h00 e o custo é de 15 dólares por pessoa, a serem pagos na entrada ao senhor Godeanu. O Seder será no restaurante da Comunidade Judaica de Bucareste, à rua Popa Soare, número 18. Lamento não poder recebê-los, pois estarei em Israel nessa data.

cação dos convidados era feita muito antes de chegar ao local do ritual, dupla ou tripla vigilância contra terroristas árabes, dissidentes em busca de escândalos, antissemitas provocadores, judeus reivindicando passaportes...

Andamos em círculos até que o motorista avisa vitorioso: "Eu sabia, é essa! Vejam, está escrito Popa Soare". De fato, a placa da esquina confirmava. Viramos para o número 18, reconheço o prédio. Surpresa: faltam os cordões policiais. Apenas um guarda armado e um vigia civil com o tradicional casaco de couro. Surge um velhote com uma *kipah* na cabeça, confirma que sim, sabiam que viríamos, somos aguardados. Esquece de pedir os 15 dólares, entramos no prédio. Oferecem-nos duas *kipahs* brancas. A maleta e o sobretudo de Leon, bem como minha jaqueta, ficam no guarda-volumes. Subimos as escadas até o salão de festas, muito iluminado, onde os judeus bucarestinos comemoram a Páscoa do ano hebraico 5757.

A disposição das mesas era igual a dos últimos dez, quinze anos: a mesa central, da presidência, para a comissão de dirigentes da Comunidade, oito mesas para os convidados, perpendiculares à principal. Indicam-nos dois lugares em uma mesa à esquerda. Podemos ver de perto o presidente, o acadêmico biólogo Cajal, e sua esposa, funcionários e líderes da Comunidade. No guarda--volumes não nos deram nenhum comprovante dos pertences, mas recebemos o último número da *Realidade Judaica*, sucessora da antiga *Revista do Culto Mosaico*. Os comunistas preferiam o título de "culto", os judeus pós-comunistas preferem a neutralidade.

A presidência não se importa com o hóspede americano nem com o antigo membro da Comunidade Judaica da Romênia. Lembro-me, no ato, de 1982, quando fiz um pronunciamento na imprensa contra o nacionalismo e o antissemitismo oficial, e notei que os líderes da Comunidade me evitavam. Parece que tais imprudências mais atrapalhavam do que ajudavam na relação com as autoridades, e eram reservadas somente ao chefe rabino, em cujo jogo político as organizações judaicas americanas e israelitas funcionavam como elementos de pressão e recompensas. No entanto, agora vivemos outros tempos, o atual presidente não é mais o chefe rabino, a velha estratégia não tem mais sentido.

"Em que difere esta noite de todas as outras noites?",[4] pergunta aquele que fui.

Nos rostos do passado a idade pôs máscaras novas, e o cérebro das grandes encenações, o mestre de cerimônias religiosas e de outras mais, está no Juízo Final. Não reencontro o ar festivo da duplicidade de antigamente: frações de verdade embaladas em charadas como mandava o Código que se buscava sabotar. Não vejo os sorrisos servis dos chefes disfarçados de servos e seus dublês em uniformes de gala com condecorações. Os ditados do Regulamento dos Reflexos Condicionados sumiram... tento reencontrar, em vão, a perversa animação, as cumplicidades, a pitoresca figuração. A Páscoa do ano 5757 não tem mais a excitação do risco da época da escravatura e dos malabarismos socialistas. Restou uma sonolenta reunião de sobreviventes apáticos, vindos para ouvir novamente a lenda, mas sem o poder de viver sua paródia imediata.

— Seja bem-vindo! — arranca-me, bruscamente, do velho calendário, uma voz autoritária.

O homem robusto à minha frente estende-me sua grande mão, espalmada, por cima da mesa. Um homem forte, careca, elegante, de óculos. Sorri, esperando que eu o reconheça e, desiludido, diz seu nome com firmeza e voz imponente. Na verdade, eu deveria reconhecê-lo. No tempo do Faraó socialista estivera entre as poucas pessoas normais na pequena tela. Viro para o Leon e apresento o senhor Iosif Sava, que irá entrevistá-lo na *Tarde musical* da Televisão. Leon inclina-se, cerimonioso, diante do crítico musical e sua esposa, e logo entabula uma animada conversa, em alemão, sobre o espetáculo que eu acabava de presenciar.

---

[4] A pergunta, atribuída às crianças participantes do ritual, faz parte do rito da noite de Seder.

— É claro que o senhor também vai participar — diz o senhor Sava dirigindo-se a mim.

— Lamento, mas não. Eu não participo. A entrevista é do senhor Botstein. Eu lhe assinalei isso na semana passada, de Nova York.

— Não pode ser... é preciso! É justamente isso que tornaria o programa mais interessante. O senhor também faria a tradução, é claro. De outra maneira não será possível! Aguardarei os dois na sexta-feira de manhã, na Televisão, na entrada Pangrati — repetia drasticamente a voz de barítono.

Desacostumado com o tom imperativo, viro-me à esquerda, à direita.

— A discussão não tem sentido... — intervém a esposa, conciliadora. — O senhor Botstein fala perfeitamente o alemão, eu posso traduzir do alemão.

Olho ao redor: reconheço poetas, atores, funcionários da comunidade visivelmente envelhecidos. Reconheço um amigo do meu amigo Mugur, uns dois atores do Teatro Judaico, um famoso compositor de canções da moda. Não, a festividade não era mais como antes... Falta o mestre, o incansável chefe rabino e presidente da comunidade, diretor e ator principal de tantas espetaculares encenações do teatro totalitário, deputado por duas décadas no parlamento comunista, consultor do Departamento de Estado e intermediário de Israel, representante diplomático da Romênia socialista, sempre incumbido de papéis e missões importantes.

É difícil esquecer as festividades religiosas judaicas do último período do Estado ateu comunista, as mesas servidas com a comida tradicional, o vinho de Israel. Os paroquianos de honra ao lado dos hierarcas do Partido e entre os convidados capitalistas do estrangeiro. A noite diferenciava-se das demais coroando a arte do animador que poderia, igualmente, ser o ministro dos Trabalhos Públicos ou das Informações ou da Indústria.

O sistema tolerava e até mesmo encorajava esse tipo de espetáculo para impressionar o estrangeiro, desacostumado com esse gênero de extravagante "liberdade" comunista, e também para registrar o nome, a feição, as palavras dos participantes. O luxo da contradição vigiado pelos informantes disfarçados de representantes religiosos ou de seus adversários ateus. Tinham o que contemplar: o ambíguo trabalho em conjunto, recíproco, vantajoso, entre os pérfidos amos e escravos ainda mais pérfidos, a serviço de dois ou mais amos, simultaneamente... um papel de cidadãos corretos, usando as próprias caras como máscaras.

Agora que o comunismo sucumbiu e o rabino morreu, tanto o risco quanto as máscaras desapareceram. Pessoas maceradas, salão pobre, o ritual reduzido a uma cerimônia de rotina.

Não, não é possível comparar este acólito balbuciante e fracote com o grande doutor Mozes Rosen! O rabino substituto não faz jus ao papel, parece um aprendiz de *heder*, de outro século, que tanto pede silêncio ao auditório, com a voz fina e gestos desesperados, mas sem obter sucesso. À sua esquerda, a esposa com um vestido verde, cor de alho-poró, com uma enorme peruca vermelha sobre a cabeça grande, acertando-lhe, de vez em quando, uma cotovelada rápida, como que sinalizando o tédio do salão.

— Quem é esse rabino? — pergunto ao homem gordo e calado da esquerda.

O vizinho virou-se, plácido. Um rosto largo, os olhos sob pálpebras pesadas.

— De Israel. Foi trazido de Israel — informou sem delongas, estendendo-me a mão e apresentando-se como doutor Vinea. Reconheço uma antiga colega de faculdade ao seu lado, uma senhora pálida, usando um vestido preto rendado.

— De Israel? Vejo que fala romeno.

— Dos judeus romenos de lá — intervém a esposa que não me reconheceu. Os americanos pagam, eles escolhem. Quem escolher para a Romênia? O mais barato.

Volto-me a Leon para traduzir-lhe a explicação e o encontro numa conversa animada com o casal da direita, um judeu americano representante de um banco novaiorquino em Bucareste e sua parceira romena, falando inglês com desenvoltura, nada acanhada com o fato de seu acompanhante estar justamente contando a história de sua família de Nova Jersey, esposa, filhas, genros, irmãos, cunhadas, os filhos destes.

— Eu te conheço de algum lugar — disse-me a esposa do médico, olhando-me fixamente.

— Da faculdade. Você estudava na turma um ano anterior à minha.

Fica surpresa, animada.

— Você fez hidrotécnica? Eu terminei em 1960.

— Eu ouvi o nome do senhor por outra razão — intervém o doutor Vinea.

— É, alguns me conhecem por outros motivos — chego a murmurar, abafado pelo coro sentimental que entra em cena.

Leon não parece interessado no coro ou no rabino, só no judeu americano que gerencia a filial do Citibank em Bucareste e na jovem que lhe adoça o exílio oriental. Provo do vinho e da matzá israelita e da tradicional sopa e da carne assada fria, porém gostosa. Também são gostosas as ervas amargas da lenda e da lembrança da saída do Egito da Jormânia socialista, nesta noite do retorno, onde o passado usurpa o presente e me devolve àquele que não sou mais.

A minha antiga colega de faculdade quer saber quando saí do país, onde estou morando na América, como vai a minha vida. Oferece-se como guia para uma visita ao Palácio do Ditador, o interior também merece ser visto, principalmente o interior, o interior deve ser necessariamente visto com atenção, não com a superficialidade turística. Agradeço, mas recuso, não temos tempo, a visita é breve e densa. Não, não tenho e-mail, mesmo morando na América. Sim, vou ter, vou ter.

Mostro o relógio para Leon, meia-noite. A sobremesa derrete no prato, mas ele não tem vontade de ir embora. Acaba concordando e saímos, o presidente nem liga, os hóspedes capitalistas não usufruem mais de atenção especial e assim é melhor.

Chove, escuridão medieval. O representante da Agência Judaica tinha sido assassinado numa noite como esta, na Praga stalinista, quarenta anos atrás. O stalinismo não estava mais na moda, não seríamos grandes alvos para os assassinos de Culianu e Leon não parece atraído por evocações sombrias. O Seder de Bucareste despertou-lhe nostalgias.

— Fascinante! Lembrei dos parentes do Leste Europeu. Esta atmosfera não se encontra mais em lugar nenhum. Nenhum! Aquele rabino, sua esposa, o homem da televisão, a esposa... Sombras de outros tempos! E o coro e o americano com a jovem amante... *Gott sei dank!*[5] A Romênia ficou para trás na corrida para o capitalismo. *Gott sei dank!*

Calo-me, não pareço convencido da vantagem. Fico parado em meio à praça, com a mão levantada na tentativa de parar um táxi que não aparece. Augusto, o Tolo, baixo e estremado em sua roupa festiva e o maestro, alto e elegante, de gravata borboleta e maleta, partem a pé para o centro.

Morei de aluguel aqui, nessas redondezas, na época da faculdade. Aí numa dessas ramificações da escuridão, à esquerda na Alexandru Sihleanu, em algum lugar no número 18, dorme a velha casa e dormem os novos inquilinos e dorme o fantasma do doutor Jacobi, falecido há muito tempo, sua esposa gorda e escandalosa, também falecida, e a amante do subsolo, motivo das cotidianas brigas conjugais, certamente falecida também, homenagem da Morte Soberana e Democrática, trabalhando com afinco, 24 horas, entediada, sim, mas eficiente.

— E do que você gostou tanto assim? — pergunto para esquecer dos fantasmas.

— De tudo, gostei de tudo! Do rabino molenga, da esposa ditatorial, da distinta esposa do musicólogo falando em alto alemão e do novaiorquino com a amante, do coro, da sopa, do presidente biólogo, do atual deputado. De tudo, de tudo!

---

5 "Graças a Deus!"

— Você chegou tarde, perdeu o grande rabino. Um quarto de século no parlamento comunista da Romênia! Uma eminência! O grande *"dealer"*, como vocês americanos dizem, conseguiu convencer os comunistas das vantagens de se livrar dos judeus!

— E não tinha razão?

— Tinha, é claro que tinha... Convenceu as autoridades da tripla vantagem da emigração dos judeus: ficam livres da velha dor de cabeça, recebem o dinheiro capitalista, 8 mil dólares por cabeça, melhoram a imagem no estrangeiro. Não era mais necessário convencer os judeus. Seria o êxodo do Egito!

— Um homem inteligente esse doutor Rosen.

— Inteligente, sim. Pragmático, útil para todos. Como alguém costumava dizer, ele significou para os judeus romenos o mesmo que as lentes significam para um míope. Infeliz quem precisa delas, feliz quem as tem. Na casa de meus pais cultivava-se outra imagem sobre os rabinos.

— Eles eram crentes, você não é.

Silentes, avançamos na noite das perguntas sem resposta.

— Alguns anos atrás, em Israel, um motorista de táxi perguntou-me, em inglês, se eu era romeno. Ouviu-me conversar com os parentes dos quais justamente me despedia. Sim, nasci na Romênia, confirmei. Conheci o rabino Rosen, disse-me o velho motorista. Há muitos anos, nas suas primeiras visitas a Israel. Desta mesma forma, no meu táxi... Eu não sabia quem era ele, aqui existem muitos rabinos e o senhor Rosen falava perfeitamente o *ivrit*.[6] Levei-o primeiro ao Ministério das Relações Exteriores. De lá, ao Partido do Trabalho. De lá, aos seus adversários, em Likud. Depois aos sindicatos, depois aos religiosos. Depois, o senhor nem imagina, até aos comunistas! No final, perguntei-lhe: por acaso o senhor é o Rabi Rosen da Romênia? Sim, sou eu, ele respondeu. Como você adivinhou? Acontece que aqui se fala muito do senhor. Nenhuma outra pessoa teria ido ver os

---

[6] O mesmo que iídiche. (N.T.)

religiosos, os comunistas, os sindicatos e o senhor Begin. São incompatíveis...

Fiquei quieto, chocado com a última palavra reaparecida quando eu menos esperava, na escuridão da noite bucarestina. "Aqui nada é incompatível", dizia o hooligan Sebastian.

— Você tem razão, valia a pena conhecê-lo, valia a pena. Mas a noite fascinou-me mesmo sem ele.

— O sonho americano! Boa vontade, abertura ao mundo.

— Se eu dissesse a alguém da mesa que não tinha onde dormir, tenho certeza que me hospedaria. Na América, quem iria fazer isso? Quem iria hospedá-lo na América?

— O Bard College.

Leon riu, ambos rimos.

Táxi! Incrível, o carro para, entramos, avançamos pela chuva e pela escuridão pós-comunista, amontoados, lado a lado, num carro usado, saído de algum museu socialista, o Maestro-Presidente em seu terno de gala com gravata borboleta e seu companheiro de viagem, Augusto, o Exilado.

— Para o Intercontinental — repito pela terceira vez em romeno.

O carro não virou à esquerda como deveria, seguiu em frente, quem sabe rumo a qual garagem subterrânea da máfia. Olho pela janela na tentativa de reconhecer o caminho, não, não era o velho caminho, a Strada Călăraşi, aquela de antigamente, não existia mais, estamos na artéria chamada em algum tempo de Vitória do Socialismo que leva ao novo Versalhes balcânico, o Palácio Branco, residência da qual o dirigente supremo não conseguiu mais usufruir.

Finalmente, o táxi vira no bulevar Balcescu, em direção à Universidade, rumo ao hotel. Chegamos, estamos no 22º andar, no bar vazio. Um último brinde em homenagem ao primeiro dia em Bucareste! Leon parece satisfeito, o Seder regenerou-o, nossa aventura parece promissora. Separamo-nos à uma da manhã, seis da tarde em Nova York, 24 horas após nossa partida do aeroporto Kennedy.

Estou aqui e ali, nem aqui, nem ali, passageiro disputado pelos fusos horários e não apenas por eles.

O botão vermelho do telefone pisca uma mensagem. Ken, o meu amigo americano que tinha vindo de Moscou especialmente para me ver. Sobre o criado-mudo, a caderneta de capas azuis aberta e BARD COLLEGE escrito em grandes letras brancas. O diário de bordo da viagem.

Segundo dia: terça-feira, 22 de abril de 1997

Ken colabora em Moscou, bem como em Bucareste, no projeto de privatização para o leste europeu financiado pela Fundação Soros. Eu o conhecera há cinco anos, depois de ter recebido sua inesperada carta: *"This is something of a shot in the dark"*,[1] anunciava o desconhecido logo no começo. O nome irlandês aumentava a esquisitice a que se referia: um livro sobre a reação estética ao holocausto, na literatura, na música, na arte. *"Something you said at the conference held at Rutgers/Newark last spring has troubled me ever since... The phrase of yours that haunts me is this: the commercialization of the holocaust"*.[2]

Encontramo-nos num bar irlandês de Manhatan, fiquei sabendo de seu avô vindo jovem e pobre para a América, onde teve uma brilhante carreira científica coroada com o prêmio Nobel, a

---

[1] "Isto talvez seja um tiro no escuro."
[2] "Algo que o senhor disse na conferência da Universidade Rutgers, em Newark, na última primavera, tem me perseguido desde então... A sua expressão que me persegue é: a comercialização do holocausto."

respeito de sua mãe francesa, professora em Princeton, sobre o irmão morto na guerra do Vietnã, sobre ele mesmo, autor de alguns livros e de um estudo crítico em fase de preparação referente ao conservadorismo moderno. Aos poucos, a conversa transformou-se em uma amizade mais que literária. O seu espírito aberto, cosmopolita, aliava a origem franco-irlandesa com a educação britânica em Oxford, o moralismo católico com o jovial *fair-play* americano. Viera de Moscou especificamente para me ver no velho esconderijo.

— Enquanto o senhor conversava em romeno com o jovem da recepção, seu rosto iluminou-se... O senhor estava relaxado, até transfigurado. A língua continua sendo a ferida.

Transfigurado? Falando com um funcionário de hotel que nem mesmo sei para quem trabalha?

No entanto, aceito a sugestão: vale a pena falar sobre a língua, é verdade. "O país é a minha língua", respondi, em 1979, à minha cunhada americana que me instigava a deixar o mais depressa possível a Jormânia socialista. Acabei indo embora, não da língua em que morava, mas do país onde não podia mais respirar. "Você acordará uma bela manhã e todos à sua volta falarão em romeno", foi o que me desejou minha amiga Cynthia em 1993, em Nova York, consciente das minhas frustrações linguísticas. Onírico desejo.

Ken tem razão, a terapia da fonética reencontrada ainda prevalecia. Contudo, constatei que a língua já havia reciclado os clichês da antiga língua de madeira socialista com as inserções de gírias tomadas dos filmes e comerciais americanos. Ontem, depois que entrei no quarto do hotel e liguei a televisão, fiquei chocado com dois senadores do Parlamento da Romênia incapazes de concluírem uma frase. Na sala de embarque do aeroporto em Frankfurt, o mesmo tartamudear desfigurando as palavras.

Íamos para a minha antiga casa. Passamos perto da Biblioteca do Estado, maciça, empoeirada, na velha Strada Lipscani, uma espécie de túnel com barraquinhas; depois, perto da igreja Stavropoleos, uma miniatura, bijuteria perdida nas cinzas e na miséria dos arredores. Calçadas esburacadas, paredes descascadas, letreiros cômicos, pedestres enregelados, neuróticos, perseguidos. O antigo Teatro de Comédia, depois da Calea Victoriei, para baixo, na direção da ponte e da Opereta. O prédio da Opereta não existe mais, a ponte sobre o Dîmboviţa é nova.

O velho prédio do número 2 continua lá. Recuo alguns passos, mostro ao Ken o terraço do apartamento número 15, no terceiro andar.

Quando nos mudamos, o terraço era fechado com um sólido biombo de vidro, formando um espaço suplementar no pequeno apartamento. As disposições para acabar com esse tipo de arranjo deviam-se aos bons ofícios da primeira-dama do país, camarada Morte, como diria Culianu.

Tive a audácia de brigar na justiça com as autoridades só para obter um testemunho por escrito do abuso e para acrescentar mais uma ingenuidade à minha biografia jormana.

— Vamos ver o apartamento? Vamos ver quem mora ali.

— Eu sei quem mora lá.

Ken insiste, recuso, mas não por um acesso sentimental. Em 1989, após a queda da ditadura e o fuzilamento do ditador e de sua esposa, o administrador do prédio forçou a porta e mais que depressa mudou-se para o apartamento. É lógico que teve a ajuda da Instituição Secreta com a qual colaborou às escondidas, como todos os da sua categoria. O inocente inquilino de além-mar processou o administrador com duplas funções, mas a Suprema Instituição ajudou o seu colaborador. Mais uma vez, o impossível mostrou-se possível: em 1990 e em 1991, a justiça democrática da Romênia democrata deu-lhe ganho de causa no processo contra o traidor de além-mar. O estrangeiro radicado em Nova York teria que pagar não somente as custas processuais, mas quitar, com seus sórdidos dólares, o valor da pintura daquele apartamento pelo qual tinha pagado, do exílio, o aluguel durante todos os anos de ausência.

Sim, explico ao Ken que a legislação socialista dispunha que todo inquilino ao sair "definitivamente" era obrigado a entregar o apartamento ao Estado em perfeitas condições. Acontece que eu não "entreguei" o apartamento ao Estado e a lei não era mais socialista, mesmo que a polícia secreta, os informantes e os administradores do socialismo tivessem sobrevivido.

Subimos pela Calea Victoriei, passamos em frente ao Correio Central que tinha sido transformado por Ceausescu em Museu da História Nacional, lugar para celebrar a contribuição dele e da camarada Morte à gloria da nação. A rua impessoal, como a própria posteridade, não parece sentir minha falta, não sabe que fui um pedestre fiel ao longo de tantas idades. À esquerda, perto da loja Vitória, que voltou a ser Lafayette como antes da guerra, ergue-se uma grande, nova e feia construção moderna. Ao lado, o prédio da Milícia, transformada agora em Polícia Municipal de Bucareste. À direita, como antes, a Casa da Moda, de onde se desce para a Cinemateca.

O turismo *post-mortem* não deve ser subestimado. Sinto o privilégio da viagem, seu sadismo instantâneo e benéfico. Na esquina com a avenida, viramos à direita em direção à Praça da Universidade. Nas paredes cinzentas está pichado em letras garrafais: A MONARQUIA SALVA A ROMÊNIA. Atravessamos pela passagem subterrânea cheia de lojinhas e subimos novamente à superfície, do outro lado do bulevar Maghero, em frente ao hotel.

À uma da tarde, reencontro Leon no Ateneu. O ensaio está no auge, Ioana igualmente empolgada, disponível. Não sem dificuldade, sobreponho a imagem da atual funcionária cultural com a da poetisa de dez anos antes que eletrizava a plateia com o *Uivo,* de Allen Ginsberg. O carro da embaixada americana aguarda no pátio do Ateneu para nos levar ao almoço oferecido em nossa homenagem pelo senhor John Katzka, o cônsul encarregado das *"public relations"*.

A vedete americana e o exilado romeno sobem as escadas do suntuoso edifício! O Palhaço Branco, alto, tranquilo, elegante, perto de Augusto, o Tolo, diminuto e oblíquo, são recepcionados pelo adido cultural, uma funcionária inexpressiva e pelo senhor Katzka, alto, louro, volúvel, que se interessa imediatamente por Bard, pelo meu "grande prêmio" MacArthur, pela nossa programação na capital romena. Logo aparecem os convidados romenos... *Academics, Romanian Academics*, estava escrito no convite. Apresento Andrei Pleşu a Leon, que segundo George Soros seria o candidato preferido para dirigir a Universidade Centroeuropeia de Budapeste. Pleşu admira-se por eu não ter avisado da minha visita, pois poderia manter uma conversa com um "simpático grupo" da instituição europeia que ele dirige. Não chego a ironizar meu talento de perder ocasiões brilhantes, pois, quando dou por mim, estou abraçado com Laurenciu Ulici, presidente da União de Escritores, levemente envelhecido, estilizado. Ele também me repreende por não ter avisado da minha visita, insiste em que eu passe na União *sem falta*, pois gostaria de organizar um encontro, uma festividade, debates, em homenagem ao meu retorno. Para que finalmente os colegas expressem a indignação que não expressaram durante sete anos a respeito das mentiras públicas relativas ao confrade que se tornou hóspede? Não me divide com mais ninguém, faz questão de me contar os sucessos organizacionais e financeiros da União nesses momentos difíceis, confusos: com o dinheiro arrecadado dos aluguéis dos prédios para agências estrangeiras, são pagas pensões, auxílios-doença e prêmios literários; foi constituída a Associação Internacional de Escritores com residências de criação para tradutores, a Biblioteca di Romania, em Roma, que será sede de grandes reuniões dos escritores internacionais, a União estabeleceu relações editoriais em Paris! Aprovo, feliz por não ter perguntado nada a meu respeito.

Sentamos todos à mesa, deliciados com a inspiração de Leon e suas anedotas do mundo musical. O cônsul presidia sorrindo, atencioso com todos. Muita comida, vinho aceitável.

Lá fora estava um pouco mais quente, o sol alterou a luz da rua. Esperava ter um tempo para a livraria da sala Dalles, perto do hotel. Mas me permito uma *siesta* no quarto 1515. Tiro o paletó, os sapatos, deito na cama. O cansaço dilatado, pesado, enche-me de brumas. Relaxamento, ausência. "Saudações, Mynheer!" Uma voz levemente rouca, de fumante. "De volta à Pátria amada?"

Reconheço a voz, mas não vejo quem fala. Sei quem é e por que me chamou de Mynheer.

— De volta à Pátria amada, senhor Nordman?

Se repetir pela terceira vez a mesma pergunta, certamente irá me chamar de general de tanques. "Você é tímido, mas também violento, senhor Nordman", dissera depois de ler o texto que provocou o escândalo Manea em 1982 na imprensa socialista. "Tenho pés de barro como Golem, mas veja, fico num pé só e leio o seu texto. Não consegui colocar o pé no chão de tão excitado. *Mes hommages, Général!* Um general de tanques, *mon cher Nordman*", repetiu, ofegante, ao telefone.

— Voltou do paraíso capitalista? Como é por lá, no Jardim do Éden, General?

Volto a mim, vislumbro na cortina da janela a figura do morto que fora meu amigo, comunista, mestre em apelidos e em mexericos.

Quando nos conhecemos, logo mudou meu nome para Nordman. Tornei-me o homem do Norte... não apenas do Norte da Bucovina, mas também do Tratado do Atlântico Norte. Acho que nos conhecemos em meados dos anos 70. Certa noite, inesperadamente, o telefone trouxe-me a voz de uma dama desconhecida. Impressionada com um texto meu em um semanário literário, a desconhecida convidou-me para uma reunião amistosa em seu apartamento, na Strada Sfîntul Pavel, número 24, terceiro andar, apartamento 12. A senhora tinha uma voz agradável e parecia uma leitora de elite. O nome dela... esposa de um conhecido crítico e prosador? Nome familiar até mesmo para alguém que ganha a vida longe da literatura.

Já ouvira bastante a respeito dessa eminência parda da cultura socialista, nos anos do dogmatismo stalinista, lendária personalidade dupla, refinada apreciadora de livros e conspirações.

Na primeira noite em casa de Donna Alba, fui logo seduzido pela elegância clássica, ultrapassada, da bela anfitriã. A inteligência pulsava, fina, cortante como um estilete, na frágil morena. Seu famoso marido não apareceu. O ex-rebelde passava o fim de semana na casa de sua amante, onde acontecia uma reunião literária paralela presidida pelo próprio mestre e sua jovem admiradora.

Historinha do tipo parisiense, porém com condimento balcânico. O comunista, agora sedentário e obeso, meio inválido por causa dos interrogatórios da polícia de Antonescu, não dava mais que poucos passos. A distância do centro da capital, onde tinha seu domicílio conjugal, até a gaiola romântica do subúrbio onde morava a amante de fim de semana, era percorrida no carro do velho Kaciaturian! O motorista aposentado também já tinha sido comunista clandestino e se conheciam daquele tempo. Em vez de ajudá-lo, cobrava dele três vezes mais por uma corrida por causa da imoralidade. Acontece que não era possível pular da cama do terceiro andar diretamente no táxi. Só o elevador podia levar o Golem ao andar térreo do prédio onde o carro do camarada Sarchiz Kaciaturian o aguardava. Uma vez que os pés de barro do antigo clandestino não serviam nem para dar alguns passos, Donna Alba o amparava até o elevador e ali dentro e o instalava no automóvel com a ajuda do ressecado Sarchiz. Depois, voltava ao apartamento e telefonava para a rival, para avisá-la que a transferência tinha sido feita, o adúltero chegaria ao destino em aproximadamente quarenta minutos, como de costume. A amante deveria estar, em quarenta minutos, em frente ao prédio no bairro Drumul Taberei para tirar o amado do automóvel, ajudá-lo a chegar ao elevador e subir até o oitavo andar, ao ninho das loucuras. Conduzido até o carro do senhor Kaciaturian na sexta-feira ao meio-dia, recepcionado uma hora depois pela destinatária e reenviado para casa na segunda-feira de manhã, outra vez com o auxílio do espertinho Sarchiz Kaciaturian, recolhido pela esposa em frente ao imóvel da Strada Sfîntul Pavel, número 24, amparado até o elevador, do elevador à porta conjugal: essa situação picaresca não era invenção do humor bucarestino, mas a epopeia mínima, sem a qual o marido não podia ser amante. É óbvio que as duas companheiras adoravam o carismático inválido!

No encontro seguinte, fui honrado com a presença do bumerangue. "Não sei o que ouviu falar a meu respeito, senhor Nordman. Que sou um monstro stalinista, imagino. De fato, estive com Leon Trótski! Ou seja, um monstro trotskista. O senhor, como liberal inglês, acha que se trata da mesma coisa. Mas saiba que não é. Não é."

Parecia adivinhar o que eu pensava, o apelido Nordman comprovava isso.

— Eu vou permanecer na literatura graças aos apelidos. Os apelidos e os trocadilhos. Não pelos editoriais dogmáticos da "década obsessiva", como vocês anticomunistas chamam o período da luta de classes. Nem pela minha polivalência do período de liberalização, como vocês pacifistas chamam a armadilha kruschevista, a coexistência pacífica. É possível que nem mesmo os meus romances existencialistas desta nova época nacional-socialista sobrevivam. Mas os apelidos e trocadilhos que lancei serão certamente lembrados.

Ele também tinha um apelido, mas não sabia: Elefante Voador, assim o chamava o seu médico, que também tinha um apelido, o Búlgaro. Os códigos e as máscaras e as risadinhas animavam o país do carnaval sem carnaval. O jovem esbelto e impetuoso dos anos da clandestinidade comunista havia se tornado uma enorme massa de carne enferma após quatro décadas de socialismo, aleijado, assim diziam, pelos torturadores de Antonescu. O elefante enfermo imobilizado em casa movia-se com dificuldade entre a mesa, a cama e o banheiro. Entretanto, sua mente fervilhava, abrindo asas diabólicas de morcego e de águia para o Elefante noturno.

— E, então, como é o paraíso, General?

Teria eu novamente adormecido ou apenas mergulhara na névoa do passado? Ouvia a velha voz rouca e insinuante, mas não o via e assim era melhor. Dezesseis anos haviam se passado desde que me concedera uma investidura que eu não almejava, via telefone.

— Eu li aquela sua entrevista. Pôs a cidade em polvorosa! Os seus liberais exaltam a sua coragem liberal! General de tanques! Saiba que o senhor esconde dentro de si um general de tanques. Peguei a revista e, pasme, li o texto com um pé de barro no ar, outro na terra de barro. O senhor sabe o que isso significa para um aleijado.

Nordman, depois General, quem sabe que outros apelidos teria difundido nas suas sessões de bisbilhotice telefônica. Seu único divertimento e vida social: o telefone. Nos meses que antecederam a minha partida, ganhei um novo apelido: Mynheer, o nome do herói do romance que eu havia acabado de publicar, não o do estranho holandês de *A montanha mágica*.

— E então, Mynheer, como é a nossa sublime Pátria sem os comunistas? Verde, verde fel, como o uniforme dos legionários, preveni você.

Não era totalmente verde, como nunca tinha sido totalmente vermelha, eu teria respondido como um liberal arcaico se pudesse ser ouvido. Eu podia ouvi-lo, ele estava por perto, e, embora o reconhecesse, não o via e tinha medo de revê-lo: a barriga caída como um balão mal inflado, o nariz amassado, grosso como uma tromba, as olheiras profundas, os olhos inchados, esbugalhados e tristes, caninos grandes separados e amarelados, mãos pequenas com dedos como linguicinhas manchados de nicotina. Segurava-se com as duas mãos na beirada da mesa para sustentar as pernas mortas. Olhos inchados, olhar vago de míope, imensa barba branca, sim... depois da minha partida deixou crescer a barba como um selvagem. Nos últimos anos não se levantava mais da cama, barriga crescida, barba crescida. Ele se calava, emudecia, mas o passado sussurrava com a voz de ontem.

"O que se tagarela agora na democracia atlântica a respeito do monstro stalinista? Aqui não estamos na Inglaterra nem na Atlântida. Aqui é o país dos paxás, ora vermelhos ora verdes, não há outra alternativa. *Niente*. O senhor, com sua biografia defeituosa, deveria temer mais os verdes que os vermelhos. A Atlântida da liberdade atrai o senhor? O Jardim da Felicidade Monetária? Talvez seja pior por lá."

Como ele não foi ao aniversário de julho de 1986, quando comemorei meio século no país dos paxás, não podia imaginar que comemorei também o exilado Leopold Bloom. Não foi àquela Última Ceia, mas ficou bravo quando soube que parti. Consumiu-se de fúria e sofrimento em conversas telefônicas depois da minha partida. Apelava a todos os conhecidos, ofensas e apelidos, para que as crises e cobranças chegassem até mim, lá longe, na Atlântida, onde a mentira tem conta no banco e não carteirinha de partido. A doença agravou-se, não chegou a ver a morte do tirano que desprezava, nem a vitória do capitalismo que nunca deixou de odiar.

— Gosta como está a nossa querida terrinha, os queridos concidadãos? Trataram você com a importância que merece? Desde que tinha cinco anos, não somente agora! Você lembra ou não quer se lembrar? Eu disse: *sir*, aqui não é lugar para confusões democráticas e cores desbotadas. Vermelho ou verde é o que oferecemos. Você teve o verde, depois o vermelho, depois o vermelho com verde... e evadiu-se. No Paraíso é melhor? Um arco-íris? Todas as cores, o espectro inteiro? Eu também cheguei à Atlântida de depois da morte. Todos nós chegamos. Apenas a minha pobre esposa está atrasada. Você viu Donna? Viu como a Madonna intangível está hoje?

Não, não a vi, iria revê-la no sábado. Ainda era terça e precisava me apressar, tinha um compromisso... Desperto ou não, precisava apressar-me. Aniquilado, adormecido, fraco, tinha um compromisso, isso eu sabia, embora não soubesse onde nem a que horas seriam. Sesta! A tagarelice! Sesta oriental... que o socialismo padronizou e os romances do ex-comunista não paravam de temperar, degustar, elogiar. A sesta desviava o ardor, mas incentivava atos decididos e rigorosos. Seria a vingança da mente contra a impotência do corpo e a inutilidade do espírito? A roseira da expiação, o fogo da revolução para arrasar a mediocridade, o torpor, a boa conduta, a preguiça, a sesta. "*Alles Grosse steht im Sturm*", repetia *Herr* Heidegger, honrando com a saudação nazista a citação de Platão. "Tudo o que é grandioso está em tumulto", repetia também o Elefante Voador com o punho erguido: não aos limites! Apocalipse e Renovação! *Sturm, Sturm und Drang!*

Acordei. Acabei acordando, não passaram mais do que oito minutos... oito minutos, foi o que durou o meu reencontro com o Elefante. Tenho um intervalo, poderia visitar a livraria perto do hotel para comprar um mapa da antiga Bucareste para meu amigo romeno-americano Saul S., e assim mitigar sua fúria contra os valáquios, soletrando, encantado, as denominações encantadas: Strada Rinocerului, Strada Zîmbetului, Strada Gentil, Strada Rinocerului.

Não, não conseguia me mexer, estiquei-me novamente na cama, atento aos ponteiros, tique-taque, tique-taque, o quarto some e me vejo novamente na embaixada americana, o mesmo bufê de comidas, as mesmas mesas, os talheres intocados.

Duas cadeiras. Reconheço as pessoas, o tempo não as modificou: o poeta Mutu e o poeta Mugur, meus velhos amigos. Parecem congelados, apesar de sorrirem. Viram-me, mas calam como múmias.

— Que me diz desses mortos, Mynheer? O Mudinho e o Coelhinho eram seus amigos, não? Ouve-se, novamente, o sussurro de Golem.

Mudinho e Coelhinho... sim, apelidos dignos do mestre em apelidos.

— Reconheço que o Coelhinho também foi meu amigo. Meio-Homem-montado-em-Meio-Coelho-Manco, lembra? Os temores e os salamaleques e as mentirinhas do nosso amigo, lembra? E o suor! O suor persistente, lembra? De emoção, de medo, de pressentimentos ruins, da correria. A correria! Depois da pequena glória, pequeno afago, pequeno arranjo. Um bom poeta, o Coelhinho. Agora, depois da morte é possível ver quão bom poeta era. O seu nome vive aqui, no Mundo Transcendental. O poeta não é obrigado a ser valente, senhor Nordman, ambos sabemos disso, a Atlântida também sabe.

A rouquidão do microfone, os parasitas, a transmissão a distância. A voz do Golem volta agradável, clara, como eu a conhecia. A rouquidão é só do microfone.

— Não, a moral não é importante para iambos e troqueus, sabemos isso. Mas há um limite, também sabemos disso.

Os dois poetas da mesa permaneceram imóveis, como se nada ouvissem. E eu também fiquei imóvel na soleira da porta.

— A polícia, esse é o limite! O poeta é o agente dos deuses, e não da polícia. Não pode se tornar agente da polícia! Nosso Coelhinho não passou de um agente do pânico... Obrigou-o a escrever versos. Os versos tremiam como tremia ele próprio. Ouvi dizer que até hoje perturbam. As angústias tornavam-no suspeito, lembra? Agora sabemos que não foi policial.

O Golem permitiu-se novamente uma pausa para acertar os ponteiros.

— Enquanto o outro, o seu amigo, o Mudinho... sim, eu sei, faltou aos aniversários. Ao aniversário da maturidade ou à ceia da despedida? Eu também faltei. Estava com dor nas vísceras, minha cabeça estava enlameada, e não apenas os meus pés. Talvez o Mudinho tenha protegido o senhor não indo. E se depois tivesse que escrever um relatório à Santa Cadeira sobre a Santa Ceia? Encontraram-no nu e morto, não foi permitida nenhuma investigação. A autoridade é dona da morte e de seus mistérios.

Nem mesmo essas últimas palavras mexeram com as múmias da mesa. Impassíveis, registravam tudo com grande atenção e não piscavam.

— A morte, senhor Nordman, esse é o *happy end*! A condenação à morte não pode ser comutada. Agora o senhor também sabe. O exílio é legitimado ao final, assim dizia o mentiroso Malraux. Somente a morte transforma a vida em destino! Lembra, Mynheer? E o Coelhinho, sabe como morreu nosso amigo Coelhinho?

Sim, eu soube que Mugur morreu subitamente, com um livro e uma fatia de pão na mão. Mas desconhecia se, no *post-mortem*, os mortos estavam a par de meus fatos indignos.

— Indignos, senhor Nordman? O senhor disse indignos? Gostaria de explicar àqueles dois poetas o mal-entendido, é isso que o senhor deseja? Não há por que explicar, Mynheer! O senhor é um cético numa situação falsa. Não quer ser apontado como ingênuo, pobre Mynheer! Para o senhor, firmeza e simplismo parecem ser a mesma coisa? O senhor se envergonha da firmeza, da coerência, da ingenuidade, não é? Não há por que se explicar diante destes senhores! Nem diante de outros, creia-me!

Os que estavam à mesa não pareciam ouvi-lo, cochilavam como se estivessem em outro mundo. Aproximei-me para abraçá-los, pelo menos isso, mas o alarme disparou como se eu tivesse apertado o botão. Mão levantada, mão no receptor.

— É da recepção. Aguardam pelo senhor no saguão. É a senhora Françoise Girard.

Olho para o relógio, cinco minutos depois da hora marcada. Na pia do banheiro, lavo o rosto com água fria, pego o elevador, estou cansado, atordoado pelas 24 horas seguidas de teatralidade, estou no térreo, no saguão, com a escova de dentes na mão, passa por mim uma jovem com uma mochila nas costas, sorri, reaparece depois de alguns minutos, com o mesmo sorriso. Volta, para a minha frente, estende-me a mão... Françoise, a nova diretora de Soros. Eu a tinha visto ontem no Ateneu, só de passagem, durante o ensaio, com outra roupa e outro penteado, outro rosto, outros olhos. A escova de dentes desapareceu no bolso, retiramo-nos para os sofás dos fundos, à esquerda.

Não tenho tempo nem disposição para rodeios, digo-lhe que não tenho intenção de dar uma de revisor do Gogol de volta em casa, mas ouço o que tem a dizer sobre a atividade da Fundação na Romênia, dou até conselhos. Ela sorri, sussurra "país bizantino" e diz que vem do Canadá, o que explica sua aura afrancesada, prometemos discutir novamente em Nova York o projeto do Bard para a Universidade de Cluj. Uma conversa rápida, americana, como estes primeiros dias bucarestinos.

Estou no bulevar Magheru rumo ao ateneu. Novamente a sensação de disfarce, como se eu fosse um espião, perfeito conhecedor do lugar com máscara de viajante. Uma vez flagrado, teria confraternizado com os concidadãos que me reconhecem e que não mais me reconhecem? Possivelmente se perguntariam se o estranho merece amizade ou hostilidade, pois este não faz outra coisa senão afastar-se bem depressa.

Em frente à confeitaria Scala, levanto automaticamente o olhar. Como antigamente, no andar térreo do prédio em frente, a loja Unic. Desapareceram as filas de clientes que esperavam por horas a fio a chegada dos caminhões de frango ou de queijo. A caixa postal da entrada dos locatários merecia ser contemplada. Cinco anos atrás, em 1992, a caixa postal 84, da escada B, foi incendiada numa primavera como essa, quando apareceu na Romênia a tradução do meu texto sobre Eliade, publicado na *The New Republic*. "Seu ensaio pegou muito mal", escreveu a mãe de Cella, locatária do apartamento 84, escada B. "Pegou mal", repetia a minha sogra Evelyne ao telefone. "Aqui, Eliade, Cioran, Noica, Nicu Steinhardt, Iorga, Nae Ionescu, até mesmo Antonescu e Zelea Codreanu, são os prediletos da imprensa, heróis do anticomunismo."

Não tinha escrito o texto para cair nas graças da imprensa, mas também não esperava que os projéteis atingissem ricocheteando a vida de uma idosa que nem mesmo cheguei a precaver. "A reação contra o seu texto foi unânime... Há meses nossa caixa postal vem sendo violada. Dois cadeados foram quebrados, houve sinais de fogo.

Cheguei a colocar uma fechadura Yale. Quinhentos lei! Para que recebamos as cartas, escrevam para o endereço do vizinho."

Existiriam ainda sinais de quebra e fogo na caixa postal? Nesse meio tempo a locatária havia se mudado para o outro mundo e não me sinto tentado a visitar o apartamento.

Chego ao Ateneu. Dessa vez o ensaio acabou mais cedo e foi satisfatório. Vou com Leon à Casa Romana, um restaurante no final da Calea Victoriei, perto do meu último domicílio bucarestino. O chefe do restaurante cumprimenta-nos em inglês. Por ter adorado os charutinhos romenos, Leon tenta a sorte novamente. Em memória ao passado peço lúcio à "bonne-femme", porém, dou azar com um peixe gosmento e um vinho medíocre. O colega americano, encantado com os charutinhos, nem parece notar a minha careta de desapontamento.

Perto de nós, uma espécie de conspiração mafiosa. O chefe baixinho, robusto, mestre de obras, discute negócios, e não o ofício de construtor. Seu auxiliar aparenta a mesma idade, mas o jovem entre eles parece estar apenas no começo da aventura. O proprietário do restaurante fica atento, serviçal e assustado. Ao seu aceno, o auxiliar, de cabelo revolto e com uma ruga na testa, estende ao chefe o grosso maço de notas. O trio consome em abundância, os pedidos sucedem-se a um curto sinal do chefe. De jeans e jaqueta de couro, os três parecem os verdadeiros americanos do local, não apenas pela roupa, mas pela ostentação.

À nossa frente, duas jovens mulheres, maquiadas exageradamente, gargalham com estardalhaço. Quando nos levantamos para ir embora, as duas mesas se unem.

Na sequência visitaríamos uma escritora, amiga do amigo Cabeça de Ouro, de quem lembro apenas do monólogo da anfitriã sobre o marido: "O doutor, meu marido, é um homem admirável. Admirável, mas burro. Tão burro que não quer sair daqui nem mesmo agora, depois que a polenta comunista explodiu. Nem mesmo agora. De tão burro que é! Nem mesmo agora!".

Chegamos ao hotel perto da meia-noite, como nos dias anteriores. Ambos cansados. Amanhã cedo Leon terá o último ensaio; à noite, o primeiro concerto. Vou assistir ao próximo.

Meia-noite: a hora dos telefonemas para Nova York. Cella me transmite o pedido de Phillip de que lhe mande diariamente um fax avisando que tudo está em ordem. Fui informado que o fax do hotel fica no escritório da contabilidade. Funciona somente até o meio-dia – quando é noite em Nova York.

Língua noturna

"Crino", murmura a escuridão. Após breve intervalo, ouço novamente: "Crino". Um tempo depois o sussurro volta e finalmente entendo: "Hypocrino, Hypocrino", repetido na voz baixa e insidiosa da noite. Remexo-me no lodo do sono, levanto a mão esquerda, frouxa, pesada, puxo o cobertor de piche sobre a cabeça desgrenhada, escorrego e novamente afundo no subterrâneo do sono.

Cochilei! A blasfêmia já tinha acontecido, não havia escapatória. "Hypocrino", ouço de novo ao meu lado. O cobertor não pode me proteger, nem eu posso me proteger: lentamente, lentamente, serei extraído do limo negro e doce da ausência, sei muito bem disso. Já havia acontecido comigo, mais de uma vez, ser invadido por esse sussurro em esperanto durante o sono, em que as palavras conhecidas se separam, pouco a pouco, anunciando o despertar. O cansaço não me ajuda mais, nada mais pode restituir-me às profundezas. Extraído do lodo terapêutico, como outras vezes, vagarosamente puxado para a superfície, com delicadeza, tento aplicar a rotina da lentidão, prolongando a apatia, a amnésia, o desmaio de olhos fechados, a mente pesada, vazia, o corpo pesado, entorpecido, para permanecer assim, um lastro de chumbo na noite profunda, agradável e carregada. Não dura mais que alguns longos instantes, é claro que não tive sucesso nem desta vez. A janela diluiu sua opacidade, tornou-se violácea, transparente como outras vezes. As cortinas balançam num suspiro melancólico, pérfido, fácil de reconhecer: "Hypocrino"!

Estendo a mão na tentativa de apanhar o jornal sobre o criado-mudo. Claro que não há nenhum jornal, tateio ao acaso, acaricio apenas a superfície de madeira. As chances de confusão desvanecem-se, alguns segundos apenas ainda me separam de mim mesmo, em breve saberei novamente quem sou e onde estou. Levanto a mão esquerda, olho o relógio, aturdido.

"Primeiro no braço esquerdo, perto do coração. O sentimento", ensinava-me o professor de hebraico a colocar os filactérios. "Depois na testa. Entre esses dois momentos não pode haver intervalo, nem uma separação entre ideias e gestos, entre o sentir e o agir", explica o guia que me preparava para ingressar na ala dos homens da tribo aos treze anos.

O calendário do sono mostrava 1949. Mil novecentos e quarenta e nove! Mil! Novecentos! Quarenta e nove!, gagueja o velho que passa novamente e novamente pelo limiar da idade de treze anos, sem nunca tê-lo cruzado. Metade de século desde que fracassei em me tornar outro, diferente do que sou. As idades misturaram-se, umas nas outras, na idade do púbere. Durante esses anos não usei os filactérios na mão esquerda, mas o relógio do mesmo órfão do tempo, como antes.

Fito o quadrante profano e mudo da insônia, dou corda no tempo dourado: não, não eram oito e meia da noite como em Nova York, mas três e meia da manhã, aqui, entre os Cárpatos e o Danúbio. Ao aterrissar, eu deveria ter ajustado o relógio ao novo fuso horário, mas mantive a defasagem, a confusão da qual faço parte.

Aquele futuro, em que eu entrava em 1949, passou, mas o espaço voltou, o mesmo de antes. Vejo a hora no mostrador, olho a janela em direção à *Terra 1997*: *ali* não significava mais a Romênia, o "país longínquo", como até poucos dias antes. Agora era a América que estava distante, a pátria dos exilados de onde vinha novamente a saudação dos exilados: *Hypocrino!*

A língua da vida depois da morte, no mundo de cá e de antes. "Locação" linguística e não propriedade. Hypocrino! Função de adaptação entre os testes, os truques e os troféus da regeneração da sobrevivência. *"To function as a citizen of these United States one needs to be able to read, interpret and criticize texts in a wide range of modes, genres and media"*,[1] tinha lido no livro de Robert Scholes, *The rise and fall of English.*[2] Os estrangeiros adotados pelo país dos exilados obrigatoriamente passam pelo estágio Hypocrino. Antigas raízes gregas do termo "hipocrisia"? O automatismo da aceitação, as interjeições aprobativas? *"The roots of hypocrite are to be found in the ancient Greek verb hypocrino, which had a set of meanings sliding from simple speech, to orating, to acting on stage, to feigning or speaking falsely."*[3]

Aprende-se as palavras, a pronúncia, como no jardim de infância? Infantilismo teatral, simulando a gesticulação e a mímica normais produzidas pelo dublê enviado para substituí-lo e representá-lo.

Recortei a resenha do jornal, coloquei-a sobre o criado-mudo, à noite, no intuito de comprar o livro no dia seguinte. "Hypocrino", despertou-me o sussurro hipócrita da noite. Tentava não ouvir, amassei a página do jornal. Caiu o novelo, rolando pelo chão, assim esperava conjurar a blasfêmia.

---

[1] Para funcionar como cidadão destes Estados Unidos, deve-se ser capaz de ler, interpretar e criticar textos numa ampla gama de maneiras, gêneros e meios.

[2] Ascensão e queda da língua inglesa.

[3] As raízes da palavra "hipócrita" encontram-se no verbo grego antigo hypocrino, que tinha uma série de significados desde a fala simples, até a oratória, a atuação em cena, a simulação ou o discurso falso.

Pela manhã, a bola amassada estava no mesmo lugar! Com a tesoura, recortei da resenha referente ao livro de Scholes a frase que provocou a insônia. Colei-a na parede em frente ao computador, decorei a fórmula que protegia o apátrida dos pesadelos da verdade: *"hypocrino... meanings sliding from simple speech to orating, to acting on stage, to feigning or speaking falsely".*

Manhã ensolarada de verão, 1993. Haviam se passado cinco anos desde a aterrissagem no Novo Mundo, vinte anos pelo calendário do exílio. Caiu uma cartolina da caixa postal, com caligrafia conhecida. *"I wish for you that one morning we will all wake up speaking, reading and writing Romanian; and that Romanian will be declared the American national language!"*[4]

Com sua letra delicada, Cynthia acrescentava: *"With the world doing the strange things it is doing today, there is no reason for this NOT to happen".*[5]

O porteiro do edifício cumprimentando-me em romeno, o presidente da universidade falando comigo em romeno, rápido e agitado, o contador explicando-me as leis fiscais americanas, o condutor do metrô anunciando a próxima parada numa língua finalmente inteligível? Uma súbita descontração no relacionamento com os amigos americanos, com os estudantes, com os editores? Alegria ou pesadelo? Não, o ambiente americano em que vivia deveria continuar como era, o milagre imaginado na carta teria adicionado uma nova premissa à grotesca situação.

Não obstante, o desejo tornou-se realidade! Naturalmente que não nos termos em que tinha sido formulado: o dia marcado havia chegado, todos os homens ao redor falavam romeno entre si, não em Nova York, mas em Bucareste.

A observação feita por Ken, no decorrer da manhã, acertou em cheio o coração envenenado de alegria. Aos quarenta anos, na

---

[4] Desejo-lhe que numa manhã todos acordemos falando, lendo e escrevendo em romeno. E que o romeno seja declarado o idioma nacional americano!

[5] Num mundo em que ocorrem coisas tão estranhas como o de hoje em dia, não há motivo para que isso NÃO aconteça.

primeira viagem ao "mundo livre", os parentes e os amigos do estrangeiro sugeriram que eu finalmente saísse do lugar maldito. Mas eu não moro em um país e sim em uma língua, afirmei. Sofisma banal da esquiva! Agora, no exílio, carrego em mim a Terra Prometida, a língua, o refúgio noturno de *Schlemiel*.[6] A concha do caracol não é hermética, muito menos impenetrável. Novas sonoridades e entendimentos chegam rapidamente da nova geografia do exílio, o desconhecido penetra na carcaça do errante. A frivolidade não pode mais ser ignorada. Cada instante avisa sobre a morte dentro de si mesmo. A língua deixa apenas o orgulhoso emblema do fracasso. O fracasso o legitima, *mister* Hypocrino!

De repente, vejo Cioran na nebulosidade da janela! Passeia, precavido, pelos corredores do hospital, murmurando poucas e ininteligíveis palavras. Mais de meio século atrás libertou-se do idioma natal mediante uma infernal operação de transplante e instalou-se, soberano, no cartesiano paradoxo francês. Agora balbucia novamente as velhas palavras! A língua romena, tão adequada ao seu temperamento, da qual tinha se "des-nacionalizado", exaltado, reencontrou-o no alegre país Alzheimer. Balbuciava velhas palavras sem sentido no antigo idioma, a exaltação apátrida fora substituída por uma doce senilidade pré-natal.

Teria gostado de ser chamado de *monsieur* Hypocrino! Compararíamos as perambulações do exílio, como fizéramos certa noite, em 1990, no seu sótão parisiense. Seria necessário agora bater na janela da eternidade para lembrar-lhe da carta em que me instruía sobre a saída da Romênia? *"C'est de loin l'acte le plus intelligent que j'ai jamais commis."*[7]

Vaidade traumática, *monsieur* Cioran, vaidade traumática apenas? Por que a sobrevivência a qualquer preço? Bajulação do nome,

---

[6] Personagem do folclore judaico que representa uma pessoa desajeitada, sem habilidades. (N.T.)

[7] É, de longe, a atitude mais inteligente que já tomei.

apenas isso? Por que não aceitávamos o fim, por que havíamos nos tornado retóricos?

E o que acha da ira, *monsieur* Hypocrino? No final das contas, a ira dos demais nos cura das confusões e das ilusões, torna-nos mais interessantes aos nossos próprios olhos? Será que "o judeu metafísico" Cioran entende melhor as articulações ancestrais da ira do que o próprio judeu? A nossa Bucareste seria o cenário adequado para esse tipo de debate?

O mostrador do relógio na mão esquerda, perto do coração. Não tinha mais três ponteiros como antigamente, para segundos, minutos e horas, nem era necessário dar corda ao tempo antes de dormir. Não ouvia mais o pulverizar do tempo, a cada segundo. Não ouvia nada, nada. Os segundos morriam, desconhecidos, no ventre lacrado do novo brinquedo.

Devia descer ao saguão do térreo, ouvir a língua do passado, ouvir Cioran, ouvir a mim mesmo? O som antigo, a velha língua, a memória de quem foi antes de ser?

Tais oportunidades não podem ser desperdiçadas. Em Turim, em 1992, num encontro de escritores dedicado ao Leste Europeu, o texto em inglês da minha intervenção foi inútil, graças a Deus: excelentes tradutores de romeno para o italiano estavam na sala. Salvo, ressuscitado, feliz, depois de ouvir a notícia vi-me ladeado por dois compatriotas. O homem baixo, gordinho e elegante, com um sorriso largo, convencional, apresentou-se como adido cultural romeno em Roma, o que estava ao seu lado, literato da Accademia di Romania em Roma.

"Em que língua quer falar?", perguntou o adido cultural, olhando-me direto nos olhos. "Em romeno", respondi. "Finalmente posso falar em romeno", acrescentei, excitado. Os compatriotas contiveram o sorriso com dificuldade, continuando a observar, mudos, o rosto e os gestos deste surpreendente representante literário da pátria, tão feliz, quem diria, por falar ao mundo em romeno. Pobre criança, feliz por falar em romeno, mesmo com os representantes oficiais de uma oficialidade que não lhe merecia a menor confiança.

Quando nos separamos e eu seguia para a tribuna, sem querer, deixei "uma orelha" por perto. A dupla não percebera que a senhora que tinha visto a cena, a um passo, era minha esposa. O tímpano de vigia registrou o diálogo que se seguiu: "Você ouviu? Ele vai falar em romeno! Grande coisa! Encantado, pode?!" A réplica do acompanhante veio de pronto. "Pode falar até em húngaro, que não me interessa". É claro que húngaro significava pior que inglês.

Sim, Ken tinha razão em questionar o *mister* Hypocrino sobre o idioma. Seu sussurro noturno acorda-me frequentemente, como uma corrente elétrica errática, procurando seu destinatário, as redes freáticas da noite, captando em pequenas ondas maciças e tumultuosas o monólogo sonâmbulo sobre a riqueza do fracasso e as insônias benéficas.

O ponteiro do relógio passa das cinco da manhã em Bucareste, entra na profundidade da noite em Nova York. O silêncio do quarto e o silêncio do velho coração mede a pulsação infantil, implacável. Para o passageiro inquilino do tempo, o espaço do hotel é o mais adequado.

Terceiro dia: quarta-feira, 23 de abril de 1997

Em uma entrevista de 1992, alguém me lembrou de uma pergunta que lhe fizera dez anos antes, em 1982: "Quem me esconderia?". Haviam se passado cinco anos, e chegara a vez dela de me perguntar quem me esconde lá longe, na América de todas as possibilidades de desaparecer e de todos os meios de ser encontrado. Aqui, agora, no lugar de outrora transformado no lugar presente, que máscara esconderia aquele que fui e aquele que me tornei?

Uma senhora de casaco verde, de corte sóbrio, como se fosse a uma conferência acadêmica, aguardava no sofá da recepção. Não era mais a jovem poetisa dos anos 80. Entretanto, a senhora doutora em filosofia e docente universitária, redatora-chefe de revista e editora, não me parecia mudada. Seu sorriso não tinha envelhecido, e suas cartas, escritas depois de 1990, confirmavam que seu caráter tampouco havia mudado.

Olho para ela, ela olha para mim, tento dissipar as lembranças, gravar a fisionomia. A efígie balcânica de Maria Callas? Assimetria, mobilidade, delicadeza que se torna aspereza, instantaneamente reversíveis.

Subimos ao quarto, a visitante joga a bolsa e o casaco. A blusa de seda fina acentua a fragilidade dos ombros e dos braços. Tudo parece como antes, o silêncio prolonga o sorriso acanhado de ambos. Devia contar-lhe sobre as andanças, a liberdade, o envelhecimento? Não tenho a menor ideia de como e por onde começar. As cartas não substituíram a voz e o olhar que agora estão aqui novamente.

Entretanto, as palavras logo brotam. Não falamos da histeria nacionalista e comunista e anticomunista, mas de outros assuntos, assim, no final, ambos rimos. As piadas não parecem ter relação com o que digo ou com o que ela diz, pois a ouço resumindo um monólogo não pronunciado:

— Quer dizer que, apesar dos prêmios, das traduções e do título de professor pelo qual aqui todos o invejam, a ferida fermenta. Eu poderia ter adivinhado isso sozinha, não era difícil. Você precisa escrever mais alguns livros, essa é a solução.

É claro, a ferida e a solução. Deveria contar-lhe a respeito da dupla caricatura, sobre o clichê ao qual me sentia encastoado como uma velha púbere exposta em praça pública no cenário carbonizado pelo napalm do passado? Como de costume, citações vinham-me à mente, apenas citações, como se apenas a histeria retórica me aliviasse de mim mesmo através das palavras de outrem. "Quem deplora a terra natal?", ouço a voz desconhecida. *Quem deplora a terra natal encontrará no exílio motivos especiais para deplorá-la. Quem consegue esquecê-la e ama a sua nova morada será mandado de volta, novamente desenraizado, lançado num novo exílio*". Era Blanchot? Sim, Blanchot.

Devia contar-lhe sobre a camisa de força do clichê, abrir a gaveta onde Kafka amontoou seus correligionários? Devo evocar o acrobata cavalgando de pé em dois cavalos ou o indivíduo esmagado, deitado de costas no chão, na terra, simplesmente? Kafka enviou aquelas duas imagens kafkianas em um cartão-postal, em 1916.

Não estou certo quem negou, eu ou ela: "Não, você não tem razão, as citações e as metáforas evitam o diálogo". A verborragia começou imediatamente, sem outro sentido e outro alvo, senão a emoção falada em romeno. Transfiguração? Sim, desta vez Ken poderia ter visto o experimento que perseguia. A língua tinha voltado, pulsante, irresistível, devolvendo-me a mim mesmo. Ouço-me novamente e ouço a interlocutora de outrora e a de hoje. Ela me olha, sorrindo. "Você, um hooligan? Que impostura, acredite, uma impostura. Um escudo emprestado, alheio. Se eu gritasse bem alto aos hooligans: 'Vocês o substituíram por uma caricatura, não querem ouvi-lo, apenas denegri-lo', teriam acreditado em mim os hooligans?"

Não, não pronunciou essas palavras, eu as tinha lido recentemente em uma de suas cartas. "Você deveria vir cumprimentar os nossos brilhantes colegas duas vezes ao ano, deixar-se filmar, frequentar os bares."

Ela me ouvia atentamente, não parecia consciente das colagens que Augusto, o Tolo, montava em pensamento. No terror dos anos 80, perguntei-lhe brincando: "Quem me esconderia?", um pensamento dos anos 40 que se fechou no círculo de outros 40 anos, para voltar ao ponto de partida.

"As minhas latrinas, esse deveria ser o título das minhas memórias", comentou recentemente um amigo romeno cristão do exílio. "Vaguei pelo mundo do Eufrates até São Francisco. Sou testemunha: nenhum lugar pode concorrer com as latrinas da Romênia! O apocalipse das fezes!" Entenderia minha amiga por que o judeu romeno não poderia pronunciar tais palavras? A pátria foi-lhe negada, teve de conquistá-la, a execração não acontece assim, pura e simplesmente. "Não me foi concedido nem um segundo de paz, nada me foi dado, tive que conquistar tudo", dizia Kafka.

Mas não falávamos disso. Nem mencionamos a nossa entrevista de 1992, o episódio sobre a antologia israelita, *Escritores judeus de língua romena,* a minha irritação diante daquele título. Eu me considerava um escritor romeno, via a etnia como uma questão estritamente pessoal. Deveria perguntar agora: ser romeno é uma conquista? Deveríamos voltar a ler Cioran juntos.

Que etiqueta uso e por que precisaria de uma? Graças a Deus, não voltamos ao tema! O palavrear e as citações assaltaram a mente e a memória do exilado.

Em determinado momento, a minha correspondente tirou os óculos. Por um instante vejo um outro rosto, escuto uma outra voz. Ela fica na janela, depois se vira, olha para mim como antes, congelada à espera. O pêndulo da hora do passado estava pronto para movimentar-se novamente ao primeiro toque? Onde, qual e como seria o esconderijo? Ela me olha, eu não olho para ela nem lhe pergunto nada, com medo de que me pedisse por sua vez para escondê-la dos novos tempos, sendo obrigado a descobrir que não tenho onde nem como. "Deixe os seus livros em paz. Deixe que voltem para casa. Se um único homem gostar deles é o bastante. Pode ter certeza de que serão uns dez que salvarão Gomorra." Interrompo-a bruscamente quando me descreve a guerra diária entre os nossos compatriotas e começo a evocar o exílio. A teatralidade do exílio, a cisão operando mimética, como na infância. A dupla pueril diverte-se com a nova partitura, enquanto a velha metade emaranha-se na esquizofrenia dos antigos reflexos. Contraí-me, uma pontada fulminou o pneuma de Hypocrino enquanto falava para a poetisa sobre a língua, os verbos e a dinâmica do domicílio freático e outras preciosidades.

De repente, sinto-me cansado. Tiro os óculos, esfrego as pálpebras cansadas, faço um momento de silêncio pelo tema fúnebre. Em certo momento, ouço o que diz: "Norman, nós não somos todos iguais". É claro que não somos. Alguns teriam me abrigado, não apenas em 1992, mas em 1982 e até mesmo em 1942. Traduzo-lhe do inglês as palavras do velho Mark Twain, meu novo concidadão: *"A man is a human being - that is enough for me. He can't be any worse"*.[1]

Sorrimos, rimos e compreendemos o tanto de tempo que as palavras precisaram para nos encontrar e que não precisaram de

---

[1] Um homem é um ser humano - isso me basta. Pior coisa não poderia ser.

tempo algum. Fico sabendo que, depois da execução do ditador, a poetisa jurou que não teria mais medo de perder o sentimento de liberdade. Porém, sentiu medo depois, mais de uma vez, embora se comportasse como se não sentisse... Concordo novamente, eu também aprendi nesse meio tempo algumas coisas a respeito dos temores do homem livre. Consigo balbuciar: "O nosso encontro serviu para me domesticar, desarmar, sossegar... a síntese confusa da confusão". Da mesma forma, eu poderia fazer de conta que estava em outro lugar e em outra conjuntura, pensar em Praga e em Milena Jesenska e naqueles que ela abrigou nos tempos difíceis. Reconheço que me perturbam as solidariedades que a posteridade ainda permite.

Antes de despedir-nos, aceito, sem convicção, publicar pela pequena editora que ela dirige. Prometemos cartas e reencontros, uma espécie de conciliação melancólica entre as metades do passageiro em trânsito que eu havia me tornado. Disputado como o acrobata de Kafka entre aquelas duas metades puxadas pelos dois cavalos em direções opostas? Não, estirado no chão, pisoteado, amalgamado com a própria terra, como convém.

Às 9h30, Leon e Ken voltam do Ateneu, encantados com o concerto. Perguntamos por um bom restaurante. O recepcionista recomenda "La Premiera", nas proximidades do hotel, atrás do Teatro Nacional. Leon sobe ao quarto para deixar a pasta com as partituras e a batuta de maestro, Ken me relata o sucesso do concerto. O Oratório de Schumann, *O paraíso e a fada,* tinha sido marcante, queria conseguir uma gravação, a peça parecia esquecida, as gravações são raras.

Restaurante lotado, barulho, fumaça. Os nomes das comidas típicas romenas têm traduções bizarras para o inglês. Leon sabe o que quer, mesmo estando há menos de dois dias em Bucareste: charutinhos em folhas de repolho. Pedimos o mesmo para festejar o sucesso no Ateneu Romeno.

O maestro irradia bom humor, visivelmente contente com a surpresa que os instrumentistas lhe deram quando menos esperava. Excitação pede excitação. "Gomulka!", explode, rápido, iluminado pelo código mágico. "Você se lembra de Gomulka?", pergunta a mim e à eternidade.

Se lembro de Gomulka? Só posso entrar no frenesi burlesco, grave, solene, patético, como um Palhaço Branco, consolado, finalmente, por essa inversão de papéis entre os parceiros.

Sim, claro que me lembro de Gomulka, o fantasma convocado para nos divertir e nos abrir o apetite. No entanto, não falo ao meu alegre companheiro a respeito de Gomulka, e sim sobre a sensação produzida pela curta visita a Bucareste, no início dos anos 80, pelo seu sucessor, Jaruszelski, o general polonês, dirigente do Partido, com seus óculos fumê, como um ditador sul-americano, em comparação ao qual o pobre megalômano Ceausescu parecia uma humilde caricatura balcânica.

"Não, não o seu pequeno bufão, nem Jaruszleski. Gomulka! Aqui em Bucareste, tenho saudades de Gomulka!", repetia Leon o estribilho, como se fosse uma velha canção da moda atualizada em um *intermezzo* na Broadway, antes de passarmos à tradicional sopa de almôndegas e aos tradicionais charutinhos de porco.

Leon insiste em que lhe conte com quem havia me encontrado nestes dias em Bucareste. Hesito um segundo em responder.

— Encontrei alguns amigos. Inclusive, hoje à tarde reencontrei uma amiga poetisa que veio do interior para me ver. Não tenho tempo e também tenho medo de rever velhos amigos. Ken sabe que recusei alguns encontros.

Leon vira-se para Ken, pressentindo que viria uma história engraçada. Ken sorri e se cala, deixando-me falar tanto quanto eu quisesse.

— Pois é, um círculo de intelectuais romenos nos convidou, ou a qualquer um de nós, para um debate. Expliquei que estamos muito ocupados.

— Fez muito bem, não temos tempo. Vou partir na sexta-feira, na hora do almoço — confirma Leon com o charutinho no garfo.

— Houve mais um convite particular. Uma antiga amiga. Ken conheceu-a há muito tempo.

Os dois americanos ficam atentos.

— Ken também conhece outros personagens. De sua primeira visita à Romênia e de outras posteriores.

Ken concorda, prestando-se a fornecer detalhes.

— O nosso amigo mandou-me a um famoso literato que virou político. Arrogante, convencido. Depois, a um editor. Este sabia que sou americano, desculpou-se, só falava francês. Quando comecei a falar em francês, chamou uma tradutora que acompanhou toda a conversa. Ele fez um discurso nostálgico sobre a época em que a cultura era financiada pelo Estado, em atenção e respeito à nação.

— As pessoas que não fizeram porcarias durante a ditadura ficaram, depois de 1989, desgostosas com a farsa da democracia, com a retórica do Ocidente e com a pressa com que qualquer coitado queria se impor, não através da carteirinha do Partido desta vez, mas através da conta bancária — acrescento, embora os comensais conhecessem a situação.

— Entendo, entendo muito bem — intervém Leon. — Você se encontrou com algum dos anticapitalistas? Ou com alguns capitalistas! Sinta-se isento de quaisquer obrigações! Amanhã, veja, não precisa me acompanhar. Encontre-se com algum deles para que possamos conhecer as suas opiniões.

— Seria uma conversa constrangedora.

Silêncio absoluto. Não era necessário deixar que a pausa se prolongasse.

— E quanto à mulher que pediu para o Ken me dizer que deseja me encontrar...

— Ela é democrata ou traidora?

— O traidor nacional sou eu, não cedo o título a ninguém. É uma herança do capitão Dreyfus.

— Ok, ok, encontre-se pelo menos com um anticapitalista. Sem falta!

336

Chegamos tarde ao hotel. Peço a chave do quarto, surpreendo-me com o fato de que o jovem recepcionista não entende romeno. Ele é da Dinamarca, contratado, junto com uma colega da Alemanha, no Intercontinental de Bucareste. Alguma coisa mudou, devo reconhecer, até mesmo nos antigos anexos da Segurança Pública.

O diário de bordo Bard registra o fim de um longo dia. Lembrei-me de Milena Jesenska, que merecia gratidão. Era quarta-feira, 23 de abril, passava da meia-noite, quando me dei conta de que na anotação aparecia outro nome, não o de Milena.

Eu deveria sair do quarto, andar a esmo pelas ruas livres da noite até a Strada Transilvaniei, o último domicílio de Maria. Bateria insistentemente na janela, o fantasma reapareceria e me ouviria, como antes, quando eu era o seu príncipe incontestável e ainda não sabia nada a respeito do comunismo e da felicidade universal. A esposa comunista do marido comunista tinha caído, pouco a pouco, na doença e na amargura, destruída pelo maquinário infernal que a ligou ao militante também destruído, passo a passo, jogado como um velho bêbado entre os refugos da utopia.

Santa Maria me perguntaria, no iídiche que aprendeu com o livreiro Avram, como é lá no Paraíso americano. Paz, caridade, bondade? Competição, Maria! O Paraíso não é mais entediante como antes, foi inventado um jogo que mantém os locatários ocupados 24 horas por dia. Não existe mais a Strada Transilvaniei, nem a Maria, nem o passado, apenas os cachorros vagabundos da noite. Os seus uivos chegam até o quarto 1515.

Quarto dia: quinta-feira, 24 de abril de 1997

A União dos Compositores, no antigo palácio de Maruca Cantacuzino, esposa de George Enescu. Leon pergunta pelo arquivo, descobrimos o estado lamentável em que se encontram milhares de manuscritos do compositor. Os anfitriões nos informam a respeito dos complexos problemas de direitos autorais criados pela editora francesa Salabert e sobre a falta de recursos. Seria necessário um equipamento para arquivar, digitalizar e ampliar a atividade editorial e, ainda mais, um novo acordo com a Salabert, uma vez que o contrato de 1965 só permitia utilizar as partituras enesquianas nos países do antigo bloco soviético. O convidado americano interrompe o relato: "Sou vizinho do novo proprietário da editora Salabert, no vale do Hudson, em Nova York".

America über alles! Sorrisos e risinhos. Um momento de silêncio e, em seguida... o maestro Botstein compromete-se espontaneamente a apoiar o "relançamento" de Enescu no mundo. Solicita uma proposta detalhada para reestruturar e informatizar o arquivo, relançar as gravações, editar e difundir internacionalmente a obra, iniciar uma biografia monumental sobre o compositor. Uma batuta imaginária levanta, *in crescendo*, o apelo do maestro. "Se pudermos trazer toda a obra enesciana aos salões de concertos, a história da música deste século irá reservar a Enescu um lugar ao lado de Bartók e Szymanovski. Como se sabe, o século sofre a obsessão Schönberg-Strawinski. Bartók marginalizado por ser húngaro, Enescu, por ser romeno, os americanos, por serem americanos. Essa perspectiva há de mudar. Enescu não será mais visto como exótico, mas como mestre das sínteses, criador de uma original fraseologia musical. A Polônia comunista adotou Chopin, a República Tcheca, Smetana, e não Dvorak, os húngaros tiveram problemas com Bartók, até a intervenção de Kodály em seu favor. Enescu precisa de uma entrada triunfal no mundo! É um momento oportuno, devemos nos apressar". Na saída do elegante prédio, ambos temos a sensação de que, mais do que as pequenas e grandes misérias conjunturais, alguma coisa duradoura, importante, ressuscitou o nosso ânimo. O bem-estar daqueles que fazem o bem? "Saiba que Enescu foi um democrata, um caso não muito frequente entre os intelectuais romenos. Um ocidental, no melhor sentido da palavra", recitava Augusto, o Tolo, como um zeloso guia turístico.

Logo paro irritado com a minha excessiva autocomplacência. A perspectiva de uma operação internacional Enescu hipnotizou Leon também, que discursa sobre o arquivo Bartók de Budapeste e está escandalizado com o provincianismo do comunismo romeno, com o fato de que Enescu só parece visível em estátuas, um tipo de maoísmo bizantino. Teriam ficado contrariados os comunistas romenos com o exílio parisiense do compositor e com sua esposa aristocrata? Por que o arquivo se encontra em tal estado desastroso? Não tenho chance de responder, Leon está agitado e frenético.

À noite estou no Ateneu, no segundo concerto do maestro americano. A entrada bloqueada por andaimes, o pátio cheio de lama. As cadeiras de veludo vermelho, desgastadas, figurinos de um filme antigo. No saguão, donas de casa vendem programas do espetáculo em mesinhas desconjuntadas, 2 mil lei por programa. Também compro um jornal, oitocentos lei. A tia não tem troco. "Você sabe, quase não veio gente. Hoje é quinta-feira santa e as pessoas foram à igreja." A chapelaria é quinhentos lei, a jovem agradece, não espero o troco. Começa a chegar o público. Aposentados modestamente vestidos, mas ajeitados. Alguns estrangeiros parecem ser de alguma embaixada. Um casal elegante e espalhafatoso como nos filmes de mafiosos. Um homem magro, grisalho, que parece um monge: filho do famoso poeta vanguardista Saşa Panã, com a idade e a cara do pai trinta anos antes. Um grupo de estudantes do conservatório, outro de alunos com mochilas. Viúvas idosas. Chego ao camarote 18, cadeira 12. Três quartos do auditório cheios, sou o único no camarote. Momento de espera.

"Boa noite, senhoras e senhores." A voz nos alto-falantes era clara, melodiosa. "Informamos que os próximos concertos terão lugar nos dias 7 e 8 de maio, regidos pelo maestro Comissiona. Lembramos que no dia 5 de maio será realizada a abertura comemorativa do festival e do concurso Dinu Lipatti. Desejamos a todos uma audição agradável e, de acordo com a tradição, um bom feriado." Silêncio. Entra a orquestra, os costumeiros ajustes das cordas; aparece Leon, aplausos. Observo um jovem casal na última fileira do auditório, perto do camarote. Um homem de uns trinta anos, castanho claro. Cabelo volumoso, bigode. Sob a jaqueta desbotada, casaco cinza, camisa bordô, gravata. Um perfil firme, sobrancelhas salientes. A acompanhante chegou atrasada, sorrindo, acanhada, senta-se ao seu lado, sem uma palavra. O homem olha, encantado, a jovem princesa greco-valáquia. Nariz fino, narinas trepidantes. Olhar profundo, sobrancelhas longas, negras como os cílios. Ternura, mistério. Um longo cachecol cor bronze em volta do pescoço cai sobre o vestido até os quadris. Lábios vermelhos, um vermelho profundo, ensanguentado e antigo.

A posteridade. Você regressa dos mortos nas salas de concerto, onde em outro tempo vibrou como uma criança, como agora.

Os ensaios de Leon tinham sido desencorajadores, os músicos pareciam uma banda de impostores juvenis, pequenos monstros de jeans com risinhos histéricos para exasperar o professor. A antiga filarmônica, os sagrados instrumentos que celebravam a transcendência tinham desaparecido no mundo da transcendência, recusando a posteridade. E, de repente, um milagre! Os fraques e os vestidos negros transformaram radicalmente a orquestra. Eis que um uniforme também pode fazer milagres, não apenas estragos.

O Oratório Schumann enche a plateia irresistivelmente. O acompanhamento do retorno do outro mundo, não o acesso a ele, como sustenta o programa do concerto. Devaneio da infância, sonho da existência hipotética. O programa do espetáculo informa que *O paraíso e a fada* estreou em 4 de dezembro de 1843, sob a batuta do próprio compositor no salão Gewandhaus em Leipzig. Entre os deuses, as fadas Peri pertencem à cosmogonia iraniana e alimentam-se do perfume das flores. Mas às vezes descem à Terra para se acasalar com os mortais. O poema de Thomas Moore utilizado por Schumann, tinha como heroína uma fada Peri expulsa do paraíso, que seria readmitida se trouxesse o dom mais precioso: a condição humana. Trará a lágrima de remorso, coletada na face de um homem pecador, derramada ao ver uma criança. A anedota pueril é ultrapassada vocalmente na sinfonia de sons e na harmonia entre os solistas e o coro.

Um verdadeiro sucesso para Leon! Confirmou-me na saída a senhora que me parou na chapelaria. "Eu estava justamente tentando encontrá-lo, identificá-lo." O senhor Sava me disse que o senhor estaria no concerto esta noite. Reconheço a crítica musical que eu acompanhava, com admiração, anos atrás, na rádio e na televisão. Não parece envelhecida. A voz, as cálidas inflexões, o sorriso estreito, melancólico, são os mesmos de outrora.

Aparece Leon, orgulhoso com o triunfo. Jantamos num bistrô das imediações com Ken e sua jovem acompanhante bucarestina. No caminho para o hotel, paramos numa casa de câmbio.

Mas o rapagão da porta barra a nossa entrada: fechado. Como assim? Mostramos o cartaz: ABERTO 24 HORAS. Sim, mas há um intervalo entre as 23h30 e a meia-noite. Olhamos os relógios, 23h40. Novamente presos no gargalo da confusão: nem ordem, nem um perfeito caos, sempre no meio-termo, sem nunca saber com precisão o que terá de enfrentar, a fim de se prevenir.

"O azar foi a sua sorte, Norman", disse-me Leon no final de mais um dia muito cheio. "Sua sorte foi o ditador. De outro modo, você teria ficado aqui para sempre."

Recuso-me a propor-lhe mais uma visão cética a respeito da sorte e do azar. Divirto-me em formulá-la, ainda mais em romeno, no diário de bordo Bard College, porém as palavras não surgem. Que é que bloqueia meu contato com o presente, mas não me defende do passado? Na concha estreita, mantenho antigas cobras onívoras, as perguntas, mas o dia já virou passado e o futuro brinca de esconde-esconde.

O futuro, epistolar e burocrático, haveria de brincar em breve com esse dia: *"Dear Dr. Botstein, as you know, I asked a distinguished French archivist to look at the Enescu archives"*,[1] escreveria, seis meses depois, em 15 de outubro de 1997, a senhora T.P., em relação ao projeto Enescu, enviado por Leon à Fundação Soros. *"I just had a report of the visit. Enescu Foundation received him with some impatience. They told him the documents were in fine shape and he was not allowed to see them. I am at loss to explain this."*[2] A carta continuava: *"Obviously it will be impossible to provide support if the*

---

[1] Prezado sr. Botstein, como é de seu conhecimento, solicitei a um renomado arquivista francês que analisasse os arquivos de Enescu.

[2] Acabei de receber o relatório da visita. A Fundação Enescu o recebeu com certa irritação. Disseram-lhe que os documentos estão em bom estado de conservação e não lhe permitiram vê-los. Não sei como explicar uma coisa assim.

organization holding the Enescu materials will not even permit an independent assessment of the condition".[3]

Um prudente comentário que nós mesmos, Leon e eu, poderíamos oferecer aos anfitriões bucarestinos ou a nós mesmos, como diversão, se não tivéssemos nos identificado tão intensamente com os papéis de improvisados samaritanos.

---

[3] Evidentemente, será impossível garantir apoio se a organização que detém os documentos de Enescu não permite nem mesmo analisar seu estado de forma independente.

Interlocutores noturnos

Luz apagada, passa da meia-noite. Como não puxei as cortinas, não está completamente escuro. Da rua vem uma vaga névoa luminosa. Num nimbo difuso, o rosto do senhor Bezzetti.

— Já ouvi algumas coisas a seu respeito.

Eu sabia que agora viria uma longa pausa. Depois disso, sim, eu sabia o que viria em seguida.

— O senhor visitou a América? Conhece a América? É o melhor lugar para se aprender sobre a solidão.

Tínhamos nos encontrado em janeiro de 1989, no final daqueles dez meses da bolsa Fulbright que me havia me levado a Washington. Não rompi totalmente com o passado, nem explorava os truques para me apossar do futuro.

O bairro de Buckingham, num subúrbio de Washington, era modesto e sossegado, acostumei-me com aqueles dois quartos pequenos, luminosos, com a prancheta sobre cavaletes de madeira servindo de escrivaninha. Contudo, houve uma necessidade de mudança. Cella conseguira um trabalho numa empresa de restauração de arte em Nova York e ficava num hotel da West Side, no cruzamento da 48th Street com a Oitava Avenida. Eu também passei uma semana em Nova York, no Hotel Belvedere. Um hotel barato, diferente do Intercontinental de Bucareste onde me visita agora o fantasma de Bezzetti. Quarto minúsculo, só dois passos da cama até a porta. As janelas fumê davam para uma rua estreita e movimentada. Na esquina ficavam os bombeiros, de onde saíam gigantescas carcaças metálicas vermelhas, uivando suas sirenes vermelhas. O bairro ficava na zona limite de drogas e prostituição nas proximidades da famosa Times Square. Pela manhã, quando saía do hotel para o trabalho, Cella era assaltada por um exército de figurantes, como na *Ópera dos três vinténs* de Brecht, pedintes, vagabundos, órfãos da noite novaiorquina. *"Lady, America loves you"*, murmurava o coro dos alienados.

Os quartos pequenos e brancos do modesto subúrbio de Washington pareciam comparativamente idílicos. Recusava-me a todo custo a abandonar o refúgio ao qual finalmente tinha me acostumado. Mas a fonte de sustento do casal estava agora em Nova York. A mudança ocorreria no fim de janeiro.

O desespero estimula não só a esquizofrenia, mas também a extravagância. Na última semana antes de deixar meu primeiro domicílio americano, a impotência obrigou-me a ser outro, na esperança de que o destino também fosse outro. Alguns dias antes de deixar Washington, consegui uma audiência com o senhor Pergiuseppe Bezzetti, adido cultural da embaixada italiana nos Estados Unidos.

Primeiro, ele me observou do alto da escada. Antes de apertarmos as mãos, foi a minha vez de observar: um rosto moreno, de uma beleza masculina distinta, cabelo negro, crespo, cuidadosamente cortado, estatura elegante. Ele esperou que eu afundasse na imensa poltrona de couro e sentou-se na gêmea, ambas em frente a uma escrivaninha enorme, esculpida em madeira maciça. O recinto parecia fazer parte de uma antiga e principesca mansão italiana, não da sede de uma embaixada no Novo Mundo.

Ei-lo agora, no quarto 1515 do hotel Intercontinental em Bucareste, examinando-me com olhar intenso, calmo, concentrado, como oito anos atrás. Entre as abas da cortina noturna oferece-me curiosidade e cortesia, como da outra vez.

E se eu tentasse recordar-lhe quem sou e o que desejo por telefone, antes de visitá-lo, como fiz em 1989? Provavelmente me interromperia com as mesmas palavras.

— Já ouvi algumas coisas sobre o senhor, já ouvi falar a seu respeito — foi o que disse.

Quando, por intermédio de quem, onde? Em 1989, ninguém me conhecia em Washington, absolutamente ninguém, a não ser alguns parentes e amigos romenos. Eu morava num modesto subúrbio, de onde não saía há meses; em contrapartida, aqui em Bucareste evito os encontros e me hospedo num hotel acessível somente a turistas estrangeiros. Teria ele obtido informações do colega francês que me entrevistou em Berlim ou de seus colegas da Interpol literária?

Assim como há oito anos, o diplomata espera que eu prossiga. Não passava pela minha cabeça associá-lo, naquela época, ao suspeito interlocutor francês de Berlim. Eu precisava ser lacônico e exato, expor rapidamente a infantil solicitação, esse era o plano. Fui vê-lo porque desejava voltar à Europa antes que fosse tarde demais. Não aspirava ao Novo Mundo e não podia voltar à Jormânia socialista. Uma bolsa de alguns meses na Itália poderia proporcionar-me o almejado adiamento.

É o que eu desejava em 1989: adiamentos, adiamentos. "A decisão é um momento de loucura", sussurrou o amigo Kierkegaard, e a indecisão parece ser a própria loucura, já tivera a oportunidade de constatar. Experimentei a loucura da indecisão anos a fio, tornei-me um perito em indecisão. Mesmo assim, ainda confiava nos adiamentos.

O tempo, no entanto, não tinha mais paciência, não me tolerava mais. Era isso que o italiano, que me contemplava naquela ocasião em Washington, precisava compreender. Em Berlim, tentei adiar o exílio ao terminar a bolsa. Em Paris, numa curta visita investigativa, igualmente maquinei possíveis chances de me esquivar. Não consegui convencer os deuses do velho céu europeu, nem os jovens deuses da América, onde a indecisão é ilegal, um desafio intolerável, um estigma da depravação e do fracasso, uma enfermidade suspeita.

Não formulei mais nenhuma extensa argumentação em 1989, a não ser em pensamento. Comecei com uma breve introdução e depois um longo silêncio carregado.

— O senhor visitou a América? Conhece a América? — perguntou-me o diplomata pouco depois.

Meu pedido hesitante logo revelou o que realmente era: ridículo.

— O senhor esteve em outros lugares além de Washington e Nova York? — perguntou de novo o senhor Bezzetti.

Sua cordialidade contida me conquistava, ele percebeu.

Não, não visitei a América, não tenho inclinações turísticas, nem tempo, nem dinheiro, nem curiosidade.

— O senhor deveria passar algum tempo conhecendo a América — continuou, paciente, o distinto Pergiuseppe.

Graças a Deus, o conselho não foi seguido por uma lista de locais e museus terapêuticos, mas por um longo silêncio.

— Nenhum lugar no mundo é melhor para aprender a respeito da solidão — testemunhava meu interlocutor após uma pausa.

Solidão... um tema familiar. Eu estava sempre pronto a retomá-lo, não só num escritório na embaixada, mas também aqui e agora, na catacumba de um hotel. "Encontre a si mesmo na catacumba de um hotel", disse Kafka. A tônica neutralidade e a geometria do quarto de hotel sempre me foram propícias.

Eu era um bom estudante na solidão, aprendi muitas novidades sobre essa inesgotável jazida durante aqueles oito anos sem rever o senhor Bezzetti. Enquanto isso, no silêncio da morte após a morte, Pergiuseppe também havia aprendido muito sobre a solidão, eu não tinha dúvidas.

— Estou aqui nesta embaixada há dezoito anos — disse ele. — Um período tão longo é inadmissível, como deve imaginar. Bom relacionamento com o embaixador, independentemente de quem seja. O senhor é latino, sabe o quanto isso é importante. Permaneci aqui, no mesmo lugar, durante dezoito anos. Dezoito anos! Toda uma vida.

Inclinei-me, subitamente, para o interlocutor, no intuito de avaliar melhor o meu erro ao calcular-lhe a idade.

— Raramente vou a Roma. Férias curtas. Não suporto mais a Itália.

Desejaria ele desencorajar minha evasão para a Itália? Intuiu a suspeita e apressou-se em explicar.

— A proximidade entre os homens, é isso que não suporto mais. As perguntas, os abraços. A intimidade! O falatório, a familiaridade, os amigos, os parentes, os vizinhos prontos a sufocá-lo com seu afeto. Transcorridos alguns dias vou-me embora, extenuado.

A avalanche de palavras podia ser considerada um excesso, o senhor Bezzetti honrou-me com um desabafo!

— O senhor viu as distâncias americanas. A distância entre as cidades, entre as casas, entre os homens. Já deve ter percebido a que distância ficam uns dos outros em frente ao guichê, no cinema, nas lojas. É melhor assim.

Trocávamos olhares, eu ficava em silêncio. Será que ele dialogava com a minha ridícula visita de então?

— Se eu morrer amanhã, no meu pequeno apartamento em Washington, ninguém vai saber. Tudo bem — o senhor Bezzetti repetia as palavras de 1989, como numa farsa *post-mortem*.

Espero que as circunstâncias da morte de Giuseppe Bezzetti, em seu pequeno apartamento da capital americana, tenham ocorrido na medida de suas expectativas. Algo me dizia que o vasto domínio da solidão do pós-morte não o desapontou.

Conhecer a América? Acostumar-me com outra percepção de distâncias, residir em paz na minha solidão? Nenhuma excentricidade é totalmente inútil, nem mesmo um desespero, eu me dizia naquela época, na radiosa tarde de inverno de 1989, quando soube que não havia bolsas do governo italiano para escritores do Leste. A solidão, nossa única pátria... repetia eu ao sair do belo prédio da embaixada da Itália.

As palavras mereciam ser repetidas agora, na catacumba do quarto de hotel em Bucareste. No final da conversa, Giuseppe Bezzetti não sugeriu outro encontro como fez o seu colega francês em Berlim. No entanto, ofereceu-me ele também o seu cartão de visitas com o endereço e o telefone do pequenino apartamento onde esperava a salvação. Não o procurei. Eis que agora, aqui, em Bucareste, saído de distâncias intangíveis, veio me retribuir a visita.

Desapareceu. O senhor Bezzetti desapareceu nas neblinas da primavera bucarestina, fiquei com uma folha de papel amarelado diante dos olhos. Reconheci minha letra. "Se você deplora sua terra natal..." Sim, conhecia as palavras transcritas infantilmente num momento de júbilo senil. "Se você deplora sua terra natal, encontrará diariamente no exílio mais motivos para deplorá-la; porém, se conseguir esquecê-la e amar sua nova morada, será mandado de volta para casa, onde, novamente desenraizado, começará a viver um novo exílio." Não era o senhor Blanchot que estava à minha frente, mas um francês bem menos francês: Cioran, de Sibiu, bucarestino, parisiense, lendo as frases de Blanchot na folha de papel.

Pequeno, frágil, olhos ardentes e cabelos despenteados. Ajoelha-se, mas não diante de mim. Está perto da janela, de joelhos, olhando para o nada.

"Perdoe-me", sussurrava o rebelde com o olhar fixo no nada. "Perdoe-me, Senhor"... foi isso que disse!? Perdoe-me, Senhor?

Não, nem pensar, o herege não invoca a divindade. "Perdoe-me", repetiam as cortinas da janela. O olhar para o vazio, para o teto, para o céu, para a imortalidade. "Perdoe-me, Berinjela", ouço ao final. É isso, Berinjela, um bom apelido para a Divindade! "Perdoe-me, Berinjela, perdoe-me por ter nascido romeno", implorava o niilista. Conhecia a cena oferecida algumas vezes aos concidadãos, privilegiados pela farsa que não era farsa.

O abandono da pátria *c'est de loin l'acte le plus intelligent que j'ai jamais commis*", escreveu-me certa vez. Mas não tinha conseguido curar-se. *"Les Roumains. À notre contact tout est devenu frivole, même nos Juifs"*,[1] dizem seus escritos póstumos. O prazer de afundar suavemente no lodo? O país não gerou santos, apenas poetas...

"Você não é Cioran", ouço-me balbuciando. "O judeu não é capaz de dizer que limpa o rabo com a pátria, como a legião que Cioran admirava em 1940. Nem que o coração do romeno é uma bunda, como declarou recentemente um dos seus leitores. Nem que a biografia do romeno é a biografia das latrinas romenas... A legitimidade não lhe foi outorgada! Você não possui a sem-vergonhice, a terapêutica sem-vergonhice, não é? É difícil renunciar à vergonha. Você se envergonha por eles e por você mesmo, não é?"

A sem-vergonhice como identidade! A vergonha oculta, cheia de feridas purulentas, sim, eu a conhecia. A vergonha de não ter partido a tempo, logo, a vergonha de ter partido e, depois, a vergonha de ser trazido de volta ao local de partida. *"J'ai consacré trop de pensées – et trop de chagrin a ma tribu!"*,[2] gritava Cioran, sem ser ouvido por ninguém, ajoelhado na janela, com o olhar fixo para a autoridade invisível e irrisória.

---

[1] Os romenos. Em contato conosco, tudo se torna frívolo, até mesmo os nossos judeus.

[2] Consagrei muitos pensamentos e muita amargura à minha tribo.

O espinho oculto, fincado na carne, não se deixa extirpar nem absorver. Kafka entenderia, creio eu. *"Na luta entre você e o mundo, fique do lado do mundo"*, aconselhou-me. Todavia, como reconhecer os rostos hostis em um assédio? Uma única careta indecifrável. Como passar para o lado deles sem distinguir seus rostos e como distinguir a hostilidade deles da do inimigo que existe em você e com o qual espontaneamente confraterniza?

"Trop de chagrin", balbuciava *monsieur* Cioran, com a cabeça entre os joelhos. Juro que podiam ser palavras minhas. *"Trop de chagrin, trop de pensées"*, o velho século cansou, estamos no fim do jogo, cada um ajusta a concha de sua identidade para se esconder dos monstros de amanhã de manhã. O pijama não é a roupa adequada. "O circo da noite pede magia", sussurra o fantasma. "Você nunca foi capaz de fazer magia."

É verdade, não fui capaz, nem a isso tenho direito. A magia resolveria tudo, transtornaria tudo. Cioran evaporou-se, abandonou-me na noite do nada com um lamento: "Meu país!". Chorava, envenenado, selvagem, na deserta catacumba do cômodo: "Meu país! Queria aferrar-me a ele a qualquer custo, mas não tinha em que segurar-me".

A qualquer custo? Não, a qualquer custo, não! Não podia mais pagar qualquer preço, já havia pagado até ir à bancarrota, eu não era o primeiro, nem o último. Não se pode perder aquilo que não se tem e não há volta. Nem boa, nem má, repetiam Cioran e tantos outros, desde sempre. Que privilégio pode concorrer com essa impossibilidade? Não pertencer a ninguém, ser um mineral, sem outra identidade que não o instante. Nada, sem outra vingança que não o efêmero.

De repente, fiquei impaciente por voltar à América, para meus concidadãos exilados, inquilinos com direitos iguais à pátria dos apátridas, livre dos excessos das implicações e da aspiração à propriedade, reconciliado com a tenda do nômade e com o efêmero.

"Você veio ao lugar certo", foi assim que Philip recebeu Augusto, o Tolo, do Leste Europeu, na primavera de 1988, na sua chegada ao Novo Mundo. Nada no aspecto do viajante demonstrava que havia um lugar que fosse seu. Balbuciante, com a mão estendida em direção à roda da fortuna, era essa a minha aparência? O interlocutor americano sondava-me por trás dos óculos de armação dourada e sorria encorajador. Recostado no espaldar da confortável poltrona, esticou, americanamente, as longas pernas sobre a mesa. Admirei seus leves mocassins italianos, macios como uma luva, onde os pés nus, sem meias, sentiam-se à vontade.

"Não creio. A América não combina comigo", gaguejei. "Não queria vir. E agora não encontro um buraco onde possa me esconder."

Continuava sorrindo, o sorriso americano encorajador. "Tudo vai dar certo", murmurou, com uma espécie de resignação paternal. "Pouco a pouco você irá escrever de novo, irá publicar sua obra. Terá até admiradores. Não muitos, é claro. Na América tudo acaba bem no final. *Everything can be fixed in America, everything will be fine...*[3] Você entenderá pouco a pouco a grandeza deste país." A expressão *"everything can be fixed"* era nova para mim, eu me perguntava se equivaleria a um *"happy end"*.

"Há quantas gerações sua família está aqui?", perguntei por perguntar, só para escapar de mim mesmo.

"Três", respondeu o anfitrião.

"A minha família já enterrou cinco gerações na Romênia. Depois disso, algo acontece. Na Alemanha, na Espanha desde 1492. Os pais de minha mãe estão enterrados numa floresta da Ucrânia, perto do campo de concentração onde morreram. Uma cova sem indicação, sem nome. Depois da guerra, minha mãe quis sair da Romênia, mas acabará sendo enterrada lá mesmo. Está velha e gravemente doente. Talvez apenas meu pai consiga chegar à Terra Santa dele. Um túmulo privilegiado, perto do seu Deus."

---

[3] Na América tudo se ajeita, tudo ficará bem...

Philip ouvia cordial, mas o tom de autocompaixão do Leste Europeu era banal e enfadonho, eu percebia.

"Na América não acontecerá como nos outros lugares. A Constituição não permite. Nem a diversidade do país. Há imigrantes do mundo todo."

Calou-se. Evidentemente, a patetice do viajante não era do agrado do anfitrião, mestre em ironia e em sarcasmo. Eu estava pronto a acrescentar esses ingredientes, mas a conversa derivou para assuntos de menor importância. Foi o que fiz nos anos seguintes, quando nos tornamos verdadeiramente amigos e comecei a entender a grandeza e os desastres da América. Meu interlocutor, tão livre dentro da liberdade do país que amava e representava, encontrava-se agora, ele mesmo, publicamente assediado.

Sozinho, diante da multidão faminta por espetáculos, não é possível distinguir os rostos na balbúrdia. Passei por tais experiências na Jormânia comunista e as revivi nas mensagens da pátria pós-comunista. Desta vez, eu tinha a vantagem do exilado de contemplar sua "origem" a distância, mesmo que ninguém consiga pretender que está suficientemente longe de si mesmo. Philip considerou minha visita à pátria absolutamente necessária para a cura. Agora, no lugar que até ontem havia sido "minha casa", eis que eu pensava nos que tinham ficado lá na América. *"I think I have no prejudices... I can stand any society"*, declamou Mark Twain de alémmares. *"All that I care to know is that a man is a human being – that is enough for me. He can't be any worse"*.[4] Celine e Cioran não podem competir com tal sarcasmo. *"A man is a human being... he can't be any worse."* Suprema tolerância, supremo ceticismo.

Do Outro Mundo, de onde vêm essas mensagens noturnas, clama diariamente a obrigação de que eu confirme que está tudo

---

4 Acho que não tenho preconceitos... posso adaptar-me a qualquer sociedade... Tudo o que preciso saber é que o homem é um ser humano – isso me basta. Pior coisa não poderia ser.

ok. Acontece que o fax do hotel de Bucareste está quebrado. Um americano, mesmo bem-humorado, teria dificuldade em entender a piada. Resta a telepatia. Na longa noite entre 24 e 25 de abril de 1997, o ocupante do quarto 1515 no Intercontinental de Bucareste transmite, além dos mares e terras e fusos horários, a notícia de que a Terra continua girando em volta do insone passageiro: ok! Nada suspeito atrás das cortinas da noite, está tudo ok.

Quinto dia: sexta-feira, 25 de abril de 1997

O bairro imperial, o Palácio Branco do Palhaço Branco dos Cárpatos, o Versalhes da Jormânia. Uma longa artéria de prédios com fachadas ligeiramente diferenciadas, projetados como moradias da burguesia do Partido.

No alto, o Palácio Branco domina a paisagem, eclética síntese Leste-Oeste como algumas vilas do período entreguerras, grotescamente "modernizada" conforme o modelo norte-coreano.

Contemplo pela primeira vez esse monumento da ditadura bizantino-comunista, lembro-me da odisseia da demolição dos bairros vizinhos, das visitas "a trabalho" do presidente e da sua amada esposa às obras nas proximidades do último lugar em que morei em Bucareste. Eu costumava tampar os ouvidos para não ouvir as sirenes anunciando a carreata de limusines pretas do casal imperial. Os guindastes destacavam-se à noite, no céu iluminado pelos jatos de fogo das soldas, a calçada trepidava sob as betoneiras de concreto. A sirene lúgubre da milícia, a cadência militar da faina.

O palácio fascina Leon, a sensação muito aguardada na visita a Bucareste. "Este projeto será estudado nas escolas de arquitetura daqui a vinte anos, quando as referências políticas forem esquecidas! Semelhante resultado não seria mais possível em nenhum lugar nos dias de hoje. Somente um tirano ousaria demolir e construir numa superfície desse tamanho." Não me encontro com disposição conciliadora, não posso compartilhar do entusiasmo, mesmo entendendo a fascinação americana diante do mundo pré-moderno, subdesenvolvido, dos desfavorecidos, dos quais a América se afastou e continua a se afastar. Apesar das próprias misérias e sofrimentos, a América está sempre pronta a ajudar os menos favorecidos de qualquer lugar, como se dessa forma pagasse por seus pecados e privilégios.

Almoçamos na vizinhança, no Hanul lui Manuc, onde se respirava um ar piedoso e festivo. Sexta-Feira Santa, dia de abstenção, o garçom oferece somente salada e cerveja.

Antes de partir para o aeroporto e para a Escócia, onde gravaria um disco com a Royal Scottish Philharmonic, Leon repetia com especial brio como havia se sentido bem na exótica aventura comum e, no último instante, comprou um tapete oriental para o seu escritório no Bard College em uma loja turca, feliz por negociar em inglês com o vendedor, um antigo diplomata. Senti, mais uma vez, a vantagem de sua presença e da rapidez americana, que me impediu de me comunicar com mais frequência com os meus fantasmas. Parece que as premissas da viagem, diferentes para cada um, não atrapalharam a experiência benéfica do contraponto.

Não muito longe dali, a duas ruas de distância, no número 2 da Calea Victoriei, ficava o imóvel onde morei. Em alguns minutos estaria em frente à porta do apartamento 15, no zodíaco de outro tempo, honrando a sesta oriental-comunista de dez anos atrás. Entraria tudo no velho ritmo e eu voltaria a ser aquele que não mais poderia ser? Só se os acontecimentos do entremeio fossem dissolvidos.

A antiga Strada Antim, onde morava Saul S., fica nas proximidades. Nos meses anteriores à minha viagem a Bucareste, Saul repetiu seu desejo de me acompanhar. Ele se considerava muito frágil para empreender solitariamente o tão adiado regresso, juntos, quem sabe, poderíamos aliviar os traumas que cercavam, de maneira diferente, cada um de nós.

Haviam se passado sete anos, se muito, desde que nos conhecemos. Fui apresentado a ele como "romeno", para despertar simpatia, o que, nada surpreendentemente, teve o efeito contrário. Não fiz nada para mudar a situação. Parecia-se com o grande Arghezi, não somente pelo ar taciturno e pela réplica lacônica, ou pelo bigode e pela careca, mas pela sua pronta mordida a qualquer aproximação de desconhecidos, assim como de familiares. Um felino à espreita, quieto e, num átimo, hostil. Um velho genioso que tinha sido, com toda certeza, um jovem genioso.

A nossa aproximação aconteceu no dia em que ele me telefonou, inesperadamente, para me perguntar como eu estava, e comentou a resposta tão convencional quanto a pergunta: "Não, você não pode estar bem. Bem, não! Sei disso. Nós carregamos uma blasfêmia: o lugar de onde viemos. Está dentro de nós e isso não sara facilmente. É provável que nunca se cure".

Feliz por mais de meio século na América, onde encontrou o sentido da vida e o renome, a despeito de não ter curado a ferida romena. "Você leu o livro de 1949 sobre a Romênia? Parece que se chama *Athénée Palace*. A autora é uma condessa! Uma condessa americana, se é que isso é possível. 'Nós somos antissemitas, minha senhora', disse-lhe uma das personalidades locais, 'mas não podemos prescindir dos judeus. Não apenas por motivos econômicos, mas porque o romeno não confia em outro romeno. Somente aos judeus confessa os seus segredos sujos'." Esperava meu comentário, mas só respondi com um sorriso. "Se são antissemitas, por que confiam nos judeus? Se confiam neles e ainda os julgam inteligentes, eficientes, por que são antissemitas?", retruquei com o mesmo sorriso. "Que encanto de lugar! Veja só, este é o nosso lugar mágico!"

Lia o passado de antes do exílio como uma doença incurável, uma espécie de lama que penetra pelos poros, infectando os aproveitadores assim como as vítimas, destinadas a se adaptarem à ira e às cumplicidades ao redor, em uma contínua negociação que lhes deforma o caráter. Falava com uma veemência maldosa, maliciosa, sobre aquele metabolismo grotesco de periferia, com pequenos prazeres domésticos e persistentes fermentos de hipocrisia. Desorientado como eu me encontrava, numa ruazinha de Bucareste no ano de 1997, eu precisaria agora da energia de seu sarcasmo, uma mistura de pena e crueldade.

Suas caricaturas concentravam uma visão sobre o mundo que compartilhávamos. *O País Dada* tinha se tornado sua obsessão nos últimos anos, não somente como *País negro* ou *País de exílio*, como ele dizia, mas também como o *País da infância* sem volta. O artista parecia uma criança, encantado com sua mágica decoração e bufonaria, com seus odores extasiantes, abandonando-se mesmo hoje, com mais de oitenta anos, ao frenesi de outrora, na memória olfativa das sapatarias e engraxates, das lojas de ervas e temperos, da poeira e da transpiração da misteriosa estação, do cheiro das conservas e das tortas, dos *mititei* e dos barbeiros.

"Ao colocarmo-nos na desconfortável situação de imigrantes, é como se voltássemos a ser crianças", escreveu. Um exílio, a infância em si, mas um exílio milagroso, cheio de visões e feitiços. Seus famosos "mapas" que saíam de Manhattan, de sua própria escrivaninha, não omitiam o círculo mágico *Palas*, antigamente na vizinhança. "Estou entre os poucos que continuam a aperfeiçoar o desenho da infância", declarava.

Escuto sua voz ao telefone e o vejo agora, aqui, perguntando a qualquer um o mesmo que me perguntava. "*Cacialma*, o que você acha? É turco, é uma palavra turca, não é? Assim como *mahala, sarma, narguile, ciulama*, não é mesmo? E *cică*, o que acha de *cică*? E de *cicălealã*? Turcas, todas turcas. As que designam ofícios são alemãs, as flores, francesas, mas *rastel* vem do italiano, *rastello*. Da mesma forma que *rău* vem do latim. *Zid* é eslava, assim como *zîmbet*. *Dijma* parece eslava, bem como *diac* e *diacon*. O que é *diac*? Copista ou cantor de igreja?"[1]

Descobria palavras estranhas, sua fonética exótica devolvia bruscamente o tempo e o espaço que tinha nos formado e deformado e nos jogado no imenso mundo. "Nós não podemos ser americanos", declarou-me mais de uma vez, como uma espécie de conclusão consoladora, o idoso americano considerado *"a national treasure"*, o tesouro nacional do Novo Mundo. Tinha todos os motivos para me acompanhar a Bucareste e todos os motivos para evitar o retorno.

Agora, após a partida de Leon, poderíamos circular pelos lugares que, em alguma época, haviam sido o *Paraíso Palas* de sua infância. Mas acabou decidindo ir para Milão, a cidade da sua juventude, um substituto do passado mais *safe,* mais seguro e com menos surpresas. Em vez de desejar-me boa viagem, mandou-me uma cópia de uma página de um livro sobre Bucareste, com um mapa que marcava a zona encantada. *"12 de abril de 1997. Dear Norman, aqui é o meu círculo mágico: Strada Palas a partir da Antim – Strada Justiţiei cruzando com a Calea Rahovei. Restou alguma coisa? Dê uma olhada se tiver tempo."*

Sem as obrigações de anfitrião e guia, sobra-me tempo, o círculo mágico devia estar nas proximidades, mas não tenho forças para contemplar o nada. Os *bulldozers* da ditadura pulverizaram o Paraíso Palas, transladado definitivamente para Nova York, na memória ao velho artista de East Side Manhattan.

Novamente, a sua voz recebe inflexões musicais escandindo nomes arcaicos: Palas, Rahovei, Antim, Rinocerului, Labirint, Gentilă. *"Concordiei and just next to it, look, Discordiei. Concordiei*

---

[1] *Cacialma*: fraude; *mahala*: periferia; *sarma*: arame; *narguile*: narguilé; *ciulama*: frango ao molho bechamel; *cică*: diz-se que; *cicălealā*: tagarelice; *rastel*: rastelo; *rău*: mau; *zid*: muro; *zîmbet*: sorriso; *dijma*: dízimo; *diac*: copista; *diacon*: diácono. Palavras romenas derivadas de outras línguas. (N.T.)

and Discordiei!... And here we have Trofeelor, Olimpului, Emanci-pata. Listen, Emancipata! Isn't it wonderful? And Rinocerului, Labirint, Gentilă, Strada Gentilă! Also, Cuțitul de Argint. Puțul cu apă and Cuțitul de Argint!"[2]

O círculo mágico desapareceu, mas posso comprar na livraria perto do hotel antigos postais romenos para a coleção de Saul, como ele pediu. Postais de Buzău, Suceava, Fălticeni, Bucareste e Ploieşti, um tesouro inteiro para o famoso artista novaiorquino. Na primeira visita, Saul apareceu não com a costumeira garrafa, ou melhor, a costumeira caixa de garrafas de vinho, como acontecería mais adiante, mas com um antigo postal colorido da Buzău dos seus avós e pais e da sua primeira infância. Estendeu-o para nós, solenemente, atento em avaliar se Cella e eu merecíamos tamanha investidura. Legitimava-se assim o exilado que não suportava ouvir alguém falar da Romênia e não conseguia ser expulso do passado, nem meio século após ter deixado a terra natal. "Não posso fazer as pazes com a língua", repetia.

Estou em frente ao hotel, em plena luz da primavera. Teria reaparecido a alucinação protetora? A silhueta, o andar, o olhar... caminhava novamente ao lado de *Mater Dolorosa* como na Amsterdam Avenue? Ela sorria, os olhos diminuídos de felicidade e pela ternura inteligente de que eu tanto sentia saudade. A realidade que nos antagonizou tantas vezes e nos separou uniu-nos novamente, veja só.

O sorriso reapareceu, após uma fração de segundo, no quarto 1515 também. Saí às pressas para a rua, mais uma vez, em meio ao barulho cotidiano, para ficar sozinho de verdade, completamente só, como merecia.

---

[2] "Rua da Concórdia e, olhe que coisa, bem ao lado, a da Discórdia. A Concórdia e a Discórdia! E aqui temos a dos Troféus, a do Olimpo, a Emancipada. Escute, Emancipada! Não é maravilhoso? E a do Rinoceronte, Labirinto, Gentil. A Rua Gentil! E também a Faca de Prata. O Poço d´Água e a Faca de Prata". (N.T.)

À noite, jantar no Café de Paris, um restaurante novo e caro nas imediações do hotel. Participam o conselheiro e o encarregado de negócios da embaixada americana e suas esposas. Uma atmosfera cordial. Confirmo-lhes que a semana bucarestina tinha sido calma. Movimentada, mas pacífica. No almoço oficial com que fomos obsequiados Leon e eu, combinamos que eu ligaria para a embaixada caso detectasse algo suspeito. Não, não havia nada aqui que me ajudasse a decifrar, melhor que em Nova York, se aquela imagem do mártir de Chagall crucificado na fogueira do gueto no pequeno povoado do Leste Europeu era uma mensagem cordial ou hostil.

A discussão gira em torno do Leste pós-comunista, os diplomatas desenvolvem apreciações prudentes sobre a Romênia da atualidade e me questionam a respeito de Mircea Eliade. Lembramos o assassinato do professor Culianu em Chicago. "Em breve, aqui também, no Leste, as bizarrices nacionalistas dos intelectuais serão irrelevantes", diz o jovem *chargé d'affaires*. "Logo, logo os intelectuais serão, aqui também, tão irrelevantes quanto no Ocidente. O debate sobre o nacionalismo também será marginalizado. Como todos os debates intelectuais, não é mesmo?"

Recuso-me a mostrar interesse pelas ramificações diplomáticas do nacionalismo na sua missão no Leste Europeu e na antiga União Soviética. Aceito, relaxado, o pragmatismo otimista do agradável jovem que está à minha frente, a atmosfera amigável do jantar, reconfortante precisamente pelos limites que pressupõe.

O grupo insiste em me levar ao hotel. Parece que já haviam combinado com antecedência e, ao chegar diante da entrada, os quatro me acompanham até o saguão, onde ficamos mais dez minutos conversando. As velhas regras da Guerra Fria? Seria uma cena combinada, como antigamente, visando atrair a atenção das pessoas da recepção e de seus superiores para o fato de que os oficiais americanos me acompanhavam, portanto, eu gozava de sua proteção?

Já no quarto, abro a caderneta azul. Pego o lápis, mas uma sombra envolve novamente o ambiente. Fecho os olhos, fecho a caderneta, a aliada das trevas que me perseguem.

A casa do ser

"Ao falar em romeno com o rapaz da recepção, seu rosto iluminou-se." A observação de Ken na terça-feira pela manhã provavelmente estava certa.

Aquele momento me foi acolhedor, de imediato, porque a língua me foi acolhedora. Isso já tinha acontecido. O porteiro do hotel de Zurique, ouvindo-nos falar em romeno, dirigiu-se feliz a Cella: *"Bună dimeneața"*.[1] Vendo a minha felicidade repentina, não parou de descrever as dificuldades do exílio e a alegria de viver em liberdade na civilizada Suíça.

Havia sido uma piada o despertar do sono do Hypocrino? Deve-se, então, conquistar novamente o seu sustento: com as palavras que o conduzem passo a passo, no labirinto das andanças.

E, se tiver paciência, virá também o *Dia da Cobaia*. Acordei sem acordar, depois de uma noite breve como um átimo. Ao telefone, o matinal amigo americano, como sempre. A voz com a entonação brincalhona, a conhecida tonalidade, mas as palavras, a

---

[1] "Bom dia", em romeno. (N.T.)

fonética, o sotaque... oh, meu Deus, esse era um estranho substituto, um duplo balcânico. Quando eu me dirigia zonzo ao banheiro, escutei vozes na sala. Quem teria invadido a casa tão cedo? Cella tinha ido trabalhar e esqueceu a televisão ligada! Na tela, a novela do processo de O.J. Simpson, transmitida da Califórnia em outro vocabulário, outra fonética. Corri até o controle remoto e troquei de canal, depois para outro, mudei rapidamente para outro e, horrorizado, pelos mais de cem canais da pequena tela novaiorquina. Não havia mais dúvida: em todos os canais se falava romeno!

Desliguei o brinquedo, tranquei-me no banheiro. O espelho mostrava que eu me encontrava num estado de júbilo. Um sorriso idiota na máscara da felicidade, totalmente diferente do que achava ter sentido quando o telefone tocou. Desci os olhos para a concha branca da pia, para não ver a face do estranho. As mãos tremiam, o sabonete escorregou na pia, mas, apesar do medo, o emblema do triunfo permanecia no meu rosto.

Consegui deixar o banheiro sem olhar o espelho, coloquei a roupa e saí pelo corredor. Avançava, prudente, rumo ao elevador. A qualquer momento, uma porta poderia abrir-se para uma nova alucinação.

No térreo, Pedro, no seu posto, atrás do parapeito de mármore, sorria, amável, como sempre. *"Good morning, sir"*, dirá ele da mesma maneira que ontem no seu inglês com sotaque espanhol, revelando seus dentes brancos, perfeitamente alinhados, inclinando sua farta cabeleira e o bigode latino-americano? *"Bună dimeneața, domnule!"*. Não respondi, como iria responder? *"Good morning"*, como toda manhã? Só que eu não podia anular o sorriso cretino de encanto que enrugava meu rosto pálido. De repente, Pedro falava romeno! Como O.J. Simpson, o seu advogado Cochran e a adversária deles, Marsha Clark, e o presidente Clinton e o jogador de basquete Magic Johnson! Vi com meus próprios olhos poucos minutos antes na pequena tela onde Barbra Streisand e Diana Ross e Ray Charles cantavam, todos, se fosse possível imaginar, em romeno! *"Doamne Dumnezeule!"*,[2] acordei balbuciando, convencido de que Deus sabia romeno e me compreendia.

O jovem paquistanês da banca de jornal contemplava-me, estupefato, não por não entender o idioma estranho com o qual eu me dirigia à Divindade, mas porque, de fato, ele também entendia o código. Deixei as moedas na mesa, curvei-me para apanhar o exemplar do *The New York Times*. Olhava as manchetes, relia-as, em cada página. Procurava os votos, as promessas, a mensagem do oráculo? A mensagem tinha chegado, de fato, um ano antes, de uma cidadezinha de nome romântico: New Rochelle, em forma de cartão-postal escrito pela mão delicada de Cynthia.

I wish for you that one morning we will all wake up speaking, reading, and writing Romanian; and that Romanian will be declared the American national language (With the world doing the strange things it is doing today, there is no reason for this NOT to happen).

Palavras, apenas palavras, nenhum poder de predestinação na forma de combiná-las. Deveria ter sido circunspecto diante dos parênteses? Não faço parte dos fanáticos discípulos do senhor Derrida e da "ambiguidade textual". As palavras de Cynthia eram normais e afetuosas, bem intencionadas. Passei rápido demais por aquele NOT=NÃO que Cynthia tinha sublinhado? Deveria ter-me lembrado que os antigos nos aconselhavam a não desejar algo com muito ardor porque, Deus nos livre, poderia se realizar? Eis que tinha se realizado! E não trouxe felicidade ou cura, mas atordoamento. Num piscar de olhos, tornei-me uma daquelas marionetes de plástico dos infantis seriados americanos de TV, falados também em romeno, veja só.

Só pode o estrangeiro conquistar a cidadania linguística como um fora-da-lei ou como um hooligan, forçando a entrada a qualquer custo? E quando a pátria o expulsa, você pega o idioma e simplesmente foge com ele? Que significa a CASA DO SER, *Herr* Professor Heidegger? A língua com as chagas da língua, a língua

---

[2] "Meu Deus do céu!", em romeno. (N.T.)

enferma, a alienada, a insone, o novelo grego *hypocrino*? Simulação, dissimulação, fingimento? Teatralidade, jogo retardado de imitação e renascimento, a máscara no baile de máscaras? De repente, tudo falso, falsificado! O presidente Clinton em romeno, Ray Charles em romeno, Magic Johnson em romeno. A língua romena, língua global, ninguém tem dificuldade de entendê-la e de expressar-se nela. Um exílio universal, cada um fazendo o seu número no *Circo Hypocrino*?

O sapo subitamente transformado em príncipe sorria como um idiota, mas não se sentia nada bem falando em romeno com o mexicano Pedro e com o paquistanês da banca de jornais, nem com Philip, devia admitir. Cynthia tinha outra coisa em mente ao brincar com as palavras. Como tantos escritores e não escritores, tinha esquecido do perigo que se esconde nas palavras.

O meu sorriso lunático, o anseio de felicidade, tudo se tornou simples, fácil, normal. Estaria curado na velhice dos tropeços com os quais interpretava a infância, traduzida em outro vocabulário? A farsa disparatada não endireitou as coisas, apenas as deformou! O *monsieur* Derrida pode ficar satisfeito: a língua não finge ser inequívoca, assim sustenta o professor, não é verdade?

Tarde demais, Cynthia, tarde demais! Se o milagre tivesse ocorrido em 9 de março de 1988, quando aterrissei como um bebê vindo da Lua no aeroporto de Washington, nesse dia sim teria ficado feliz de falar romeno com Cynthia e com Philip, com Roger e com Ken, com Leon e com Saul B. ou com Saul S. e com tantos outros. De felicidade, seria capaz de conversar até com Dan Quayle e George Bush. Mas, agora, tudo estava mesclado. Eu não era mais o bebê que começa a aprender, entre gestos e gaguejos, a língua dos surdos-mudos. A nova língua em que me exilei foi permeando, pouco a pouco, os tecidos da antiga. Tornei-me *hypocrino*, um híbrido, em mim nada mais era puro ou íntegro.

Somente agora, depois do *Dia da Cobaia*, entendia a conversa que tive com Louis tempos atrás. Falávamos sobre as bizarras diferenças e semelhanças das nossas biografias. Não apenas a infância traumática, mas também o que aconteceu depois. Poderia imaginar um destino americano comparável com o dele, estudos numa faculdade renomada, advogado, escritor, se meus pais tivessem emigrado para os Estados Unidos imediatamente após a guerra, como fizeram os pais dele, e se tivessem tido condições de pagar as despesas escolares do filho. Da mesma forma, poderia ver o Louis, um nome igualmente inusitado na Polônia, suponho, como Norman na Romênia, se tivesse ficado em sua terra natal depois da guerra, percorrendo, quem sabe, um caminho não muito diferente do meu, entre as serpentinas do socialismo polonês.

Havia poucos clientes na hora do almoço no elegante restaurante da East Side, do qual o famoso advogado e romancista parecia ser um frequentador fiel, dada a forma como era tratado pelos garçons.

"Sim, talvez você tenha razão", concordou o interlocutor.

"Temos semelhanças sem perceber. A diferença é que você tem um idioma."

Rompeu-se o silêncio do charmoso local, como se uma enorme bandeja com pratos, talheres e copos tivesse sido jogada ao chão. Não, só eu percebi o estrondo. A escandalosa afirmação, contudo, não me derrubou da cadeira, só me paralisou. Perdi a língua, nenhuma outra perda podia ser equivalente, isso eu sabia, pelo menos isso era uma certeza. E quem fazia a incrível afirmação? Um escritor americano, perfeitamente adaptado ao seu país e ao seu idioma!

"Vivo confortavelmente, de verdade, no idioma do meu ambiente americano", continuou Louis, lendo os meus pensamentos. "Um idioma que eu manejo, posso dizer, perfeitamente. A diferença é que você tem a sua língua. Isso é perceptível, acredite. Dá para sentir inclusive nessas traduções das quais você se queixa, com toda a razão. O meu idioma, perfeito como é, não passa de um instrumento. Posso fazer qualquer coisa com ele, reconheço. No seu caso, você e seu idioma são uma coisa só. É coerente essa integridade, essa inteireza! E no exílio, ainda mais no exílio."

Integridade e inteireza no meu idioma exótico, perdidas na tradução? Escrevo, por acaso, em uma língua facilmente traduzível, com um léxico que migra tranquilamente para além das fronteiras? No silêncio do luxuoso restaurante, assaltavam-me novamente as perguntas como no momento em que estendi a mão como uma cobaia para apanhar no quiosque da Amsterdam Avenue o *The New York Times*. De repente, fulminado: as palavras reencontram o cativo, recuperam o sentido.

Fiquei imóvel no momento inverossímil. Passou-se um século. A mão continuava se mexendo. Inclinei-me para pegar o *The New York Times*. Estava em Bucareste, com um jornal romeno nas mãos!

Uma manhã tão inverossímil como a da Amsterdam Avenue em Nova York: estava diante de uma banca de jornais bucarestina, olhava a manchete principal: *O diário póstumo de Mihail Sebastian*. Quaisquer que fossem os argumentos de *monsieur* Derrida sobre a ambiguidade do idioma, as palavras claras têm um sentido claro, unívoco. Não descobri ambiguidade. Louis tinha razão: ninguém pode me despojar da coerência e da integridade. Nada e ninguém, nem sequer um sonho repentinamente realizado.

Sexto dia: sábado, 26 de abril de 1997

Almoço na casa dos meus amigos Bebe e Sílvia. A rua não se chama mais Fucik como antigamente, em homenagem ao famoso jornalista comunista tcheco, autor de *Reportagem ao pé da forca*; chama-se agora Masaryk, uma reconfortante promessa.

O prédio mal cuidado perdeu o prestígio da topografia privilegiada. O apartamento, antes confortável e elegante, agora está modesto, desgastado. Mas os meus amigos não parecem envelhecidos, conservaram o equilíbrio nas negociações com o meio de vida. Bebe dirige uma excelente revista cultural, Silvia o ajuda na classificação e preparação dos textos.

A conversa flui rapidamente. Falamos sobre a transição pós--comunista e o nacionalismo, Nova York, o Bard College, o maestro americano que veio a Bucareste, Eliade, o *Jurnal* de Sebastian. Bebe, aluno de Sebastian na época da guerra, descreve o período pós-bélico da atriz Leny Caler, ex-amante de Sebastian e de muitos outros, personagem principal da primeira parte do *Jurnal*. A atriz também fazia um diário, Bebe tem o manuscrito, menos interessante que a tempestuosa existência da cortesã. A biografia de sua irmã é que parece sensacional, também refugiada em Berlim, como Leny Caler, onde mantém obscuras relações com a polícia secreta, não se sabe de qual ou quais países que Bebe sugere com o entusiasmo de um velho apaixonado por histórias suspeitas. Um longo bate-papo oriental por mais de cinco horas, como aqueles da existência anterior.

Em seguida, visita a Donna Alba. O telefone me trouxe, no ato, a voz da interlocutora de dez anos atrás, mas sem os entusiásticos comentários sobre livros velhos ou novos como antes.

Donna Alba, como a apelidamos, foi uma aparição astral na juventude. Bonita, delicada, inteligente, dominava os seminários de literatura, intimidando os colegas que não se atreviam a se dirigirem a ela na sua gíria direta e plebeia. Terminada a faculdade, só resistiu alguns meses como redatora em uma editora, despedida por causa de suas vestimentas e seus silêncios cosmopolitas.

Entretanto, sua demissão não foi um desastre. A delicada descendente da burguesia conseguiu, nesse meio tempo, um novo nome e uma nova família: casou-se. A seráfica criatura do Olimpo desceu à terra firme, ao lado do camarada P.G., famoso crítico e temido ideólogo da nova elite comunista. O militante aceitou, sereno, a incompatibilidade entre os critérios estéticos socialistas e os personificados pela própria esposa. Manco, míope e sarcástico, o antigo clandestino, torturado e condenado à morte sob a ditadura do marechal Antonescu, era portador da dupla chaga de enfermo e de rebelde. Para o admirador de Proust e Tolstói, que relia a cada verão, o simplismo da luta de classes teria sido uma vingança sobre a corrupta sociedade romena. Corrupta também sob o socialismo, como ele mesmo iria descobrir, ultrapassado pela rapidez com que as máscaras eram reinventadas.

O degelo político dos anos 60 significava mais do que perder as investiduras oficiais: o comunista caiu, repentinamente, em delírio. Não foi o medo da democracia, considerada um truque para crianças retardadas, mas o pesadelo da ressurreição do fascismo que provocou a crise. Escondido embaixo da cama, apavorado com

370

a iminente execução! Internado num hospital psiquiátrico, o doente só se lembrava do fascismo e do pavor da execução! Parece que até o alfabeto, a escrita e a leitura, haviam desaparecido de sua memória. Um conhecido psiquiatra, ele mesmo escritor e amigo do doente, encontrou finalmente a solução: lia para ele fragmentos célebres de obras-primas literárias que, em outros tempos, ele sabia de cor. De fato: pouco a pouco, a memória começou a restituir-lhe palavras, linhas, páginas, voltou a lembrança das leituras e, progressivamente, a escrita.

Quando o conheci, o antigo militante havia se tornado sedentário e obeso. Sua ligação com a política reduziu-se à bisbilhotice e aos comentários de duplo sentido. Não tinha perdido o fervor literário: agora escrevia excelentes romances e novelas. A frustração revolucionária dispunha apenas dos refrãos venenosos contra o capitalismo e o imperialismo americano, o socialismo convertido em nacional-socialismo, os bastidores do mundo literário. As doenças multiplicavam-se, a tenacidade persistia. Mudar-se de uma cadeira a outra tornou-se uma performance atlética. Ao ser questionado sobre a saúde respondia, invariavelmente: "Estou feliz, senhor. Para mim só restou a felicidade".

Tempos difíceis também para Donna Alba. Seu anacrônico casaco de peles podia ser visto nas longas filas formadas para comprar queijo, limão ou remédios. Ela que nunca tinha preparado sequer um chá para si mesma, agora cuidava heroicamente do doente. Antes não costumava responder quando alguém a cumprimentava na rua, lugar trivial, de maculação; agora conversa com as velhas e com as crianças e com os aposentados nas horas de fila para comprar uma sacola de batatas.

Passar pelos invernos era o verdadeiro teste de sobrevivência no apartamento sem aquecimento do velho imóvel nas proximidades do Parque Cişmigiu. Como no bloqueio de Leningrado, na Segunda Guerra Mundial, era possível resistir na Jormânia socialista por meio da leitura. Parceiros de diálogos literários... a beleza austera da mulher ao lado do sofrimento do doente, o distanciamento estético e estéril da esposa em contraste com a militância frustrada do marido!

Nesse meio tempo, a biografia do casal tornou-se passado, apenas passado. Eu seguia em direção ao novo domicílio da sobrevivente. A vendedora da floricultura veio ao meu encontro e, surpreendentemente, conversou comigo em inglês. O preço de um buquê de rosas é o mesmo que em Nova York! Uma verdadeira fábula para a Bucareste da primavera de 1997. Nem me dei ao trabalho de protestar pelo fato de as flores não estarem frescas.

A rua cochilava no ventre frio de uma nuvem, pedestres incrivelmente animados. Sentia temor de tocá-los ou de ser tocado. Tímido, até demais, no corredor da rua sinuosa. O novo endereço de Donna Alba ficava ali por perto, eu já caminhava há um bom tempo, sem a certeza de encontrá-lo.

O elevador subiu lentamente, aos trancos, até o último andar. A porta abriu-se antes que o som da campainha parasse.

— Finalmente! Finalmente está aqui!

A voz não mudou, já tinha percebido ao telefone. Queria abraçá-la, mas os gestos familiares não eram fáceis nem mesmo no passado. Devo ter-lhe beijado a mão, como antigamente.

Desvencilhou-me prontamente do buquê de flores que eu manejava sem jeito, como sempre.

Dez anos desde a última vez que nos vimos. Perdeu a mãe e o marido, sobreviveu a uma tentativa de suicídio. O pesadelo pós-comunista sucedeu o pesadelo da ditadura. Talvez não pudesse pagar o cabeleireiro ou não prestasse mais atenção a estes detalhes. Perdeu a aura, o mistério, a celebridade ostensiva. O cabelo branqueou, usava um colete branco de lã feito à mão. Aparentemente, nem no horário da tarde, nem no horário da alma, podia usar trajes requintados como antes. Tinha à minha frente um rosto pálido, de olhos fundos, semitas, como os da velha Lea Riemer, irmã do vovô, no qual eu via a efígie bíblica da minha infância. Senti de imediato, o quanto eu mesmo envelheci.

Apontou-me a poltrona com um gesto. Não se ofereceu a mostrar-me o apartamento. Um porta de vidro separava o *hall* em que estávamos da mesa cheia de papéis diante da qual ficava a cadeira de trabalho Provavelmente, em algum lugar atrás, haveria um dormitório e um canto servindo de cozinha. Uma atmosfera estreita e antiga, pobreza, solidão. Não reconheci os móveis usados e amontoados. O "salão literário" da Strada Sfîntul Pavel não existia mais, nem o suntuoso vestido vermelho de veludo ou de seda.

Naquela tarde de outono quando, intrigado, toquei a campainha, a figura da desconhecida no batente da porta – a mesma que duas semanas antes havia transmitido por telefone a sua voz misteriosa – remeteu-me às velhas leituras românticas. A senhora parecia sair de um quadro de época. O rosto pequeno de porcelana branca, olhos negros, o cabelo preso com uma tiara branca. Vestido vermelho, luxuoso, graça contida, gestos lânguidos. Cintura fina, amplos quadris orientais sob as dobras do veludo. Apenas as mãos tinham um quê tristonho, indefinido, dedos finos, roxos, infantis, o cotovelo frágil, vítreo, inatingível.

A figura convidava a uma aventura anacrônica, em plena vulgaridade socialista.

— Não repare no apartamento... Melhor me dizer como é a América. Não a América importada dos filmes com metralhadoras e idiotas.

Calei-me, não sabia bem por onde começar.

— Ouvi dizer que você veio junto com um maestro ou qualquer coisa assim. Ainda por cima, historiador e que fala alemão? Algo além de bárbaros, sexo e dinheiro, *made in USA!*

A generalização dos preconceitos sobre a América não parece diferente da dos estrangeiros sobre a Romênia. Esboço um retrato elogioso do maestro.

— Um europeu, então.

Sim, americano e europeu... e observo a sobremesa que está à minha frente. Nos saraus literários de Donna Alba não se serviam comidas, apenas uma bebida leve, doce, vinho, licor, vermute e uma sobremesa de chocolate espessa e doce. Cada colherinha trazia um bloco de creme e açúcar, as sutis dissertações literárias ficavam à mercê do terror da glicose. Quando chegava em casa, rapidamente mastigava uma cebola, com apetite, para reequilibrar a memória e as vísceras. Mais tarde, a falta de alimentos básicos tornou impossível este suplício culinário e o frio das casas sem aquecimento acabou por extinguir os extravagantes serões.

A sobremesa não estava doce demais, desta vez fui poupado da agressão do passado. Era bolo de uma confeitaria conhecida.

Incapaz de perguntar-lhe sobre os últimos meses de vida de sua mãe e de seu marido, nem mesmo sobre a velhice, nem sobre a pobreza, olhava a mesa cheia de livros, papéis, cadernos, para encontrar *o Coinquilino K.*, velho e acabado, onde a mãe e o marido se escondiam agora. Atônito, olhava o relógio, não sabia o que dizer, esperando que acontecesse o milagre, como ocorre amiúde quando você parece estar indiferente e acaba vendo por perto *o Coinquilino K.*, o rijo e misterioso sobrevivente de todas as calamidades.

Eu o descobrira sem querer numa das visitas ao Grande Trocadilhista, marido de Donna Alba.

Eu havia chegado às duas horas, como de costume. O romancista deitava de madrugada e acordava tarde, os encontros aconteciam depois do almoço. Toquei a campainha, a sogra russa atendeu como sempre. Ela só falava o necessário, mas soube que me apelidou na primeira vez que me viu: *Ruskii pisateli, ruskaia intelighentzia*[1] e eu fiquei lisonjeado com o erro. Convidou-me ao *salion*, a sala de estar, como sempre. Sentei-me na cadeira habitual, à mesa coberta de veludo bordado. Eu estava sendo aguardado, a cenografia confirmava isto. Como em todas as visitas anteriores, a fotografia de Donna Alba na moldura e um volume de *Em busca do tempo perdido* estavam sobre a mesa. Contemplava a fotografia,

---

[1] "O escritor russo, o intelectual russo", em russo, transliterado para o alfabeto ocidental. (N.T.)

atento aos sons do cômodo ao lado. Passos interrompidos, respiração ofegante, eu já conhecia a sequência.

Finalmente, o Elefante Voador apareceu, cambaleando, apoiando-se na parede. Os pés não o sustentavam, tinha que se guiar por uma corda entre a porta e a mesa, presa na parede especialmente para esse fim. Ao chegar ao destino, desaba na cadeira como de costume, sem forças.

"E aí, liberal, que notícias nos traz da Atlântida?

O romancista e comunista aposentado estava, na verdade, mais interessado nas últimas fofocas locais do que nas notícias do Atlântico Norte. Conversávamos sobre livros e adultérios e conspirações literárias quando, uns quinze minutos depois o *salion* era honrado, conforme o protocolo, com a entrada da velha sogra russa, com a sobremesa e o copo d'água. Agradeci, como convém, pelo sacrifício gastronômico a que era novamente submetido. A *matushka*, porém, não saía da sala.

"Paul, Paul, aqui *Kafika*", murmurou com seu sotaque inimitável. "Trouxe *Kafika*", repetiu, destacando a primeira sílaba do nome com a última vogal diminuída num semitom.

"Kafka?", apressei-me em perguntar quando fiquei a sós com o mestre e a sonoridade eslava da pronúncia dissolveu-se. A velha deixou em cima da mesa, de vigia um dossiê grande e corroído. Uma agenda de capa grossa, velha, preta, exibindo ao centro uma etiqueta escolar manchada. "Sim, o registro de endereços e telefones. Claro, Kafka... foi o apelido que lhe deu, assim está escrito na etiqueta: Kafka. Assim como o senhor K., a agenda de telefones também está cheia de mistérios", respondeu-me o trocadilhista de passagem.

Perguntei-me, então, com que nome em código eu mesmo figuraria em sua cabala humorística descoberta ao acaso.

Mais de uma década depois, o *salion* estava modificado, bem como a sequência de personagens, mas eu tinha certeza de que o antigo *Coinquilino K.* vigiava ali por perto.

Eu fitava o relógio como um tolo, o metrônomo marcava o ritmo das palavras que me invadiam. *"Olho o relógio. Era o relógio que minha mãe me deu, a todo-poderosa e imortal, que jaz na terra há uma eternidade de ontem, de agora"*. As palavras eram da interlocutora, na página de uma revista publicada três anos antes. *"Olho com esforço o segundo relógio sobre o baú da cama, o relógio de meu pai todo-poderoso e imortal, um relógio bom e muito durável, que comprou contente alguns dias – uns sete – antes da morte."* Enxergava as palavras, não na página impressa, mas no papel amarelado e velho, com linhas escolares, do *Caderno K*, testemunha escondida em algum lugar por perto.

"Em cima do baú da cama, feito de madeira de limoeiro dourado, enegrecido e manchado pelo tempo, estava também o relógio da adolescência e da juventude, do meu próximo mais próximo, do meu semelhante mais semelhante, um relógio que está parado há muito. Não olho para ele, mas sei que está aqui. Papai me presenteou para que eu o presenteasse com um relógio suíço extraordinário, vindo diretamente de Genebra. Com a oferenda da oferenda faz-se o Paraíso – e assim foi feito durante um longo tempo, curto demais – mas pode se tornar um verdadeiro inferno. Porque meu pai todo-poderoso e imortal está debaixo da terra. E o meu próximo mais próximo, o semelhante que mais se assemelha a mim, vulnerável, forte e imortal, também jaz debaixo da terra, num buraco qualquer, cavado bem fundo na argila e coberto de argila. E onde, de fato, jazo eu também."

Ouço a surdina das palavras, a cadência metalizada, no receptor do telefone que me trouxe, há 25 anos ou 25 séculos, a voz daquela que agora me olha do buraco que abriga todos nós.

As minhas frases sobre a América eram convencionais. Não porque a minha volta também parecesse convencional, mas porque eu sabia o quanto Donna ficou chocada, em 1986, quando soube da minha partida, o quanto insultou e escarneceu, nos meses seguintes, o seu semelhante mais semelhante. Estaria disposta a me descrever os furores do marido? É verdade que antes de voltar à terra de onde veio, o herói de sua vida fez um gesto de reconciliação: transmitiu-me, de longe, votos de próspero arraigo na terra onde havia naufragado.

— Eu sou rica em perdas. Quero dizer, sou competente nessa área. Peço que não esqueça o que vou lhe dizer agora: você não perdeu nada. Você não perdeu absolutamente nada por ter ido embora. Ao contrário.

Parecia falar também em nome do morto que estava entre nós. Seria a comutação da minha sentença? É claro que não se referia ao idioma, conhecia como poucos o valor das palavras. Ela queria dizer que as outras perdas eram, na verdade, ganhos. Era assim que julgava o fato de permanecer no lugar? Não tive forças para lhe explicar o que eu mesmo aprendi sobre perdas e ganhos. Só escutava repetidamente o refrão: "Você não perdeu. Não perdeu nada. Nada perdeu. Ao contrário".

Para escapar do obsessivo metrônomo, perguntei onde ficava o banheiro. Mostrou-me o caminho, conduziu-me até poucos passos da porta, por um estreito corredor. Apertei o interruptor. A luz incerta da lâmpada minúscula mostrou-me uma espécie de depósito. Malas usadas, vassouras, escovas, cadeiras empoeiradas, roupas velhas, bacias esburacadas e chapéus antigos, golas de pele, dossiês, sapatos fora de moda. Pareceu-me ver, por uma fração de segundos, pássaros empalhados perto de bustos de argila rachados e guarda-chuvas estragados.

Num canto, uma pequena pia, a um passo, o vaso. Não olho para o espelho riscado, fecho a torneira. É inútil, o filete de água enferrujada pinga sem cessar. A cerâmica velha do vaso, a tampa estragada, o chão cinza e as paredes cinzentas, a velha esquadria da janela, a bacia e os panos. Desligo a luz, fecho os olhos e fico parado, em meio ao monturo, sem forças para retomar a visita.

Voltei, mesmo assim, e pareceu-me ter ouvido palavras sobre agentes da segurança enriquecidos e aposentados suicidas, sobre crianças vagabundas e cachorros vagabundos. Teria mencionado, de passagem, os sapatos italianos que podem ser comprados na loja da esquina, se tiver dinheiro?

Só demorei mais alguns minutos com a minha antiga interlocutora. Mas na rua escutei de novo a sua voz. *"Quem sou eu?"*, perguntava perguntando-me. *"Quem sou eu?"*, perguntara alguns anos antes no texto dirigido a ninguém. *"Fecho as pálpebras e continuo enxergando. Não tenho o direito de enxergar. Espanto qualquer visão, procuro enxugar minha testa, empapada de gotas salgadas e amargas de suor e eis que me pergunto: Quem sou eu agora?"*

A voz metálica, levemente cansada, eu a conhecia e as palavras vinham do nada. *"Achava que nos conhecíamos bem demais, o meu ego e eu. Eis que me pergunto: quem mais sou eu agora? No fundo, quem sou eu?"*, repetia, à toa, enquanto caminhava. O meu ego e eu, conhecíamo-nos bem, mas eu repetia a pergunta que há muito não me interessava mais.

Alguns minutos até o hotel na Praça da Universidade. À tarde, pouca gente na rua. Desço a passagem subterrânea da Universidade, subo até o outro lado, onde estão os vendedores ambulantes de jornais e livros. Meu olhar se fixa na parede onde está escrito, em letras pretas, A MONARQUIA SALVA A ROMÊNIA. Do outro lado, o Hotel Intercontinental, onde descansa, no quarto 1515, o diário de bordo do passageiro, pronto a confirmar que o dia e as horas passadas tinham sido reais, pertenceram-me.

A passagem subterrânea une as quatro esquinas da intersecção entre o bulevar Magheru e o bulevar que antes se chamava Gheorghe Gheorghiu Dej. Na minha vida anterior, aqui circulavam bondes. Antes era um cruzamento em nível. Aqui, neste ponto, há trinta anos, o destino atravessou de uma calçada a outra, vindo em minha direção.

Estava escondido, na esquina da Universidade, na ruazinha que levava para o Instituto de Arquitetura, privilegiado por ver sem ser visto. O tempo tinha parado, assim como agora. Espero que o semáforo – que não existe mais – mude de cor. Ela também espera, do outro lado na outra calçada. Estou longe, invisível, na Lua. Não me vê, não vê ninguém. Sozinha, intangível, dona do momento. O semáforo pisca, vermelho-verde. Mais uma fração de espera. Vai atravessar, atravessou, como antigamente. Usa um casaco de pele preto, em forma de sino, botinhas curtas de salto. O rosto se vê, não se vê, um nimbo. Cella, minha esposa. Contemplo o passo gracioso, o caule do corpo jovem. O rosto branco, a luz do luar.

A princesa nórdica disfarçada de estudante bucarestina, avança em direção ao meu olhar à espreita. Fiquei surpreso, naquela tarde fria e diáfana, vendo-a andar, do outro lado da calçada, em direção ao relógio da Universidade e em minha direção. Revelação solitária, secreta. Iríamos nos casar pouco tempo depois.

Petrificado agora, trinta anos depois, nesse mesmo lugar astral, só meu. Dirijo-me às bancas de jornais e livros. Desço novamente a passagem subterrânea com uma penca de jornais nas mãos. Estou no quarto, folheio todos, olho as letras vermelhas e pretas.

Curierul Național,[2] bordas vermelhas com grandes letras vermelhas eclesiásticas: CRISTO RESSUSCITOU![3] O jornal *Ziua*,[4] com a exortação: RECEBAM A LUZ! Sobre a imagem do Redentor, cercado de santos e discípulos, em meia página. O *România Liberă* deseja sobre fundo vermelho, votos de: BOAS FESTAS COM CRISTO RESSUSCITADO DENTRE OS MORTOS!, oferecendo a imagem de Cristo e a mensagem de sua Beatitude Teoctist, Patriarca da Romênia. O *Cotidianul*[5] traz à esquerda da manchete a imagem de Jesus e à direita a do Rei Mihai I que está festejando a Páscoa na Romênia e a quem se deseja: CRISTO RESSUSCITOU, Majestade! O jornal *Adevărul*[6] noticia: "Na noite santa do nosso reencontro na esperança e no amor, vamos todos nos regozijar: CRISTO RESSUSCITOU!".

Guardo à minha frente o *Adevărul*, uma manchete difícil de se encontrar no Ocidente. *Le Monde, The New York Times, Corriere della Serra, The Times, Die Zeit, El Pais, Frankfurter Allgemeine, Neue Zürker Zeitung*... nenhum tem a audácia de reivindicar A VERDADE. Na Romênia do entre-guerras, o *Adevărul* foi um jornal res-

---

[2] "O Correio Nacional", em romeno. (N.T.)
[3] Saudação usual na religião ortodoxa no período da Páscoa. (N.T.)
[4] "O Dia", em romeno. (N.T.)
[5] "O Cotidiano", em romeno. (N.T.)
[6] "A Verdade", em romeno. (N.T.)

peitado. Logo depois da guerra, a ditadura proletária suspendeu sua publicação. Em Moscou, os comunistas tinham sua própria Verdade, o *Pravda*, que inspirava o cotidiano *Scînteia*,[7] o órgão central do Partido Comunista Romeno, com o título tirado do *Iskra* leninista. Depois de 1989, o *Adevărul* reapareceu como "jornal independente".

Já se passaram cinco anos desde que o *Adevărul* anunciou que eu era "meio homem". O autor da informação, um antigo jornalista do *Scînteia*, abandonou a linguagem revolucionária internacionalista em favor de outra mais atualizada, para atender aos novos gostos e novos leitores. O seu texto, "O romenismo de um romeno integral", dedicado a Mircea Eliade, citava-me entre aquelas "metades, mínimas quantidades ou quartos de pessoa" que impediam o *salto da Pátria* para melhor. Metade, fração ou quarto de gente? Não era necessariamente um insulto. O meu amigo, o poeta Mugur, apresentava-se assim: Meio-Homem-montado-em--Meio-Coelho-Manco. "Esperança e Amor" é o que proclama, depois de cinco anos, na santa noite de 26 de abril de 1997, o jornal *Scînteia*.

Procuro comentários sobre o *Jurnal* de Mihail Sebastian, o evento da primavera romena em concorrência com acalorados debates sobre a integração do país na OTAN. Publicado meio século depois da morte do autor, o livro põe em foco a "rinocerontização" das mais destacadas figuras da elite intelectual (Eliade, Cioran, Nae Ionescu e tantos outros). *"Longa discussão política com Mircea, em sua casa. Impossível resumir. Foi lírico, nebuloso, cheio de exclamações, interjeições, apóstrofes. De todas essas escolho apenas a sua declaração – finalmente leal – de que ama a Guarda, tem esperança nela e espera a sua vitória"*, escrevia Sebastian, em 1937. A Guarda de Ferro, o movimento ultra-nacionalista que "limpava a bunda" com a Romênia, como avisou Cioran, e cujos militantes, como sustentavam os jornais, cometeram, no dia 22 de janeiro de 1941, a matança "ri-

---

7 "A Faísca", em romeno. (N.T.)

tual" de judeus, no abatedouro de Bucareste ao som enlevado de hinos cristãos.

Hora tardia da noite. A televisão exibe as cerimônias religiosas da Ressurreição. Inclino-me sobre a pilha de jornais. As reações ao *Jurnal* de Sebastian são diversas. Emoção, pasmaceira, irritação. Por que me interessaria? Não estive presente quando o entusiasta Ariel perorava nos anos hooligânicos antes do meu nascimento, em frente à pequena audiência na livraria do meu avô, sobre o hooligan Sebastian e os legionários hooligans com quem os seus amigos se aliaram. Sebastian não tem nada a ver com a Transnístria, nem com Periprava. Na verdade, ele também queria sair do gueto, só que não foi recebido com flores, mas, como era previsível, com outros guetos. Assediado, ele também era cativo das adversidades interiores... as semelhanças, difíceis de ignorar, não anulam as diferenças, intransponíveis. Viveu no mundo dos antigos códigos, pronto a explodir, eu vivi depois que os códigos explodiram.

Não, não sou Sebastian, mas se escrevesse sobre o *Jurnal*, tornariam a lançar sobre mim pedras e injúrias? Novamente homenageado como traidor, extraterritorial, "lixo", agente da Casa Branca?

Poderia ler o futuro no passado ou nos jornais do presente: Augusto, o Tolo, almejará novas honras hooligânicas, Augusto, o Tolo, escreverá sobre *o Jurnal* do hooligan Sebastian, convertendo-se de novo em hooligan, acusado de insultar o povo romeno e de impedir a entrada da Romênia na OTAN! E provocará novamente a fúria da elite bucarestina, exasperada com o "monopólio" judeu do sofrimento e com o "monitoramento" judaico da Romênia...

Era tarde, não tinha mais forças para as charadas do futuro. Uma notícia dos jornais chamou-me a atenção: o falecimento do escritor e literato Petru Cretia. Alguns dias antes de sua morte, a revista *Realitatea evreiască* publicou um texto dele sobre as estrelas da elite intelectual: "personagens públicos fazendo alarde de uma ética imaculada, uma postura democrática impecável, uma sábia ponderação que, no caso de alguns, vai acompanhada de certa solenidade pomposa, capazes em âmbito privado e até mesmo em outros lugares de destilar a sua raiva aos judeus, aqui e agora". Como nos anos hooligânicos de Sebastian? De repente, a voz do cristão Cretia invade o quarto. "Vi a prova irrefutável da fúria provocada pelo *Jurnal* de Sebastian e alguns sentimentos de profanação dos altos valores nacionais provocados pelas revelações tão calmas, tão dolorosas e indulgentes desta testemunha imparcial, às vezes angelical."

A voz parou, indecisa, como se tivesse dúvida em levantar o tom ou abaixá-lo até o sussurro. Uma pausa seguida apenas da calmaria final, na mesma tonalidade decisiva. O pedido do crente cristão ao mundo cristão é inequívoco: "o pior monstro depois do holocausto é a persistência, nem que seja mínima, do antissemitismo". *Mínima*, nem que seja mínima? O viajante pode pegar no sono com esta última palavra, na Pátria de onde não quis sair e para onde não quis voltar e onde as ambiguidades o acolheram.

Terapia tardia, o sono. Tudo o que você perdeu e ainda não sabe que perdeu pode levar consigo na noite da cura santa, mesmo o hooligan Sebastian e o hooligan Jesus, escarnecido pelos fariseus e ressuscitado em muitas faces e queimado vivo por mil vezes nos crematórios do século hooligânico.

Não me oponho mais ao cansaço, como uma criança idosa que tanto implorou pelo anestésico.

Sétimo dia: domingo, 27 de abril de 1997

Ruas estreitas do velho bairro em grande parte demolido. Paisagem angustiante, tortuosa, fachadas descascadas. O rumor ancestral, os clamores, as queixas, a teimosia em perseverar, obter reconhecimento... num estalar de dedos.

Avanço atento pela Strada Sfînta Vineri, em direção ao Templo Coral, sede da Comunidade Judaica. Quase dez horas, rua deserta. Após a longa noite da Ressurreição, Bucareste acorda tarde. Pátio vazio, os funcionários da Comunidade Judaica também estão de folga. Todavia, o porteiro cristão está em seu posto, é claro.

Pergunto o endereço do senhor Blumenfeld, o secretário geral. O homem baixo, de casaco de couro, que está perto do porteiro, presta atenção.

— Posso levá-lo de carro. Sou o motorista da Comunidade.

— Ele precisa aprovar... — O porteiro faz um gesto com a mão apontando para um prédio no fundo do pátio, pronuncia um nome.

— Fale primeiro lá no escritório, com aquele senhor ali...

O senhor Isacson ou Iacobson ou Abramson não atende à porta, não levanta a vista dos papéis. Explico quem sou, de onde venho e por que preciso do endereço ou do número do telefone do senhor Blumenfeld. Silêncio. Acrescento que o senhor Blumenfeld me conhece. O funcionário não levanta a vista. Decido ficar calado até que as orelhas surdas do senhor Abraham, Isac ou Jacob comecem a funcionar. O tempo passa, o manequim não vira a cabeça, até que finalmente pronuncia com voz ameaçadora:

— O que você quer? O que foi mesmo que disse?

Tratando-me por *você*? Mas não estamos na América! Não vou responder até que levante a cara dos importantes papéis. Eis que o ruivo mostra seu focinho estreito e enrugado.

— Quem é você, o que quer? O senhor Blumenfeld fraturou não sei o quê! Está de cama! De licença! E eu estou ocupado, entendeu?

Bato a porta, passo pela guarita do porteiro e vou embora pelo bulevar Bălcescu, de volta ao hotel. Sebastian mencionava, no seu *Jurnal*, acho, que nos tempos difíceis é preciso estar entre correligionários, nem que seja por um momento, para sentir a consequente decepção.

Deserto, um pedestre aqui e ali ou um ou três cachorros vagabundos, mais dois e mais quatro. Centenas, milhares de cachorros agressivos, assim diziam, invadem as ruas, eu não os vi, não andei muito pelas ruas. Posso imaginar, agora, depois dos raros quartetos caninos, como seria uma matilha raivosa.

Prédios fechados, nenhum sinal de vida nas janelas, balcões ou terraços. Somente sombras. Viro de repente, não vejo nada. Alguns segundos depois, na direção da loja de tintas, novamente a visão. Apenas nós dois na rua estreita. A velha conhece a rua, acompanhei-a muitas vezes neste bairro. Reconheço seus pés delicados, pálidos, o cabelo branco, curto, os ombros ossudos, arqueados, o vestido de mangas curtas sem cós, a sacola na mão direita, a jaqueta de lã na esquerda. Ela vai devagar, bem devagar, eu vou depressa, mesmo assim estamos um do lado do outro. Em frente ao hotel, novamente me encontro sozinho, as ruas silenciosas e tortuosas ficaram para trás, no nada.

No quarto, descubro o telefone do engenheiro Blumenfeld e disco o número. O convalescente tem uma voz apagada, envelhecida. Sim, posso visitá-lo a qualquer hora. A caminho da praça Amzei entro no correio, compro cartões-postais para os amigos americanos. A funcionária me analisa. Será uma velha conhecida? Não, não reconheço o rosto agradável, nem o sorriso. Olhos grandes, úmidos, lábios grossos e úmidos, dentição perfeita. Reconheço que desde o primeiro momento gostei do seu atendimento tranquilo e gentil. Relembrei sequências esquecidas, a familiaridade de um passado sem eloquência e outrora habitável.

— Por acaso o senhor sabe falar alemão?

Confirmo, feliz pela cordialidade da voz.

— Oh, o senhor me salvou! Saiba que o senhor realmente me salvou.

Estende um cartão com instruções em alemão: modo de usar o pó para pintar ovos de Páscoa. Traduzo, a senhora confirma, entende a sucessão das operações e as anota com rapidez num pedacinho de papel, sorrindo continuadamente. O jovem que eu tinha sido outrora não teria ignorado a promessa codificada naquele sorriso.

Loja da praça Amzei. Antigamente aqui se vendiam os raros pacotes de carne permitidos à população pelo camarada presidente. A maioria dos compradores de agora são romenos do estrangeiro vindos para passar, como em outros tempos, a Páscoa. Escolho algumas garrafas caras de vinho romeno para Cabeça de Ouro, também compro duas garrafas de uísque, uma para ele e outra para a viagem a Suceava.

O prédio onde mora a família Blumenfeld fica no meio de um terreno baldio, resultado das demolições na região da estação. Uma senhora abre a porta. Reconheço a mulher bonita e pequena que era destaque em todas as festas da comunidade, ao lado de seu marido alto, bem apessoado, distinto. Agora, o engenheiro, visivelmente envelhecido, perdeu o status. Recuso o café oferecido, a senhora traz um copo de água sobre um delicado pires de cristal. O tempo depositou finas camadas de ferrugem sobre o ambiente à moda antiga no interior do apartamento.

Puxo a cadeira para perto da poltrona do paciente, comunico o motivo da visita. Alguns meses antes, solicitei uma certidão que ateste o fato de minha família ter sido deportada para os campos de concentração da Transnístria, em 1941. Para o meu pai, emigrado para Israel em 1989, aos 81 anos de idade, agora num asilo de velhos em Jerusalém, sofrendo de Alzheimer. O senhor Blumenfeld anota, confirma, sim, as listas dos deportados estão nos dossiês da Comunidade; eles vão me enviar o documento para que meu pai possa receber uma ajuda financeira. Não da Romênia, é claro... Não me perguntou mais nada, irritado por ser visto naquele estado.

O ex-ministro adjunto dos Transportes Blumenfeld tornou-se, na idade da aposentadoria, assim como outros comunistas judeus, um dos dirigentes da Comunidade Judaica com a qual havia interrompido qualquer contato nos anos pós-guerra. Dizia-se que, enquanto fez parte da hierarquia comunista, ele evitava fazer mal aos que estavam próximos, ajudando-os, quando possível. Acostumado aos caprichos das autoridades, tornou-se útil em sua nova função. O final da ditadura não o encontrou entre os adversários do sistema, que deveria ser o seu lugar. A idade não lhe permitia mudanças espetaculares, a sua adaptação ao caos pré-capitalista era humilhante.

Depois, vou almoçar com o amigo Cabeça de Ouro. Um destino não muito diferente daquele do engenheiro Blumenfeld, avantajado pela opção sempre aberta do escritor talentoso. Revejo também *Matrimonia Felice*, a heroína que assegura a inteligência conjugal, há mais de três décadas. Nos últimos dez anos bucarestinos, passava a noite de Natal e o almoço de Páscoa e outros feriados cristãos, judaicos ou profanos em sua espaçosa casa, cuja novidade agora era o inquieto e vigoroso cachorro marrom.

Sei que o almoço irá demorar, porções gastronômicas planejadas com atenção. A salada de ovas de peixe e a carne de carneiro estimulam o apetite, a aguardente caseira, o vinho branco e o tinto potencializam o sabor. Nos anos do comunismo, os estrangeiros convidados à casa de um romeno ficavam estupefatos com o festim culinário em contraste com a precariedade da praça e das lojas. Quando aparecia um parente ou conhecido do estrangeiro, evitava-se explicar os engenhosos truques que dirigiam o espetáculo da hospitalidade.

Fazemos o primeiro brinde à mesa, os casados dizem um ao outro, ao mesmo tempo, o tradicional "Cristo ressuscitou". Conto as coisas felizes e profanas de Nova York e de Bard, falamos sobre os concertos do maestro americano. Elogiamos as saladas, as sopas de bolinhos de carne, o carneiro assado, a carne de porco, as salmouras e os vinhos tinto e branco. A conversa passa de Donna Alba e seu marido falecido pouco antes da morte do comunismo, com o qual desperdiçou tanta inteligência, aos antigos amigos que se mudaram para o cemitério, e os que se mudaram para Paris, Nova York ou Tel-Aviv. Os anfitriões me informam a respeito dos amigos e conhecidos em plena atividade aqui, na livre competição pós-comunista, como tinham sido, até pouco tempo atrás, no subterrâneo comunista.

Às sete horas vou para o hotel com Naum, que tinha saído para passear com o cachorro. Encontramos personagens conhecidos na rua, uma atriz, um ator, um professor. À tarde, o sol adormeceu, a rua está calma, reina a harmonia como antes. Falamos sobre a confusão e os perigos dos últimos dias da ditadura, quando os boatos se renovavam a cada hora, manipulados não só pela ubíqua Segurança Pública, mas também por outras forças obscuras, prontas a se aproveitarem dos ressentimentos da população.

Às onze horas estou na Estação do Norte para pegar o trem noturno para Cluj. O voo tinha sido cancelado no último momento por falta de passageiros e por causa da Páscoa. Só há dois passageiros no vagão-leito e dois jovens funcionários, com aspecto de estudantes de colégio, diferentes do pitoresco cobrador de outros tempos.

Nos anos de estudante, o trem me levava, diversas vezes ao ano, durante sete horas à noite, de Bucareste a Suceava, e depois me levou, com frequência, nos anos de namoro com a Julieta, de Ploieşti a Bucareste. O trem levou-me a Periprava, o gueto de prisioneiros onde meu pai esteve, bem como para a viagem de despedida, em 1986, dos meus pais e da Bucovina. Estou sozinho no trem do passado, entre os fantasmas que surgem prontamente em volta do fantasma que fui e que me tornei. O compartimento parece limpo, mas persiste o cheiro de desinfetante, e o lençol tem uma mancha suspeita. O travesseiro que está sobre a roda do trem não promete anestesiar o cansaço sedimentado na semana bucarestina. Estendo o cobertor sobre o lençol, tiro a roupa, sinto frio, agasalho-me. Puxo as cortinas. O escuro sombreado por faixas luminosas. As rodas matracam, tento ficar surdo na fuga e no ofegar da noite.

O monstro de ferro perfura a escuridão com arquejos e mugidos.

Trem noturno

Outubro de 1941. A primeira viagem de trem. Vagão de gado, chão úmido, frio, corpos amontoados. Fardos, sussurros, gemidos, cheiro de urina e suor.

Blindado pelo medo, espremido, oprimido, separado do corpo da fera coletiva que os guardas conseguiram socar no vagão e que se debate com cem braços e pés e bocas histéricas. Sozinho, perdido, como se não tivesse nenhuma relação com as mãos e as bocas e os pés dos demais.

"Todos! Todos!", assim gritavam os guardas. "Todos, todos", gritavam, erguendo as baionetas e as armas reluzentes. Não havia escapatória. "Todos, em filas, todos, todos, subindo, todos."

Empurrados, jogados uns sobre os outros, espremidos, mais e mais, até lacrarem as portas do vagão. Maria batia com os punhos na parede de madeira do nosso jazigo, para ser aceita, para ir conosco, seus gritos estavam mais fracos, o sinal de partida tinha sido dado. As rodas repetiam *todos todos todos*, o caixão de aço penetrava o ventre da noite.

E, então, a segunda viagem de trem: miraculoso *Retorno!* 1945. Abril, como agora. Séculos haviam se passado, eu estava velho, não sabia o que aconteceria depois de outros séculos, de outro retorno. Agora velho, velho de verdade.

As rodas cadenciam o refrão noturno, escorrego nas brechas da escuridão. De repente, o incêndio. Vagões em chamas, o céu em chamas. Fogo e fumaça, o gueto arde. A cidade incendiada, *pogrom* e fogueiras. Casinhas e árvores em chamas, gritos. No céu vermelho, o galo sacrificado e o carneiro sacrificado. O mártir amarrado à fogueira, no centro da praça. Como em uma crucificação, só faltava o poste transversal da cruz, havia sobrado um único poste, erguido acima do nível do solo. O corpo não está pregado, apenas as mãos presas por sagradas correntes de oração, filactérios. Cordas prendem os pés ao poste, o corpo embrulhado no manto branco de preces listrado de preto. Os pés, uma parte do peito, um ombro e os braços estão à mostra, a pele brilhante, amarelada com reflexos roxos. O rosto pálido, longo, a barba juvenil, costeletas finas, ruivas, as pálpebras caídas sobre os olhos cansados, a aba da boina verde virada para o lado.

As janelas do prédio próximo, abertas, era possível ouvir os gritos. Os desesperados correm, de lá pra cá, atordoados, ao redor da fogueira no centro da cena. A crucifixão tornou-se uma queima na fogueira. Simples, desengonçada, a tragédia ocupa toda a tela: o homem pronto a se jogar pela janela do prédio em chamas, o violinista perdido na rua tortuosa, entre as casas que caem, incendiadas, umas sobre as outras, a mulher com a criança no colo, o religioso com o livro, presos, juntos na maldição do dia. No centro, a fogueira. Aos pés do mártir, a mãe ou a esposa ou a irmã, num longo manto que a une ao condenado.

Eu já me aproximava do jovem mártir há muito tempo. A boina escorregava pela sua testa, ele não se movia, a fogueira parecia pronta a incendiar, de uma hora para a outra. Não consigo correr mais depressa para salvá-lo, tenho apenas alguns instantes para encontrar um esconderijo. Quero lhe dizer que não se trata de crucificação ou ressurreição, mas apenas de uma fogueira, somente isso, gostaria de lhe dizer apenas essas palavras antes de nos separarmos, mas as chamas se aproximam rapidamente e ouço o trem cada vez mais perto. As rodas ensurdecem, o trem fumega, uma tocha veloz e ruidosa queima penetrando a noite nebulosa. Aproxima-se, cada vez mais perto, trepidando, vibrando, cada vez mais perto, acordo amedrontado, tento me livrar da tórrida coberta. A roda me faz rodar como um rolo, seus raios grossos e pesados ecoam, ecoam.

Preciso de um tempo para compreender que não haviam entrado na minha carne, não estava sendo puxado por entre os vertiginosos raios, estou no costumeiro vagão de um costumeiro trem noturno, na Romênia.

Permaneço encolhido por muito tempo, suado, a luz acesa, sem coragem de reentrar no presente. Tento me lembrar dos alegres passeios de trenó pela Bucovina feérica e de charrete nas estações da moda do verão na Bucovina e de trem no outono, num vagão vazio, iluminado, quando minha mãe confessou o segredo, a chaga de sua juventude. Em determinado momento, cochilo novamente, um pensamento acorda-me de repente: Chagall. O cartão-postal de Chagall que eu tinha visto tantas vezes, sem entender quem e por que o mandou.

Oitavo dia: segunda-feira, 28 de abril de 1997

O trem chega no horário: são sete horas da manhã em Cluj.

Eu tinha ido poucas vezes à capital da Transilvânia, a última vez foi no final dos anos 70, convidado à comemoração da excelente revista *Echinox*, que reunia as melhores penas das novas gerações literárias. Aliás, tive relações bastantes amigáveis com os escritores de Cluj. Os meus livros sempre foram bem acolhidos em Ardeal,[1] que não participou de nenhuma das campanhas públicas contra o "traidor" e "cosmopolita".

Hotel da Universidade. Precisaria fazer a barba, tomar um banho e, em primeiro lugar, conseguir um café. Mas não tenho forças, deito-me vestido na cama dura, tento relaxar o corpo e a mente. Jazo amortecido, sem poder dormir durante meia hora, saio do prédio, acabo num restaurante vizinho, consigo o café salvador.

Dia ensolarado, sopra um vento leve. O silêncio do bairro periférico e o curto passeio reanimaram-me. Quarto modesto, cama

---

[1] Uma das denominações da Transilvânia. (N.T.)

inóspita. Pior ainda o banheiro: torneiras defeituosas e um contínuo sussurro de água no vaso. "Minha biografia romena", ouço a voz do meu amigo da América. "Montanhas de fezes são uma lembrança impossível de renegar", disse uma vez, pensativo, o expatriado, descendente de uma ilustre família de intelectuais romenos. Poucos minutos são mais reveladores do que aqueles quando, depois de uma sutil conversa recheada de citações francesas e alemãs, chega-se ao refúgio rabelaisiano de fezes do botequim, cego pelas montanhas de dejetos, tonto com o fedor, aterrorizado com os enxames de insetos.

Antes de ir à reitoria, indico à recepcionista os defeitos do banheiro. Constrangida, ela concorda, sabe como estão as coisas mesmo sem as minhas observações. Na reitoria procuro interessar a direção da Universidade apresentando a ideia do "College of Liberal Arts and Sciences". O Bard College está disposto a encontrar meios financeiros para montar uma instituição desse padrão em Cluj, aos anfitriões pede apenas entusiasmo. Os interlocutores me garantem que vão se empenhar com fervor no projeto. Não tenho motivos para não acreditar neles, pois as vantagens seriam da parte romena.

Almoço com o reitor na cidade. Achamos com dificuldade um restaurante aberto no segundo dia de Páscoa. O reitor parece ser uma personalidade conhecida, a julgar pelo atendimento por parte dos garçons, mas só podem nos servir um único tipo de comida, carne de boi grelhada com batatas fritas. A conversa engrena com dificuldade, não se parece com o diálogo de um ano atrás num bar em Nova York. Naquele tempo fiquei positivamente impressionado pela objetividade com que o universitário de Cluj apresentava a situação da Romênia e os impasses nos quais se comprazia a intelectualidade. Conhecia os Estados Unidos, tinha feito um doutorado em filosofia americana, eu estava dispensado dos clichês anti-ianques que tanto os literatos romenos como os seus mentores franceses pregavam. Tomei coragem e perguntei-lhe se, às vezes, não tinha a impressão de que entre a linguagem trivial extremista dos nacionalistas e a mais elevada, narcisista, de alguns intelectuais romenos havia somente uma diferença estilística. Concordou, sem se sentir ofendido pela provocação. Como aceitei o convite, fui para Cluj com um projeto essencial que visava a mudança do clima cultural da Universidade. Não tinha ideia de quanto tempo iríamos perder até sermos vencidos pela burocracia pós-comunista.

Em seguida, um encontro na Associação dos Escritores de Cluj agora dirigida pelo meu amigo Liviu Petrescu. O nosso reencontro, em 1990, em Nova York, foi uma verdadeira alegria. A gente se encontrava com regularidade em minha casa ou na cidade. Desistiu de me convidar ao Centro Cultural Romeno, do qual ele era diretor, depois que recusei sua proposta de que a noite literária inaugural fosse dedicada a mim. Nunca havia entrado naquele prédio dominado por funcionários políticos.

Estavam a par, é claro, de que a imprensa pós-comunista do país continuava a me apresentar da mesma maneira que no tempo do comunismo, como inimigo dos valores nacionais. Liviu tratou com delicadeza o impasse e lamentei quando abandonou seu posto, enojado pela arrogância dos diplomatas romenos que tentavam tutelá-lo. Mais tarde fiquei sabendo que ele também lamentou o fato de não ter seguido o meu conselho no sentido de suportar mais um pouco os aborrecimentos, ainda mais que sua atividade em Nova York tinha mudado radicalmente a atmosfera e os frequentadores do centro.

A programação que a Universidade organizou para mim não o incluía, sinal de hostilidade do reitor em relação a ele; eu me perguntava como poderíamos nos encontrar nem que fosse por um breve momento à margem da intensa agenda oficial.

Na rua, em frente à Editora Dacia, estava Liviu. Elegante como um inglês, terno perfeito, camisa e gravata perfeitas, tudo combinando perfeitamente. Abraçamo-nos, chego a abraçar também o escritor Alexandru Vlad, com quem me encontrava com regularidade nos meus anos de Bucareste, e com quem continuei a corresponder-me também da América, boêmio como sempre, no trajar e no aspecto, de cabelo comprido e barba desgrenhada.

O encontro oficial na Associação dos Escritores de Cluj finalmente me oferece uma alternativa cordial à hostilidade pública, e assim entendo que nem mesmo para os festejos estou, de fato, disponível. Apesar da introdução elogiosa de Liviu, de repente me sinto falso, falsificado, turista bufão, homenageado como grande vedete da literatura romena. A caricatura não anula o seu contrário, mas o inclui, poderia se dizer. Augusto, o Tolo, não combina mais, pura e simplesmente, com os estereótipos do lugar! O delírio dos elogios parece-se com a histeria das injúrias, efeitos tão tediosos quanto os de uma doença tediosa como a sarna, da qual, por mais que você coce, não se livra.

Não posso nem receber as flores, nem os vírus do lugar? Deslocado na comédia do Retorno Impossível! Os antigos compatriotas parecem estar certos de não mais me considerarem um deles, era justamente isso que o evento celebrava: o estrangeiro. Não estou mais acostumado com a pompa das palavras grandiloquentes, cometo a impolidez de cortar os epítetos mais requintados, ofendendo, sem querer, um bom amigo.

Nem mesmo a discussão que se segue traz as palavras simples, normais, que eu esperava. Parece uma reunião de aposentados do bairro, forçados a atuarem na farsa festiva. Apenas a pergunta lançada por uma senhora elegante e atlética, fumando longos cigarros Kent, anima o ambiente. "Vocês acham que as publicações legionárias de Mircea Eliade anulam sua obra literária e científica?" Pergunta endereçada, evidentemente, ao "militante antinacional", como a imprensa costumava apresentar-me. Ninguém me conhece como autor de textos anticomunistas, parece que o comunismo nunca foi importante para aqueles quatro milhões de membros do Partido da Jormânia socialista. Supõe o público que a fama de Eliade no Ocidente, da grandeza que é, vinga os infortúnios da Romênia de hoje e de ontem? É por isso que o querem imaculado, como um santo? *Sans l'enfer point d'illusions!*[2] A fervorosa literata teria conhecimento das palavras de Cioran? Mais uma pergunta não formulada, como várias outras.

Em troca, minha resposta surge rápido: nunca me expressei publicamente sobre a obra literária ou científica de Eliade! Não se julga a literatura nem a ciência com critérios morais, não se tratava de literatura ou de ciência na blasfêmia anti-Eliade! A fumante ignora a resposta e continua com uma longa peroração a respeito da "recuperação da obra de importância universal de Mircea Eliade". Antes de sair tenho um consolo. "Uma assembleia do Partido ampliada! De todos, só o senhor e eu não fomos membros do Partido", sussurra, na saída, um distinto professor universitário de Cluj.

"Não perdoarei o reitor por ter-me excluído de sua agenda em Cluj", disse-me Liviu na despedida. Sinto-me culpado por não ter dado a devida atenção ao seu discurso e por não ter podido encontrá-lo em Cluj. Não o encontraria mais em nenhum outro lugar, a doença secreta iria destruí-lo pouco tempo depois.

A encantadora senhora Marga, esposa do reitor, faz o papel de anfitriã da ceia. O seu encanto, bem como o vinho e as comidas, compensam a falta de familiaridade. O caminho para o hotel torna-se longo e cheio de aventuras no carro perigosamente dirigido pela esposa de um professor de história da Universidade. O caderninho azul aguarda-me impaciente.

O pensamento divaga para longe, para o cemitério de Suceava.

---

[2] Sem o inferno, não há ilusões. (N.T.)

Nono dia: terça-feira, 29 de abril de 1997

Atordoado de sono e de insônia, tento administrar o cansaço com prudência. Chego com dificuldade à recepção, onde sou recebido por um senhor de óculos, num elegante sobretudo de lã, terno e gravata. Estendo a mão educadamente. O desconhecido sorri, acanhado com o meu acanhamento. Atrás dele vejo Marta Petreu, que observa a cena com um sorriso. Mas, claro, esse senhor é Ion Vartic, marido de Marta! Não o via desde 1979, desde o décimo aniversário da *Echinox*, da qual o famoso trio editorial fazia parte. Uma simples inversão de cifras na loteria da sobrevivência e, no final das contas, quase vinte anos... O jovem Ion Vartic mudou, eu também mudei, apenas Marta, de jeans e pulôver, com seu ar de estudante, permanece a mesma.

Fico sabendo que o casal viera de Budapeste especialmente para me ver. A senhora Vartic me mostra uma linda cesta com sanduíches e café. Um pequeno desjejum na grama transportado para o *hall* do hotel.[1] A surpresa de me reencontrar entre amigos não

---

[1]   Alusão ao quadro de Edouard Manet "Le déjeneur sur l'herbe" (Desjejum na grama), 1863, Museu d'Orsay, Paris. (N.T.)

modera seu efeito nem quando o café me desperta do nevoeiro noturno. A cortesia do casal ampara levemente o meu cansaço.

Estou sendo aguardado na Faculdade de Filologia por um grupo de universitários. Só consigo alguns minutos para uma rápida cordialidade. Entramos na sala, começa uma aberta e prazerosa discussão sobre a América, o ensino e a literatura americana, a futura colaboração entre o Bard College e a Universidade de Cluj.

Na sequência, uma conferência. Reconheço muitas pessoas na sala, uma equipe de televisão de Cluj pede licença para filmar. Aceito, o repórter me inspira confiança, pois aqui, em Cluj, sinto-me menos vulnerável, embora no lugar do solene tema "A literatura no final do século" eu preferisse um debate livre. Tudo parece regulamentado, só me resta dissimular o acanhamento. Antes de sair da sala, Liviu me oferece uma recente tradução para o romeno de Cláudio Mutti, exegeta fascista de Eliade.

Outra vez Eliade, outra vez a Legião? "Que é que eu tenho a ver com tudo isto, meu caro Liviu? Mal tenho algo em comum comigo mesmo! Sou um refugiado, escondido num canto do mundo, feliz de poder respirar, só isso."

Mais tarde, uma rápida reunião na moderna e informatizada sede da Fundação Soros. O chefe do escritório local, um magiar que enfrentou sua comunidade num momento de exacerbação do conflito inter-étnico, transmite um reconfortante nível de profissionalismo. Fico melancólico... sempre existiram esses solitários na Romênia.

A seguir o almoço com o casal Vartic e o casal Marga, depois, uma rápida visita ao apartamento entupido de livros do casal Vartic. Não tenho tempo nem paciência para gravar os títulos da impressionante biblioteca, lembro das prateleiras entulhadas até o teto do meu quarto da Sfîntul Ion Nou, depois as da Calea Victoriei, depois as de Lugar Nenhum, não quero ver mais nada. Servem-nos vinho e panetone de Páscoa. Ion

Vartic pergunta se a expressão *"felix culpa"* possui outro sentido do ponto de vista religioso além daquele que lhe atribuí no meu texto sobre Eliade.

Estou entre amigos afetuosos e devotados, não posso considerar a pergunta hostil, mas novamente me sinto na pele de um personagem dúbio, pestilento, com uma doença vergonhosa que todo mundo conhece. Que é que eu tenho a ver com... abstenho-me de repetir a frase que acabava de soltar ao Liviu. Corto o longo silêncio. A expressão *"felix culpa"*? Ou seja, a interpretação da célebre frase de Santo Agostinho? *"O, felix culpa, quae talem ac tantum meruit habere Redemptorem..."* Ó, feliz culpa, que nos fez merecer tão grande Salvador. O termo "culpa", nem um pouco desprovido de ambiguidades, poderia significar pecado, erro, doença, crime, falta. No entanto, todas as enciclopédias religiosas adotam o sentido de culpa. Culpabilidade, sim. Agora o silêncio parece mais longo do que o anterior. Aparece de novo o casal Marga, brindamos e fazemos uma trégua para uma conversa neutra. Depois, Marta leva a fidelidade até o fim, ou seja, ao aeroporto. Privilégio nem um pouco corriqueiro, pois não é uma viagem qualquer, já que voltei só para uma rápida confrontação com a posteridade.

O avião com destino a Bucareste é estreito, lotado. A senhora ao meu lado logo puxa conversa. Eu a tinha visto ao subir: alta, esguia, com uma espécie de elegância natural, desprovida de estilo. Parece preocupada com as condições atmosféricas nada favoráveis, pergunta-me de onde venho e para onde vou. Não fica chocada com a resposta, apenas com o fato de que falo perfeitamente o romeno, sem sotaque estrangeiro. Mesmo romenos recém-saídos do país voltam com o idioma corrompido, ao passo que eu, eu... de modo que a engenheira de Cîmpia Turzii interessa-se pela profissão do visitante. É, eu também sou engenheiro, engenheiro civil, terminei o Instituto de Construções dois anos antes dela em Bucareste, não em Cluj. Sim, trabalhei nos projetos de obras e pesquisas científicas. A velha profissão oferece a simulação da normalidade, meus pais tinham razão, uma profissão da qual não há por que se envergonhar.

A senhora engenheira tomou coragem e me perguntou como vivo sendo engenheiro na América, não espera a resposta, impaciente por relatar como mudou de profissão nos últimos anos. Agora, dirige, com o marido, ele também engenheiro, uma pequena empresa particular de madeira para construção. Madeira para ataúdes, caixotes, miudezas, um empreendimento lucrativo. A viagem para Bucareste tem como finalidade uma licitação florestal. As coisas andam às avessas, a herança comunista é difícil, há corrupção por toda parte, seria bom se o rei voltasse ao país. Sim, sua família é monarquista, sempre foi. Aviador de elite numa unidade real de elite, o pai monarquista educou a filha monarquista. Obviamente perseguido pelos comunistas.

Faço as perguntas de praxe. A senhora admite ter sido membro do Partido, igualmente o marido, assim era a regra, ninguém acreditava naqueles slogans, a mentira grassava em toda parte. Nem agora as coisas iam bem. As eleições foram livres, mas a vida é difícil, a juventude esqueceu a moral, ávida por filmes americanos cheios de tiros e porcarias. Sorte dos homens das montanhas! Os homens das montanhas, só eles preservam a fé, a decência, são os únicos que mantiveram a pureza, os montanheses são a esperança do futuro. E novamente fica surpresa: falo perfeitamente o romeno! A propósito, qual a minha opinião sobre a volta para casa?

Fico em silêncio, difícil decidir-me por uma resposta. Tenho um amigo em Bucareste, conto-lhe. Meu amigo George. Numa manhã de primavera, "a manhã da mais bonita primavera", como reza a lenda, George, um senhor com muitos apelidos engraçados, resolveu terminar finalmente uma carta para o seu velho amigo evadido, anos atrás, para longe, bem longe, onde "dava duro inutilmente entre estranhos". A engenheira me fita com os olhos ar-

400

regalados. George, como reza a lenda, permaneceu em seu lugar, em sua casa, sua carta era importante. Domingo de manhã, "a manhã da mais bonita primavera", como reza a lenda, parece adequado para terminar a carta há muito começada. Perguntava-se o que comunicar ao amigo exilado.

A senhora me olhava cada vez mais intrigada. Continuei, como se não notasse o estupor crescendo em seu olhar espantado. Ao redigir a carta tardia, George se perguntava o que poderia escrever ao seu amigo no exílio. Aconselhá-lo a voltar para casa, mudar novamente sua existência, retomar velhos contatos, inclusive a velha amizade entre ambos? Sugerir-lhe, mesmo que indiretamente, que sua tentativa tinha fracassado, que não havia mudança, melhor renunciar, voltar para casa? Os velhos concidadãos iriam olhá-lo como se fosse "uma criança velha", que volta ao lugar que não mais lhe pertence. Não entenderia mais a velha Pátria, se é que a entendeu alguma vez. Voltando, continuaria sendo um estrangeiro, como sempre e em todo lugar. Melhor, já que perdeu os amigos, a família, o idioma, era ficar onde estava, "entre estrangeiros", como reza a lenda.

Fez-se silêncio, a engenheira perdeu a loquacidade. Minha resposta bizarra à sua pergunta tão trivial deixou-a definitivamente desconcertada.

"Por que o senhor repetiu tantas vezes como reza a lenda?", perguntou-me depois de um tempo, mexendo-se, nervosa, no assento.

Permiti-me uma longa pausa quando chegou minha vez.

"Li a história em algum lugar. Talvez num livro para crianças. Chamava-se *O veredicto*, se não me falha a memória." Não caberia revelar o autor, o nome Kafka poderia assustá-la ainda mais.

Os olhos da engenheira continuavam arregalados, estava claro que nossa conversa tinha terminado. Até a aterrissagem, nem se mexeu na poltrona para evitar qualquer contato. Quando o avião parou, dirigiu-se afoita para a saída, esquecendo-se de dizer "até logo".

O salão do restaurante Balada, no 17º andar do hotel, é decorado em vermelho e dourado, com cadeiras de couro vermelho e toalhas de mesa vermelhas e guardanapos folclóricos vermelhos. Os garçons trajando coletes vermelhos e as garçonetes, saias vermelhas. Os membros da orquestra também vestem vermelho, cada um atrás de um painel vermelho, com emblema dourado.

Nove horas da noite, sou o único cliente. A orquestra não parece desanimada, assisto a um *show* em italiano de uma cantora que imita o temperamento apaixonado dos nossos primos latinos. O garçom moreno de bigode recepciona-me com um *"good evening"* e traz dois grandes cardápios vermelhos, com o menu em romeno e em inglês. Peço em inglês, não apenas porque desse modo serei servido com mais atenção, mas para dar ao homem taciturno e triste à minha frente a ilusão de que o único cliente da noite é realmente um turista.

Cenografia *kitsch*, os garçons sem clientes, orquestra, solista italiana e depois a especializada em *rock* e *blues*, as vinte e três mesas vazias dão a nota gótica da noite. A comida parece falsificada, insípida, improvisada, os charutinhos com os quais Leon e Ken tanto se deleitaram parecem sem gosto. O céu da boca recusa-se a me restituir o sabor de outrora, os charutinhos são os da posteridade, teria que explicar isso aos amigos americanos. Será que o culpado é o céu da boca, como pensava Proust? Um ano antes, sabendo que eu iria a Budapeste a uma conferência universitária, um repórter romeno perguntou-me por que não ia também a Bucareste, a apenas uma hora de vôo. Budapeste é como Sydney para mim, respondi, ao passo que Bucareste... Não, eu não pensava no céu da boca, mas na posteridade. A orquestra parou, os garçons ficaram imóveis, como múmias, no jazigo vermelho da noite, ninguém se importava com o cliente apático, limpando os óculos, vezes e mais vezes, com o guardanapo vermelho. Dioptrias, tonturas, visões... o fantasma avança lentamente pela Amsterdam Avenue. "Em cada mãe se esconde um *Führer*, e em cada *Führer*, uma mãe", dizia o Elefante Voador.

Finalmente sozinho e livre, deitado à margem da calçada, segurando firme, firme para que não caísse novamente no abismo sem volta, no buraco sem fundo. Rangia os dentes para não perder o velho contato de antes. A sua mão prendeu-se à minha, ninguém me ouvia no jazigo vermelho e vazio do restaurante. A garra me segurava firme, cravada profundamente no peito. A dor era a única riqueza que sobrava para legitimar o meu vazio.

O dia mais longo: quarta-feira, 30 de abril de 1997

O secretário da Comunidade Judaica de Suceava, um velho amigo dos meus pais, havia me garantido, ao telefone, que permitiria meu acesso ao cemitério, fechado por conta da Páscoa. "Abriremos uma exceção para o senhor. Vindo da América! Nossa lei admite situações excepcionais".

O cemitério da colina, fora dos limites da cidade, do outro lado do bosque, não o da cidade. O antigo cemitério da cidade, perto da nossa casa da Vasile Bumbac, número 18, tinha sido fechado muito tempo atrás. No início dos anos 60, quando uma nova rodovia iria cruzar o cemitério, os trabalhadores recusaram-se a tocar nas sepulturas dos rabinos, onde era hábito, havia muitas gerações, colocar toda espécie de bilhetinhos com pedidos e lamentações endereçados à Divindade. O velho cemitério ficava bem perto de casa, lembro-me da atmosfera austera e estranha do lugar. Eu nunca tinha ido ao cemitério da colina, fora da cidade.

O avião para Suceava faz escala em Iaşi. O trajeto é mais longo, assim como a conversa com o amigo Naum Cabeça de Ouro que me acompanha. Conto-lhe as peripécias em Cluj e sou recompensado com detalhes pitorescos sobre a competição literária no mercado livre. A conversa oriental de sempre, com diversas histórias e piadas entrelaçadas de ternura e veneno.

Na saída do aeroporto, somos abordados por um desconhecido, alto e louro, com uma máquina fotográfica ao ombro. Apresenta-se como poeta e jornalista local, enviado pelo diretor Cucu para nos levar à sede do Banco Comercial, onde vão me entregar o Prêmio da Fundação Bucovina. Mas primeiro quero ir ao cemitério.

Mais encolhido talvez, desde a última vez que o vi, com o mesmo chapéu e o mesmo sobretudo curto, apertado, o secretário da Comunidade, o velho amigo da família, estava à minha espera em frente da agência de viagens Tarom no centro da cidade. Ele também entra no elegante carro, passamos diante da prefeitura austríaca, viramos à esquerda, rumo à usina elétrica, do outro lado da pequena floresta de tantas escapadas púberes.

Descemos, subimos, damos a volta na colina pela esquerda, ao longe se vê a Fortaleza de Stefan, o Grande, o carro vira à direita, chegamos.

Vejo a sepultura pela primeira vez. À esquerda, na parte superior, dentro do medalhão dourado, a fotografia. Embaixo, o texto em hebraico, sob o qual alinha-se o romeno. Quatro linhas curtas sobrepostas: JANETA MANEA − ESPOSA E MÃE DEVOTADA − NASCIDA EM 27 DE MAIO DE 1904 − FALECIDA EM 16 DE JULHO DE 1988. O estilo alvo e lapidar do meu pai, a tonalidade cansada de seu último período de convivência. Se a defunta tivesse redigido a inscrição na sepultura do marido, com certeza seria mais generosa e se visse a própria sepultura provavelmente teria ficado descontente pela evocação tão avarenta. Uma grade baixa de ferro forjado circunda o túmulo, com o lampião metálico onde tremula a vela e o vaso com flores do campo. Evidentemente, o zelador fora avisado que eu viria. Colo a palma da mão na pedra fria do pedestal, olho a lápide cinzenta.

405

"Quero que prometa que virá ao meu enterro", disse quando nos despedimos. A pedra é áspera, fria e amigável. "Não vá me deixar sozinha aqui. Prometa que virá, é importante para mim." Ao lado, alguém murmura as velhas palavras de *kaddish*. *Yisgadal veyiskadash shmei rabbo*. A oração pelos mortos de antigamente e os de hoje tem a voz envelhecida, mas clara, do amigo dos meus pais. Reza em nome do seu filho que escuta, sem se associar e sem entender as palavras antigas da morte. *Be-almo divva chirusei veyamlich malchusei*, murmura a oração e a pedra é fria e áspera. A cega bateu à porta, depois avançou lentamente, tateando. Sobre a camisola usava um roupão no qual se encolhia, friorenta. "Desta vez você não voltará mais, eu sinto isto. Vai me deixar sozinha aqui." Nada sabia a respeito do futuro, não lia o invisível como ela. "Quero que me prometa que, quando eu morrer, se você não estiver aqui, virá ao enterro. Tem que me prometer." Não prometi nada, assustado com o peso das promessas. Agora estou livre, ninguém me promete nada e não tenho a quem prometer nada.

O Deus que deu à luz Augusto, o Tolo, era mulher. Não suportei sua adoração, nem as inquietações suportei e não tenho com que substituí-las. Desceu ao abismo e ergueu-se nas árvores e flores efêmeras e no céu opaco. Não está em lugar algum, nem mesmo na pedra fria que toco, sem notar.

Min kol birchoso veshiroso, reza o funcionário da Comunidade, curvado pelos anos e pela idade, cambaleando como pede o ritual, em memória da falecida de quem foi amigo e a quem acompanhou ao cemitério; ele a invoca agora, em nome de seu herdeiro, que nove anos depois, chegou ao sepultamento. A oração terminou. Guardamos um momento de silêncio, o meu amigo Cabeça de Ouro, o funcionário que oficiou a oração, o poeta-repórter local, o camponês que cuida do cemitério, todos, com as cabeças cobertas com a pequena touca branca, como manda a tradição.

Distancio-me, subo a colina sozinho, indo ao encontro dos novos vizinhos de mamãe. David Strominger, Max Sternberg, Ego

Saldinger, Frederica Lechner, Gherşon Mihailovici, Lazăr Meerovici, Iacob Kaufmann, Abraham Isak Eiferman, Ruhla Schiller, Mitzi Wagner, David Herşcovici, Leo Hörer, Noa Schnarch, Lea Lerner, Leo Kinsbrunner, Sumer Ciubotaru, Leser Rauch, Iosif Liquornik. Conheço todos eles, ela também, melhor do que eu, comunicativa e sociável como era, ávida de bisbilhotices e boatos e elogios dos correligionários. Uma residência ideal, deveria pensar, o silêncio e as árvores e as pedras e os vizinhos desta idílica colina da Bucovina, finalmente trazem paz ao meu Deus inquieto e neurótico.

No último dia, antes de nos despedirmos, renunciou à lamentação e não pediu mais promessas. "Tem razão, não devemos pensar no que virá. Ninguém pode prever e depois, na nossa idade, não tem mais importância. Por mais velha e doente e sem forças que esteja, estou sempre pronta a sair da Romênia. Quando quiser, não se esqueça disso."

Não era para ser. Ficou entre os dela, mas longe dos dela. Residia numa colina de Suceava, o marido agonizava em Jerusalém e o filho era esperado no cemitério *"without denomination"*[1] do Bard College, ao lado de Hannah Arendt e os túmulos protestantes e católicos e judeus e ateus do colégio.

Desde 1945, na volta da Transnístria, onde nos salvou com sua tenacidade e devoção, repetia de novo e de novo e sempre, que precisávamos sair da Pátria em definitivo. Sei muito bem por que não o fez e sei também que me perdoou por fazê-lo. O culpado acabou indo embora, justo ele, abandonando-a. Ela não abandonaria o filho, mas me perdoava também por esta traição.

"Não importa onde estarei. Em qualquer lugar que esteja, estarei aqui", assim tentei tranquilizá-la, ao invés de me despedir dela. Eis que no final das contas eu estava aqui e nada mais tinha importância. O túmulo estava aqui e o passado aqui e nada mais tinha importância. O domicílio pomposo chamado Pátria havia

---

[1] Sem filiação religiosa.

sido passageiro, assim como as ciladas com que nos honrou. Não sei quando desci a colina. Encontrava-me novamente perto do lampião, agora apagado, o secretário da Comunidade esperava por mim.

— Sabe, a grade... A grade está meio enferrujada. Seria necessário limpá-la e pintá-la. A pedra está lascada no canto direito, seria conveniente consertá-la.

Pergunto quanto custaria. O prêmio da Fundação Cultural da Bucovina cobre os custos, uma razoável transferência financeira local. Peço o endereço da Comunidade, para poder quitar a quantia logo em seguida. Strada Armenească, número oito. Número oito? Seis casas acima morava o doutor Albert, amigo dos meus pais, cuja linda filha fora, durante anos, minha parceira de ensaios eróticos. O médico está morto, sua fulgurante esposa, a aparição hollywoodiana em nossa pequena urbe agoniza na Terra Santa, a fulgurante filha resignou-se com a rotina das novas idades. Mais acima, na colina, o cemitério armênio por onde perambulam, à noite, os fantasmas de Romeu e Julieta. E no número dezessete morava, tempos atrás, o meu colega de ginásio, Dinu Moga, que espero reencontrar. Soube há poucos dias o telefone de Dinu, o secretário da Comunidade confirmou-me que o velho amigo não tinha mudado nada, amiúde o encontra na rua.

— Armenească, Strada Armenească, ah, se conheço a rua!

— Uma casa pequena, modesta — acrescenta o funcionário da Comunidade. — Não parece ser a sede de uma instituição. Não tem letreiro. O senhor entende...

Não, não entendo. O velho me conhece desde criança, percebe que não entendo.

— Várias vezes nos quebraram os vidros... É melhor assim, sem letreiro.

Olho o relógio, onze horas, um dia lindo de primavera, o senhor diretor Cucu me espera no Banco Comercial para me apresentar as provas de amor da Bucovina.

Saímos do cemitério. Sei o que sempre soube e as pedras taciturnas repetiram novamente que nada dura, nem este dia que hospeda o passado.

Na cidade, paramos na sinagoga Gah, surgem dois fiéis de idade, cuidadosamente vestidos, como na antiga moda austríaca, avisados, provavelmente, da minha chegada. Aproximam-se, apresentam-se, os nomes não me dizem nada, sustentam que foram amigos dos meus pais. Pergunto pelo doutor Rauch. Sim, está vivo, tem mais de noventa anos e deseja me ver. Sabia que eu vinha? Fico sabendo que mora num dos prédios das proximidades. O doutor me conhecia desde que eu era aluno, a vedete vermelha da cidade, ele cuidou diuturnamente de minha mãe nos anos da doença e da velhice, tomou seu pulso morto, antes do almoço, no seu último sábado.

Subimos ao primeiro andar, tocamos a campainha, esperamos, tocamos de novo, uma vez, três vezes, um toque prolongado, bato na porta, um vizinho nos diz que o velho tinha sido internado no hospital na noite anterior: infecção urinária.

No Banco Comercial, o diretor Cucu nos recebe jovialmente com uisque e anedotas sobre judeus. Um homem corpulento e loquaz, trajando um terno azul marinho, falando com o sotaque carregado da Moldávia. As histórias sobre a cidade de Săveni, perto de Dorohoi, onde foi aprendiz na loja de Moisés e de Sara, de quem aprendeu as leis do comércio e da vida, parecem um discurso preparado para ocasiões turísticas. Finalmente entrega-me o diploma e o envelope, pedindo desculpas por ter que sair da cidade e não poder acompanhar-nos no almoço.

A rua central, o parque, a velha prefeitura austríaca, última sede do Partido Comunista Romeno. O sino da catedral católica do outro lado da rua bate meio-dia, ao som da marcha *"Deşteaptă-te române"*.[2] Nesse momento passa um senhor, o jornalista o detém e nos apresenta o diretor do Banco Agrícola, um homem robusto

---

[2] "Desperta, romeno", hino nacional da Romênia. (N.T.)

de olhos azuis. Aprova com a cabeça os sussurros confusos do jornalista. Quando vai embora, tomamos conhecimento de que o Banco Agrícola nos "patrocinou" o almoço num restaurante recém-inaugurado, temos à disposição o carro do banco, para nos transportar ao festim.

Taberna de ambiente suspeito, música americana estridente, duas caixas de som na parede cheia de cartazes e propagandas. Dez mesinhas na sala minúscula. Abro a porta do banheiro, fecho-a de imediato e saio às pressas. Volto à mesa, o jornalista solicita uma entrevista, o gravador está preparado, bem como as perguntas. Por que não, já que permiti que a televisão de Cluj me filmasse, afinal não estou em Bucareste, mas na cidadezinha natal, onde sempre me senti em casa, como me sinto também agora. Mas antes preciso pagar o conserto do túmulo de minha mãe.

No caminho para a sede da Comunidade Judaica, o motorista me pergunta, orgulhoso, que achei do restaurante. "Pode comer o quanto quiser, assim disse o senhor diretor", garantiu-me. "O senhor diretor paga o almoço, foi o que disse. Podem comer o que quiserem", repetia, cúmplice.

Strada Armenească, número oito. Entro no pequeno quarto, menor ainda por causa das mesas e escrivaninhas. Os funcionários parecem prevenidos, de perto da porta um senhor magro e velho olha para mim com ternura, a senhora pálida e idosa acompanha, intimidada, o pagamento da quantia, a liberação da nota, agradecimentos, sorrisos. Eu não os conheço, mas parece que eles sabem de mim. Cumprimento-os com apertos de mão, tudo rápido, cordial, rápido demais, cordial demais.

Sento numa pedra, no jardim. Algumas casas mais além, a moradia do doutor Albert e o dormitório da família Albert e a casa Moga e, a pouca distância, a Igreja Armênia e o cemitério, o caminho para a Cidadela Zamca, casinhas pequenas e charmosas, com janelas como escotilhas, a casa de Julieta... A comédia dos erros não pode mais me recuperar. Levanto-me da nuvem das lendas, o motorista faz um sinal, partimos, estou novamente no restaurante, comunico aos meus acompanhantes a mensagem: podemos consumir qualquer coisa, o quanto quisermos! Ou seja, filé grelhado com batatas fritas, pois só isso havia no cardápio.

"Que lembranças o ligam a Suceava, que significado tem este retorno de curta duração?", pergunta o poeta-repórter. Inclino-me sobre o microfone, escuto a voz que deveria ser a minha, palavras estranhas. "Em 1941 saí da Bucovina pela primeira vez. Depois da guerra, no período do culto ao proletariado, eu era uma pequena vedete cabotina. A utopia vermelha tinha um caráter teatral, interessante para uma criança. Jovem engenheiro, em 1959. Saí novamente de Suceava em 1961, por conta de um amor repentino." Soa falso, como uma declamação. "Vedete cabotina", "período do culto ao proletariado", "farsa vermelha", "pecados revolucionários da adolescência" são destinados a contrariar os antigos servos dos lemas e salários comunistas que agora competem entre si nas denúncias contra a ditadura da qual foram cúmplices.

Novamente o centro da cidade, o parque, não muito longe da última moradia dos meus pais. O esforçado jornalista que desapareceu para procurar uma máquina fotográfica, volta com a notícia de que uma arquiteta gostaria de falar comigo. Uma agradável silhueta feminina sai correndo do escritório de arquitetura. Uns cinquenta anos, aparência jovem, atraente. Parece perturbada com a situação, não sabe o que dizer, repete apenas que costumava ir semanalmente tomar um café na casa de uma vizinha dos meus pais. Procura, atropeladamente, as palavras. A inteligência de minha mãe, a tensão, sim, a intensidade e a inteligência, especialmente quando falava de seu filho. "Ela adorava o senhor! Adorava! O senhor sabe disso, com certeza. Faria qualquer coisa que lhe pedisse, qualquer coisa." A voz profunda e agradável engasga. Balbuciei não sei bem o quê. Atmosfera carregada, aperto a mão da delicada desconhecida e logo me afasto.

Estou sendo aguardado em outro encontro com o passado. Aviso o amigo Naum sobre o personagem que vamos encontrar. Dinu foi meu colega de ginásio no período da consolidação da ditadura do proletariado, quando a luta de classes se intensificava e o inimigo enfraquecido ficava cada vez mais histérico, como nos ensinou Iosif Visarionovici. Desviar-se da linha do Partido, para a direita ou para a esquerda ao mesmo tempo, impunha o isolamento das migalhas da velha sociedade. A exclusão daqueles três "monstros" coube a mim, como secretário da Liga da Juventude Trabalhadora do instituto.

Majestoso em sua indiferença, mesmo não sendo filho de rei, apenas filho de um antigo advogado liberal, com passagens pelos cárceres comunistas, Dinu era o último. Inimigo do povo?, parecia perguntar, avançando, sem pressa, para o pódio vermelho. Cabelo preto, brilhante, dividido ao meio, como o dos dançarinos argentinos de tango. Rosto pálido, olhar direto. O olhar do condenado me mantinha justamente no centro da duplicidade, assim me parecia. De fato, Dinu devolveu a carteirinha sem olhar e sem ver ninguém.

"Eu não era mais uma vedete inocente. Em breve não seria nem mesmo vedete, curado das ilusões da cena em que eu servia à farsa", contava eu a caminho da *garçonnière* de Dinu. Alguns anos depois do evento, reencontramo-nos em nosso idílico refúgio bucovino, não muito entusiasmados, nenhum dos dois, com a árida profissão escolhida nas confusões do momento. Dois anos depois, Dinu abandonou o curso. Ao se afastar, manteve distância dos medíocres troféus dos arrivistas socialistas e sua aura aristocrática. Em 1959, recém-formado engenheiro, visitei o amigo em Suceava na antiga residência da Strada Armenească, número 17. Seu pai havia morrido, morava com sua madrasta, minha antiga professora de história que guardou boas lembranças do aluno que fui e me embaraçava com tantos elogios, provavelmente uma indireta endereçada àquele que não terminou os estudos e se contentava com um modesto trabalho na modesta cidade natal. O inatingível Dinu não parecia se incomodar, tornou-se um discreto administrador de sua própria existência. Compartilhávamos os mesmos livros e discos e, quem sabe, até as mesmas parceiras. Tácita camaradagem, sem confissões.

Depois que saí de Suceava, reencontrei-o nas minhas férias bucovinas. Mudou-se para uma *garçonnière* no centro da cidade, montada com um mobiliário trazido da casa dos pais e outras utilidades domésticas.

O sofá-cama servia como cama, duas poltronas e uma mesa pequena e dois ou três quadros compunham, junto com o tapete velho, a decoração do enclave. O rádio portátil russo trazido na última excursão a Riga ou a Kiev, estava junto com o gravador trazido da Tchecoslováquia, de Praga e os discos, adquiridos nas excursões estivais socialistas. Nos fotos das férias aparecia sempre com uma nova parceira. Os livros não estavam à vista, depositados em algum outro lugar. Na velha escrivaninha com portas de vidro, era visível somente a coleção de capa de couro vermelho, *Clássicos da literatura universal* e a coleção de capa de couro cor café, *Clássicos da literatura romena*. Sobre ela, as garrafas. Vinho, vodka, licor, uísque. Aparentemente, nada mudou em sua vida, nem no estilo de vida, no último ano, nos últimos cinco anos, ao passo que as mudanças em minha vida, o abandono da profissão de engenheiro, o casamento, os livros publicados, os novos estados de cansaço ou de exasperação, pareciam esvaziadas de importância, como se fossem anuladas pela trivialidade de qualquer mudança. A falta de ambição e zelo, a harmonia austera da existência provinciana, pareciam provir de uma indolência superior em comparação com o ambiente da minha vida, suas ansiedades e ilusões. No caminho para a casa de Dinu, conto ao Cabeça de Ouro a anedota dos dois romenos, antigos colegas de ginásio que se encontram no voo Nova York-Paris e fazem o recenseamento da turma. Mihai? Ginecologista em Milão, terceira esposa. Costea? Numa refinaria na Venezuela, não se casou. Mircea? Morreu, coitado, de uma infecção estranha na Argélia. Andrei? Em Israel, diretor de banco. Horia? Engenheiro em Basel, cinco filhos. E Gogu, Gogu

Vaida? Gogu ficou aqui em Suceava. Acha estranho? De jeito nenhum! Gogu sempre foi um aventureiro.

Subimos as escadas até o terceiro andar, toco a campainha. Um instante depois, Dinu sorri na moldura da porta. Sentamos nas duas poltronas, somos servidos com um vinho tinto leve, docinho, trazido de uma recente excursão a Chipre. A decoração não parece mudada, senão pelo uso. O tapete, os móveis, a pintura das paredes, velhos, envelhecidos. Os copos de cristal e a coleção de livros vermelhos e livros marrons em seus lugares. O rosto do colega é o mesmo, apenas algumas rugas desfiguraram um pouco o seu sorriso. Não fosse isso, não se diria que o aposentado (que teve o cuidado de me contar sobre a sua nova identidade social) não passa de uma variante ligeiramente retocada do que foi no passado. Fico sabendo que não há mais ninguém da família dele, morreram todos. Dinu repete com veemência "todos, todos". E o irmão, engenheiro de Hunedoara havia morrido, sua esposa, que era judia, partiu depois para Israel, junto com o filho. Os únicos parentes vivos são o sobrinho e a cunhada. Não sabe mais o que dizer, sim, sabe, vendeu, recentemente, não só a casa dos pais, mas a coleção de prataria antiga. Na atual crise da Romênia não há compradores e não dá vontade de negociar com os antigos agentes da segurança pública enriquecidos. Teria que vender na Alemanha, assim lhe disse Ștefi, nosso antigo colega, fotógrafo em Bremen, mas não tinha paciência para complicações. Sem estas rendas suplementares, por mínimas que fossem, não conseguiria se virar, a aposentadoria é um insulto.

Pergunto por Liviu Obreja... o "loiro moído", como apelidei o louro mais louro, moído pelas inadequações e alergias e ansiedades obscuras. Cabelo louro, quase branco, sobrancelhas invisíveis, pele branca, branca, feridas grandes na pele tão fina que até o ar feria. Ferido pela atmosfera política imbecil e pela profissão de engenheiro que ele considerava imbecil, retraído nos livros, na música, álbuns de arte, casado com uma estudante loiríssima e

414

tímida. Em Bucareste viviam na semiclandestinidade, aos trancos e barrancos, não tinham a carteira socialista de identidade bucarestina. Poderia tê-lo visto na Librărie Dalles, semana passada, ou no concerto de Leon, quinta-feira passada, ou ao passar na frente da Biblioteca, terça-feira passada.

— Liviu Obreja! — ouve-se, bruscamente, a voz irritada de Dinu. Nunca tolerou o ar famélico, a voz apagada, mole, do nosso amigo.

— Um afetado! O pai, procurador, morreu, morreu também o tio, você deve lembrar-se dele, o diretor do nosso instituto. A mãe sozinha, velha, aqui em Suceava. Em vez de morar com ela, muda-se de um quarto alugado a outro, em Bucareste. Agora o casal Obreja adotou dois cachorros! Cuidar de dois cachorros, quando mal podem cuidar de si mesmos...

Mantenho-me calado, não me pergunta nada, não sei que notícias dar. Será que falo da moça que me "arrastou para Bucareste", como costumava dizer? A amada da juventude vive desde o começo dos anos 70 na Inglaterra. Descrevo a foto que me mandou, com o marido e as crianças, informo-lhe o divórcio recente de nossa antiga amiga. Dinu não entra na conversa, o tema lembra-lhe um turvo episódio entre nós três, contenta-se em dizer que manteve contato com a irmã caçula da londrina.

Devo perguntar-lhe a respeito da situação política? A resposta vem prontamente: "Porcos, porcos". Não se refere aos atuais governantes, mas aos predecessores, o Partido e a coalizão do antigo comunista Iliescu. Oferece-nos vinho novamente, observo que Naum cochila na poltrona. Levanto-me e vou ao banheiro. Momento decisivo: os banheiros! Um cômodo precário, pintura velha, descascada. Tubulação enferrujada, a corrente da descarga enferrujada, o aparelho de barbear velho, a toalha amarrotada. Não há sujeira ou desordem, mas pobreza e solidão de solteiro.

Quando retorno ao quarto, Dinu segura uma foto nas mãos.

"Você se lembra? A turma de formandos de 1953. Você está no centro".

Entre os da classe superior? Simpatizavam comigo, cooptaram-me?

Reconheço todos, mas só poderia nomear alguns... Lăzăreanu com o acordeom, o gordo Hetzel, com a viola, o filho do açougueiro que nos anos dos desvios para a esquerda e para a direita, tornou-se inimigo do povo e, posteriormente, médico veterinário em Israel, Shury, enriqueceu em Caracas... Veja, Dinu Moga de paletó branco e camisa xadrez. Atrás dele, retraído, modesto, o premiado absoluto, Mircea Manolovici. Reconheço-me na segunda fileirara, ao centro, com a mão no ombro, sim, o cúmulo! Com a mão no ombro de Hetzel, que um ano antes eu havia excluído da Liga da Juventude Trabalhadora. Camisa quadriculada, mangas arregaçadas, o cabelo alto, farto, o sorriso estúpido da idade. À direita, o painel com as palavras de ordem: *"O grande Stálin nos educou... servir com devoção... os interesses do povo... a causa santa"*.

"Faço uma cópia ampliada em Nova York e lhe mando o original." Ele concorda, coloco a foto na carteira. "Tenho todos os seus livros. Seria uma ocasião propícia para que você escreva algo neles", diz ele. Que surpresa! Nunca me dissera que havia comprado os meus livros. Oito volumes em bom estado, que tirou de algum canto invisível. Parece menos impassível que antes, o desgosto e a amargura estão prestes a explodir. Efeito das décadas socialistas ou impossibilidade de um novo começo?

Na velha cômoda, as lombadas dos livros na ordem conhecida. As garrafas dispostas em colunas, como antes, o velho tapete. Poderia dizer-se que o enigma chamado biografia procura seu epitáfio.

Uma visita comum, como naquele tempo quando vinha ficar alguns dias para ver os meus pais e a cidade. Despedimo-nos laconicamente, como de costume, como se eu não fosse voltar para Nova York e não soubéssemos nada sobre a morte. "É um personagem de romance, esse seu colega", diz o romancista Naum, descendo as escadas escuras. "Múmia, arrogância embalsamada."

Em frente ao parque, o jornalista local e um poeta local nos aguardam. Dispomos de tempo para um passeio a Zamca, a velha cidadela do século XIII cujas ruínas estão entre as atrações turísticas da cidade. A colina e a floresta e os velhos muros, uma espécie de fronteira, antigamente terra de ninguém, de onde era preciso voltar primeiro para si mesmo antes de voltar para a cidade.

De um lado e outro da rua em aclive, casas pequenas e limpas, como antigamente. À direita, no número oito, a sede sem letreiro da Comunidade Judaica. Ao lado, o prédio de três andares onde morava meu primo, o professor Riemer, com a esposa e os quatro filhos, todos agora em Jerusalém. No número 20, também à direita, a casa branca com telhado de vigas pretas e varanda com colunas da família do médico Albert. À esquerda, a casa pequena, sólida, elegante, da família Moga, vendida para um locatário do século vindouro.

Estamos no topo da ladeira, diante dos sinos e do cemitério armênio. Viramos à esquerda, dois a dois e chegamos diante das muralhas do castelo e da igreja Zamca, o jornalista bate fotos de nós.

Voltamos para a cidade por uma rua paralela, cujo nome não consigo lembrar, embora tenha sido alguma vez o trajeto incendiado de palavras com que se embriagavam Romeu e Julieta sob os olhos mexeriqueiros e hostis das janelas. Paramos diante de uma casa de campo, com telhado e grades de madeira. No telhado, uma placa cor-de-rosa com letras amarelas: MIHAI, BAR-CAFÉ, NON STOP. Uma outra placa, perpendicular, PEPSI COLA. Descemos a ladeira, atrás de uma janela observa-nos, cético, um gato branco, com seu focinho pontudo de fofoqueiro. Perto do final da rua, antes da escola, um sólido sobrado com ornamentos luxuosos.

Eis o severo colégio austríaco: porta de madeira maciça, a entrada dos professores, o pátio, a entrada dos alunos, a sala de ginástica, a quadra de basquete.

Novamente no centro, em frente à livraria, diante do parque, na frente da agência de viagens. O ônibus aguarda os passageiros. Deveria voltar ao cemitério, àquela que vela por mim. Ela teria aprovado o dia que se passou: sim, fiz bem em procurar o doutor Rauch, um homem bom, sempre chegado à família, fiz bem em ter levado uma garrafa de uísque para o secretário da Comunidade, que facilitou a visita ao cemitério e irá se ocupar de consertar a grade de ferro, é claro que aceito a entrevista para o jornal local, porque esta é a nossa cidade, testemunha também a arquiteta que não nos esqueceu, veja só, não nos esqueceu. Os homens não esquecem, não devemos nos zangar com ninguém... são as ternas trivialidades dos tempos transcorridos.

Foi um dos dias calmos de sua tormentosa existência? Queria acreditar que sim: um dia de paz, de conciliação com o mundo. Teria ouvido, curiosa, as últimas notícias a respeito de Dinu e do diretor do Banco Agrícola e sobre a doença da minha antiga amada de Londres e o sucesso do maestro Botstein em Bucareste e sobre o pesadelo no trem entre Bucareste e Cluj. Repetiria as palavras sempre repetidas relativas ao perdão e à conciliação... teria finalmente me perguntado por seu marido que chegou a Jerusalém e pela minha querida esposa de Nova York.

Porém, eu não podia mais voltar. O cemitério ficou ao longe, trancado no escuro, os inquilinos retraíram-se para a noite bem merecida. No saguão do aeroporto, aguardava a decolagem. Através da parede de vidro via o campo, a floresta distante. A rádio transmitia música popular romena, a mesma de dez anos antes e vinte e trinta.

Dentro de duas horas, o restaurante Balada, no 17º andar do hotel Intercontinental de Bucareste, oferece uma noite folclórica em vez de música italiana e americana. Não sou mais o único consumidor, na sala dourada e púrpura há mais um cliente: o piloto da companhia *British Air*.

No quarto jazo na cama com o olhar no teto. Tento recapitular o dia que ficou para trás, grudo as palmas da mão na parede atrás da cama. Trevas, parede gélida.

Penúltimo dia: quinta-feira, 1º de maio de 1997

O Dia Internacional do Trabalho não é mais comemorado na Romênia pós-comunista. O pequeno grupo de manifestantes em frente ao hotel parece uma piada se comparado às grandes manifestações da primeira década socialista. O modesto grupo em desordem, os slogans improvisados e a farsa rebelde pertencem ao mísero presente do país, não ao passado igualmente mísero. O próprio tirano anulou as festividades "internacionalistas" na última década de dominação, os feriados adquiriram um caráter nacional e nacionalista, centrado na incomparável figura do Incomparável.

Mais de meio século atrás, em 1º de maio de 1945, recém-chegado do campo de concentração da Transnístria, eu, um menino de nove anos, participava da comemoração do "Primeiro 1º de Maio Livre". Depois do pesadelo nazista a primavera prometia ressurreição, liberdade, e eu levava comigo o *certificado provisório* que me devolvia à pátria à qual eu era devolvido. A polícia de Iaşi nos identificou na fronteira e nos brindou com o *comprovante* de repatriação: *"O senhor Manea Marcu, com Janetta, Norman e Ruti, são repa-*

triados pelo ponto de fronteira Ungheni-Iași na data de 14 de abril de 1945, e irão para Fălticeni, distrito Baia, Strada Cuza Vodă".

Nenhuma menção, é claro, de por que e por quem tínhamos sido "expatriados" e depois novamente "repatriados".

Duas semanas depois do regresso, eu desfilava em Fălticeni com meu pai para honrar as promessas de repatriação.

Mais de meio século havia se passado. Em meu novo retorno, contemplo agora outro 1º de maio "livre", desta vez depois do comunismo, não antes, como aquela vez. O quarteto mencionado em 1945 desmanchou-se nesse meio tempo, os apátridas foram se acostumando com a nova origem. Apenas a inquilina do cemitério de Suceava permaneceu na pátria, contra a sua vontade.

Celebro o aniversário de 1º de maio com uma visita a outro cemitério. Não ao cemitério Străuleşti, para uma curta conversa com o Elefante Voador, nem ao cemitério Bellu para rever Maria. Não tenho tempo, o tempo é curto demais, os mortos sabem disso tão bem quanto os sobreviventes. Tenho de transmitir o intransmissível no cemitério Giurgiului, no túmulo dos pais e avós de Cella.

Dez anos depois da despedida haveria de reencontrar também o amigo Meio-Homem-montado-sobre-Meio-Coelho--Manco. *"Homem é aquele que deixa para trás um vazio maior do que o espaço ocupado enquanto esteve presente... Mais vazio do que ocupava a sua existência"*, escreveu-me, antes de morrer, o poeta. Mugur transformara a Lei de Ohm da física na Lei do Homem, pura e simplesmente. *"Penso em vocês com muito carinho e solidão. – Vamos brincar, crianças! –, ouve-se uma voz da rua. Será que ainda vamos brincar algum dia?"* Depois de 1986 continuamos o jogo, a grande distância um do outro, e ainda continuávamos agora.

À direita, o muro alto do cemitério. No portão, o velho judeu de sempre. Pagamos, Cabeça de Ouro e eu, o bilhete de entrada e a "contribuição" para a Comunidade. No registro de falecimentos identificamos o lugar dos túmulos que estávamos procurando.

No final da longa alameda da entrada, um conjunto de esculturas curiosas. Um tronco de árvore com os galhos partidos. Uma inscrição branca no quadro cinza, ao estilo dos primeiros anos pós-bélicos: "No tempo da Segunda Guerra Mundial os exércitos fascistas invadiram e devastaram os cemitérios judaicos da URSS, usando o trabalho forçado dos detentos judeus. Dezenas de milhares de pedras funerárias de granito, verdadeiras obras de arte, foram destruídas ou transportadas pelos fascistas para seus países. As pedras funerárias aqui expostas foram salvas da destruição".

As colunas maciças de granito partem de um pedestal e terminam num tronco de árvore onde crescem os braços de um corpo amputado. Numa das esculturas, em russo: "jornalista Iulia Osipovici Sahovalev". Ao lado, "Sofia Moiseeva Gold, *Mir tvoemu, dorogaia mati* ('Paz para você, mãe querida')". Um monumento branco, datado de 1947: "Em memória dos santos mártires judeus da Romênia que pereceram pelo Nome Santo, nas ondas do Mar Negro, no navio Struma", comemora as 769 vítimas desaparecidas com o navio afundado pelos soviéticos em 24 de fevereiro de 1942 (Adar 5702) a caminho da Palestina. Nomes enfileirados nos três lados do paralelepípedo de mármore.

Entramos no cemitério propriamente dito. Calo-me no passado, diante de um homem alto, esbelto, com as costas ligeiramente arqueadas, sempre apressado, sempre absorto em novas obrigações, e de uma mulher de uma serena distinção: os pais de Cella. Próxima dali, a avó vegetando na neblina da idade, feliz com o copo escamoteado de licor de cereja. Todos enraizados, afinal, ninguém mais pode acusá-los de adventícios, estrangeiros, sem raízes. Agora são terra, solo da nação, propriedade da pátria, pertencendo apenas ao nada.

Coloco as palmas das mãos no mármore branco horizontal do túmulo de Jack, pai de Cella, e no vertical do túmulo onde estão, ao lado, Evelin e Tony, mãe e avó de Cella. Coloco uma pedrinha em cada lápide, como manda a austera tradição dos antepassados que se tornaram pedras, terra. Vejo o cemitério de Suceava e o pequeno cemitério que me espera no Bard College.

Voltamos para as fileiras da esquerda, achamos o túmulo do poeta Meio-Homem-Morto-Montado-sobre-Meio-Coelho-Manco-e-Morto. *"Encore un moment, monsieur le bourreau, encore un moment"*,[1] repetiu, em vão, o amigo montado em meia ilusão manca. "O fogo é menor do que o livro que arde", repetia agora, mancando, transpirando, assustado, o príncipe com o livro. "Faça troça de si mesmo, sim, mas com entusiasmo", sussurra, cansado, o incansável, tremendo a cada letra, como se fosse uma espada. "Onde está você, aluno do medo? Onde estão as suas bíblias?", pergunta-me e pula com o pé manco, com o seu cachorro negro e manco, e repete, fraterno, ao pé do ouvido, o segredo: "a poesia é um detector de mentiras que desencadeia o pranto". As sombras e os palhaços tiram as máscaras, as próteses, as pernas-de-pau, perfilam-se as letras fosforescentes: "Florin Mugur – Poeta – 1932 -1991", nada mais.

Estou vivo, ainda vivo, num instante vivo, junto de Florin Mugur e de outra pedra, com outro nome, no cemitério de Suceava. "Espero morrer primeiro. Sem Marcu eu seria um estorvo para vocês. Sou intratável e difícil de suportar. Agitada, exagerada, seria difícil para vocês."

De fato, não teria sido fácil. Aflita, exagerada, difícil, é, teria sido muito difícil. "Homem é aquele que deixa para trás um vazio maior do que o espaço ocupado enquanto esteve presente." O desejo concretizou-se, ela morreu primeiro e deixou para trás um vazio maior do que a absoluta plenitude com que nos ofuscava. Sim, cumpriu a Lei de Ohm reformulada pelo poeta Florin Mugur. O pleno tinha sido agitado, dominante, insuportável, mas o vazio, agora, maior ainda, mais insuportável. "Cuidem, você e Cella, do papai. Ele não é como eu, nunca vai pedir nada. Calado, insociável, como sabem. Solitário, frágil, fácil de

---

[1] Só mais um instante, senhor carrasco, só mais um instante.

ferir." O destino se encarregou: separou o viúvo dos lugares natais, mandou-o para a Terra Santa, para a solidão em que sempre viveu. Transferido, recentemente, para a solidão Alzheimer.

Nem do seu marido nem de minha esposa conseguimos falar ontem. O reencontro foi curto, as perguntas giraram em torno do filho e do pai da morta, pois o filho e o pai haviam sido, digamos assim, os seus homens importantes, o filho da Babilônia Nova York e o livreiro Avram, enterrado na floresta anônima da Ucrânia. Agora, contudo, enquanto eu saía do cemitério do passado, tinha que lhe falar do marido.

Visitava-o pelo menos uma vez ao ano. O seu olhar renascia quando me via, sorria feliz. A última vez foi um domingo e era junho. Cheguei mais cedo ao asilo Beit Reuven de Jerusalém. Subi ao segundo andar. Dessa vez papai não estava entre os fantasmas do refeitório. Fui procurá-lo no quarto. Abri a porta e fiquei estático na soleira, sem avançar nem retroceder. Olhei para ele: estava nu, em pé, na frente da janela, de costas para a porta. Um jovem alto e louro enxugava-o com duas toalhas ao mesmo tempo e tinha outro tanto de toalhas e panos à mão, no chão. O enfermeiro me viu, sorriu para mim, já nos conhecíamos, tínhamos nos falado algumas vezes. Jovem voluntário alemão que viera trabalhar no asilo de velhos de Jerusalém. Magrinho, delicado, de uma cortesia incansável tanto no trabalho como na conversa. Passava com facilidade do alemão ao francês e ao inglês, também improvisava frases em iídiche para se entender com os velhos na Babel da senilidade. Conversamos em alemão, como falava também com o meu pai, então, tentando acalmá-lo.

Aquilo que eu via confirmava as coisas que ouvia das enfermeiras israelitas, admiradas com o zelo do novato. O jovem devotava-se, como ninguém, sereno e meticuloso, a tarefas que derrubavam os outros enfermeiros. Inclinava-se, com zelo, sobre cada parte de corpo que precisava ser limpa de excrementos: os braços ossudos, as coxas ossudas, amareladas, as costas, o traseiro flácido, os joelhos de vidro. O jovem alemão tirava com esmero do velho judeu a sujeira que os cartazes nazistas haviam lançado sobre ele! Petrificado com a imagem, fechei a porta com cuidado. Voltei ao refeitório. Papai apareceu meia hora depois, sorrindo. "Hoje o senhor está atrasado", disse-lhe. "Dormi", respondeu-me, com o mesmo sorriso ausente. Nem se lembrava que acabara de despedir-se do jovem que lavou seu corpo das fezes e do fedor, que escolheu roupas limpas para ele, que o vestiu e o conduziu à mesa onde eu o esperava.

Vindo, nove anos depois, ao funeral de minha mãe e da pátria, precisava, antes de sair do cemitério do passado, deixar para a devotada esposa do paciente de Jerusalém a preciosa informação: finalmente livre da solidão, papai estava tranquilo, sem pensamentos ou tristezas, entregue aos delicados cuidados de um jovem alemão que desejava resgatar a honra de seu país.

Último dia: sexta-feira, 2 de maio de 1997

A sombra se mexe temerosa pelo quarto, cuidadosa em não me acordar e ao mesmo tempo impaciente por me acordar, por me ver, para eu dar um sentido ao mundo sem sentido. Não, não me mexo, não vou acordar! Finalmente ela se retrai para as lembranças, acordo, evito olhar ao meu redor, afoito por acelerar o despertar e os preparativos para a partida.

Marta telefona às dez para me desejar boa viagem e para me dar uma notícia ruim: o pedido de patrocínio dos dois livros que, após várias hesitações, ofereci para publicação, tinha sido recusado. "Este pedido não poderia ter sido recusado! Usei o método de publicidade americano: o futuro Prêmio Nobel para a Romênia! A Reconciliação do Laureado com a Pátria! E acredito mesmo nestas previsões", acrescenta a amiga de Cluj. Lembro--me do poeta-repórter que se gabou, em Suceava, do apoio financeiro recebido da mesma Fundação, para publicar seu livro de versos na Inglaterra. A notícia parece uma farsa consoladora, uma brincadeira de final de viagem.

Café no térreo do hotel, meu lugar na janela. Última hora no seio da Pátria. Olho, na caderneta azul, as citações-guia da peregrinação. Hannah Arendt, Emmanuel Levinas, Paul Celan, Jacques Derrida, todos obcecados com o idioma da Pátria. Depois de tanto falar comigo mesmo, precisava das palavras dos outros. Vejo e não vejo, entretanto revejo as sombras do passado: vejo claramente diante da loja de tapetes da Strada Batiștei, à esquerda do hotel, a miraculosa aparição do antigo colega Liviu Obreja!

O loiro com sua esposa loura e dois cachorros de cor marrom, grandes e peludos, que Liviu mal conseguia segurar na guia. Liviu envelheceu, seu cabelo clareou, mas não envelheceu como todos nós que não tivemos tempo e força para amadurecer, prolongando a adolescência na velhice. É o mesmo que conheço há cinquenta anos, o fantasma com o qual eu tropeçava nas livrarias ou nas lojas de discos. Um ícone do lugar e de qualquer outro lugar. Ele ainda estaria ali, imutável, dali a mil anos.

Desde o primeiro dia da minha volta, esperava por esse inevitável reencontro. Finalmente o vejo, arrastado por cães grandes e peludos na tarde de maio. Eis os quatro, o pai, a mãe e os filhos enormes e inquietos, contemplo-os através da parede de vidro do aquário da mesa onde tomo o café de adeus. Gostaria de me levantar, sair à rua, alcançar Liviu, mas o tempo já se eclipsou, o momento se evaporou.

Dinu estava certo, minha perplexidade lhe dava razão, os mastins gêmeos, Lache e Mache[1], existiam de verdade, eu os vi, perto de Liviu, há pouco, por um pequeno instante, apenas um instante, na Strada Batiștei, esquina com o bulevar Magheru, perto do Hotel Intercontinental de Bucareste! O trajeto teria começado há mais de quarenta anos, nos dias púrpuras do stalinismo em que tanto eu como Liviu e Dinu tentávamos escapar por meio dos li-

---

[1] Personagens da comédia *Lache și Mache* do dramaturgo romeno Ion Luca Caragiale (1852-1912). (N.T.)

vros e discos e truques adolescentes? Não, naquele tempo não imaginava o purgatório das idades que nos esperavam.

Augusto, o Tolo, esteve retraído, constrangido, fechado, na viagem pela posteridade. Agora, finalmente, encontrava os interlocutores. Inclino-me, iluminado, sobre a caderneta, começo de imediato, febril, a epístola para Lache e Mache: "A partida não me libertou, o retorno não me fez voltar. Vivo envergonhado a minha biografia". Lache e Mache, verdadeiros cosmopolitas, adaptáveis a qualquer lugar, entenderiam o enriquecimento que o exílio significa, sua intensidade e sua pedagogia inigualáveis. Não tenho por que me envergonhar diante deles, aponto, agitado, palavras rápidas e amontoadas e muitas perguntas. Irrelevante, teria sido assim a viagem? Estaria legitimada pela irrelevância? O passado e o futuro seriam apenas momentos risonhos da inexistência? A biografia está dentro de nós, somente dentro de nós? A Pátria nômade, dentro de nós? Teria eu me livrado do peso de ser alguma coisa, qualquer coisa? Livre, finalmente? Bode expiatório enviado para o deserto, com os pecados de todos? Teria ficado do lado do mundo no embate contra o mundo?

Eis que finalmente encontrei os interlocutores. Transcrevi, impaciente, na mesa do restaurante e no táxi para o aeroporto, pensamentos protelados. O retorno impossível não é uma experiência desdenhável, queridos Lache e Mache, sua irrelevância pertence a uma irrelevância mais ampla e, portanto, não tenho raiva de ninguém. Esperando o momento de embarcar, no aeroporto de Otopeni, escrevo o final de um conto que tenho certeza que os meus interlocutores entenderão: Não vou desaparecer como o inseto kafkiano, enterrando definitivamente a cabeça na terra; continuarei a peregrinação, um caracol que aceita, serenamente, o seu destino.

O avião decola do nada para nenhum lugar. Apenas os cemitérios permanecem imóveis. A imobilidade da paisagem, a comédia da transferência, o truque do final: Augusto, o Tolo, poderia ter redescoberto essas banalidades sem a paródia do retorno.

A América oferecia novamente o trânsito mais adequado! Obtive esta confirmação, ao menos isso. Degrau por degrau, subo a escada do avião, na cadência da oração aprendida do poeta polonês. Degrau por degrau, palavra por palavra: *"In Paradise one is better off than anywhere else. The social system is stable, the rulers are wise. In Paradise one is better off than in whatever country"*.

Gaguejava o código dos estrangeiros, acomodando-me no ventre do Pássaro do Paraíso. O vazio aumenta assim como a vertigem ao levantar do solo. Um intervalo incerto, suspenso, o privilégio de despojar-se de si mesmo, o balanço, o vácuo, a identificação com o vácuo.

Aproveito a escala em Frankfurt, antes do vôo transatlântico, para continuar a epístola para Lache e Mache: os detalhes da última manhã em Bucareste, os pensamentos giram vertiginosamente na mente do passageiro, o bode expiatório, o inseto, a casa do caracol, a oração dos estrangeiros do Paraíso. Foi uma boa companhia esta caderneta azul, no hotel Intercontinental de Bucareste e no trem para Cluj e no avião para Frankfurt. Naqueles doze dias, encheu-se de letras tortas e nervosas, setas e perguntas codificadas.

Sem o animado maestro novaiorquino o vôo não se parecia com o da ida. O jovem chinês ao meu lado parece perfeitamente dividido entre o filme do monitor e o sono, entre roncos e caretas intermitentes. Havia comprado o *The New York Times* e o *Frankfurter Allgemeine*, pego o caderno de notas, tinha também um livro, mas o tempo passa devagar. Queria aterrissar em uma cama, mais que depressa, dormir por dez anos, vazio, suspenso. DEPRESSION IS A FLAW IN CHEMISTRY, NOT IN CHARACTER, está escrito no céu fosforescente. Palavras de boas-vindas, perto do destino. Repito, agradecido, a senha do retorno, flutuando ao léu, no céu.

"Queria saber se voltou com boa saúde. Estava com saudades de você. Foi bom estarmos juntos em Bucareste". Voz de Leon ao telefone do carro que o leva a Bard. A seu lado, Saul S., de boné grande e branco na cabeça, submerso no mapa que segura nas mãos ossudas e grandes diante dos olhos. O bigode branco e desgrenhado cresceu, parece uma escova contornando a boca. "Strada Gentilă, Gentilă", sussurra Saul, encantado. Strada Gentilă, Strada Concordiei. Concordiei e Discordiei! Strada Gentilă, Strada Rinoceronului... Sim, estava na Via Láctea da volta, balançado na poltrona do céu. A voz de Leon perde-se entre as nuvens, vejo o seu carro preto, comprido, correndo no Taconic Parkway. "Passamos muito bem em Bucareste. Foi ótimo, de verdade". De repente, a carcaça oscila, os passageiros acordam sobressaltados, fico tonto, exausto, não tenho forças para recuperar o contato com a terra. Depois, um novo avanço, imobilidade, insensibilidade, o elo se restabelece. "Foi bom na Romênia. O melhor que lhe aconteceu ali, foram as coisas ruins, já lhe disse isso."

Mensagem de Leon ou de Saul? Poderia ser de Saul, ele sabe o que significa ser uma criança do Leste Europeu, escondida no canto de um quarto, onde *o pai conversa com outros homens, a mãe espera, agasalhada, a viagem, a irmã alisa o lindo cabelo... e em breve, todos na América!...*

"Você está voltando para casa, não se esqueça! Aqui é sua casa. Aqui, não lá! Esta é a sua sorte, nascida da má sorte." É a voz de Leon, agora estou sozinho.

Preparava-me para confirmar, sim, estava voltando para casa, à casa do caracol, para falar-lhe do cemitério de Suceava, contar-lhe sobre meu próximo curso *"Exile and estrangement"*[2], mas não me escuta, não tem paciência, nunca tem tempo para longas conversas. A carcaça estremece novamente, cambaleio tonto; uma vez desanuviado, fecho a caderneta azul com o Elefante e o Meio-Homem-montado-em-Meio-Coelho-Manco, coloco-a na cadeira atrás de mim, para senti-la perto. A aeromoça loura, de dentes grandes, inclina-se atenciosa.

— O senhor aceita uma bebida?

Oferecem-me vinho e cerveja e suco e uísque, peço água mineral. Evian, Perrier, Apolinaris, Pellegrino? Sim, S. Pellegrino,

---

[2] Exílio e alienação.

água do peregrino. Aterrissamos, apresso-me em direção à saída. As bagagens chegam depressa, o motorista indiano do táxi arranca, chego rapidamente ao Upper West Side. Zonzo da viagem e da confusão, mal consigo dar as referências do endereço. Nenhum lugar é melhor que o paraíso da própria casa.

Só foi depois das nove horas da noite que o alarme me fulminou. Corro até a mala, abro o zíper do primeiro compartimento, depois o segundo, vasculho desesperadamente. Pressinto, mas não posso aceitar o desastre. A caderneta! A caderneta de anotações sumiu!!!!

Agora me lembro de tudo: Augusto, o Tolo, delirava em sonhos, depois tomou o elixir Peregrino, depois apressou-se para a saída, para esquecer tudo, para chegar em casa. A caderneta azul ficou na cadeira do avião!!!!

Telefono histérico ao aeroporto, depois à Lufthansa, dizem-me que o avião volta a Frankfurt essa mesma noite. Repetem, polidamente, a mesma coisa: tudo o que encontram na limpeza dos compartimentos é classificado e etiquetado à noite. Pela manhã, em torno das dez horas, saberei se o precioso objeto tinha sido recuperado. Do meio daquela pilha de jornais, sacolas, papéis e lixos que ficaram nas cadeiras e entre elas? Daquele monte de lixo? Mas, alemães são alemães, viajei de primeira classe, os privilégios de classe prevalecem, nisto eu depositava confiança.

A primeira noite americana não é hospitaleira. Cansaço, pânico, nervosismo, impotência, raiva, lástima, culpa, histeria. Aquelas páginas não podem se perder, não podem deixar-se perder!

Nem mesmo a primeira manhã americana se mostra mais generosa. Às dez horas confirmam o meu temor, novamente às onze e às doze repetem-me, com irritação, que perca definitivamente a esperança, mas que, no caso de um milagre, o objeto seria enviado à minha casa.

Para minha casa, sim, meu endereço em Nova York, é claro. Upper West Side, Manhattan.

Este livro – composto em Adobe
Casion Pro no corpo 11/14 – foi impresso sobre
papel Pólen 80g/m^2 pela Mundial Artes Gráficas,
em São Paulo – SP, Brasil.